정서행동장애

이성봉 · 방명애 · 김은경 · 박지연 공저

EMOTIONAL AND BEHAVIORAL DISORDERS

학지사

머리말

원시 시대를 거쳐 근대에 이르기까지 인간 행동의 대부분은 의식주 해결에 초점을 맞추어 비교적 단순하였다. 그러다가 사회가 점점 발전함에 따라 인간 행동은 의식주 문제를 넘어 다양한 영역으로 확대되기 시작하였다. 이러한 과정에서 인간 행동은 복잡하고 예측하기 어렵게 되었으며, 더불어 정상 범위에서 벗어나는 부적응 행동이 나타나면서 그 행동이 세분화되기에 이르렀다. 그 일례로 인간이 보이는 부적응 행동을 다룬 미국정신의학회(American Psychiatric Association)의 『정신질환의 진단 및 통계 편람(Diagnostic and Statistical Manual of Mental Disorders: DSM)』과 세계보건기구(World Health Organization)의 국제질병분류(International Classification of Diseases: ICD)를 보면 다양한 유형의 정신장애가 소개되어 있다. DSM과 ICD를 처음 보았을 때, 아니 지금도 이 책들을 보면 책의 볼륨에 압도당하고 책을 펼쳐 목차를 보는 순간, 단순하게만 생각했던 인간 행동이 이렇게 문제가 많고 다양하다는 것이 놀라울 따름이다.

정서행동장애는 한 마디로 인간의 정서와 행동 문제를 다루는 학문이다. 이 책에서 다루는 내용의 대부분은 DSM과 ICD에 소개된 정서와 행동 문제들이다. 그중에서도 특수교육 대상인 학령기 아동들에게서 나타나는 정서와 행동 문제들로 영역을 좁혀 설명하고 있다. 이 책에서 다루고 있는 대부분의 정서와 행동 문제들은 원인이 정확히 밝혀진 것이 많지 않고 이로 인해 치료나 중재 방법도 완전하지 않은 것이 현실이다. 그러나 연구자들은 이러한 정서와 행동 문제들을 해결하기 위해 연구에 연구를 거듭하면서 오늘에 이르렀고 앞으로도 계속 연구할 것으로 생각된다. 이 책은 선행연구자들이 지금까지 밝혀 온 연구에 기반하여 저자들이 교육 현장에서 연구하고 가르치면서 쌓아 온 지식을 바탕으로 집필하였다.

이 책은 3부 12장으로 구성되어 있다. 제1부 정서행동장애의 이해는 제1장 정서행동장애의 정의와 역사, 제2장 정서행동장애를 지닌 특수교육대상자 선정, 제3장 교수를 위한 평가와 교육지원 계획으로 정서행동장애학생 교육에 필요한 기본적인 내용을 다루었다. 제2부 정서행동장애의 이론 모델은 제4장 신체생리적 모델과 심리역동 모델, 제5장 행동주의 모델, 제6장 인지 모델, 제7장 생태학 모델로 정서행동장애학생을 효율적으로 지도하기 위해 알아야 할 이론들을 소개하였다. 제3부 정서행동장애의 하위 유형은 제8장 주의력결핍과잉행동장애, 제9장 품행장애, 제10장 불안장애 및 관련 장애, 제11장 우울장애와 양극성장애, 제12장 기초신체기능장애로 정서행동장애에서 나타나는 하위 유형의 장애를 실제 임상을 중심으로 설명하였다.

이 책은 특수교육과 학부생과 대학원생이 주 독자층이 되겠으나, 특수교육 관련 분야 전문가와 부모들도 사용할 수 있도록 집필하였다. 아무쪼록 이 교재가 대학과 대학원에서 공부하는 학생들에게는 학문의 나침반이 되고, 현장에서 장애학생을 지도하는 관련 전문가들에게는 학생 지도에 도움이 되었으면 하는 바람이다.

특수교육 관련 양서를 출판하여 특수교육 발전에 공헌해 온 학지사의 김진환 사장님과 이 책의 편집을 위해 수고한 편집부 선생님들께 감사의 말씀을 드린다.

지혜 있는 자에게 교훈을 더하라 그가 더욱 지혜로워질 것이요

의로운 사람을 가르치라 그의 학식이 더하리라

–잠언 9:9–

2022년 1월

저자 일동

차례

○ 머리말 _ 3

제1부 정서행동장애의 이해

| 제1장 | 정서행동장애의 정의와 역사 • 10

1. 용어 _ 12
2. 정의 _ 13
3. 정서행동장애 분야의 역사 _ 21
4. 정서행동장애 분야의 주요 과제 _ 28
5. 요약 및 결론 _ 36

| 제2장 | 정서행동장애를 지닌 특수교육대상자 선정 • 38

1. 선별과 진단 · 평가 _ 41
2. 분류 _ 55
3. 요약 및 결론 _ 64

| 제3장 | 교수를 위한 평가와 교육지원 계획 • 66

1. 교수를 위한 평가의 실제 _ 68
2. 개별화교육계획 _ 77
3. 요약 및 결론 _ 82

제2부 정서행동장애의 이론 모델

| 제4장 | 신체생리 모델과 심리역동 모델 • 84

1. 신체생리 모델 _ 86
2. 심리역동 모델 _ 98
3. 요약 및 결론 _ 110

| 제5장 | 행동주의 모델 • 112

1. 기본적 견해 및 원인 _ 114
2. 진단 및 평가 _ 119
3. 행동주의 모델의 중재 _ 131
4. 요약 및 결론 _ 142

| 제6장 | 인지 모델 • 144

1. 기본적 견해 및 원인 _ 146
2. 진단 및 평가 _ 156
3. 인지 모델의 중재 _ 159
4. 요약 및 결론 _ 170

| 제7장 | 생태학 모델 • 172
1. 기본적 견해 및 원인 _ 174
2. 진단 및 평가 _ 190
3. 생태학 모델의 중재 _ 193
4. 요약 및 결론 _ 198

제3부
정서행동장애의 하위 유형

| 제8장 | 주의력결핍과잉행동장애 • 202
1. ADHD의 정의 및 출현율 _ 205
2. ADHD의 원인 _ 211
3. ADHD의 특성 _ 217
4. ADHD의 진단 및 평가 _ 223
5. ADHD의 중재 _ 226
6. 요약 및 결론 _ 231

| 제9장 | 품행장애 • 232
1. 품행장애의 정의 및 출현율 _ 235
2. 품행장애의 원인 _ 240
3. 품행장애의 진단 및 평가 _ 250
4. 품행장애의 중재 _ 253
5. 요약 및 결론 _ 272

| 제10장 | 불안장애 및 관련 장애 ● 274
1. 불안장애 및 관련 장애의 유형 _ 277
2. 불안장애 및 관련 장애의 원인 _ 305
3. 불안장애 및 관련 장애의 진단 및 평가 _ 308
4. 불안장애 및 관련 장애의 중재 _ 309
5. 요약 및 결론 _ 312

| 제11장 | 우울장애와 양극성장애 ● 314
1. 우울장애 _ 317
2. 양극성장애 _ 339
3. 자살 _ 344
4. 요약 및 결론 _ 348

| 제12장 | 기초신체기능장애 ● 350
1. 기초신체기능장애 정의 및 출현율 _ 352
2. 기초신체기능장애의 원인 _ 363
3. 기초신체기능장애의 중재 _ 368
4. 요약 및 결론 _ 375

○ 참고문헌 _ 377
○ 찾아보기 _ 421

제1부

정서행동장애의 이해

제1장 정서행동장애의 정의와 역사

제2장 정서행동장애를 지닌 특수교육대상자 선정

제3장 교수를 위한 평가와 교육지원 계획

제1장

정서행동장애의 정의와 역사

개요

시기와 정도의 차이는 있겠지만 정서적 어려움은 모든 인간의 보편적 경험이라고 해도 과언이 아니다. 즉, 정서행동장애는 특정한 사람들만의 것이라기보다는 우리 모두가 살아가면서 어쩔 수 없이 대면하게 되는 어려움이라 할 수 있다. 그러나 그러한 정서적 어려움이 지나치게 오랜 기간에 걸쳐 심한 정도로 지속되고, 그 영향이 본인과 타인의 학습 및 일상생활을 심각하게 저해할 정도가 된다면 외부로부터의 지원이 필요한 상태라고 할 수 있다. 이 장은 정서행동장애에 대한 개관으로, 먼저 용어 및 정의에 관련된 논의를 설명한 후, 이 분야의 역사를 요약하여 살펴보고, 이러한 역사를 바탕으로 향후 해결되어야 할 과제를 제시한다.

KEY WORDS

- 미국 장애인교육법Individuals with Disabilities Education Act: IDEA
- 전국 정신건강 및 특수교육 연합National Mental Health and Special Education Coalition: NMHSEC
- 특수교육진흥법
- 장애인 등에 대한 특수교육법
- 도의적 치료moral treatment
- 특수아동협회Council for Exceptional Children: CEC
- 생활공간 면담life space interview
- 생활공간 위기 중재life space crisis intervention: LSCI
- 행동장애아동협회Council for Children with Behavioral Disorders: CCBD
- 기능 평가functional assessment
- 통합교육
- 배치의 연속체
- 정서행동장애 위험 학생students at risk for emotional and behavioral disorders
- 학교 차원의 긍정적 행동지원School-wide Positive Behavior Support

어떤 특성을 지칭하기 위해 특정 용어를 선택하고 그 용어를 정의하는 일은 매우 조심스러울 수밖에 없다. 그러한 용어가 개인에게 낙인을 부여하고 편견을 조장하여 개인의 권리를 침해하는 데 사용될 가능성이 있기 때문이다. 특히, 그러한 용어가 장애와 관련된 경우에는 장애를 정의하기 위해 사용한 표현들이 그 장애를 가진 사람들의 다양한 강점과 요구를 가리게 될 수도 있다. 장애 관련 용어를 적절하게 선택하고 정의를 타당하게 서술하는 것은 많은 논의와 연구가 필요한 어렵고 복잡한 작업이다. 특수교육 분야의 역사에서 보듯이 등장할 때는 열렬히 환영받던 용어와 정의들은 그리 오래지 않아 그 문제점을 지적받기 시작하고 곧이어 개정 노력의 대상이 된다. 그러나 이러한 어려움에도 불구하고, 관련 학문의 발전을 위해서는 전문가 간 의사소통에 사용될 용어가 통일되는 것이 유익하며, 특정 장애를 가진 사람들을 지원하는 정책이 지속적으로 개발되기 위해서는 장애명과 장애의 정의를 바탕으로 지원 대상의 규모가 어느 정도 한정되어야 할 필요가 있다. 이러한 필요성에 근거하여 이 장의 전반부에서는 용어와 정의 수립의 어려움과 문제점을 살펴보고, 후반부에서는 그러한 어려움과 문제점에도 불구하고 용어와 정의 수립을 위해 어떤 노력이 이루어져 왔는지를 소개한다.

1. 용어

이 책에서는 2007년 4월에 국회를 통과하여 2008년 5월부터 시행된 「장애인 등에 대한 특수교육법」에 따라 '정서행동장애'라는 용어를 주로 사용하고 있다.[1] 그러나 정서행동장애 외에도 다양한 용어가 이 장애를 일컫는 데 사용되어 왔다. 가

1) 「장애인 등에 대한 특수교육법」에서는 다음 중 어느 하나에 해당하여 특수교육을 필요로 하는 사람을 특수교육대상자로 규정하고 있는데, 정서행동장애는 이 11가지 중 하나다. 단 이 책에서는 법령을 직접 인용한 경우 외에는 가운뎃점을 생략하였다. 1. 시각장애, 2. 청각장애, 3. 지적장애, 4. 지체장애, 5. 정서 · 행동장애, 6. 자폐성장애(이와 관련된 장애를 포함한다), 7. 의사소통장애, 8. 학습장애, 9. 건강장애, 10. 발달지체, 11. 그 밖에 대통령령으로 정하는 장애(제15조 제1항).

장 많이 사용된 용어는 '정서장애'와 '행동장애'로, 정서장애는 주로 정신건강 분야의 전문가들이, 행동장애는 주로 교육 분야의 전문가들이 사용해 왔다. 즉, 전통적으로 이 분야를 다루어 온 정신의학이나 상담 전문가들은 '정서'라는 용어를 오랫동안 사용해 왔지만, 교육 전문가들은 관찰 및 측정이 쉽지 않고 추상적으로 느껴지는 '정서장애'보다는 구체적으로 묘사할 수 있고 변화를 측정하기에 용이한 '행동장애'라는 용어를 선호한 셈이다(Kauffman & Landrum, 2018). 그러나 정서와 행동은 밀접하게 연관되어 있고 정서와 행동의 어려움을 가진 개인을 위해서는 교육 전문가와 정신건강 전문가 모두의 지원이 필요하다. 이러한 점을 고려하여 미국의 '전국 정신건강 및 특수교육 연합(National Mental Health and Special Education Coalition: NMHSEC)'에서는 1992년 '정서 및 행동장애'라는 용어를 제안하였는데 이 용어는 미국의 특수교육 관련 법령에는 아직 채택되지 못했지만, 현재까지 이 분야에서 널리 사용되고 있는 가장 보편적인 용어다. 우리나라에서는 「특수교육진흥법」이 제정된 1977년 이래 '정서장애'라는 용어가 사용되어 왔으나, 2008년부터는 「장애인 등에 대한 특수교육법」에 의거하여 '정서행동장애'라는 용어가 사용되고 있다.

2. 정의

우리나라의 「장애인 등에 대한 특수교육법」에 명시된 정서행동장애의 정의는 미국 「장애인교육법」에 명시된 정서장애의 정의를 상당 부분 그대로 사용하고 있으므로 여기서는 미국에서 진행된 정의 관련 논의를 먼저 살펴본 후 우리나라의 상황을 소개한다.

1) 미국 「장애인교육법」에서의 정의

미국 「장애인교육법(Individuals with Disabilities Education Act)」, 즉 IDEA[2]라는 명

2) 미국 「장애인교육법」은 머리글자를 모은 IDEA라는 이름으로 더 많이 알려져 있다. 이 법이 2004년에 개정되면서 법 명칭이 「장애인교육진흥법(Individuals with Disabilities Education Improvement Act: IDEIA)」으로 바뀌었다. 그러나 그 이후에도 여전히 IDEA라는 약자로 일컫는 경우가 많다.

칭은 1990년부터 사용된 것으로, 원래 이 법의 명칭은 「전장애아교육법(Education for All Handicapped Children Act: EHA)」이다. 1975년에 제정된 EHA는 연방정부의 지원을 받는 공립학교들이 장애학생에게 무상의 적절한 공교육을 제공하고, 부모의 의견을 반영한 개별화된 교육계획을 작성하며, 비장애학생과 최대한의 상호작용 기회를 가질 수 있는 최소제한환경에 장애학생을 배치하도록 요구하고 있다. 이 법이 1990년에 개정될 때, 장애보다 개인을 우선하는 용어(people-first language)를 사용하자는 당시 장애인 옹호단체의 주장에 근거하여 'handicapped children' 대신 'individuals with disabilities'라는 표현을 법 명칭이 포함하게 되었다.

미국 「장애인교육법」에 포함된 정서장애의 정의는 다음과 같다. 최근 대부분의 학술논문과 교과서들은 정서장애를 일컫는 단어로 'emotional disorder'를 사용하지만, 미국 「장애인교육법」은 1990년 이래 'emotional disturbance'를 사용해 왔다.

'정서장애(emotional disturbance)'는 다음과 같이 정의된다.

(i) 이 용어는 다음의 다섯 가지 특성 중 하나 이상을 교육적 수행에 불리한 영향을 줄 만큼 장기간에 걸쳐 현저한 정도로 보이는 상태로,

(A) 지적, 감각적, 건강상의 요인에 의해 설명할 수 없는 학습 문제

(B) 또래 및 교사와 만족할 만한 대인관계를 형성, 유지하지 못함

(C) 정상적 상황에서 부적절한 행동이나 감정을 보임

(D) 늘 불행해하고 우울해함

(E) 개인적인 또는 학교 문제와 관련하여 신체적 증상, 통증, 공포를 보임

(ii) 조현병[3]을 포함하며, 정서장애라고 판명되지 않는 한 사회 부적응 아동은 포함하지 않는다.

3) 조현병은 이전의 '정신분열증'을 대체하는 용어로 2011년 말, 새 용어를 포함한 약사법 개정안이 국회를 통과함으로써 공식화되었다. 이 병에 대한 사회적 편견과 낙인을 없애기 위해 만들어진 '조현'이라는 용어는 '현악기의 줄을 고르다'라는 뜻으로, 치료를 통해 정신적 부조화를 개선해 주면 일상적인 생활이 가능하다는 의미를 담고 있다.

이 내용 중 (A)~(E)의 다섯 가지 특성은 정서행동장애학생의 특성을 장기간 연구했던 학자 Bower(Eli M. Bower, 1917~1991)가 1969년에 발간한 그의 저서 『학교 내 정서장애 아동의 조기 발견(Early identification of emotionally handicapped children in school)』에서 제시한 것이다. 1975년 EHA를 제정할 때 Bower의 저서에 제시된 정서장애 정의에 (i)과 (ii)의 내용이 추가되었는데, 당시 (ii)에는 조현병뿐 아니라 자폐성장애도 정서장애에 포함된다고 명시되어 있었다. 자폐성장애는 1990년 EHA가 IDEA로 법 명칭을 바꾸면서 그 내용도 개정될 때 정서장애에서 제외되어 별도의 장애 영역으로 분리되었다.

Bower에서 시작되어 현재의 미국 「장애인교육법」으로 이어진 앞의 정의를 강점과 약점으로 나누어 분석해 보면 〈표 1-1〉과 같다(방명애, 이효신 역, 2013; Council for Children with Behavioral Disorders, 1987; Duncan, Forness & Hartsough, 1995). 특히

표 1-1 미국 「장애인교육법」의 정서장애 정의: 강점과 약점

강점	약점
• 정신병리학적인 묘사를 배제하고 정신과적 진단명 중심의 정의를 최소화하였으므로 교육 장면에 좀 더 적절하다. • 정의의 내용이 교육 전문가들의 개념적 범주 안에 있으며, 교육 장면에서 관찰할 수 있는 말로 서술되어 있다. • 행동이 환경에 따라 다르게 나타날 수 있음을 가정하고 있다(개인적인 문제와 학교 문제를 모두 언급함).	• '장기간', '현저한 정도' 등은 주관적 판단이 개입될 소지가 큰 표현이다. • 사회 부적응을 보이는 학생을 제외하면 지원이 필요한 정서장애학생이 배제될 수 있다. • '정서장애와 사회 부적응을 모두 가진 학생'과 '사회 부적응만 가진 학생'을 구별하는 것이 가능한 일인지에 대한 논란이 있다. • 이 정의에 따르면 교육적 수행에 크게 문제가 없는 학생은 정서적 어려움이 심각해도 지원을 받을 수 없다. • 한 개인의 삶에서는 교육적 수행뿐 아니라 사회적·직접적·개인적 수행도 매우 중요한데 '교육적 수행'이라는 말이 자칫하면 '학업 수행'이라는 의미로 좁게 해석될 수 있다. • (C)~(E)에 해당하는 부적절한 행동이나 감정, 만성적 우울, 신체적 증상이나 공포 등은 「장애인교육법」 대상으로서의 적격성이 결정되기도 전에 학생을 특정 하위 유형으로 분류하게 한다.

(ii) 항에 포함된 '사회 부적응 아동은 포함하지 않는다.'는 내용에 대해서는 Bower의 정의에 없는 부분을 추가함으로써 정의를 개선한 것이 아니라 논란의 여지만 증폭시켰다는 비판이 전문가들 사이에서 제기되어 왔다(Forness & Kavale, 2000; Kauffman & Landrum, 2018; Merrell & Walker, 2004). 정서장애가 아니면서 사회 부적응만을 보이는 학생을 판별해 내는 것이 현실적으로는 거의 불가능하기 때문에 미국 내의 많은 주는 연방법에 명시된 사회 부적응 제외 규정을 주 단위의 법에 포함시키지 않고 있다.

2) 전국 정신건강 및 특수교육 연합의 정의

미국의 전국 정신건강 및 특수교육 연합(National Mental Health and Special Education Coalition: NMHSEC)은 교육 분야와 정신건강 분야의 전문가 단체, 장애인 옹호단체, 장애인 부모협회 등 30개 단체의 연합협회다. NMHSEC에서는 앞서 살펴본 미국 연방법상의 정서장애 정의가 갖는 약점을 보완하고자 20명으로 구성된 태스크 포스(task force)를 구성하여 다음과 같은 대안적 정의를 제시하였다(Forness & Knitzer, 1992).

(i) 정서 및 행동장애란 학교에서의 행동 및 정서적 반응이 적절한 연령, 문화, 인종적 규준과 매우 달라서 학업적 · 사회적 · 직업적 · 개인적 기술을 포함하는 교육적 수행에 불리한 영향을 주는 장애를 의미한다. 이 장애는

(a) 환경에서의 긴장 사건에 대해 일시적으로 나타날 것이라고 예상되는 정도를 넘어서는 반응을 보이고,

(b) 서로 다른 두 가지 상황에서 일관성 있게 발생하며(그중 하나는 학교임),

(c) 그 아동이나 청소년의 개인사를 고려했을 때 팀이 효과적일 것이라고 판단하여 제공한 프로그램 내 개별적 중재에도 불구하고 문제가 지속된다.[4]

(ii) 정서 및 행동장애는 다른 장애와 함께 존재할 수 있다.

(iii) 조현병, 정동장애(affective disorder)[5], 불안장애, 지속되는 품행과 적응장애가 (i)에서와 같이 교육적 수행에 불리한 영향을 미친다면 이러한 장애를 가진 아동과 청소년도 정서 및 행동장애 범주에 포함된다.

이 대안적 정의는 낙인을 최소화하고 정서행동장애와 다른 장애의 공존 가능성을 명시했으며, 학교 외의 환경에서 나타나는 문제의 중요성도 함께 강조했다는 점 등에서 현재의 법적 정의가 가진 문제점을 상당 부분 극복했다(Forness & Knitzer, 1992). 하지만 이 정의가 「장애인교육법」에 포함될 경우 훨씬 더 많은 학생이 특수교육 대상으로 선정되어 법의 보호를 받게 되고 이들의 교육에 막대한 예산이 필요할 것임을 우려한 전미 학교 교육위원회(National School Boards Association)의 반대로 법적 정의로는 채택되지 못하였다(Forness & Kavale, 2000). NMHSEC를 비롯한 많은 전문가 단체가 이 정의를 법에 포함시키기 위해 지속적인 노력을 기울이고 있다(Kauffman & Landrum, 2008). 비록 미국 「장애인교육법」에는 이 정의가 아직 반영되지 못했지만, 헤드스타트(Head Start)는 1993년 관련 규정을 개정하면서 이 정의를 채택하였다('Head Start Performance Standards', 1993).

3) 특수교육진흥법

특수교육과 관련하여 우리나라에서 가장 먼저 제정된 법은 「특수교육진흥법」이다. 이 법은 1977년 12월 31일에 제정되어 1987년과 1990년에 일부 개정을 거친 후, 1994년에 전부 개정이 이루어졌다. 1994년의 전부 개정안은 1995년, 1997년, 2000년, 2001년, 2002년, 2005년에 일부 개정을 거쳤고, 2007년 5월 25일 「장애인 등에 대한 특수교육법」이 제정됨과 동시에 폐지되었다(법제처, 2008).[6] 1994년 전부 개정 이전의 「특수교육진흥법」에서는 정서장애를 "정서적 · 감정적인 혼란으로 인

4) NHMSEC의 정서 및 행동장애 정의가 국회를 통과하지는 못했지만, 이 정의는 1993년 미국 연방 관보(Federal Register)에 수록되었다. 이때 (c)를 '일반교육에서 적용된 직접적 중재에 반응하지 않거나 아동의 상태가 일반교육 중재로는 충분하게 해결되기 어렵다.'라는 표현으로 바꾸어 조금 더 쉽게 이해할 수 있도록 하였다.

5) NMHSEC의 정의가 발표된 시기에는 『정신질환의 진단 및 통계 편람-제3판-개정판(DSM-III-R)』(1987)이 사용되고 있었으므로 NMHSEC 정의에 '정동장애'라는 용어가 포함되어 있다. 정동장애는 DSM 제4판에서 '기분장애(mood disorder)'로 변경되었다. DSM 제5판에서는 '기분장애'라는 상위 범주가 없어지고 '우울장애(depressive disorders)'와 '양극성 및 관련 장애(bipolar and related disorders)'라는 상위 범주가 신설되었다.

6) 「장애인 등에 대한 특수교육법」은 법이 공포된 지 1년이 경과한 날부터 시행되었으므로 실제 이 법이 적용되기 시작한 것은 2008년 5월 25일부터다.

하여 이상행동을 하는 자로서 특수교육을 필요로 하는 자"로 정의하였으나, 1994년부터는 다음의 정의[7]를 사용해 왔다.

정서장애를 지닌 특수교육대상자

가. 지적 · 신체적 또는 지각적인 면에 이상이 없음에도 학습 성적이 극히 부진한 자
나. 친구나 교사들과의 대인관계에 부정적인 문제를 지니는 자
다. 정상적인 환경하에서 부적절한 행동이나 감정을 나타내는 자
라. 늘 불안해하고 우울한 기분으로 생활하는 자
마. 학교나 개인 문제에 관련된 정서적인 장애로 인하여 신체적인 통증이나 공포를 느끼는 자
바. 감각적 자극에 대한 반응 · 언어 · 인지능력 또는 대인관계에 결함이 있는 자

「특수교육진흥법」의 정서장애 정의를 살펴보면, 가~마 항의 내용이 Bower의 정의를 기초로 한 미국 「장애인교육법」의 (A)~(E) 항과 매우 유사함을 알 수 있다. 다만 미국 「장애인교육법」의 정의 중에서 장애의 기간과 정도, 그리고 교육적 수행에 미치는 영향을 언급한 부분과, 조현병이나 사회 부적응에 대해 언급한 (ii) 항이 없고, '불행' 대신 '불안'이라는 단어를 사용한 점에서 차이가 난다. 또한 '바' 항이 포함되어 있다는 점에서 이 당시 자폐성장애가 독립된 장애 영역으로 분리되지 못하고 정서장애에 포함되어 있었음을 알 수 있다.

'마' 항의 경우, '학교나 개인 문제에 관련된 정서적인 장애'라는 표현이 포함되어 있는데 이는 정서장애의 정의를 서술하는 내용 안에 다시 '정서적인 장애'라는 용어를 사용함으로써 정의로서는 다소 부적절한 서술방식을 취했다고 할 수 있다. 예를 들어, 어떤 사람이 '우울'을 정의하면서 '정서적으로 우울한 상태'라고 서술했다면, 결국 '우울'에 대한 정의는 내리지 못한 채 같은 말을 반복한 셈이다. 이 경우, 우울

7) 내용상 정의에 해당하나, 우리나라 법에서는 '정의' 대신 '선정기준'이라는 용어를 쓰고 있다. 선정기준은 특수교육 대상학생인지를 가리는 기준이므로 보다 세부적인 기준이 제시되어야 하며, 현재 법에서 '선정기준'으로 표시된 내용은 '정의'라고 명명하는 것이 적절하다.

의 정의에서 '우울'을 빼고 '마음이 답답하고 기쁘지 않은 상태'라는 식으로 정의하는 것이 적절할 것이다. 다음에 소개할 「장애인 등에 대한 특수교육법」에서는 이와 같은 문제점을 보완하여 '마' 항의 문구를 수정하였다.

4) 장애인 등에 대한 특수교육법

「장애인 등에 대한 특수교육법」은 장애학생들에게 보다 나은 교육적 지원을 제공하고자 유치원 및 고등학교 과정을 의무교육으로 하고, 장애영아 교육을 무상으로 하여 조기 개입의 기회를 확대하였으며, 장애인의 고등교육 조항을 마련하여 생애주기에 따른 장애인 교육지원 체계를 마련하였다는 의의를 갖는다. 이 법에서는 정서행동장애를 다음과 같이 정의하고 있다.

정서 · 행동장애를 지닌 특수교육대상자

장기간에 걸쳐 다음 각 목의 어느 하나에 해당하여, 특별한 교육적 조치가 필요한 사람

가. 지적 · 감각적 · 건강상의 이유로 설명할 수 없는 학습상의 어려움을 지닌 사람
나. 또래나 교사와의 대인관계에 어려움이 있어 학습에 어려움을 겪는 사람
다. 일반적인 상황에서 부적절한 행동이나 감정을 나타내어 학습에 어려움이 있는 사람
라. 전반적인 불행감이나 우울증을 나타내어 학습에 어려움이 있는 사람
마. 학교나 개인 문제에 관련된 신체적인 통증이나 공포를 나타내어 학습에 어려움이 있는 사람

「장애인 등에 대한 특수교육법」에서 규정한 정서행동장애를 「특수교육진흥법」의 정서장애와 비교해 보면, 다음과 같은 차이점을 발견할 수 있다.

- 각 항목의 마지막 부분이 '~한 자'에서 '~한 사람'으로 바뀌었다. '者(자)'라는

한자를 한글로 바꾼 것이므로 의미상의 변화는 없으나, '~한 자'에 비해 한층 존중의 어감을 주는 '~한 사람'이라는 표현을 쓰게 된 것은 바람직한 변화라 할 수 있다.

- 정서 및 행동의 문제를 가졌을 뿐 아니라 그 문제가 학습에 어려움을 초래해야 한다는 조건이 모든 항목에 추가되었다.
- 상황의 정상 또는 비정상성이 절대적 기준으로 구별되는 것이 아님을 고려하여 「특수교육진흥법」에서 사용된 '정상적 상황'이라는 표현을 '일반적 상황'으로 바꾸었다.
- 미국 「전장애아교육법」의 내용이 「특수교육진흥법」에 반영되는 과정에서 'unhappiness'가 '불안'으로 오역되었던 것을 「장애인 등에 대한 특수교육법」에서는 '불행'으로 바르게 수정하였다.
- 「특수교육진흥법」에서 문제가 되었던 '마' 항의 내용을 수정하여 정서장애의 정의 안에 다시 정서장애가 포함되는 모순을 해결하였다.
- 「특수교육진흥법」의 '바' 항으로 포함되었던 자폐성장애가 별도의 장애 영역으로 분리되었다. 「장애인 등에 대한 특수교육법」에서는 자폐성장애를 지닌 특수교육대상자를 "구어 및 비구어 의사소통과 사회적 상호작용의 문제를 보이고 관심 · 행동 · 활동의 제한적이고 반복적이고 상동적인 특성 때문에 환경이나 일과의 변화에 저항을 보임으로써 교육적인 성취 및 일상생활 적응을 위하여 도움을 필요로 하는 사람"이라고 정의하고 있다.
- '장기간에 걸쳐'라는 표현이 추가된 것은 정서와 행동 문제의 지속 기간이 개인의 장애를 판단하는 데 주요 기준이 되어야 함을 시사한다.
- '특별한 교육적 조치'를 필요로 한다는 표현을 추가하여 이 분야의 핵심 관련자들이 장애를 개인이 가진 문제 위주로 보는 대신, 지원 요구를 위주로 보게 하였다.

이와 같이 정의의 여러 측면에서 개선이 이루어진 것은 분명하나, 이 법 역시 제한점이 없는 것은 아니다. '장기간, 특별한, 일반적인, 전반적인' 등과 같은 모호한 표현들이 여전히 포함되어 있고, 정서행동장애학생들이 학습에 어려움이 있음을 표현하기 위해 '지닌, 겪는, 있는'의 세 가지 서술어를 일관성 없이 혼용하고 있으며,

정서행동 문제의 '정도(severity)'에 대한 언급이 없다는 점 등이 대표적인 예다. 그러나 정서행동장애의 정의와 관련해서는 특수교육이 매우 발전되어 있다고 알려진 미국에서조차 다수의 지지를 받는 대안적 정의를 법과 정책에 반영시키지 못하고 있는 상황이므로, 정서행동장애의 정의가 충분히 연구 · 개발되지 못한 것이 우리나라만의 고민은 아니다. 향후 「장애인 등에 대한 특수교육법」의 개정 과정에서 심도 있는 연구와 논의를 통해 점진적으로 개선해 나가야 할 부분이라고 생각된다.

3. 정서행동장애 분야의 역사

하루에도 많은 것이 급변하는 현대사회에 살면서 흔적조차 찾기 어려운 과거사를 꺼내어 정리하는 일이 비현실적이라고 생각하는 많은 사람이 있으며, 이들의 생각에도 일리는 있다. 특히, 정서행동장애 분야의 역사는 지적장애, 심리학, 정신의학의 역사와 중첩되는 부분이 많기 때문에 정서행동장애 분야의 역사만을 일목요연하게 정리하기는 거의 불가능에 가깝다. 그러나 이 분야의 발자취를 거슬러 올라가다 보면 지금 우리가 논의하고 있는 많은 문제가 어느 날 갑자기 발생한 것이 아니라 상당히 오래전부터 많은 사람이 고민하고 연구해 온 것이라는 점과 다양한 해결 시도를 거치며 더욱 복잡한 쟁점으로 확장되어 온 것임을 알게 된다. 이러한 과정을 통하여 우리는 정서행동장애를 좀 더 깊이 있게 이해할 수 있을 뿐 아니라 사회 · 문화적 맥락에서 이 장애를 폭넓게 바라보는 지혜를 얻을 수 있다.

1) 20세기 이전

20세기 이전의 정서행동장애 역사를 별도로 구분하여 기록한 자료는 많지 않으나, 당시의 사회문화적 상황을 기술한 여러 자료를 살펴보면 정서행동장애가 어떻게 개념화되었고, 이 장애를 가진 사람들이 어떤 대우와 돌봄을 받았는지 짐작해 볼 수 있다. 18세기 이전까지 정서행동장애인의 삶은 상당히 불행했다고 할 수 있다. 종교의 영향력이 매우 컸던 시대인 만큼 종교가 규준을 벗어난 사람을 어떻게 규정하느냐에 따라 특별한 성향을 가진 사람이 성인(聖人)으로 추앙받기도 하고, 악마로

몰려 괴롭힘을 당하기도 했다. 안타깝게도 정서나 행동상의 어려움을 가진 사람들은 악마와 결합한 사람들로 간주되었고, 당시의 사회는 그 사람을 괴롭혀서 악마가 그 사람에게서 나오게 해야 한다고 믿었다. 이러한 인식의 당연한 결과로 정서행동장애인에 대한 학대와 무시가 정당화되었고 많은 정서행동장애인은 이웃과 사회의 신체적 · 정서적 · 언어적 폭력에 신음하며 고달픈 삶을 감내해야 했다. 또한 현대 사회와는 달리 아동과 청소년을 위해 사회가 쏟는 노력과 관심이 전무했던 시기여서 비장애 아동들조차 과도한 노동과 비인간적 대우에서 벗어날 수 없었고 가혹할 정도로 엄격한 훈육이 공공연하게 행해졌음을 고려할 때, 정서나 행동의 어려움을 가진 아동과 청소년들의 삶이 학대나 방임으로 가득했을 것임을 쉽게 짐작해 볼 수 있다.

18세기와 19세기에도 상황이 그리 많이 좋아진 것은 아니나, 사회의 선입견과 편견에 의문을 제기하고 이러한 아동과 청소년에게 적절한 도움과 중재가 필요하다는 것을 인식한 선각자들이 나타나기 시작했다. 특히, 19세기 말이 되면서 아동 및 청소년의 정신적 문제를 다룬 서적이 출판되기 시작하였다. 프랑스의 정신과 의사 Pinel이나 미국의 정신과 의사 Rush 등은 정신적 어려움을 가진 사람들에게 일상적으로 행해졌던 이전의 처치와는 반대로 이들을 인격적으로 대우하면서 친절하고 온화한 태도로 중재를 시도하였고, 이러한 돌봄을 받은 환자들에게서 긍정적인 발전이 나타난다는 것을 발견하였다(Borthwick et al., 2001). 이들이 행한 접근을 일컬어 '도의적 치료(moral treatment)'라 부르는데, 이를 현시점에서 본다면 새롭고 특별한 치료적 접근이라기보다는 장애인을 교육하고 지원하는 모든 사람이 당연히 갖추어야 할 기본 태도라 할 수 있다.

Itard 박사

한편 지적장애 및 정서행동장애 분야의 역사를 논할 때 빠지지 않고 등장하는 한 소년이 있다. 이 소년(후에 이 소년은 Victor라는 이름을 갖게 된다)은 1799년 프랑스 아베롱(Aveyron)의 숲속에서 발견되었는데, 발견 당시 숲에 살던 다른 야생동물과 유사한 행동을 했던 점으로 볼 때 어릴 때 숲속에 버려져 계속 동물들과 함께 살아온 것으로 짐작되었다. 오랫동안 사람과의 접촉 없이 야생에서 살아온 이 소년은 언어를 사용하지 않았고, 지적 과제를 수행하지 못했으며, 특이한 행동 양상을 보였다. 20세기 이후의 관점에서 볼 때 이 소년은 지적장애와 정서행동장애를 가지고 있었던 것으로 추정되는데(Victor가 발견된 시기에는 이 두 장애를 구분하여 생각하지 않았다), 이 때문에 두 장애 분야의 역사에 이 소년이 항상 등장하게 되었다. 당시의 여러 전문가가 이 소년을 관찰한 후 교육이 불가능하다고 판단하였으나, 이비인후과 의사였던 Itard(Jean Marc Gaspard Itard, 1774~1838)는 이 소년이 문화적·사회적 인간으로 생활할 수 있게 하기 위한 다양한 감각훈련과 교육을 여러 해에 걸쳐 실시하였다. 그 결과 Victor는 일부 영역에서는 이전에 할 수 없었던 기능을 습득하기도 했으나, 어떤 영역에서는 오랜 교육에도 불구하고 성과를 보이지 않았다. 이 소년을 위한 중재의 성공 여부에 대해서는 다양한 시각이 있어 한마디로 단언할 수 없지만, Itard가 Victor를 가르치면서 남긴 자세한 기록[1802년 출간된 『문명화되지 않은 한 남자의 발견과 교육에 관한 역사(An historical account of the discovery and education of a savage man)』]은 개별화된 중재를 중시하는 특수교육 분야에 많은 공헌을 하였다. 그의 기록은 또한 장애아동을 다룬 최초의 사례연구이기도 하다. Victor와 관련된 에피소드를 더 자세히 알고 싶은 독자는 우리나라에도 번역본으로 소개된 Paul Collins의 『네모난 못』(홍한별 역, 2006)을 읽어 보기를 권한다.

Victor

2) 20세기 전반기

19세기부터 싹트기 시작한 인권 의식에 힘입어 20세기 초부터는 아동과 청소년의 신체적·정신적 건강에 대한 관심이 증가되었고, 인지나 정서적 어려움을 가진 아이들에게 인간적 대우와 특별한 교육을 제공해야 한다는 인식이 생겨났다. 1914년에 미국 미시간주에서 실시된 특수교사 양성 프로그램을 기점으로 장애를 가진 학생을 위한 전문인력 양성이 본격적으로 시작되었고, 1918년에는 미국의 모든 주에서 「의무교육법」이 통과(주마다 통과된 연도는 각기 다르나 모든 주에서 법의 통과가 완료된 것이 1918년임)되어 모든 학생이 최소한의 교육을 받을 수 있는 토대가 마련되었다. 그러나 장애학생을 위한 교육환경이나 교수방법이 제대로 개발되지 않아 장애학생이 학교교육을 통해 성장하고 발전하기를 기대하기는 어려운 시대였다.

한편 20세기 초 심리학자들이 인간의 지능과 심리를 측정하는 도구[8]를 개발하고 현장에 적용하기 시작함으로써 교육적 · 심리적 검사가 널리 행해지고, 이에 따라 지적 문제나 정서 및 행동의 문제를 객관적으로 진단할 수 있게 된 것은 역사적으로 의미가 큰 사건이라 할 수 있겠다.

1920년대에는 특수교육 및 정서행동장애 분야에 큰 영향을 미친 두 단체가 등장하였다. 1922년에 결성된 특수아동협회(Council for Exceptional Children: CEC, https://exceptionalchildren.org)는 세계에서 가장 오래되고 가장 많은 회원을 가진 특수교육 관련 단체로, 올바른 정책 수립을 위한 옹호 활동과 수준 높은 전문가 양성을 통해 장애아동의 교육과 지원을 발전시키는 데 공헌해 왔으며, 2021년 현재 장애영역과 쟁점에 따른 18개의 분과 협회를 가지고 있다. 1924년에는 미국 교정정신의학회(The American Orthopsychiatric Association)가 결성되어 가정, 학교, 지역사회 맥락에서 정신건강 증진이 갖는 중요성을 강조하며 정신장애 예방을 위한 노력을 기울여 왔다. 이러한 단체들은 정서행동장애인을 직간접적으로 지원하는 다양한 분야의 전문가들이 협력 연구를 통해 다학제적 중재 및 지원 전략을 개발하게 해 주었다.

1931년에는 미국의 첫 아동정신병원인 브래들리 병원(Bradley Hospital)이 설립되었다. 이 병원은 Bradley 부부가 뇌염으로 인해 중복장애를 갖게 된 딸 Emma를 기리며 유언으로 남긴 재산으로 세워졌으며, 성인을 위한 정신병원밖에 없었던 시대에 아동의 정신장애에 초점을 둔 최초의 병원이었다. 개원 초기에는 빈곤 가정의 자녀를 진료한 것에 대해 치료비를 받지 않는 곳으로도 유명했다. 1935년에는 존스홉킨스 의대의 Leo Kanner 교수가 『아동정신의학(Child Psychiatry)』이라는 책

8) 대표적인 예는 프랑스의 심리학자 비네(Binet)가 동료인 시몽(Simon)과 함께 실행한 연구의 결과물로 1905년 발표한 최초의 지능검사 '비네-시몽 척도'다. 미국 스탠퍼드 대학교의 터먼(Terman) 교수는 이 검사를 미국 문화권에 맞게 개정한 '스탠퍼드-비네 지능검사'를 1916년에 발표하였다. 일반적으로 '비네 검사'라고 할 때는 터먼의 지능검사를 뜻한다.

을 출판하여 소아자폐에 대한 자신의 임상 경험을 소개하였고, CEC에서 1934년부터 발간한 학술지인 『Exceptional Children』은 장애아동 교육에 대한 다양한 관점과 연구 분야를 다룸으로써 정서행동장애 분야의 발전에 공헌하였다. 흥미롭게도 당시의 학술지에서는 조기 개입의 중요성이나 통합교육에 대한 찬반론 등과 같이 최근까지지도 주요 쟁점으로 거론되고 있는 주제들이 이미 논의되곤 하였다. 그 외에도 1930년대 말부터 아동의 정신병리를 다루는 책들이 급격히 증가하였다[예: Hunt(1944)의 『성격과 행동장애(Personality and the behavior disorders)』].

1940년대부터는 정서나 행동의 어려움을 가진 아동과 청소년을 위한 여러 중재 접근이 시도되었다. 예를 들면, Redl과 Wineman은 공격적이고 반사회적인 소년들을 위한 기숙제 시설인 Pioneer House에서 생활공간 면담(life space interview)이라는 중재 전략을 실시하였는데, 이는 치료적 토론(therapeutic discussion)을 통해 학생 스스로 통찰력을 갖게 해 주는 면담 전략을 말한다. 이 전략의 지지자들은 문제행동을 직접 변화시키려 하기보다는 생활공간 면담을 통해 학생이 통찰력을 갖게 해 주면 행동의 변화는 자연히 따라온다고 주장하였다(Dawson, 2003; Grskovic & Goetze, 2005). 1992년에는 Nicholas Long과 Frank Fecser가 생활공간 면담의 이론과 실제를 전문가들에게 교육하는 연수과정을 신설하면서 좀 더 광범위한 개념으로 용어를 수정하였는데, 이때부터 생활공간 면담은 생활공간 위기 중재(life space crisis intervention: LSCI)라고 불리게 되었다.

이와 같은 점진적 흐름에 힘입어 1950년대에는 정서행동장애를 가진 학생의 교육에 대한 관심이 상당히 높아졌다. 1953년에 Fenichael은 심한 정서행동장애학생을 위한 미국의 첫 사립특수학교라고 할 수 있는 'League School'을 설립했으며, 1955년 Leonard Kornberg는 정서행동장애 아동을 위한 학교교육을 다룬 최초의 단행본인 『정서장애 학급: 사례연구 및 이들을 위한 교육의 의미(A class for disturbed children: A case study and its meaning for education)』를 출판하였다. 1940년대와 1950년대의 정서행동장애아 교육은 주로 Sigmund Freud와 그의 딸 Anna Freud가 발전시킨 심리역동적 관점에서 이루어졌다. 심리역동 모델에 대해서는 이 책의 제4장에서 살펴볼 것이다.

3) 20세기 후반기

1960년대는 특수교육이 하나의 독립적 분야로 부상하고 사회 정책에도 반영되기 시작한 시기였다. 1964년에는 정서행동장애를 다루는 특수아동협회(CEC)의 분과 협회인 행동장애아동협회(Council for Children with Behavioral Disorders: CCBD)가 창립되었다. CCBD의 설립으로 정서행동장애 아동 및 청소년을 위한 전문가 연수, 학술 연구, 교수적 실제 개발이 더욱 활기를 띠게 되었다. 1965년에는 미국 연방 교육부 산하에 장애아교육국(Bureau of Education for the Handicapped)이 설치되어 미 전역의 공립학교에 특수교육 체제가 수립되기 시작하였다. 그보다 2년 앞선 1963년부터는 정서행동장애학생을 가르치는 전문가 양성 프로그램이 연방정부의 지원을 받기 시작하였다. 한편 캘리포니아주 학생들을 대상으로 한 Bower의 연구를 통해 정서행동장애의 정의와 판별에 대한 독창적인 저술들이 발표되기 시작한 것도 1960년대부터인데, 그의 심도 있는 저술은 1980년대까지 계속되면서 정서행동장애 분야 전반에 걸쳐 지대한 영향을 미쳤다(Bower, 1981, 1982).

1970년대에 일어난 가장 역사적 사건은 1975년 「전장애아교육법」 제정이다. 이 법의 통과로 장애의 정도와 유형을 불문하고 모든 장애학생이 무상의 적절한 공교육을 보장받게 되었다. 1987년에는 정서행동장애인을 위해 일하는 정신건강 전문가와 특수교육 전문가의 협력 단체인 전국 정신건강 및 특수교육 연합(NMHSEC)이 결성되어 정서행동장애에 대한 다학문적인 접근을 시도하고 정서행동장애인의 권리와 복지를 향상시키기 위한 협력적 옹호 활동을 펼치기 시작하였다.

20세기 후반에는 국가의 지원을 받는 다양한 특수교육 프로젝트가 실행되었는데, 그중 정서행동장애 분야와 관련된 연구주제로는 정서행동장애의 이론 모델에 관한 연구(이 책의 제4장~제7장), 정서행동장애의 분류와 표찰에 관한 연구, 정서행동장애인의 요구 분석 등이 있다(Kauffman & Landrum, 2018). 또한 1975년에 제정된 「전장애아교육법」이 여러 번의 개정을 거치면서 그 적용 대상이 장애 영유아까지 확대되었고, 개별화교육에 대한 규정도 더욱 정교해졌다. 1990년부터 「장애인교육법」으로 이름을 바꾼 이 법은 1997년 개정 시 심각한 문제행동을 보이는 장애학생에 대해 기능 평가를 실시하고 행동 중재 계획을 수립하도록 요구하였다. 이에 따라 행동장애를 가진 많은 학생에 대한 교육, 훈육, 징계 등이 지금까지도 계속 논의의 대상이 되고 있다.

앞에서 간단하게 정서행동장애 분야의 역사를 살펴보았으나 그 자세한 면면을 모두 소개하는 것은 이 책의 범위를 넘어서는 일인 듯하다. 좀 더 자세하게 이 분야의 역사를 공부하고 싶은 독자들은 Kauffman과 Landrum(2006)의 『정서·행동장애 아동 및 청소년 교육의 역사(Children and youth with emotional and behavioral disorders: A history of their education)』를 읽어 보길 권한다. 한편, 정서행동장애의 역사를 기술하면서 부득이하게 특수교육의 발전이 우리나라보다 앞서 이루어진 미국의 사건을 중심으로 기술할 수밖에 없었던 점이 아쉬움으로 남는다.

우리나라에서는 1977년 「특수교육진흥법」이 국회를 통과함으로써 장애학생을 위한 교육이 법제화되었는데 이 법에서는 '정서장애'라는 용어를 사용하였다. 1985년에는 한국정서·학습장애아교육학회가 설립되어 정서 및 학습에 어려움이 있는 학생들의 교육과 지원을 위한 전문가 간 협력의 장이 마련되었다. 이 학회는 2003년 한국정서·행동장애아교육학회로 이름을 바꾸어 정서행동장애를 가진 학생의 교육에 그 노력을 집중하고자 하였으며, 2018년부터는 한국정서행동장애학회로 다시 한 번 그 명칭을 바꾸면서 정서행동장애 분야를 총망라하는 학회로 도약하고자 노력하고 있다. 1985년에 『정서장애아 교육』이라는 이름으로 발간된 학술지는 1996년 『정서·학습장애연구』로 개칭되었고, 2003년부터 현재까지 『정서·행동장애연구』라는 명칭으로 발간되고 있다.

정서행동장애학생을 위한 특수학교로는 1983년에 대구덕희학교, 1989년에 청주성신학교가 개교하였고, 1993년에는 한국육영학교가, 1997년에는 한국경진학교와 밀알학교가 개교하였다. 최근에는 정서행동장애를 공존장애로 가지고 있거나 발달장애를 가진 학생들도 정서행동장애학생을 위해 설립된 특수학교에 다니고 있기 때문에 정서장애 특수학교라는 명칭이 큰 의미는 없으나 매년 교육부가 국회에 제출하는 특수교육 연차보고서에서는 국내 특수학교 중 7곳을 정서장애 특수학교로 분류하고 있다(서울정애학교, 밀알학교, 한국육영학교, 대구덕희학교, 경기도의 한국경진학교, 충청북도의 청주성신학교, 경상북도의 안동진명학교).

4. 정서행동장애 분야의 주요 과제

정서행동장애라는 개념조차 분명하지 않았던 시대에 비하면 정의 및 판별 절차가 여러 차례에 걸쳐 구체화되고 다양한 중재 및 지원 전략의 개발과 실행이 활발하게 이루어지고 있는 현재의 상황은 정서행동장애 분야의 발전상을 뚜렷이 보여준다. 그러나 이러한 괄목할 만한 발전에도 불구하고 정서행동장애학생들이 필요로 하는 교육과 지원이 적절하게 제공되고 있는지에 대해서는 여전히 우려와 의문이 제기되고 있다. 다음에 소개하는 내용은 정서행동장애학생의 교육적 성과(outcome)를 높이고, 궁극적으로 이 학생들과 그 가족의 삶의 질을 향상시키기 위해 지속적으로 논의되어야 할 과제들이다. 이 과제들은 완전히 새로 등장한 것이라기보다는 지난 몇십 년간 정서행동장애 분야의 주요 쟁점이었으며 여전히 우리의 고민과 노력을 요구하는 것들이다.

1) 정의 및 진단기준 체계화

「장애인 등에 대한 특수교육법 시행령」 [별표]에 명시된 정서행동장애의 정의에 관해서는 앞서 강점과 약점을 논하였다. 여기서는 동법 시행규칙 [별표]를 좀 더 자세히 살펴본다(〈표 1-2〉 참조). 이 표에서는 정서행동장애와 자폐성장애의 진단·평가 영역으로 적응행동검사, 성격진단검사, 행동발달평가, 학습준비도검사의 네 가지를 제시하고 있다. 사실 이 표는 '특수교육대상자 진단·평가의 도구'라는 「특수교육진흥법」 시행규칙 [별표]의 제목만 '특수교육대상자 선별검사 및 진단·평가 영역'으로 바꾸었을 뿐 표의 내용은 동일하다. 검사도구명을 법령에 포함하기보다는 장애 진단 시 반드시 포함되어야 할 영역만 제시하자는 학계와 현장의 요구에 따라 [별표]의 제목은 바꾸었지만, 표의 내용은 아직 제대로 정비되지 못한 상태라고 생각된다. 정서행동장애의 진단·평가에서 적응행동, 성격, 행동, 학습의 네 영역을 살펴보는 것은 당연한 일이지만, 향후 시행규칙을 개정할 때는 현재와 같이 네 가지의 검사명을 나열하는 대신 이 네 영역에서 파악되어야 하는 세부 항목을 제시하는 편이 바람직할 것이다(예: '행동발달평가' 대신 '행동 영역: 과잉행동, 주의산만, 공격행동,

표 1-2 「장애인 등에 대한 특수교육법」 시행규칙 별표

특수교육대상자 선별검사 및 진단 · 평가 영역(제2조 제1항 관련)

구분		영역
장애 조기 발견을 위한 선별검사		1. 사회성숙도검사 2. 적응행동검사 3. 영유아발달검사
진단 · 평가 영역	시각장애 · 청각장애 및 지체장애	1. 기초학습기능검사 2. 시력검사 3. 시기능검사 및 촉기능검사(시각장애의 경우에 한함) 4. 청력검사(청각장애의 경우에 한함)
	지적장애	1. 지능검사 2. 사회성숙도검사 3. 적응행동검사 4. 기초학습검사 5. 운동능력검사
	정서 · 행동장애 자폐성장애	1. 적응행동검사 2. 성격진단검사 3. 행동발달평가 4. 학습준비도검사
	의사소통 장애	1. 구문검사 2. 음운검사 3. 언어발달검사
	학습장애	1. 지능검사 2. 기초학습기능검사 3. 학습준비도검사 4. 시지각발달검사 5. 지각운동발달검사 6. 시각운동통합발달검사

* 비고: 특수교육대상자 선정을 위한 장애유형별 진단 · 평가 시 장애인증명서 · 장애인수첩 또는 진단서 등을 참고자료로 활용할 수 있다.

위축행동 등').

정서행동장애학생의 진단과 관련된 또 하나의 과제는 학교 상황에서 사용할 수 있는 선별, 진단, 평가도구의 개발 및 타당화라고 할 수 있다. 정서 및 행동과 관련

된 속성은 매우 다양하고 복잡하므로 하나의 도구로 개인을 판단하는 것은 상당히 위험한 일이나, 다양한 영역을 측정하는 검사도구가 다수 개발되어 있는 외국과 달리 우리나라의 학교 현장에서 사용하기에 적절하면서 타당도와 신뢰도를 갖춘 측정도구는 매우 부족한 실정이다(백예은, 박지연, 2020). 이는 도구의 개발부터 타당도 확인에 이르기까지 걸리는 시간과 비용이 엄청나기 때문이다. 측정도구의 개발이 단기간에 가시적 성과가 나타나는 연구주제는 아니지만, 정책적 지원을 통해 심리측정적 타당성과 실용성을 모두 갖춘 도구 개발을 장려하는 것은 정서행동장애 학생의 선별과 진단을 위해 선결되어야 할 과제다.

한편, 국내에서 개발된 측정도구가 부족한 탓에 많은 연구에서는 외국의 검사도구를 번안하거나 일부 수정하여 사용하고 있다. 현재로서는 이것이 하나의 대안이 될 수 있겠으나, 국외에서 타당화된 측정도구라 하더라도 그대로 번안하여 쓰기보다는 해당 영역 전문가들에게 검사도구의 내용이 우리나라 상황에서 사용하기에 적절한지에 대해 검증받는 절차를 거쳐 사용하는 것이 바람직하다.

2) 일반유아교육 지원을 통한 조기 개입

지금은 종영되었지만 2006년부터 10년간 공중파 TV를 통해 방영되었던 〈우리 아이가 달라졌어요〉라는 프로그램이 있다. 이 프로그램에서는 심각한 문제행동을 가진 아동의 부모가 참여 신청을 하면, 밀착 취재를 통해 그 아동의 문제 상황을 분석하고 이에 대한 전문가의 조언에 따라 아동과 가족을 지원하면서 시간의 흐름에 따른 아동의 변화를 보여 준다. 이 프로그램은 정서행동장애 아동만을 대상으로 제작된 것은 아니지만, 적절한 지원 없이 방치되면 장애를 갖게 될 수도 있는 아동들을 지원함으로써 장애를 예방하는 데 기여한 측면이 있다. 이 프로그램의 긍정적 기여와 한계에 대해서는 여러 견해가 있으나, 이 프로그램이 확실하게 보여 주고 있는 것은 5세 이하의 작고 귀여운 어린이도 어른들조차 감당하기 어려운 공격성이나 문제행동을 나타낼 수 있다는 사실이다. 아이를 키우는 부모라면 누구나 경험했을 법한 비교적 가벼운 문제행동을 이유로 프로그램에 출연한 가족이 가끔 있었지만, 대부분의 경우 시청자들은 조그만 체구의 아이가 발산하는 높은 에너지 레벨, '삐~' 소리로 음성 모자이크 처리되는 차마 입에 담기 어려운 욕설, 또래나 갓난아기를 향한 무차별적 공격 행동 등에 놀라곤 했었다.

문제는 이러한 아동들이 TV 프로그램에만 존재하는 것이 아니라 우리의 주변에도 매우 많다는 것이다. 많은 유치원과 어린이집 교사들은 장애로 진단받지 않았는데도 심한 문제행동을 보이거나 우울 및 불안의 징후를 보이는 아이들이 적지 않다는 데 의견을 함께하고 있다. 이러한 현상은 정서행동장애를 가진 아동만이 아닌 모든 아동을 대상으로 정서 및 행동 문제에 대한 선별이 실시되고, 선별된 아동에게는 예방적 지원이 조기에 실시되어야 함을 의미한다(Hester et al., 2003; Stormont, 2002). 이를 위해 유아교육 관련 종사자 양성 단계에서부터 실제적이고 효과적인 행동지원 방법을 교육할 필요가 있으며(노진아, 2007), 장애아동이 통합되어 있는 유아교육 환경뿐 아니라 장애아동이 없는 유아교육 환경도 유아특수교육 및 행동지원 전문가들의 자문을 받을 수 있는 시스템이 마련되어야 할 것이다. 또한 자녀의 심각한 문제행동으로 인해 고민하는 부모들을 위해 아동의 개별화된 요구에 초점을 맞추고 가족 전체의 변화를 시도하는 행동지원 프로그램이 제공되어야 할 것이다.

3) 정서행동장애학생의 통합교육

특수교육에서 통합이라는 단어가 등장한 이래, 정서행동장애학생의 통합은 무수한 시행착오와 논란의 대상이었다(Shearman, 2003; Visser & Strokes, 2003). 장애인 편의시설 및 보조공학의 발전과 확대로 지체장애나 감각장애를 가진 학생들의 통합교육이 이전보다 용이해진 반면, 학업성취가 강조되는 우리나라의 현 교육 상황에서 지속적으로 수업을 방해하고 교사와 또래를 공격하는 학생 또는 수업이나 학급활동에 무관심할 뿐 아니라 극심한 불안 및 우울 증세를 보이는 학생을 통합하는 것이 학생 본인과 또래들에게 과연 유익할 것인가 하는 데 대해서는 매우 다른 견해들이 존재한다. 특히, 과잉행동, 주의산만, 공격성 등의 외현적 문제를 가진 학생들은 교사와 학급 전체의 안전과 질서를 무너뜨린다는 이유로 일반교육 현장에서 가장 환영받지 못하는 대상이 되고 있다.

그럼에도 불구하고 통합교육 지지자들은 정서행동장애학생들끼리 모여서 따로 공부를 한다면 일반학급의 혼란은 어느 정도 진정되겠지만, 비장애학생들의 사회성 기술이나 정서적 표현 등을 일상생활 속에서 모방하고 습득할 기회를 갖지 못하게 된 정서행동장애학생들은 더욱 심한 정서 및 행동 문제를 가지게 될 것이고, 성인이 되어 학교가 아닌 지역사회에서 비장애인들과 어울려 살아야 할 시기가 왔을 때 이에 대한 준비가 전혀 되어 있지 않을 것이라는 점을 지적한다. 이 입장을 지지하는 사람들은, 일반교사 연수, 일반교사와 특수교사의 협력, 특수교육 보조인력 활용, 또래 교수 등과 같이 연구를 통해 입증된 교수적 실제의 적용을 통해 정서행동장애학생들이 가급적 많은 시간을 비장애 또래와 보낼 수 있게 해야 한다고 주장한다.

이와 구별되는 다른 시각으로, 정서행동장애의 특성상 통합학급보다는 소규모의 분리된 환경이 학생에게 더욱 유익함을 강조하는 전문가들도 있다. 일반학급에 존재하는 많은 감각적 자극은 때에 따라 정서행동장애학생들에게 견디기 어려운 자극으로 작용하여 문제행동을 유발하고 불안을 심화시키기도 한다. 정서행동장애학생들에게 이 모든 상황을 감내하라고 요구하는 것은 무리이며, 장애 특성에 따라 조용하고 분리된 환경에 배치해야 할 정서행동장애학생이 있다는 것이다(Polat & Farrell, 2002). 이 입장을 가진 사람들은, 통합교육을 적극적으로 실천하고자 다방면으로 노력하고 있는 미국에서조차 정서행동장애학생을 일반학급에 통합하는 대신 별도의 시설이나 학교 또는 일반학교 내 분리된 학급에 배치하고 있다는 점을 근거로 제시하기도 한다. 실제로, 교사와 또래의 안전 때문에 일반학급에 배치하기 어려운 품행장애학생도 있고, 집단 상황에서는 불안 증상이 너무 심하여 조용한 교실에서 교사의 개별적 돌봄을 받아야 하는 학생도 있다. 이러한 학생들에게는 통합교육의 긍정적인 측면보다는 통합교육으로 인해 감수해야 할 대가가 더 큰 셈이다.

이러한 두 입장 중 어느 한편이 옳거나 그르다고 할 수는 없다. 중요한 것은 '선택'의 여지가 있는가 하는 문제다. 학생이 가진 개별적 요구에 따라 통합의 정도를 달리할 수 있는 시스템이 마련된다면, 두 입장 모두를 만족시킬 수 있을 것이다. 하지만 그와 같은 배치의 연속체(continuum)를 구비하는 것이 현실적으로 쉬운 일은 아니다. 대안의 하나로, 개별화교육지원팀이 「장애인 등에 대한 특수교육법」에서 규정하고 있는 개별화교육계획을 작성할 때 대상학생의 요구를 정확하게 파악하고 이에 기반을 둔 통합교육 계획을 수립하며 변화하는 학생의 정서와 행동 상태에 따라 개별화교육계획을 수정하는 방안을 들 수 있다. 특수교육 현장에서 이러한 체제를 정착시킬 수 있다면, 정서행동장애학생의 문제행동 감소와 학업성취 및 사회성 증진이라는 총체적 목표를 달성할 가능성이 커질 것이다.

4) 폭력적이고 반사회적인 행동을 보이는 학생들의 증가에 대한 대처

한 중학생이 또래에게 술을 마시게 하여 정신을 잃게 한 후 성폭행했다든지(한겨레, 2020. 4. 29.), 도박 자금을 마련하려던 고등학생이 동급생을 감금하고 물고문하며 돈을 내놓으라고 협박했다든지(국민일보, 2021. 7. 5.) 하는 믿기 어려운 사건들이 연일 보도되고 있다. 급증하고 있는 아동 및 청소년의 폭력과 반사회적 행동은 사춘기의 반항심이나 파괴적인 온라인 게임을 탓하고 넘어갈 수 있는 수준보다 훨씬 심각하며 이러한 문제는 먼 나라의 이야기가 아니라 바로 우리 사회가 당면한 과제다. 이 학생들은 사람이나 동물을 대상으로 과도한 공격성을 보이고 기물을 파손하며 학교 및 사회의 규칙을 위반하는 정도가 심하므로 정서행동장애를 지닌 특수교육대상자의 범주에 포함될 가능성이 크다. 그러나 이들 가운데 극소수만이 학교, 병원, 시설, 상담센터 등을 통한 지원을 받고 있을 뿐, 대부분의 학생은 적절한 지원을 받지 못하고 있는 실정이다.

우리나라의 학교 현장이 모든 학생에게 안전하고 생산적인 학습 공동체가 되기 위해서는 폭력적이고 반사회적인 행동을 보이는 학생들의 개별 요구에 맞는 중재와 지원을 제공하는 일이 선행되어야 한다. 이 학생들은 행동뿐 아니라 학습에도 심각한 어려움을 보이는 경우가 많으므로 학습 및 행동지원이 모두 제공되어야 하고, 가족들을 위한 지원도 동시에 이루어져야 한다. 따라서 이 학생들에게는 특수교육 이상의 종합적 지원이 필요하다고 할 수 있는데, 이는 특수교육 전문가들이 사회복지, 정신건강 전문가들과 적극적으로 협력하여 교육, 복지, 의료를 아우르는 포괄적인 지원 체제를 수립해야 함을 시사한다(Farmer et al., 2007; Sprague & Walker, 2000).

5) 장애 위험 요인을 가진 학생에 대한 예방 노력

우리나라의 일반학교 현장에는 정서 및 행동상의 어려움을 가지고 있지만 특수교육 및 관련 서비스를 받고 있지 않은 많은 학생이 존재한다(박지연 외, 2004). 이들이 가진 문제가 당장은 특수교육대상학생으로 선정될 만큼 심각하지 않다고 하더라도, 적절한 중재 없이 그 문제가 방치된다면 어느 시점에 이르러서는 돌이킬 수 없는 결과가 초래될 수 있다. 교실과 학교 차원에서 생각해 볼 때도 이러한 정서행동장애 위험 학생이 나타내는 문제들은 교사들의 노력과 관심을 교수(instruction)보다는 통제(control)에 집중시키고 또래들의 학습을 방해할 것임을 쉽게 예상할 수 있다(Cheney et al., 2008). 최근 미국 특수교육 분야에서 많은 관심이 집중되고 있는 중재반응 모델(Response to Intervention Model)과 학교 차원의 긍정적 행동지원(School-wide Positive Behavior Support)은 학급 및 학교의 모든 학생을 대상으로 증거 기반의 실제(evidence-based practices)를 제공함으로써 경미한 학습 및 행동 문제를 조기에 예방하고, 모든 학생을 대상으로 한 보편적 지원에 반응하지 않는 장애 위험 학생들을 조기에 판별하여 문제가 더 심화되기 전에 적절한 지원을 제공하려는 목적을 가지고 있다(George et al., 2003; Lane et al., 2016; Sadler & Sugai, 2009).

조기 판별이라고 하면 흔히 정서 · 행동 문제를 어린 나이에 발견하는 것을 의미한다고 생각하기 쉬우나, 특수교육대상자로 선정되지는 않았지만 방치할 수 없는 정서행동 문제를 가진 중 · 고등학생을 찾아내는 것 역시 조기 판별이라고 할 수 있다. 학업이 강조되는 현재의 교육 현실에서 학생들의 정신건강을 강조하는 것은 너무도 당연한 일이겠으나, 전교생 또는 전국의 학생을 대상으로 하는 학업 진단평가에 쏟는 관심과 비용에 비해 이들의 정서적 안정과 행동 조절을 위한 노력은 매우 미미하다. 학생의 정서행동 문제가 상당히 심각하여 일반학급에서 수용되기 어렵거나 징계, 입원 등을 고려해야 하는 시점에 이르러서야 문제의 심각성을 인식하고 대책을 강구하는 것이 아니라, 전교생을 대상으로 하는 예방적인 정서 및 행동지원 체계를 수립해야 하는 것이 우리의 향후 과제라 할 수 있다(Lane et al., 2016).

국내에서도 학급 전체를 대상으로 정서 및 학습 지원을 제공하거나 정서행동장애 위험 학생을 판별하여 이들에게 중재를 제공한 후 그 효과를 검증하는 연구가 실행되고 있기는 하지만(박윤아, 박지연, 2008; 위한영, 박지연, 2019), 이러한 중재가 개별 교사나 연구자 차원에서 실시되는 수준을 넘어 학교나 교육청 차원에서 이루어질 수 있다면 더 많은 정서행동장애 위험 학생들이 그 혜택을 누릴 수 있을 것으로 생각된다. 한편 정서나 행동의 문제는 환경과의 상호작용에 많은 영향을 받기 마련이므로 전교생과 전 교직원을 대상으로 하는 중재 프로그램을 통해 또래와 교사들의 태도와 행동 변화를 도모하는 것은 정서행동장애 예방을 위한 근본적인 해결방안이라고 할 수 있다.

전교생을 대상으로 하는 보편적 지원에도 불구하고 여전히 문제를 나타내는 학생들에 대한 그룹 지원 프로그램을 다양하게 마련해야 하는 것도 정서행동장애 분야의 중요한 향후 과제 중 하나다. 이러한 프로그램의 예로는 사회성 기술 훈련, 분노조절 훈련, 갈등해결 기술 교수, 문제해결 기술 교수, 자기표현 훈련, 체크인 체크아웃(Check-In/Check-Out) 등을 들 수 있다(Yell et al., 2009). 우리나라에서는 2008년부터 위 프로젝트(wee project)를 실시하여 학교, 교육청, 지역사회 간 긴밀한 협력을 바탕으로 위기 상황에 노출된 학생을 위한 종합적인 안전망을 구축함으로써 이러한 학생들의 학업 중단, 장기결석, 학교 부적응을 예방하고자 노력하고 있는데, 이와 같은 국가 차원의 보호와 지원체계가 마련된 것은 매우 고무적인 일이라 할 수 있다.

6) 정서행동장애학생의 학업 능력 신장

'교수가 없는 교육과정(curriculum of noninstruction)'이라는 비난 섞인 용어가 나올 정도로(Wehby et al., 1995), 정서행동장애학생을 위한 교육에서는 학습보다 행동 통제가 강조되어 왔다. 정서행동장애학생의 교육을 다루는 교과서들은 대부분의 장을 행동 지도에 할애하고 있으며, 이 학생들이 내용 지식과 학습 기술을 갖출 수 있도록 돕기 위한 교수 전략에 대해서는 거의 다루지 않고 있다(Lane et al., 2002).

행동과 학습이 서로 영향을 주고받는 상보적 관계에 있다는 것은 1970년대부터 연구되어 왔다. 행동과 학습 중 어느 쪽이 원인이고 어느 쪽이 결과인지에 대해서는 결론을 내리기 어려우나, 학업성취가 낮은 학생들이 동시에 문제행동을 보이거나 대인관계의 어려움을 경험한다는 것과 문제행동을 보이는 학생들 대부분이 학교생활 초기부터 학습에 흥미를 잃고 낮은 학업성취를 보인다는 것은 주지의 사실이다. 따라서 정서 및 행동 문제에 대한 직접적인 중재와 함께 이들의 학업성취를 증진시키기 위한 노력이 병행된다면 학업 기술의 부족으로 인해 수업을 방해하거나 과제를 회피하려는 문제행동이 줄어드는 긍정적 효과를 기대해 볼 수 있을 것이다. 그러나 행동 중재의 효과성을 실험한 선행연구에 비해 정서행동장애학생을 대상으로 학업 증진을 위한 중재를 제공하고 그 효과를 검증한 연구는 이제 막 시작 단계에 있다(진미영, 박지연, 2012). 주의가 산만하여 교사의 지시를 제대로 따르지 못하는 정서행동장애학생을 대상으로 음역확장장치를 사용한 Maag와 Anderson(2006, 2007)의 연구나 정황 학습(anchored instruction) 전략을 정서행동장애학생의 수학 수업에 활용한 Bottge 등(2006)의 연구가 그 예라 할 수 있다. 앞으로 이와 같은 연구가 더욱 활성화되어 정서행동장애학생의 학업 증진을 위한 증거 기반의 실제가 확장되고 정교화되어야 할 것이다. 또한 정서행동장애 전문가들은 행동지원을 계획하고 실행하는 능력에 더하여 학생의 학습동기를 높이고 효율적인 학습이 일어나게 하여 학생의 성공 경험을 높이는 교수 전략을 함양하고자 노력해야 할 것이다(Maggin et al., 2016; Scheuermann & Hall, 2016).

5. 요약 및 결론

이 장에서는 정서행동장애를 지칭하는 용어와 정서행동장애의 정의가 어떤 과정을 거쳐 변화되어 왔는지를 고찰하는 동시에 현재 사용되고 있는 정의를 분석해 봄으로써 정서행동장애의 정의를 정교화하는 노력이 추구해야 할 방향을 모색해 보았다. 또한 이 장에서는 정서행동장애 분야의 변화상을 시대별로 살펴보았다. 정서행동장애 분야의 자세한 역사를 모두 다루는 것은 이 책의 범위를 벗어나는 일이겠으나, 독자들이 간단하게나마 이 분야의 역사를 고찰하면서 현재 이 분야에서 중시되는 여러 중재와 접근이 오랜 세월을 거쳐 많은 이의 수고를 통해 정제된 것임을 생각해 볼 수 있기를 바란다. 이 장의 마지막 부분에서는 정의 및 진단기준의 체계화, 조기 개입, 정서행동장애학생의 통합교육, 폭력적이고 반사회적인 행동을 보이는 학생들을 위한 지원, 장애 위험 학생에 대한 예방 노력, 정서행동장애학생의 학업 능력 신장 등과 같이 정서행동장애학생의 교육적 성과를 높이고, 이들과 그 가족들의 삶의 질을 향상시키기 위해 이 분야에서 계속 고민하고 노력해야 할 주요 과제를 제시하였다.

제2장

정서행동장애를 지닌 특수교육대상자 선정

개요

정서와 행동의 측정은 키나 몸무게를 측정하는 것에 비해 훨씬 더 복잡하고 미묘한 문제다. 놀이공원에서 "신장이 120cm 미만인 아동만 탈 수 있습니다."라는 표지판을 본 부모들은, 그리 큰 불만 없이 키가 120cm 이상인 자신의 자녀들을 설득하여 다른 놀이기구를 타게 하겠지만, "정서행동장애 평정척도 총점의 표준점수가 70점 이상일 경우 특수교육대상자로 고려될 수 있습니다."라는 공지문에 대해서는 "우리 아이가 그 날 컨디션이 좀 안 좋아서 71점이 나오긴 했지만, 평소에는 그런 대로 잘 지낸다."라는 항의에서부터 "우리 아이는 기준점수보다 1점 낮은 69점이지만, 문제행동 때문에 학교나 집에서 감당하기가 무척 버거우니 다시 검사해 달라."는 요청에 이르기까지 매우 다양한 이의가 제기될 것이다. 특히, 내면적인 문제는 직접 관찰하기가 쉽지 않으므로 이러한 현상은 더욱 두드러질 것으로 생각된다. 특수교육 및 관련 서비스를 절실히 필요로 하는 학생이 특수교육대상자로 선정되지 못하거나 특수교육적 지원 없이도 적절한 교육적 성과를 보일 수 있는 학생이 특수교육대상자로 선정되는 두 경우 모두가 학생 본인에게는 시간과 기회의 낭비일 수 있다. 이 장에서는 정서 및 행동의 어려움을 가진 학생이 특수교육대상자로 선정되기까지의 과정에 관련된 정서행동장애의 선별과 진단 · 평가 및 분류에 대해 살펴본다. 특수교육대상자로 선정된 이후의 평가 절차에 대해서는 제3장에서 다룰 것이다.

KEY WORDS

- 조기발견early identification
- 선별screening
- 국립특수교육원
- 특수교육대상 아동 선별 검사
- 부모보고형 검사
- 교사보고형 검사
- 자기보고형 검사
- 다관문절차
- 정신질환의 진단 및 통계 편람Diagnostic and Statistical Manual of Mental Disorder: DSM
- 국제질병분류International Classification of Diseases: ICD
- 외현적externalizing 정서행동장애
- 내재적internalizing 정서행동장애
- 공존장애comorbidity

[그림 2-1]은 「장애인 등에 대한 특수교육법」에 명시된 특수교육대상자의 진단·평가의뢰서 제출 및 처리절차를 도식화한 것으로 동법 시행규칙에 포함되어 있다.

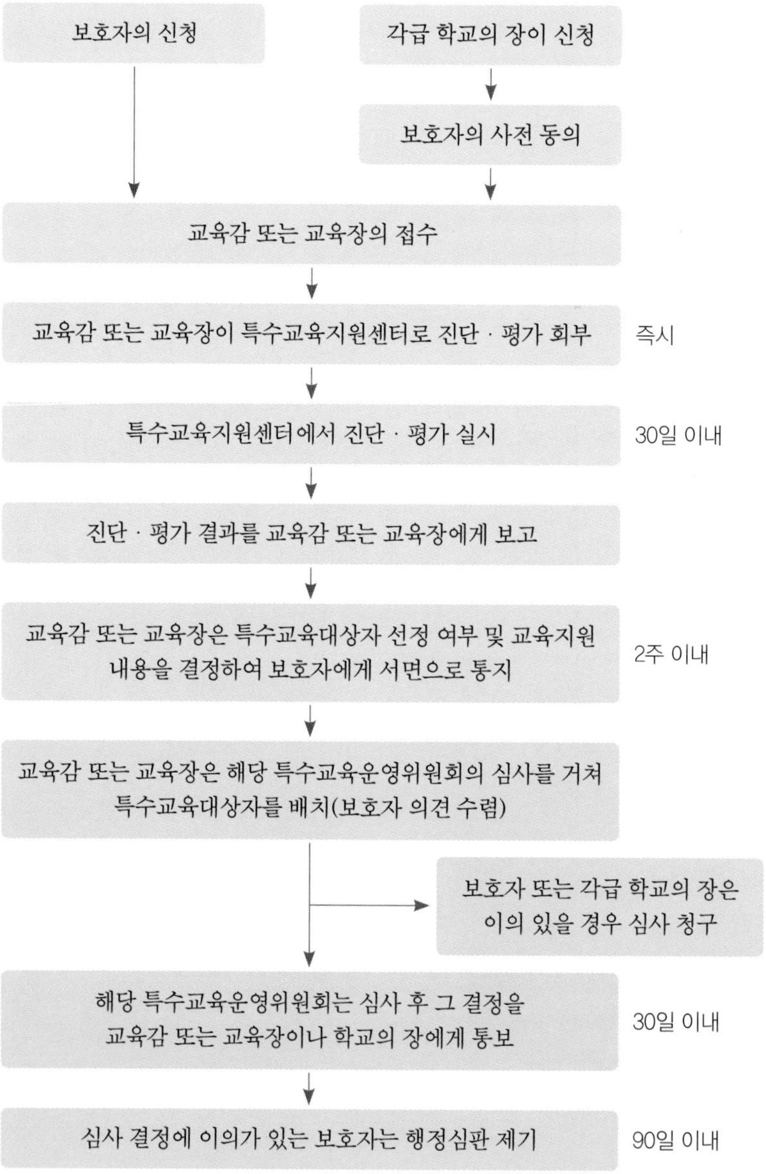

[그림 2-1] 특수교육대상자 진단 · 평가의뢰서 제출 및 처리절차

출처: 「장애인 등에 대한 특수교육법」 시행규칙 제2조 및 별지 제1호 서식.

이 절차는 각 단계별 시행 주체가 달라서(예: 보호자, 각급 학교장, 교육감, 특수교육지원센터 등) 다소 복잡해 보이지만, 이 절차를 대표적인 몇 단계로 요약해 보면 [그림 2-2]와 같다.

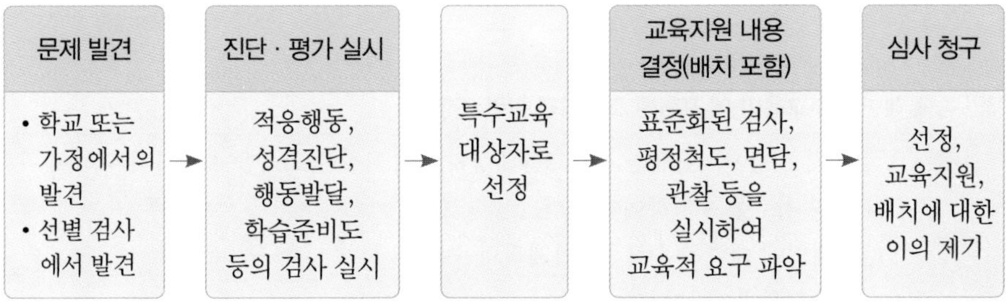

[그림 2-2] 특수교육대상자의 진단 · 평가 절차 흐름도

이 절차에서 문제의 발견부터 특수교육대상자로 선정되기까지의 과정은 학생이 정서행동장애를 지닌 특수교육대상자인지의 여부를 결정하기 위한 것이고, 배치를 포함한 교육지원 내용의 결정은 이미 특수교육대상자로 선정된 그 학생을 어디서 어떻게 지원할 것인지에 대한 것이다. 이 장에서는 학생이 특수교육대상자로 선정되기까지의 과정과 관련하여 이 분야의 전문가들이 숙지해야 할 내용을 살펴본다.

1. 선별과 진단 · 평가

[그림 2-2]에서 보듯이 진단 · 평가 절차의 시발점이 되는 문제의 발견은 선별(screening) 검사를 통해서 이루어질 수도 있고 선별 검사 없이 이루어질 수도 있다. 부모가 자녀의 정서나 행동상의 특징이 예사롭지 않음을 발견하여 진단 · 평가를 의뢰하거나, 유아교육기관이나 초 · 중등학교의 교사가 학생을 지도하는 중에 정서행동 문제를 발견하여 각급 학교 차원에서 진단 · 평가를 의뢰한 경우는 선별 검사 없이 진단 · 평가 절차가 시작될 것이다. 이와 같이 가정이나 기관에서 개별 학생의 문제를 발견하는 것이 진단 · 평가 절차를 시작하게 하는 일차적인 계기가 되겠지만, 「장애인 등에 대한 특수교육법」에서는 이를 넘어서는 국가 차원의 적극적인 장애 선별의 노력이 필요함을 명백히 밝히고 있다. 즉, 특수교육대상자의 조기발견이

개별 학부모나 교사의 책임을 넘어 국가 및 지방자치단체의 임무라는 것(「장애인 등에 대한 특수교육법」 제5조 제1항 2)과, 교육장과 교육감이 조기발견에 대한 폭넓은 홍보를 실시하고 효율적인 선별 검사를 무상으로 실시해야 할 의무가 있음(동법 제14조)을 다음과 같은 구체적인 조문으로 명시하고 있다(〈표 2-1 참조〉).

표 2-1 「장애인 등에 대한 특수교육법」에 포함된 조기발견 관련 조항

제5조 (국가 및 지방자치단체의 임무) 제1항	① 국가 및 지방자치단체는 특수교육대상자에게 적절한 교육을 제공하기 위하여 다음 각 호의 업무를 수행하여야 한다. 1. 장애인에 대한 특수교육종합계획의 수립 2. 특수교육대상자의 조기발견 3. 특수교육대상자의 취학 지도 4. 특수교육의 내용, 방법 및 지원체제의 연구 · 개선 5. 특수교육교원의 양성 및 연수 6. 특수교육기관 배치계획의 수립 7. 특수교육기관의 설치 · 운영 및 시설 · 설비의 확충 · 정비 8. 특수교육에 필요한 교재 · 교구의 연구 · 개발 및 보급 9. 특수교육대상자에 대한 진로 및 직업교육 방안의 강구 10. 장애인에 대한 고등교육 방안의 강구 11. 특수교육대상자에 대한 특수교육 관련서비스 지원방안의 강구 12. 그 밖에 특수교육의 발전을 위하여 필요하다고 인정하는 사항
제14조 장애의 조기발견 등	① 교육장 또는 교육감은 영유아의 장애 및 장애 가능성을 조기에 발견하기 위하여 지역 주민과 관련 기관을 대상으로 홍보를 실시하고, 해당 지역 내 보건소와 병원 또는 의원에서 선별 검사를 무상으로 실시하여야 한다. ② 교육장 또는 교육감은 제1항에 따른 선별 검사를 효율적으로 실시하기 위하여 지방자치단체 및 보건소와 병 · 의원 간에 긴밀한 협조체제를 구축하여야 한다. ③ 보호자 또는 각급 학교의 장은 제15조 제1항 각 호에 따른 장애를 가지고 있거나 장애를 가지고 있다고 의심되는 영유아 및 학생을 발견한 때에는 교육장 또는 교육감에게 진단 · 평가를 의뢰하여야 한다. 다만, 각급 학교의 장이 진단 · 평가를 의뢰하는 경우에는 보호자의 사전 동의를 받아야 한다. ④ 교육장 또는 교육감은 제3항에 따라 진단 · 평가를 의뢰받은 경우 즉시 특수교육지원센터에 회부하여 진단 · 평가를 실시하고, 그 진단 · 평가의 결과를 해당 영유아 및 학생의 보호자에게 통보하여야 한다. ⑤ 제1항의 선별 검사의 절차와 내용, 그 밖에 검사에 필요한 사항과 제3항의 사전 동의 절차 및 제4항에 따른 통보 절차에 필요한 사항은 대통령령으로 정한다.

선별은 본격적인 평가가 필요한지를 결정하는 간단한 검사를 말하는데, 선별 검사의 결과만 가지고는 특수교육대상자로의 선정 여부를 결정할 수 없다. 하지만 많은 수의 학생 중 추가 검사가 필요한 대상을 찾아주기 때문에 잘만 시행된다면 불필요한 진단 · 평가에 드는 시간과 노력을 줄일 수 있다(Kauffman & Landrum, 2018). 선별 검사를 통해 발견되었거나 보호자 및 학교를 통해 진단 · 평가가 의뢰된 학생에 대해서는 다양한 검사와 종합적인 판정 과정을 거쳐 특수교육대상자로서의 적격성을 결정하게 된다. [그림 2-3]은 서울특별시교육청이 2021년에 발간한 '특수교육지원센터 진단 · 평가 운영 매뉴얼' 중 정서행동장애를 지닌 특수교육대상자의 선정 절차를 도식화한 것이다. 서울시의 경우 ASEBA(Achenbach System of Empirically Based Assessment)의 일부인 CBCL과 TRF가 진단 · 평가의 주요 도구로 쓰이지만, 사용되는 검사 도구는 시 · 도 교육청에 따라 조금씩 차이가 있다. 이 절에서는 선별과 진단 · 평가에 흔히 사용되는 검사도구를 살펴본다.

1) 국립특수교육원 검사

(1) 정서행동장애 선별 검사

2009년 국립특수교육원은 '특수교육대상 아동 선별 검사'를 개발하고 표준화하였는데(노선옥 외, 2009), 이 검사는 특수교육을 필요로 할 가능성이 큰 학생(유치원생~고등학생)을 선별하기 위해 개발되었다. 이 검사의 하위 검사 중 하나가 '정서행동장애 선별 검사'이며, 유아용과 초 · 중 · 고등학생용으로 구성되어 있다. 이 검사는 「장애인 등에 대한 특수교육법 시행령」에 제시된 선정기준(이에 대해서는 제1장 참조)에 따라 교사 및 또래와의 관계에 관한 4개의 문항, 일반적 상황에서의 부적절한 행동이나 감정에 관한 4개의 문항, 우울과 불행감에 관한 4개의 문항, 신체적인 통증과 공포에 관한 4개의 문항을 포함하는 16문항으로 이루어져 있으며, 초 · 중 · 고등학생용의 경우 학업성취를 묻는 1개의 문항이 더 있다. 이 도구의 장점은 문항 수가 많지 않아 응답하는 데 걸리는 시간이 짧기 때문에 학부모나 일반교사의 거부감을 줄일 수 있다는 점과, 각 문항이 「장애인 등에 대한 특수교육법 시행령」[별표]에 제시된 정서행동장애 선정기준에 충실하게 개발되었다는 점이다. [그림 2-4]는 초 · 중 · 고등학생용 정서행동장애 선별 검사다.

접수

학교–보호자 상담 및 공문 제출 안내

① 담임, 특수교사 상담
 –담임교사: 학교장 의견서
 –특수교사: 학교장 의견서
② 보호자 상담 및 동의 확인
 –특수교육대상자의 정의, 선정 절차 안내
③ 진단 · 평가 의뢰서 공문 작성, 교육청 제출

↓

상담

학생 관찰 · 보호자 면담 및 담임교사 상담 실시

① 학교생활의 어려움을 구체적으로 확인
② 필수 요인 및 고려 요인 확인
③ CBCL 검사 실시(보호자): 기준 충족 확인

↓

진단 · 평가

진단 · 평가 실시

① 진단 · 평가 협력기관에 정서검사가 포함된 종합심리검사(full battery) 의뢰
② 진단 · 평가 검사 결과 종합적 판단
③ 종합심리검사(full battery) 결과와 보호자가 작성한 CBCL 결과가 불일치할 경우 담임교사에게 TRF 검사 의뢰

↓

특수교육운영위원회

특수교육운영위원회 심의

① 필수 요인 및 고려 요인 추가 확인
② 진단평가 결과 보고서 제출
③ 특수교육운영위원회 심사

〈용어 및 기준 정의〉

※필수 요인
–적응문제와 학습문제가 동시에 존재
–특수교육(학교 내) 및 관련 서비스 희망
–대상자(학생)의 특수교육대상자 선정 희망

※고려 요인
–문제행동 지속기간이 3개월 이하
–ADHD 진단 후 약물치료 기간이 6개월 이하
–문제행동에 대한 개별치료 기간이 6개월 이하
–우울증, 양극성장애, 조현병 등 정신장애가 동반될 경우 의학적 치료가 우선

[그림 2-3] 정서행동장애를 지닌 특수교육대상자의 선정 절차

출처: 서울특별시교육청(2021), p. 28.

정서행동장애를 지닌 특수교육대상자

정서행동장애를 지닌 특수교육대상자는 다음과 같은 행동을 나타낼 수 있습니다.
문항별로 학생에게 해당되는 모든 항목에 ∨표를 해 주기시 바랍니다.

Ⅰ. 대인관계 형성

검사 문항	자주 나타남	가끔 나타남	나타나지 않음
① 혼자 있거나 혼자서 논다.	2	1	0
② 또래와 상호작용을 적절하게 유지하지 못한다.	2	1	0
③ 또래 또는 교사와 이야기하는 것을 회피한다.	2	1	0
④ 단체 활동에 참가하는 것을 회피한다.	2	1	0
합계			
	총점		

Ⅱ. 부적절한 행동이나 감정

검사 문항	자주 나타남	가끔 나타남	나타나지 않음
① 부주의로 인해 학업 및 놀이 활동에서 실수를 저지른다.	2	1	0
② 수업시간에 손발을 가만히 두지 못하거나 의자에 앉아서도 몸을 움직거린다.	2	1	0
③ 학교 규칙을 위반하는 행동을 한다.	2	1	0
④ 사람 및 동물에게 공격행동을 한다.	2	1	0
합계			
	총점		

Ⅲ. 불행감이나 우울감

검사 문항	자주 나타남	가끔 나타남	나타나지 않음
① 슬프거나 공허한 표정 등의 우울한 기분을 보인다.	2	1	0
② 일상 활동에 대한 흥미나 즐거움을 느끼지 못한다.	2	1	0
③ 집중력이 떨어지거나 결정 내리기를 어려워한다.	2	1	0
④ 자존감이 낮거나 지나친 죄책감을 보인다.	2	1	0
합계			
	총점		

Ⅳ. 신체적인 통증이나 공포

검사 문항	자주 나타남	가끔 나타남	나타나지 않음
① 새로운 환경이나 낯선 사람과 있을 때 무서워한다.	2	1	0
② 특정 동물, 사물, 장소 등을 지나치게 무서워한다.	2	1	0
③ 친구들 앞에서 발표하는 것을 불안해하거나 고통스러워한다.	2	1	0
④ 특별한 질병이 없는데도 신체적 고통을 호소한다.	2	1	0
합계			
	총점		

V. 학업성취 수준

* 학생의 학급에서의 학업성취 수준	상	중	하

진단검사 의뢰 대상: 다음 ①, ②의 두 조건을 모두 만족하는 경우
① I, II, III, IV 중 최소한 어느 한 영역에서 4점 이상
② V 학업성취 수준이 '하'인 학생
* 예 1: I 영역이 2점, II영역이 1점, III영역이 0점, IV영역이 1점으로서 총점이 4점인 경우는 진단검사 의뢰 대상이 아님
* 예 2: II 영역의 총점이 4점이고, 학업성취 수준이 '상'인 경우는 진단검사 의뢰 대상이 아님

[그림 2-4] 국립특수교육원 정서행동장애 선별 검사

출처: 노선옥 외(2009), pp. 33-36.

(2) 정서 · 행동검사

2021년 국립특수교육원은 '국립특수교육원 정서 · 행동검사(NISE-K · EBS)'를 개발하고 표준화한 후(류재연 외, 2020) 이를 온라인으로 출시하였다(http://nise-test.com). 이 검사는 정서행동 문제의 진단과 평가를 위한 도구가 필요하다는 특수교육 현장의 요구에 부응하여 개발된 것으로, 전국 5,491명의 학생을 대상으로 진행된 표준화 결과를 바탕으로 한 것이다. 이 검사는 유아부터 고등학교 3학년 학생을 위한 것으로, 유아용, 초등학교 저학년용, 초등학교 고학년 및 중등용의 세 가지 버전이 있다.

유아용 검사는 과잉행동, 감정표현, 공격성향, 주의산만, 피해의식, 타인의존, 불

안우울, 무기력증, 상호작용, 자기평가, 신체 증상, 특이행동의 12개 요인으로 구성되어 있다. 초등학교 저학년용 검사는 불안위축, 자기평가, 신체 증상, 감정상태, ADHD, 일탈행동, 분노조절, 자폐성향, 타인의존, 상호작용, 교류의지의 11개 요인으로, 초등학교 고학년 및 중등용 검사는 불안위축, 건강염려, 감정상태, 자기평가, 자기절제, 신체 증상, 주의산만, 일탈행동, 폭력행동, 과잉행동, 분노조절, 자폐성향, 상호작용, 타인인식, 교류의지, 타인의존의 16개 요인으로 이루어져 있다. 각 요인별 척도점수로 전체 T점수를 산출하며, T점수가 70 이상이면 특수교육 지원 및 기타 지원이 신속하게 제공되어야 함을 의미한다.

2) 아동 · 청소년 행동평가척도와 유아 행동평가척도

1983년 Achenbach와 Edelbrock은 자녀의 행동에 대한 부모용 평가척도인 아동 · 청소년 행동평가척도(Child Behavior Checklist: CBCL)를 개발하였다. 이를 시작으로 Achenbach는 여러 번의 개정과 보완 절차를 거쳐 2000년에 이르러서는 연령대와 평가자를 다양화한 행동평가 체계를 수립하는데, 이를 ASEBA(Achenbach System of Empirically Based Assessment)라 부른다.

ASEBA는 ① 1.5~5세의 영유아용, ② 6~18세의 아동 · 청소년용, ③ 19~59세의 성인용, ④ 60세 이상의 노인용에 이르는 4개 연령군으로 구분되어 있는데, 여기서는 영유아용과 아동 · 청소년용만을 소개한다. 영유아기와 아동 · 청소년기 행동평가를 위한 ASEBA 구성을 요약하면 [그림 2-5]와 같다.

평가 대상 연령 / 평가자	1.5~5세	6~10세	11~18세
부모보고형 (Child Behavior Checklist)	유아 행동평가척도 부모용(CBCL 1.5~5)	아동 · 청소년 행동평가척도 부모용(CBCL 6-18)	
교사보고형 (Teacher Report Form)	유아 행동평가척도 교사용(C-TRF)	아동 · 청소년 행동평가척도 교사용(TRF)	
자기보고형 (Youth Self Report)	실시하지 않음	실시하지 않음	청소년 행동평가척도 자기보고용(YSR)

[그림 2-5] 영유아기와 아동 · 청소년기에 대한 ASEBA 검사군

우리나라에서는 2003년에 CBCL 표준화가 이루어졌고(오경자 외, 2003), 2005년부터 2007년까지 영유아기와 아동·청소년기 ASEBA 검사군에 대해 예비 표준화 및 전국 규모의 국내 표준화가 이루어졌다. 유아 행동평가척도는 부모보고형, 교사보고형 모두 100문항으로 된 문제행동을 3점 리커트 척도로 답하는 형식이며, 교사용(Caregiver-Teacher Report Form: C-TRF)의 경우 교육기관의 교사뿐 아니라 보육교사도 답할 수 있다. 아동·청소년 행동평가척도의 경우, 부모보고형과 교사보고형은 120문항, 자기보고형은 119문항으로 구성된 문제행동을 3점 리커트 척도로 답한다.

가장 흔히 사용되는 아동·청소년 행동평가척도 부모보고형(CBCL 6-18)을 좀 더 자세히 살펴보자. 총 120개의 문항은 내재화(불안/우울, 위축/우울, 신체 증상), 외현화(규칙위반, 공격행동), 사회적 미성숙, 사고 문제, 주의집중 문제, 기타 문제를 알아보기 위한 내용으로 구성되어 있는데, 각 영역별 평가 내용과 예시 문항은 〈표 2-2〉와 같다.

부모는 현재 또는 지난 6개월 내에 자신의 자녀가 각 항목에 꼭 들어맞거나 그런 일이 자주 있었다면 '2'에, 가끔 그런 일이 있었거나 그런 경향이 조금 있는 편이면 '1'에, 전혀 해당되지 않는다면 '0'에 표시를 하게 된다. 부모의 평가 결과를 ASEBA 개발사 홈페이지(http://www.aseba.co.kr)에 입력하면 자동으로 평가 결과가 산출되는데, 원점수, 백분위, 표준점수가 자동으로 계산되며, 막대그래프 형태로 하위 척도별 비교도 가능하기 때문에 별도의 환산표나 계산 과정 없이도 즉시 결과를 해석할 수 있어 편리하다. 〈표 2-2〉에 제시된 아홉 가지 하위 척도의 경우, 표준점수가 70점(백분위 98) 이상이면 임상범위, 65점(백분위 93) 이상 70점 미만이면 준임상범위로 해석한다. 또한 하위 척도 중 불안/우울, 위축/우울, 신체 증상의 세 척도를 합하여 '내재화 척도'라고 하고, 규칙위반, 공격행동의 두 척도를 합하여 '외현화 척도'라고 하는데, 내재화 척도, 외현화 척도, 문제행동 총점의 경우, 표준점수가 64점(백분위 92) 이상이면 임상범위, 60점(백분위 84) 이상 64점 미만이면 준임상범위로 해석한다.

표 2-2 **하위 척도별 문항 예시**

하위 척도	평가 내용	예시 문항
불안/우울	정서적으로 우울하고 지나치게 걱정이 많거나 불안한 정도를 평가함	• 외로움을 호소한다. • 잘 운다.
위축/우울	수줍음이 많고 혼자 있기 좋아하며 소극적인 태도를 평가함	• 다른 사람들과 있는 것보다 혼자 있는 것을 좋아한다. • 말을 하지 않으려 한다.
신체 증상	특정한 의학적 원인 없이 신체 증상을 호소하는 정도를 평가함	• 뚜렷한 의학적 원인 없이 나타나는 신체적 문제가 있다(몸이 여기저기 아프다/두통/메스꺼움/눈의 이상).
사회적 미성숙	나이에 비해 어리게 행동하거나 성인에게 의지하는 성향 등 미성숙하고 비사교적인 면을 평가함	• 나이에 비해 너무 어리게 행동한다. • 어른들에게 붙어 있으려 하거나 너무 의존적이다.
사고 문제	강박적 사고와 행동, 환청이나 환시와 같은 비현실적으로 기이한 사고와 행동을 평가함	• 어떤 생각들을 마음에서 떨쳐 버리지 못한다. • 헛것을 볼 때가 있다.
주의집중 문제	산만한 정도와 과잉행동의 정도를 평가함	• 집중력이 없고 어떤 일에 오래 주의를 기울이지 못한다. • 가만히 앉아 있지 못하고 안절부절못하며 지나치게 많이 움직인다.
규칙 위반(행동일탈)	거짓말, 가출, 도벽 등 행동일탈의 정도를 평가함	• 부모님의 허락 없이 술을 마신다. • 물건이나 돈을 훔친다.
공격행동	공격적 성향과 싸움, 반항행동을 평가함	• 남에게 잔인한 짓을 하거나 괴롭히고 못살게 군다. • 자기 물건을 부순다.
기타 문제	위에 제시된 요인 이외의 다양한 부적응 행동을 평가함	• 손톱을 깨문다. • 지나치게 수다스럽다.

3) 정서장애 평가척도

정서장애 평가척도 제2판(Scale for Assessing Emotional Disturbance-Second Edition: SAED-2)은 Epstein과 Cullinan이 1998년에 개발한 SAED 초판을 2010년에 개정한 것으로, 국내에서는 진미영, 박지연(2017)이 표준화한 후 '한국판 정서행동문제 검사(K-SAED)'라고 명명하였다. SAED는 1997년 개정된 미국 「장애인교육법(IDEA)」

에 제시된 정서장애 정의를 근거로 개발되었는데, 2004년에 미국 「장애인교육법」이 미국 「장애인교육진흥법(Individuals with Disabilities Education Improvement Act)」으로 개정된 후에도 정서장애의 정의가 달라지지 않았기 때문에, 현재 미국에서 사용되고 있는 정서장애의 법적 정의에 가장 충실한 척도라고 할 수 있다. 「장애인 등에 대한 특수교육법」에 명시된 정서행동장애의 정의가 IDEA의 내용과 매우 유사하고(제1장 참고), SAED 문항들이 문화적 차이에 크게 영향을 받지 않게 서술되어 있으므로 우리나라의 정서행동장애학생 선별에 적용 가능성이 큰 도구라고 할 수 있다.

SAED-2는 5~18세를 대상으로 한 척도이며, 교사나 상담가, 부모 또는 학생을 잘 아는 사람이 문항에 응답하게 되어 있다. SAED-2는 6개의 하위 척도[1]로 이루어진 총 45개의 정서 · 행동 문제 평정 문항과 학생의 정서 및 행동 문제가 교육적 수행에 불리한 영향을 미치는 정도를 묻는 1개의 문항으로 구성되어 있다. 정서행동 문제 평정 문항들은 4점 척도(0점: 이 학생이 보이는 문제가 아님, 3점: 이 문제를 심각하게 보임)로, 교육적 수행에 불리한 영향을 미치는 정도는 6점 척도(0점: 불리한 영향을 미치지 않음, 5점: 극도로 심하게 영향을 미침)로 응답하게 되어 있다. SAED-2의 하위 척도별 예시 문항은 〈표 2-3〉에 제시되어 있다.

K-SAED는 전국의 초 · 중 · 고생 983명을 대상으로 수집된 자료를 바탕으로 표준화되었으며, 신뢰도와 타당도를 확보하는 과정에서 8문항이 삭제되어 37문항으로 이루어진 평정척도가 되었다. 또한 원 도구에서 교육적 수행에 불리한 영향을 미치는지를 묻는 1개의 질문은 국내 출판본에서 3개의 질문으로 세분화되었다.

K-SAED는 온라인 입력과 채점이 가능한 형태로 출시되었다(http://inpsyt.co.kr). 영역별로 판단할 때는 표준점수 13점(백분위 91)을 초과할 때 문제가 있다고 보는데, 표준점수 14~16점인 경우 정서장애의 가능성이 있고, 17점 이상일 때 명백하게 정서장애인 것으로 해석한다. 37개 문항의 총점은 SAED 지수로 환산되는데, 이 지수가 높을수록 문제가 심각하다는 의미다. K-SAED에는 이러한 평정척도 외에 면담과 관찰을 위한 검사지도 함께 포함되어 있기 때문에, 이 도구는 선별의 목적뿐 아

1) 학습 무능력(inability to learn: IL), 대인관계 문제(relationship problems: RP), 부적절한 행동(inappropriate behavior: IB), 불행감 또는 우울(unhappiness or depression: UD), 신체적 증상 또는 공포(physical symptoms or fears: PF), 사회 부적응(social maladjustment: SM).

표 2-3 SAED-2 하위 척도별 예시 문항

문항 유형	문항수	점수 범위	내용	예시 문항
학습 무능력	8	0~24	학교와 관련된 과제를 수행하는 것과 관련된 문제	쓰기 표현 기술이 부족하다/숙제 수행기술이 부족하다/읽기 기술이 부족하다
대인관계 문제	6	0~18	또래나 교사와의 관계 형성 및 유지의 어려움	친구가 매우 적거나 전혀 없다/그룹 활동을 잘 하지 못한다/자신이 남에게 괴롭힘을 당한다고 느낀다
부적절한 행동	10	0~30	다른 사람을 향한 공격 또는 방해행동	예의가 없고 권위에 대하여 반항한다/또래에게 무자비하다/다른 사람을 위협한다
불행감 또는 우울	7	0~21	부정적인 기분, 사고 또는 정서	자신감이 부족하다/늘 슬퍼하고 잘 웃지 않는다/이전에 즐겁게 했던 것들에 대해 더 이상 흥미가 없다
신체적 증상 또는 공포	8	0~24	불안과 신체적인 불편함의 정도	신체적 불편함을 호소한다/불안해하고, 걱정하며, 긴장한다/감정과 정서가 지나치게 예민하다
사회 부적응	6	0~18	반사회적 행동 또는 학교 밖에서의 비행	지역사회의 기물이나 자산을 파괴한다/가출한다/가정이나 지역사회에서 물건을 훔친다
교육적 수행에 미치는 불리한 영향	1	0~5	위의 45문항에서 평정한 정서 및 행동 문제들이 교육적 수행에 미치는 영향	

니라 본격적인 진단·평가의 목적으로도 사용이 가능하다.

4) 아동행동 평가시스템

아동행동 평가시스템(Behavior Assessment System for Children: BASC)은 1992년 Reynolds와 Kamphaus가 개발한 것으로, 영유아용(4~5세), 아동용(6~11세), 청소년용(12~18세)의 세 유형이 있다. 또한 BASC는 누가 평정을 하느냐에 따라 부모보고형, 교사보고형, 자기보고형의 세 가지 유형이 있는데, 아동용과 청소년용은 이 세 가지 유형이 모두 사용되는 반면, 영유아용은 자기보고형을 제외한 부모와 교사보고형만 사용된다.

Reynold와 Kamphaus는 2004년 BASC를 개정한 BASC-2를 출판하였는데, 이 도구는 국내에서 여러 번에 걸쳐 타당화 연구가 이루어졌으며 '한국판 정서-행동 평가시스템(K · BASC-2)'이라고 명명되었다(백성은 외, 2017; 안명희, 2007a, 2007b; 정유선, 안명희, 2021). K · BASC-2는 유아용(2~5세), 아동용(6~11세), 청소년용(12~21세)의 세 연령대를 대상으로 표준화되었고 부모보고형, 교사보고형, 자기보고형의 세 가지 유형이 있다(http://inpsyt.co.kr). 〈표 2-4〉는 교사보고형과 부모보고형의 종합 척도 및 내용 소척도 구성을 요약한 것이다.

평가 대상학생의 연령과 평정자에 따라 문항의 구성과 문항 수에 다소 차이가 있지만, 이 도구는 모두 4점 척도로 평정하며, 원점수를 산출한 후 평균 50 표준편차 10을 기준으로 한 표준점수로 환산한다. 이 도구는 검사 결과를 적응행동과 부적응행동으로 구분하여 광범위한 결론을 도출할 수 있고, 그와 동시에 DSM과 쉽게 연계할 수 있는 소척도를 통해 특정 문제의 심각도를 파악할 수 있다는 강점을 갖는다.

표 2-4 한국판 정서-행동 평가시스템 교사보고형 및 부모보고형 척도 구성

<table>
<tr><th rowspan="2">구분</th><th colspan="5">종합 척도</th><th rowspan="2">내용 소척도</th></tr>
<tr><th>외현화 문제행동</th><th>내재화 문제행동</th><th>학교문제</th><th>행동 증상 지표</th><th>적응기술</th></tr>
<tr><td>교사 보고형</td><td rowspan="2">과잉행동
공격성
품행문제*</td><td rowspan="2">불안
우울
신체화</td><td>주의집중 문제
학습 문제**</td><td rowspan="2">과잉행동
공격성
우울
비정형성
사회적 철회
주의집중 문제</td><td>적응성
사회성 기술
리더십*
학습기술**
기능적 언어소통</td><td rowspan="2">분노조절
집단 괴롭힘
발달적 사회성 장애
고등실행기능
부정적 정서성
회복력</td></tr>
<tr><td>부모 보고형</td><td></td><td>적응성
사회성 기술
리더십*
일상적 활동**
기능적 언어소통</td></tr>
</table>

*연령대에 따라 차이가 있음.
**보고자 유형에 따라 차이가 있음.
출처: 안명희(2016). 한국판 정서-행동 평가시스템 전문가 지침서. 서울: 인싸이트, p. 13.

5) 행동장애의 체계적 선별

다관문절차(multiple gating procedures)라고도 불리는 행동장애의 체계적 선별(Systematic Screening for Behavior Disorders: SSBD)은 1990년 Walker와 Severson이 개발한 정서행동장애학생 선별을 위한 모델이다. SSBD를 '모델(model)'이라고 부르는 이유는, SSBD가 질문지 형태의 평정척도가 아니라 다수의 학생 중 정서나 행동의 문제를 가진 학생을 체계적으로 선별하는 '과정'이기 때문이다(Severson et al., 2007). SSBD는 교사의 추천, 평정(rating), 직접관찰을 모두 활용하는 통합적 선별 절차로, 향후 우리나라에서 학교 단위, 교육청 단위로 정서행동장애의 조기 선별을 실시할 때 참고할 수 있는 모델이다.

[그림 2-6]에서 보는 바와 같이, SSBD는 크게 세 단계로 진행된다. 먼저, 각 학급 담임교사는 자신의 학급에서 외현화 행동(예: 공격행동, 과잉행동 등)을 가장 심하게 보인다고 생각되는 3명과 내재화 행동(예: 위축, 우울 등)을 가장 심하게 보인다고 생각되는 3명을 추천한다. 이때 내재화 행동과 외현화 행동에 대한 교사의 이해를 돕기 위해 안내문이 제공된다. 이 단계를 통해 학급마다 6명의 학생이 선별되므로, 학교 내 학급 수의 6배에 해당하는 학생들이 2단계 절차의 대상이 된다.

2단계에서는 각 담임교사가 자신이 추천한 6명의 학생을 대상으로, 위기사건척도(Critical Events Index: CEI)와 문제행동 총빈도척도(Combined Frequency Index: CFI)를 작성하게 된다. CEI는 33문항으로 이루어진 체크리스트로, 자주 일어나지는 않지만 매우 심각한 행동들(예: 절도, 방화, 식후 구토)을 그 내용으로 포함하는데, 교사는 그 행동이 지난 6개월 이내에 발생한 적이 있는지의 여부를 체크하게 된다. CFI는 12개의 적응행동과 11개의 부적응 행동이 얼마나 자주 발생하는지를 5점 리커트 방식으로 평정하는 척도다. CEI, CFI를 실시한 결과로 얻은 점수는 SSBD 매뉴얼(Walker & Severson, 1990)에 제시된 표를 참조하여 표준점수와 백분위점수로 환산되며, CEI, CFI 중 어느 하나에서 매뉴얼에 제시된 분할점수(cutoff score)를 초과한 학생은 3단계 절차의 대상이 된다.

3단계에서는 훈련된 관찰자가 학생의 수업 참여(교실)와 쉬는 시간의 사회적 행동(운동장)을 직접 관찰하게 된다. 관찰은 교실에서 두 번, 운동장에서 두 번 실시하며 매 관찰은 15분간 실시한다. 3단계의 관찰에서 성별, 연령별 규준을 초과한 학생

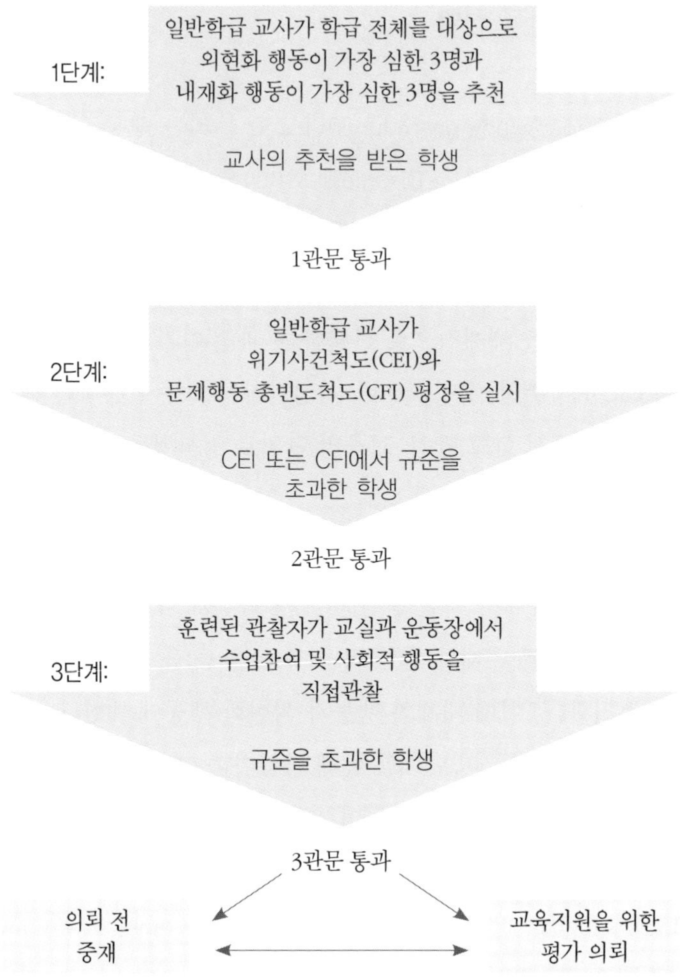

[그림 2-6] SSBD의 절차

출처: Severson et al. (2007), p. 209.

은 개별화교육지원을 위한 평가팀에 의뢰되거나 일반학급에서 의뢰 전 중재를 받게 된다.

이상에서 살펴본 바와 같이 SSBD는 개별 차원이 아닌 학급, 학교, 교육청과 같은 대규모의 선별을 염두에 두고 개발된 모델이므로, 단기간에 국내에 도입될 수 있는 성격의 모델은 아니다. 그러나 학급, 학년, 학교 단위에서 정서 및 행동장애 위험 학생을 선별하여 중재 프로그램을 실시하고자 하는 연구자들에게는 유용한 대상 선정 절차로 활용될 수 있을 것이다.

2. 분류

정서행동장애를 가진 아동과 청소년들이 보이는 특성에는 상당히 큰 범위의 다양성이 존재한다. 너무 시끄럽게 떠들어 수업을 방해하는 학생과 등교 때부터 하교 때까지 말 한마디 하지 않고 창밖만 바라보는 학생이 모두 정서행동장애학생일 수 있다. 이와 같이 정서와 행동을 표출하는 개인의 방식이 매우 다양하기 때문에 이들의 특성을 그 유사성과 상이성에 근거하여 몇 가지의 범주로 분류(classification)하는 것은 정서행동장애학생의 요구에 맞는 적절한 중재를 제공하는 데 도움이 될 것이다. 장애의 분류에서 우리가 기억해야 할 점은 '사람'을 분류하는 것이 아니라 '장애 특성'을 분류한다는 점이다. 정서행동장애학생들이 몇 개의 하위 집단으로 나뉘게 되는 것이 아니라 이들이 나타내는 정서, 행동, 인지, 신체적 특성들이 몇 가지 범주로 나뉘는 것이므로, 여러 범주의 특징을 동시에 보이는 학생도 있을 수 있다. 정서행동장애학생들이 보이는 복잡하고 다양한 특성을 소수의 범주로 구분하는 일이 가능한지, 만약 가능하다면 몇 개의 범주로 구분해야 하는지에 대해서는 이견이 있을 수 있겠지만, 장애의 분류가 적절히 이루어지면 전문가 간 의사소통이 원활해지고 장애의 원인과 중재 전략의 연구를 좀 더 효율적으로 실행할 수 있어 개별 학생의 요구에 맞는 교육적 지원을 제공하는 데 기여할 수 있다(Oland & Shaw, 2005). 다음에서는 지금까지 이 분야에서 사용되어 온 정서행동장애의 분류체계를 살펴본다.

정서행동장애의 분류 방식은 크게 의학적 분류와 교육적 분류의 두 가지로 나눌 수 있다. 전통적으로 학생의 정서행동장애를 진단하고 하위 유형을 판단하는 역할을 맡아 온 사람들이 의료 전문가들과 교사들임을 고려하면 이는 당연한 결과라고 할 수 있다. 정신과 의사들이 주로 사용하는 의학적 분류체계의 세부 사항까지 특수교육 전문가들이 심도 있게 숙지하기는 어렵겠지만, 정서행동장애학생과 그 가족을 포괄적으로 지원하기 위해서는 다른 분야의 전문가와 협력하고 의사소통할 수 있어야 하므로 타 분야에서 사용하는 용어와 분류체계에 대한 기본적인 수준의 이해는 있어야 할 것이다.

1) 의학적 분류

의학적 분류는 정신의학 분야에서 다양한 정신장애를 체계화하고 의료 전문가들 간의 의사소통을 원활하게 하려는 목적으로 시작되었다. 정서행동 문제를 가진 학생이 학부모와 함께 병원을 방문하면, 정신과 전문의는 학생을 진단하고 학부모를 면담하는 등 일련의 진단 과정을 거친 후, 의학적 분류체계에 따른 진단명을 알려 주게 된다. 이때 의사들이 사용하는 분류체계에는 DSM과 ICD의 두 가지가 있는데,『정신질환의 진단 및 통계 편람(Diagnostic and Statistical Manual of Mental Disorder: DSM)』은 미국에서 주로 사용되는 분류체계이고, 국제질병분류(ICD)는 세계적으로 통용되는 분류체계다. 그러나 DSM은 정신과 의사들만 사용하는 정신장애 분류체계인 데 반해, ICD는 정신장애만이 아닌 모든 질병을 망라하고 있는 분류체계이므로 정신과 외의 의사들도 사용한다는 차이가 있다. DSM과 ICD(ICD 중 제5장 '정신 및 행동장애' 부분)의 분류체계는 상당히 유사하며, 동일한 특성에 대해 같은 용어를 쓰는 경우도 있고 조금씩 다른 표현을 쓰는 경우도 있다.

『정신질환의 진단 및 통계 편람(DSM)』은 미국정신의학회(American Psychiatric Association: APA)에서 만든 분류체계로, 정신장애를 가진 사람들에 대한 진단과 분류의 효율성을 높이고 연구자 간의 의사소통을 원활하게 하기 위해 제작되었다. 미국정신의학회가 DSM을 처음 개발한 것은 1952년이었는데(DSM-I), 그 후 세계보건기구에서 제작한 국제질병분류(ICD) 제8판을 바탕으로 이를 개정하여 DSM-II를 발간하였다. 그 이후에도 이 분류체계를 정교화하는 작업이 계속되어 1980년에 DSM-III, 1987년에 DSM-III-R, 1994년에 DSM-IV, 2000년에 DSM-IV-TR(text revision), 2013년에 DSM-5[2]가 출간되었다. DSM-5는 DSM-IV-TR로부터 13년이라는 긴 시간이 흐른 후에 발표된 개정판이어서 그 변화의 폭이 상당히 컸다. 먼저 DSM-5가 제시하고 있는 정신장애 범주를 나열하면 다음과 같다.

2) DSM의 이전 판들이 로마자를 사용해 온 데 반해 DSM 제5판의 경우 로마자 V 대신 숫자 5를 사용하였다. 미국정신의학회(APA)는 DSM-5 홈페이지(http://www.dsm5.org)에서 그 이유를 다음과 같이 설명하고 있다. "이는 다음 판을 출간하기 전이라 하더라도 의학계의 연구를 통해 새롭게 발견된 내용이 있을 때 개정을 용이하게 하기 위함이다. 다음 판이 나오기 전까지 DSM-5.1, DSM-5.2 하는 식으로 소수점을 이용한 업데이트가 계속될 것이다."

- 신경발달 장애
- 조현병 스펙트럼 및 기타 정신증적 장애
- 양극성 및 관련 장애
- 우울장애
- 불안장애
- 강박 및 관련 장애
- 외상 및 스트레스 요인 관련 장애
- 해리(dissociative) 장애
- 신체화 증상(somatic symptom) 및 관련 장애
- 섭식 및 급식 장애
- 배설 장애
- 수면-각성(sleep-wake) 장애
- 성기능 장애(sexual dysfunctions)
- 성 불편증(gender dysphoria)
- 파괴적 장애 및 충동조절과 품행의 장애
- 물질관련 및 중독성 장애
- 신경인지장애
- 성격장애
- 성 도착(paraphilic) 장애
- 기타 정신장애

〈표 2-5〉는 DSM-5에 포함된 정신장애 범주 중 정서행동장애학생을 위한 교육 장면에서 논의될 가능성이 큰 몇몇 범주들에 대한 설명이다. 독자들은 이 책의 제3부 '정서행동장애의 하위 유형'에서 이 각각을 더 자세히 살펴보게 될 것이다.

표 2-5 DSM-5 중 정서행동장애학생과의 관련성이 높은 범주

범주	설명
신경발달 장애	신경발달의 문제로 인해 야기되는 장애로, 지적장애, 의사소통장애, 자폐스펙트럼 장애, 특정 학습장애, 주의력결핍과잉행동장애, 운동장애를 포함함 -주의력결핍과잉행동장애: 기능 또는 발달에 지장을 주는 부주의 및 과잉행동-충동성의 지속적 패턴이 12세 이전[3]에 두 가지 이상의 장면에서 나타남 -틱장애: 운동장애의 하위 유형 중 하나로, 갑작스럽고 빠르게 나타나는 근육의 움직임(운동틱)이나 소리(음성틱)가 반복하여 발생함. 투렛장애, 만성 틱장애, 일과성 틱장애 등이 포함됨
조현병 스펙트럼 및 기타 정신증적 장애	망상, 환각, 앞뒤가 맞지 않는 언어, 긴장증적 행동을 보이거나(양성증상) 정서적 표현 상실, 사고 및 언어의 생산성 감소, 목적 지향적 행동의 부재(음성증상)를 나타내는 정신장애
양극성 및 관련 장애	우울과 조증이 번갈아 나타나는 장애로, 양극성 장애와 기분순환장애를 포함함
우울장애	우울하고 슬픈 기분이 계속되는 장애로, 주요우울장애, 파괴적 기분조절부전장애, 기분부전증, 월경 전 불쾌감장애를 포함함 -우울장애: 지속되는 우울함, 일상 활동에 대한 흥미 저하, 식사와 수면의 문제, 무가치감이나 과도한 죄책감, 반복되는 죽음에 대한 생각을 특징으로 함 -파괴적 기분조절부전장애[4]: 발달수준에 맞지 않는 분노폭발(tantrum)이 말과 행동으로 평균 주 3회 이상 표출되는 일이 1년 이상 지속됨
불안장애	특정 대상이나 상황, 이전에 경험한 사건, 일상에 관련된 근심 등으로 인해 고통스러울 정도의 불안을 경험하는 상태. 분리불안장애, 선택적 함묵증, 특정공포증, 사회공포증, 공황장애를 포함함 -분리불안장애: 집 또는 애착대상으로부터 분리되는 것에 대해 발달적으로 부적절하고 과도한 공포나 불안이 있음 -선택적 함묵증: 정상적인 대화를 할 수 있으면서도 특정 사람에게나 특정 집단에게만 말을 하고 그 외 상황에서는 말을 하지 않음

3) DSM-IV에서 '7세 이전'이던 것이 DSM-5에서 '12세 이전'으로 개정되었다.

4) 파괴적 기분조절부전장애(Disruptive Mood Dysregulation Disorders: DMDD)는 DSM-5에 새롭게 추가된 장애로 심각한 탠트럼을 장기간 보이는 장애를 말한다. 이 장애를 우울장애의 하위 유형이라고 보기에는 무리가 되는 면도 있으나, DSM-IV의 '기분장애(Mood Disorder)' 범주가 DSM-5에서 '양극성 및 관련 장애'와 '우울장애'로 분리되면서 파괴적 기분조절부전장애는 우울장애에 속하게 되었다.

	–특정공포증: 높은 곳, 동물, 주사 맞기 등 특정 대상이나 상황에 대해 현저한 공포나 불안이 있음 –사회공포증: 타인의 주목을 받을 만한 사회적 상황에서 심한 공포나 불안감을 느끼거나 부정적 평가를 받을 행동이나 불안 증상을 보일까 봐 두려워하여 사회적 상황을 회피하려고 하거나 심한 공포와 불안을 가진 채 견디어 냄
강박 및 관련 장애	강박적인 생각과 이를 해소하기 위한 강박적 행동을 특징으로 하는 장애로, 강박장애, 신체변형장애, 저장장애, 발모광, 피부 뜯기 장애를 포함함
외상 및 스트레스 요인 관련 장애	외상이나 재난 사건에 노출된 결과로 무쾌감증, 불쾌감, 분노, 공격성 등의 정서적 어려움을 경험하는 상태. 반응성 애착장애, 탈억제형 사회관여장애, 외상 후 스트레스 장애, 급성 스트레스 장애, 적응장애를 포함함
섭식 및 급식 장애	음식의 섭취와 관련하여 어려움을 보이는 상태로, 이식증, 반추장애, 신경성 식욕상실증과 신경성 식욕항진증을 포함함
배설 장애	유뇨증과 유분증을 포함함
파괴적 장애 및 충동조절과 품행의 장애	타인의 권리를 침해하고 사회적으로 심각한 갈등을 야기하거나 권위를 가진 인물에게 반항하는 상태. 반항성 장애, 간헐성 폭발장애, 품행장애, 반사회적 성격장애, 방화광, 도벽을 포함함

'국제질병분류(International Classification of Diseases: ICD)'는 세계보건기구(World Health Organization: WHO)에서 건강 증진과 임상적 사용을 목적으로 개발한 질병 분류체계다. ICD의 역사는 19세기 말로 거슬러 올라가야 할 정도로 길다. 1893년 세계통계연구소(International Statistical Institute)는 『국제 사망원인 목록(International List of Causes of Death)』을 출간하였는데, 1900년에 WHO가 이를 모태로 ICD 초판을 발간하였다. 그 이후 약 10년 정도의 주기로 ICD가 개정되었으며 가장 최근판은 1992년에 출간된 ICD–10이다. 2019년 5월 세계보건총회에서 그다음 판인 ICD–11이 소개되었는데, 11판은 2022년 1월부터 효력이 발생할 예정이다.

앞에서도 언급했듯이, ICD는 신체적 · 정신적 상태를 모두 포함하는 분류체계로(〈표 2–6〉 참조), 이 중 다섯 번째 장인 '정신 및 행동장애'가 이 책에서 다루는 정서행동장애와 가장 밀접한 관련이 있다고 할 수 있다. 〈표 2–7〉은 이 다섯 번째 장에 포함되는 범주들을 보여 주고 있으며, 이 범주들 중 특수교육 장면에서 가장 자주

표 2-6 ICD 분류

장	ICD 부호	제목
1	A00–B99	일정한 감염 및 기생충 질환(Certain infectious and parasitic)
2	C00–D48	종양(Neoplasms)
3	D50–D89	혈액 및 혈액 생성 기관 질병으로 면역 체계와 관련된 병(Diseases of the blood and blood-forming organs and certain disorders involving the immune mechanism)
4	E00–E90	내분비, 영양 및 대사 질환(Endocrine, nutritional and metabolic diseases)
5	F00–F99	정신 및 행동장애(Mental and behavioral disorders)
6	G00–G99	신경계 질환(Diseases of the nervous system)
7	H00–H59	눈과 부속기의 질환(Diseases of the eye and adnexa)
8	H60–H95	귀와 유양돌기의 질환(Diseases of the ear and mastoid process)
9	I00–I99	순환기계의 질환(Diseases of the circulatory system)
10	J00–J99	호흡기계의 질환(Diseases of the respiratory system)
11	K00–K93	소화기계의 질환(Diseases of the digestive system)
12	L00–L99	피부 및 피하조직의 질환(Diseases of the skin and subcutaneous tissue)
13	M00–M99	근골격계 및 결합조직의 질환(Diseases of the musculoskeletal system and connective tissue)
14	N00–N99	비뇨 생식기계의 질환(Diseases of the genitourinary system)
15	O00–O99	임신, 출산 및 산후조리(Pregnancy, childbirth and the puerperium)
16	P00–P96	출산 전후 기간에 일어나는 특정 상태(Certain conditions originating in the perinatal period)
17	Q00–Q99	선천성 기형, 변형 및 염색체 이상(Congenital malformations, deformations and chromosomal abnormalities)
18	R00–R99	다른 곳에 분류되지 않은 증상, 증후와 임상 및 검사 소견상의 이상(Symptoms, signs and abnormal clinical and laboratory findings, not elsewhere classified)
19	S00–S98	상처, 중독 및 외적 원인에 의한 것들(Injury, poisoning and certain other consequences of external causes)
20	V01–V98	질병이나 사망의 외적 원인들(External causes of morbidity and mortality)
21	Z00–Z99	건강상태 및 보건 서비스와의 접촉에 영향을 미치는 요인들(Factors influencing health status and contact with health services)
22	U00–U99	특정 목적을 위한 부호(Codes for special purposes)

표 2-7 ICD 제5장 정신 및 행동장애에 포함되는 범주

부호	범주명
F00-09	증상성을 포함한 기질성 정신장애
F10-19	향정신성 물질 복용에 따른 정신 및 행동장애
F20-29	조현병, 분열형 및 망상성 장애
F30-39	기분(정동)장애
F40-49	신경증성, 스트레스 관련성 및 신체형 장애
F50-59	생리적 장애 및 신체적 요인과 연관된 행동 증후군
F60-69	성인 인격 및 행동장애
F70-79	정신지체[5]
F80-89	심리적 발달장애
F90-98	통상적으로 소아 및 청소년에 발병하는 행동 및 정서장애
F99	특정하기 어려운 정신장애

표 2-8 ICD 제5장 중 '통상적으로 소아 및 청소년에 발병하는 행동 및 정서장애'에 포함되는 하위 범주와 세부 범주

하위 범주명	세부 범주의 예
운동과다성 장애	활동성 및 주의력 장애, 기타 과잉행동 장애 등
품행(행위)장애	가정에 국한된 품행장애, 사회화되지 않은 품행장애, 사회화된 품행장애, 반항성 도전장애 등
품행(행위)과 정서의 혼재성 장애	우울성 품행장애, 품행과 정서의 혼재성 기타 장애 등
특히 소아기에 시작되는 정서장애	소아기 분리불안장애, 소아기 공포성 불안장애, 소아기 사회성 불안장애, 동기간 대항장애 등
특히 소아기 및 청소년기에 시작되는 사회성 기능 장애	선택적 함구증, 소아기 반응성 애착장애, 소아기 탈억제성 애착장애 등
틱장애	일과성 틱장애, 만성 운동성 또는 음성 틱장애, 투렛장애 등
주로 소아기 및 청소년기에 시작되는 기타 행동 및 정서장애	비기질성 유뇨증, 비기질성 유분증, 유아기와 소아기의 섭식장애, 이식증, 상동증적 운동장애, 말더듬 등

5) ICD-10이 출간된 1992년에는 정신지체라는 용어가 통용되었다. 장애 관련 법령들과 DSM에서는 정신지체라는 용어를 더 이상 쓰지 않고 '지적장애'라는 용어를 쓴다.

논의될 것으로 생각되는 '통상적으로 소아 및 청소년에 발병하는 행동 및 정서장애'에 대해서는 〈표 2-8〉에 좀 더 상세하게 제시하였다.

2) 교육적 분류

교육적 분류는 범주적 분류(dimensional classification) 또는 경험적 분류(empirical classification)라고도 불린다. 의학적 분류에서는 정서행동장애의 각 유형을 매우 특이한 하나의 현상으로 보지만, 교육적 분류를 지지하는 전문가들은 정서와 행동의 문제는 누구나 경험하는 것이고, 이를 매우 심한 정도로 나타내는 것이 정서행동장애라는 관점을 견지한다(Cullinan, 2007). 이러한 교육적 분류체계를 수립할 때는 일반적으로 많은 정서행동장애학생의 다양한 행동 특성을 모은 후, 수집된 행동 특성 항목들에 대해 요인분석(factor analysis)과 같은 통계적 절차를 적용하여, 동시에 나타나거나 밀접한 관련성이 있는 행동 특성들끼리 한 요인으로 묶는다. 정서행동장애의 범주적 분류체계는 연구자에 따라 다소 차이는 있으나 대부분의 범주적 분류에 반드시 포함되는 두 요인은 '내재화 요인'과 '외현화 요인'이다(Sourander & Helstelä, 2005). 내재화 요인은 과잉통제(overcontrolled)라고도 부르며, 우울, 위축, 불안 등과 같이 개인의 정서 및 행동상의 어려움이 외적으로 표출되기보다는 내면적인 어려움을 야기하는 상태들을 포함한다. 내재화 문제를 가진 학생들은 가시적인 문제행동을 일으키지 않는 경우가 많기 때문에 다수의 학생이 함께 공부하는 학교 상황에서는 교사의 주목을 받지 못할 가능성이 크며, 이로 인해 적절한 중재와 지원을 받지 못하는 가운데 내재화 문제가 더욱 심각해질 수 있다. 내재화 문제가 더할 수 없이 심해지면 어느 시점에 이르러 자살 또는 폭력성의 형태로 표출될 수 있으므로 내재화된 문제를 가진 학생들을 선별하여 지원하는 노력이 절실히 요구된다.

외현화 요인은 통제결여(undercontrolled)라고도 부르며, 공격성이나 반항행동 등과 같이 개인의 정서 및 행동상의 어려움이 타인이나 환경을 향해 표출되는 상태를 포함한다. 그러나 이 두 범주는 상호 배타적인 것은 아니며, 한 아동이 각 범주의 특성을 동시에 보일 수도 있고 두 범주에 속하는 특성을 번갈아 보일 수도 있다.

이와 같이 정서 및 행동 문제를 행동 특성에 따라 범주화하는 접근은 교실에서 어려움을 보이는 학생들을 분류하는 데 유용한 틀을 제공한다. 교실 상황에서는 정신과적 분류에 따라 중재를 하기보다는 행동 특성에 따라 중재를 하는 것이 보다 현실적이기 때문이다. Kauffman(2003)은 '정서'에 장애가 있다는 말이 갖는 낙인효과를 이유로, 정서장애 대신 내재화 장애, 외현화 장애라는 용어로 특수교육대상자를 선정하고 중재를 제공하자는 의견을 제시하기도 하였다. 정서행동장애 영역을 이와 같이 두 가지로 구분하여 법에 포함시키는 데는 현실적인 어려움이 있겠지만, 낙인효과를 줄이고, 좀 더 구체적이고 세분화된 중재를 제공할 수 있으며, 특수교육에서 상대적으로 덜 관심을 받아 온 내재화 문제에 좀 더 관심을 높일 수 있다는 점에서 고려해 볼 만한 제안이라 생각된다. 그러나 이 경우, 두 가지 문제를 모두 보이는 상당수의 학생을 어떻게 분류할 것인가의 문제가 발생한다는 단점도 있다.

이와 같은 범주적 분류체계를 선별에 활용한 예가 바로 앞서 소개한 ASEBA나 BASC라고 할 수 있다. 이러한 도구들은 척도의 하위 영역 중 일부 영역을 합산하여 내재화 총점, 외현화 총점을 산출하고, 이를 규준과 비교하여 임상적으로 심각한지의 여부를 판단하도록 구성되어 있다.

3) 공존장애

이상에서 정서행동장애를 분류하는 대표적인 두 체계를 살펴보았다. 그러나 분류체계가 아무리 정교하다고 하더라도 정서행동장애의 분류가 쉽지 않은 또 하나의 이유가 있는데 그것은 바로 공존장애(comorbidity) 또는 장애의 동시발생(co-occurrence) 때문이다. 공존장애란 한 개인에게 두 가지 이상의 장애 상태가 동시에 나타나는 것을 말하는데, 이 용어는 정서행동장애가 다른 장애(예: 학습장애)와 함께 나타나는 것뿐 아니라 정서행동장애에 포함되는 하위 범주들이 함께 나타나는 것(예: 우울장애와 품행장애)도 의미한다. 외현화 문제와 내재화 문제 간에는 유사점보다는 상반된 행동 특성이 많지만, 상당수의 정서행동장애학생들은 외현와 문제와 내재화 문제를 동시에 가지고 있다(Lilienfeld, 2003; Zahn-Waxler et al., 2000). 그러나 내재화 장애의 특성상, 외현화 장애처럼 표면적으로 잘 드러나지 않는 경우가 많기 때문에 학생이 보이는 공격행동이나 과잉행동 뒤에 숨겨진 내재화 문제의 공존을 감지하는 것이 쉽지 않다. 정서행동장애학생을 지도하는 교사들은 이 점을 기억하고, 학생의 외현적 행동 이면에 존재할 수 있는 내재화 장애의 가능성을 고려할 수 있어야 할 것이다.

내재화 장애와 외현화 장애의 동시발생에 대한 연구는 이 쟁점의 심각성에 비해 상당히 부족한 상태다. 그러나 공존장애에 대한 충분한 고려 없이는 중재의 효과성에 대한 명확한 결론을 내리기 어렵기 때문에 정서행동장애학생을 위한 증거 기반의 실제를 거론하는 데 한계가 있다. 중재의 효과성을 검증하는 대부분의 실험 연구들은 대상자를 선정할 때, 그 대상이 내재화-외현화 문제를 동시에 가졌는지를 고려하지 않고, 연구자가 정한 특정 기준(예: 공격행동을 정해진 기준 이상으로 보이는가?)을 충족하면 연구대상으로 선정한다. 실험의 결과로 연구대상에게 긍정적인 변화가 나타났다면 그 중재는 특정 문제를 가진 대상자에게 효과가 있다는 증거(evidence)를 하나 갖게 된 셈이다. 그러나 이때 그 대상자가 공존장애를 가졌는지의 여부를 자세히 살피지 않는 한, 어떤 중재가 외현화 또는 내재화 문제에 효과가 있다고 단언하기는 어려울 것이다(Jensen, 2003; Oland & Shaw, 2005). 장애의 공존성에 대한 이해가 더욱 깊어질 때, 정서행동장애 분야의 예방과 중재 노력도 더욱 구체화될 수 있음은 명백하다(Oland & Shaw, 2005).

3. 요약 및 결론

이 장에서는 정서행동장애의 선별과 분류를 중점적으로 살펴보았다. 선별은 추가의 평가가 필요한지의 여부를 알아보기 위한 간단한 절차지만, 장애의 조기발견을 위해 매우 중요한 절차다. 이 장에서는 선별을 위한 검사도구로 국립특수교육원 검사, ASEBA, SAED-2, BASC-2를 소개하였고, 선별을 위한 체계적 모델로는 SSBD를 소개하였다. 분류는 정서행동장애를 몇 가지 범주로 나누어 살펴보기 위한 것으로, 정신과적 분류와 교육적 분류가 대표적이다. 대표적인 정신과적 분류체계로는 DSM과 ICD가 있으며, 이 두 분류체계는 많은 유사점을 가진 동시에 차이점도 가지고 있다. 교육적 분류는 학생의 행동 특성에 따라 정서행동장애를 범주화한 것으로 내재화-외현화 구조가 가장 대표적이며, 교실 특성에 더욱 적합한 분류라고 할 수 있다.

제3장

교수를 위한 평가와 교육지원 계획

개요

우리는 단 며칠의 여행을 위해서도 주도면밀한 계획을 세운다. 어떤 교통수단을 이용해서 가는 것이 가장 쾌적하면서도 경제적일지, 여행지를 잘 둘러보기 위한 최상의 동선은 무엇일지, 식사와 숙소는 어디서 어떻게 하는 것이 가장 좋을지 등을 놓고 이런저런 궁리를 하고 인터넷을 검색하며 주변 사람들에게 조언을 구하기도 한다. 단기간의 여행을 위해서도 이렇게 많은 고민과 노력을 할진대, 장애학생의 한 학기 교육을 이끌어 갈 개별화교육계획을 위해 더 많은 준비가 필요할 것임은 두말할 필요가 없을 것이다. 이 장에서는 정서행동장애를 지닌 특수교육대상자로 선정된 학생에게 효과적인 교수를 제공하기 위해 실시하게 될 다양한 평가들을 소개하고, 개별화교육지원팀이 평가 결과를 바탕으로 작성하게 되는 개별화교육계획(IEP)의 구성 요소를 제시한다.

KEY WORDS

- 행동 및 정서 평정척도Behavioral and Emotional Rating Scale: BERS
- 면담interview
- 직접관찰direct observation
- 조작적 정의operational definition
- 교육과정중심평가curriculum based assessment
- 교수환경척도The Instructional Environment Scale: TIES
- 개별화교육계획Individualized Education Program: IEP
- 개별화교육지원팀Individualized Education Support Team
- 관련 서비스related services

1. 교수를 위한 평가의 실제

정서행동장애를 지닌 특수교육대상학생의 교수계획 수립을 위한 평가가 선정 절차의 완료 후라야 시작되는 것은 아니다. 제2장에서 살펴본 선별과 진단 · 평가 및 분류의 과정에서도 학생이 가진 여러 가지 강점과 요구가 발견될 수 있고, 그에 대한 기록이 자료로 남아 있게 된다. 그러나 이러한 정보만으로는 학생을 위한 교수계획을 수립하기 어렵다. 교수계획을 수립하기 위해서는 학생의 현행 수준을 정확히 이해하고 학생의 학습 특성, 강점과 약점, 학생이 생활하는 환경의 특징 등을 면밀하게 평가할 필요가 있다. 특히, 정서행동장애학생의 경우, 학업 측면의 특성과 문제뿐 아니라 정서적 특성이나 행동 문제, 사회성 기술 습득 정도, 대인관계 등이 추가로 조사되어야 할 것이다.

교수를 위한 평가의 구체적 방법들은 매우 다양하지만, 이 장에서는 이러한 방법들을 크게 세 가지 유형으로 나누어 살펴본다. 첫째는 간접적 방법으로, 학생을 잘 아는 사람이 학생의 학습, 행동, 정서 측면의 특징을 회상하여 평가에 필요한 정보를 제공하는 것이다. 학생의 주변인들은 질문지에 응답하거나 면담에 임하는 형태로 정보를 제공한다. 둘째는 직접적 방법으로, 학생이 생활하는 자연스러운 환경에서 학생의 학습 및 행동 수행을 측정하거나 학생 본인의 이야기를 들어보는 것을 모두 포함한다. 학생이 보이는 바람직한 행동이나 문제행동의 빈도, 강도, 지속시간 등을 관찰하는 것, 학생을 대상으로 검사자가 직접 지능검사나 교육과정중심평가를 실시하는 것 등이 대표적인 예라고 할 수 있다. 또한 학생과의 면담도 직접적 방법에 포함될 수 있을 것이다. 셋째는 환경 측정으로, 학생이 속한 환경상의 특징과 이러한 환경들이 학생에게 어떤 영향을 주고 있는지를 알아보는 것이다. 교수환경 평가와 사회적 관계망 평가 등이 대표적인 예가 될 것이다.

1) 간접적 방법을 통한 평가

(1) 질문지를 이용한 평가

앞서 제2장에서 살펴보았던 검사도구의 대부분은 행동 특성을 서술한 각 문항에 대해 주어진 척도(예: 3점 척도, 5점 척도)에 따라 응답자가 평정하는 방식을 취하고 있다. 교수를 위한 평가 단계에서도 질문지를 이용한 측정은 그 용이성 때문에 가장 흔히 사용되는 방법이다. 제2장에서 살펴본 검사도구 중 일부는 교수계획 수립에도 유용한 정보를 제공하지만, 개별 학생을 지도하기 위한 장단기 목표나 교육내용 및 교육방법을 결정하려면 조금 더 구체화된 측정이 필요하다.

교수를 위한 평가에 활용할 수 있는 척도 중 하나는 행동 및 정서 평정척도 제2판(Behavioral and Emotional Rating Scale-2nd edition: BERS−2)이다. 기존의 척도들이 바람직하지 않은 행동 위주로 서술된 문항들(예: 또래를 향해 공격행동을 한다, 욕을 한다, 이유 없이 무서워한다)로 구성된 데 반해, BERS−2는 모든 문항이 긍정적으로 서술되어 있어 강점을 측정하는 데 유용한 도구다. BERS−2는 Epstein과 Sharma가 1998년에 발행한 BERS를 2004년에 Epstein이 개정한 것으로 5~18세의 아동과 청소년을 대상으로 한다. 5세 이하의 유아들을 위해서는 Epstein과 Synhorst가 2009년에 PreBERS(The Preschool Behavioral and Emotional Rating Scale)를 발간하기도 하였다. 국내에서는 PreBERS의 표준화를 위한 기초연구만이 진행된 상태다(권정윤, 2014).

BERS−2는 모든 아동이 강점을 가지고 있으며 각 아동의 강점을 바탕으로 교육, 정신건강, 사회적 지원 및 서비스가 이루어져야 한다는 철학 위에 개발된 척도로, 청소년용, 부모용, 교사용의 세 가지 유형이 있다. 이 중 청소년용과 부모용 평정척도는 총 57개 문항으로, 교사용 평정척도는 총 52개 문항으로 이루어져 있으며 4점 척도(0점: 전혀 그렇지 않다, 3점: 매우 그렇다)로 평정한다. 〈표 3−1〉은 청소년용 평정척도의 하위 영역과 예시 문항을 제시한 것이다.

BERS−2의 하위 영역별 총점은 매뉴얼에 포함된 표를 이용하여 환산되며, 〈표 3−2〉에 제시된 기준을 바탕으로 정서 및 행동 강점의 정도, 정서행동장애학생일 가능성 등을 판단한다. 또한 전체 총점을 BERS−2 강점지수로 환산한 결과를 토대로 학생의 상대적 위치를 짐작해 볼 수 있다. 그러나 이와 같이 정서행동장애의 가능성을 판단하거나 학생의 상대적 위치를 짐작해 보는 것은 BERS−2를 선별과

표 3-1 **청소년용 BERS-2 하위 영역 및 예시 문항**

하위 영역	예시 문항
대인관계 강점 (Interpersonal Strength: IS)	화가 날 때 적절하게 표현할 수 있다/나는 비평을 수용한다/내가 게임에서 졌을 때, 그것을 받아들인다/타인의 말을 경청한다
가족관계 강점 (Family Involvement: FI)	지역사회 활동에 참여한다/가족과 잘 지낸다/부모님과 잘 지낸다/형제자매와 잘 지낸다/가정에서의 규칙을 잘 따른다
개인내적 강점 (Intrapersonal Strength: IaS)	나는 나 자신을 믿는다/나는 유머 감각이 있다/내가 잘하는 게 무엇인지 안다/나는 많이 웃는다
학교 관련 강점 (School Functioning: SF)	과제가 주어지면 완수한다/숙제를 다 마친다/수업시간에 집중한다/시험을 위해 공부를 한다
정서적 강점 (Affective Strength: AS)	필요할 때면 도움을 요청한다/다른 사람의 감정에 관심을 갖는다/다른 사람에게 친밀함을 느낀다/좋아하는 사람에게 마음을 표현한다

진단 · 평가의 목적으로 사용할 때의 경우이고, 교수를 위한 평가에서는 BERS-2를 실시한 결과에서 낮은 평정을 받은 항목들을 개별화교육계획에 포함할 행동목표 중 하나로 고려하고, 이를 위한 지도 방안을 고안하는 방식으로 이 측정도구를 활용하게 된다.

표 3-2 **BERS-2 결과 해석 지침**

정서 및 행동 강점	하위 척도 환산 점수	정서행동장애 학생일 가능성	BERS-2 강점 지수	정상 분포에서의 차지 비율(%)
매우 우수함	17~20	거의 없음	>130 (130 초과)	2.34
우수함	15~16		121~130	6.87
평균 이상임	13~14	매우 낮음	111~120	16.12
평균	8~12	낮음	90~110	49.51
평균 이하임	6~7	약간 높음	80~89	16.12
부족함	4~5	상당히 높음	70~79	6.87
매우 부족함	1~3	매우 높음	<70 (70 미만)	2.34

출처: Epstein (2004).

(2) 학생의 주변인 면담

면담은 학생을 잘 아는 사람들(예: 부모, 교사, 또래 등)에게서 학생에 관련된 다양한 정보를 수집하는 과정이다. 면담을 통해 얻게 되는 정보에는 학생의 발달적 특성, 교육경험상의 특징, 피면담자가 생각하는 학생의 시급한 요구와 강점 등이 있다. 면담은 그 내용 자체가 교수를 위한 계획에 활용되기 때문에 유용한 면도 있지만, 면담의 과정을 통해 피면담자들과 우호적인 관계를 맺고 학생을 위해 함께 노력하자는 합의를 끌어내는 과정으로서의 의의도 가지고 있다. 따라서 면담을 실시하는 전문가들은 숙련된 의사소통 기술과 대인관계 기술을 가지고 있어야 한다.

면담은 질문지가 요구하는 일정 수준의 읽기 능력을 요구하지 않고, 면담자가 피면담자의 응답에 따라 더욱 구체적인 질문을 할 수 있으며, 피면담자와 면담자가 상호작용할 수 있다는 장점이 있는 반면, 피면담자의 기억이 부정확할 수 있고 잘못된 판단이나 주관적인 진술의 가능성이 존재한다는 약점을 가지고 있다.

2) 직접적 방법을 통한 평가

(1) 직접관찰

직접관찰은 학생이 생활하는 자연스러운 환경에서 학생의 정서적 특징, 행동상의 특징, 대인관계 등을 직접 측정하는 것이다. 교수계획 수립을 위해서는 주로 교실을 비롯한 학교 상황에서 직접관찰을 하게 되겠지만, 때로 가정을 비롯한 기타 자연스러운 환경에서도 관찰을 실시한다. 학생을 관찰하기 위해 일정을 조절하고 시간을 내는 것이 바쁜 현장 전문가들에게 쉬운 일은 아니지만, 직접관찰을 통해 얻은 정보는 학생의 행동, 학생의 행동에 미치는 환경의 영향, 학생의 지원 요구 등을 파악하는 데 유용한 정보를 제공해 준다.

직접관찰을 하게 되는 가장 일반적인 계기는 어떤 문제행동이 매우 심각하다고 판단되어 행동의 발생 패턴을 파악하고자 할 때다. 이 경우, 관찰하고자 하는 행동을 모호하지 않게 서술함으로써 관찰 결과가 관찰자에 따라 달라지지 않게 하는 것이 중요하다. 목표행동을 관찰 가능한 용어로 정의한 것을 행동의 '조작적 정의(operational definition)'라고 하는데, 예를 들어 '산만하다'와 '주어진 과제에 시선이 머무는 시간이 10초 미만이다.'는 동일한 학생의 동일한 행동을 일컫는 말이지만,

표 3-3 조작적 정의 예시

일반적인 진술	조작적으로 정의된 진술
강식은 교사의 지시를 따르지 않는다.	지시가 주어졌을 때 강식은 5초 이내에 지시받은 행동을 하지 못한다.
영애는 과잉행동을 한다.	영애는 10분에 1회 이상의 빈도로 자리에서 일어난다.
후락이는 통학 버스를 제대로 이용하지 못한다.	후락이는 통학 버스 안에서 자리에 앉아 있지 못한다.
방현이는 공격적이다.	방현이는 쉬는 시간에 다른 친구들을 때리고 차고 미는 행동을 보이며, 친구들에게 욕을 한다.
범준이는 위축되어 있다.	범준이는 자유놀이 시간 중 10분 이상을 친구에게 상호작용을 한 번도 시도하지 않은 채 혼자 논다.

출처: Kerr & Nelson (2006), p. 111.

관찰자에 따라 판단이 달라질 소지가 적은 후자의 경우가 조작적으로 정의된 진술이라고 할 수 있다. 〈표 3-3〉은 Kerr와 Nelson(2006)의 저서에 제시된 조작적 정의의 예시다.

직접관찰을 위한 측정 방법에는 여러 가지가 있는데, 대표적으로 행동이 얼마나 자주 일어나는지를 관찰하는 빈도기록법, 행동이 얼마나 오래 발생하는지를 관찰하는 지속시간기록법, 주어진 시간 중 어느 정도의 비율로 행동이 발생하는지를 관찰하는 간격기록법의 세 가지가 가장 자주 쓰인다. [그림 3-1]은 이 세 가지 기록법에서 사용하는 기록지의 예를 보여 준다.

제2장에서 언급했듯이 SAED-2는 평정척도뿐 아니라 면담 기록지와 직접관찰 기록지가 하나의 패키지를 이루는 형태로 개발되었다. [그림 3-2]는 이 패키지 중 직접관찰 기록지의 일부인데, 이 기록지는 1분을 한 단위로 하여 30초간 관찰하고 30초간 기록하는 형태로 작성한다. 이 기록지로 대상학생을 관찰할 때는 비교 학생을 1명 선정하여 두 학생을 1분씩 번갈아 관찰하게 된다. (A)~(E)에 해당하는 행동은 30초 동안 한 번이라도 발생하면 해당 칸에 ∨표시를 한다(즉, 부분간격기록법). 단, 과제수행행동은 30초 내내 과제를 수행하고 있어야 해당 칸에 ∨표시를 할 수 있다(즉, 전간기록법).

빈도 기록지

이름 ______________________________

목표행동의 정의 ______________________________

____

빈도

관찰자	날짜/시간	1	2	3	4	5	6	7	8	9	10	합계

지속시간 기록지

이름 ______________________________

목표행동의 정의 ______________________________

____

지속시간

관찰자	날짜/시간	시작	멈춤	시작	멈춤	시작	멈춤	시작	멈춤	시작	멈춤	합계

간격 기록지

이름 ______________________________

목표행동의 정의 ______________________________

____

10분 구간

관찰자	날짜/시간	1	2	3	4	5	6

[그림 3-1] 직접관찰 기록지의 예

출처: Bambara & Kern (2005), pp. 115-117.

학생과 행동	1 O	1 R	2 O	2 R	3 O	3 R	4 O	4 R	5 O	5 R	6 O	6 R	7 O	7 R	8 O	8 R	9 O	9 R	10 O	10 R	11 O	11 R
대상학생 이름:																						
과제수행행동(전간기록법)																						
(A) 학습에 대한 어려움																						
(B) 대인관계 문제																						
(C) 부적절한 행동																						
(D) 불행감이나 우울																						
(E) 신체적 증상이나 공포																						
기타 행동 ___________																						
비교 학생 이름:																						
과제수행행동(전간기록법)																						
(A) 학습에 대한 어려움																						
(B) 대인관계 문제																						
(C) 부적절한 행동																						
(D) 불행감이나 우울																						
(E) 신체적 증상이나 공포																						
기타 행동 ___________																						

[그림 3-2] SAED-2 직접관찰 기록지

출처: 진미영, 박지연(2017), p. 2.

(2) 교육과정중심평가

교육과정중심평가는 교수적 결정을 내리기 위해 학생이 배우고 있는 교육과정에서의 학생 수행을 직접관찰하고 기록하는 일련의 절차를 말한다(Deno, 1987). 기존의 표준화된 평가에서는 학생이 이전에 본 적이 없는 문제를 풀지만, 교육과정중심평가에서는 현재 학생이 배우고 있는 내용을 중심으로 평가를 하게 되므로 학생의 현행 수준을 파악하여 다음 목표를 정하는 데 매우 유용하다. 또한 중재를 실시한 후 진보를 측정하는 데도 유용한 평가 방법이라 할 수 있다.

교육과정중심평가는 연간 교육과정에서의 일반적 수행을 측정하는 형태(예: 한 학년의 쓰기 교육과정에서 배우게 될 맞춤법, 띄어쓰기, 어법, 주술 호응 등을 모두 포함하

표 3-4 **교육과정중심평가의 예**

영역	평가 절차 및 결과 산출방식
읽기	읽기 교과서 지문을 1분간 읽게 한 후 바르게 읽은 단어의 수와 읽기 오류의 수와 유형을 기록한다.
수학	원의 둘레와 원의 넓이 구하는 문제 10개를 풀게 한 후, 바르게 푼 문제의 수와 오류 유형을 기록한다.
쓰기	만화 영화의 첫 10분간을 보여 준 후, 그 이후에 어떤 이야기가 전개될지를 10분간 써 보게 한다. 결과물에 나오는 단어의 수, 맞춤법이 틀린 횟수, 띄어쓰기가 틀린 횟수를 기록한다.

는 평가)로 실시할 수도 있고, 특정 영역에서의 기술 습득 정도를 측정하는 형태(예: 연음법칙을 이해했는지의 여부를 알아보는 평가)로 실시할 수도 있다(Fuchs & Deno, 1991; Hosp et al., 2016). 〈표 3-4〉는 기초 학업 기술에 대한 교육과정중심평가의 예를 보여 주고 있다.

3) 환경에 대한 평가

생태학적 관점이 특수교육에 미친 영향 중 하나는, 학생의 정서행동 문제가 학생이 가진 생물학적 원인(예: 유전, 뇌기능 이상)이나 학생의 내재화된 문제(예: 분노, 억압)에만 기인하는 것이 아니라 학생을 둘러싼 크고 작은 환경 변인의 영향을 받을 수 있음을 알려 준 것이다. 특히, 학교와 교실은 학령기 학생들이 가장 많은 시간을 보내는 곳일 뿐 아니라 또래 및 교사와의 교류가 일어나는 주요 환경이므로 이 환경이 갖는 요소들 역시 교수를 위한 평가의 대상이 되어야 한다. 예를 들어, 교실 내 가구의 배치, 학생들의 좌석 배치, 교사의 움직임 등은 학생 개인이 통제할 수 없는 외부 변인이지만 학생의 행동 및 학업에 직접적인 영향을 미치는 주요 변인이라고 할 수 있다. 교수환경에 대한 평가 결과는 학생을 위한 교수계획을 수립할 때 학생을 대상으로 한 직접적인 교수 활동뿐 아니라 개선되어야 할 환경적 요소를 파악하게 해 줌으로써 개별화교육계획이 더욱 종합적이 되게 해 준다.

교수환경평가에 사용되는 도구 중 하나로 Ysseldyke와 Christenson이 1987년에 개발하고 1993년에 개정한 교수환경척도(The Instructional Environment Scale: TIES-II)

표 3-5 **교수환경척도(TIES-II)의 학교 관련 요소**

영역	환경 요소	지표
교수계획	교수적 적절성	• 학생의 필요를 정확하게 진단하여 그에 맞는 교수를 제공하는가?
	교사 기대	• 현실적이면서도 높은 기대가 설정되어 있고 그것이 학생들에게 전달되었는가?
교수 관리	교실 환경	• 규칙과 일과가 정해져 있는가? • 전이가 신속하게 이루어지는가? • 교실 분위기가 긍정적이고 협동적인가? • 부적절한 행동은 신속하게 다루어지는가? • 시간 활용이 생산적으로 이루어지고 있는가?
교수 전달	교수 제시	• 명확하고 효과적인 방식으로 교수가 제시되는가? • 학생이 자신에게 요구되는 행동이 무엇인지 이해할 수 있도록 충분한 정보가 포함된 지시어가 사용되는가? • 지시에 대한 학생의 이해도를 확인하는가?
	인지적 강조점	• 과제 완성을 위한 사고 기술(thinking skills)과 학습 전략이 학생에게 명백하게 전달되는가?
	동기화 전략	• 학생의 관심과 열심을 높일 수 있는 효과적인 전략이 사용되는가?
	연습 기회	• 적절한 자료를 제공하여 충분한 성공 경험을 할 수 있도록 연습의 기회를 제공하는가?
	피드백	• 학생이 자신의 수행이나 행동에 대해 즉각적이고 구체적인 정보를 제공받는가?
교수 점검 및 평가	과제참여 시간	• 학생이 학업 내용에 활발하게 반응하며 참여하는가? • 교사는 학생의 참여도를 점검하면서 학생이 참여하지 않을 때는 참여를 잘 유도하는가?
	교수 수정	• 학생의 고유한 필요를 충족시키기 위해 교육과정을 수정하는가?
	진보 평가	• 교수 목표를 향한 학생의 진보를 자주 측정하는가? • 학생의 수행과 진보에 관한 자료가 이후의 교수계획에 사용되는가?
	학생의 이해도	• 학생은 교실에서 해야 할 것이 무엇인지와 어떻게 해야 할지를 정확하게 이해하고 있는가?

출처: Ysseldyke & Christenson (1993).

를 들 수 있다. 이 도구는 학교와 가정에서 학생의 수행에 영향을 미치는 환경 요소를 파악하기 위해 개발되었는데 그중 학교 관련 요소만을 요약해 보면 〈표 3-5〉와 같다.

2. 개별화교육계획

개별화교육이란 각급 학교의 장이 특수교육대상자 개인의 능력을 계발하기 위하여 장애 유형 및 장애 특성에 적합한 교육목표 · 교육방법 · 교육내용 · 특수교육 관련 서비스 등이 포함된 계획을 수립하여 실시하는 교육을 말한다(「장애인 등에 대한 특수교육법」 제2조). 이대식(2017)은 이 정의가 갖는 두 가지 문제점으로, 첫째, 개별화교육의 목적은 개인의 능력 계발이 아니라 개인의 교육적 요구에 맞는 공교육 제공이라는 점, 둘째, 국가교육과정체제를 운영하는 우리나라 실정을 감안하여 개별화교육이 학교 교육과정을 고려하여 실시하는 교육임을 명시해야 한다는 점을 지적하면서 법적 정의의 개정안을 다음과 같이 제안하였다(〈표 3-6〉 참조). 비록 「장애인 등에 대한 특수교육법」에 이러한 제안이 아직 반영되지는 않았지만, 개별화교육이 정서행동장애학생의 교육적 요구에 부응해야 하고 학교 교육과정을 고려하여 수립되어야 한다는 점은 명백하다. 다음에서는 특수교육대상자로 선정된 정서행동장애학생을 대상으로 교수를 위한 다양한 평가를 실시한 후, 그 자료를 바탕으로 작성되는 개별화교육계획의 구성 요소 및 개발 절차를 살펴본다.

표 3-6 「장애인 등에 대한 특수교육법」 제2조 개별화교육 정의 수정 제안

현행	수정 제안
'개별화교육'이란 각급 학교의 장이 특수교육대상자 개인의 능력을 계발하기 위하여 장애 유형 및 장애 특성에 적합 한 교육목표 · 교육방법 · 교육내용 · 특수교육 관련 서비스 등이 포함된 계획을 수립하여 실시하는 교육을 말한다.	'개별화교육'이란 각급 학교의 장이 특수교육 대상자 개인의 교육 요구에 적합한 공교육을 제공하기 위하여 장애 유형, 장애 특성, 학교 교육과정 등을 고려하여 계획을 수립하고 실시하는 교육을 말한다.

출처: 이대식(2017), p. 330.

1) 개별화교육지원팀의 구성원

「장애인 등에 대한 특수교육법」 제22조에 의하면, 개별화교육지원팀은 보호자, 특수교육교원, 일반교육교원, 진로 및 직업교육 담당 교원, 특수교육 관련 서비스 담당 인력 등으로 구성되며(제1항), 개별화교육지원팀의 업무를 지원하고 조정하는 책임은 특수교육교원에게 있다(제4항). 가장 우선적인 팀원으로 보호자가 포함된 것은 학생의 부모가 개별화교육지원팀의 중요한 일원으로 참여해야 하고 부모에게 정확한 정보가 제공되어야 하며, 부모의 의견과 결정이 교육지원계획에 충분히 반영되어야 함을 의미한다. 또한 일반교육교원을 포함시킴으로써 통합교육을 위한 고려가 개별화교육지원에 매우 중요하다는 것을 시사하고 있다. 또한 「장애인 등에 대한 특수교육법」에서는 매 학년이 시작된 2주 이내에 지원팀 구성을 완료하도록 규정(시행규칙 제4조 제1항)함으로써 새 학년이 시작된 직후 신속하게 지원팀이 구성되어 활동하기를 촉구하고 있다.

법에 명시된 팀 구성원에 장애학생 본인이 포함되어 있지는 않지만, 정서행동장애 학생을 개별화교육지원팀의 구성원으로 참여시키는 것은 매우 바람직한 일이다. 학생이 스스로의 선호도와 지원 요구를 표현하고 자신을 지원하는 성인들과 상호작용할 수 있는 기회를 제공하기 때문이다(우세진, 김유리, 2020). 또한 학생의 행동과 의사소통 특성 등을 모든 팀 구성원이 동시에 관찰할 수 있으므로 학생의 요구에 맞는 구체적인 교육지원계획을 수립하는 데도 유익하다.

2) 개별화교육계획 수립 절차

개별화교육계획 수립의 일반적인 절차는 다음과 같다. 첫째, 학생의 교육적 요구를 파악한다. 이 단계에서는 제2장에서 다루었던 여러 검사 결과와 이 장 전반부에서 다루었던 교수를 위한 평가에서 얻은 정보를 종합한다. 교육적 요구는 학업뿐 아니라 개인적 · 사회적 · 직업적 요구를 모두 포함하는 것으로, 각 영역별로 학생의 강점과 약점을 구체적으로 서술해야 한다. 둘째, 학생의 교육적 요구를 분석하여 개별화교육계획이 필요한 교과(예: 국어, 수학) 및 영역(예: 사회성 기술, 행동지원, 정서적 지원)을 선정하고, 그에 따른 현재 수행 수준을 파악한다(정주영 외, 2019). 셋째, 해당 학기의 교육목표와 하위 목표를 개발하고 목표 간 위계와 계열성에 맞게 구조화한 후, 목표 달성 여부의 평가계획을 수립한다. 넷째, 교육목표와 평가계획을 고려하여 교육내용을 결정하고 그 내용에 맞는 교육방법과 수업 활동을 구성한다. 다섯째, 개별화교육계획에 따른 교육과 지원을 실시하되, 그 과정과 결과를 기록하고 학생의 진보를 점검하며 필요할 경우 개별화교육계획을 수정한다.

3) 개별화교육계획의 내용과 작성 기한

「장애인 등에 대한 특수교육법」은 개별화교육계획을 매 학기 작성하고 학생이 전학하거나 상급학교에 진학할 때는 14일 이내에 학생이 새로 가게 된 학교에 개별화교육계획을 전달하도록 규정하고 있다(동법 제22조). 매 학기 작성하는 개별화교육계획은 학기 시작일부터 30일 이내에 작성을 완료하여야 하는데, 개별화교육계획에 반드시 포함되어야 하는 사항에는 특수교육대상자의 인적사항과 특별한 교육지원이 필요한 영역의 현재 학습수행 수준, 교육목표, 교육내용, 교육방법, 평가계획 및 제공할 특수교육 관련 서비스의 내용과 방법 등이 있다(시행규칙 제4조 제3항). 개별화교육계획의 서식은 학교별, 교사별 결정에 따라 자체적으로 선택할 수도 있고 나이스(NEIS, www.neis.go.kr)를 활용할 수도 있으나, 최근에는 나이스 개별화교육계획을 활용하는 현장이 늘어가고 있다. 정주영 등(2019)은 나이스를 활용하여 개별화교육계획을 수립할 때의 장점을 〈표 3-7〉과 같이 제시하였다.

표 3-7 **나이스 개별화교육계획 활용의 장점**

- 통일된 서식을 제공하여 수립의 편의성을 높인다.
- 정보의 관리 및 보존이 용이하다.
- 개인 정보의 관리 및 보관에 유리하다.
- 개별화교육계획 수립과 실행에 따른 행정적 절차를 간소화한다.
- 개별화교육계획 수립 과정에 따른 교사의 잡무를 경감시킨다.
- 교육과정에 기반을 둔 개별화교육계획 수립이 용이하다.
- 전출입 및 상급학교 진학 등에 따른 개별화교육계획의 송부가 용이하다.

출처: 정주영 외(2019), p. 17.

(1) 인적사항

인적사항에는 학생과 가족에 대한 인구학적 정보와 학생의 장애 유형과 특성, 실시한 진단평가의 종류와 그 결과가 제시된다. 필요에 따라 학생의 강점과 약점, 보호자의 희망사항, 전년도 담임교사의 의견 등이 포함될 수도 있다.

(2) 현재 학습수행 수준

현행법에서는 '현재 학습수행 수준'이라는 표현을 쓰고 있기 때문에 개별화교육계획에 포함되는 현재 수행 수준이 학습 중심(교과 중심)으로만 서술되어야 한다는 오해를 일으킬 수 있다. 그러나 앞서 개별화교육계획의 수립 절차에서 설명했듯이 개별화교육계획은 국어나 수학 같은 교과뿐 아니라 행동지원이나 정서적 지원 같은 영역별로도 작성할 수 있으므로, 현재 학습수행 수준을 서술할 때는 학생의 정서행동적 특성이나 사회성 기술 등도 함께 기록하도록 한다.

(3) 교육목표, 교육내용, 교육방법, 평가계획

각 교과 및 영역의 현재 학습수행 수준을 제시한 다음에는 학생의 학기 단위 목표와 월별 목표를 설정한다. 목표 진술은 학생의 입장에서 서술하도록 하며, 관찰 및 측정이 가능한 용어로 서술해야 한다. 예를 들어, '자석의 특성을 설명한다'는 관찰 가능한 행동이므로 목표 진술에 적절하지만, '자석의 원리를 이해한다'는 목표 진술에 적절하지 않다. 일반적으로 교육목표는 장애학생의 특성에 따라 기본교육과정중심 또는 국민공통기본교육과정중심으로 정할 수 있지만, 지적장애 등의 공존장애 없이 일반학급에 통합된 정서행동장애학생은 국민공통기본교육과정중심으로 교육목표와 내용을 정하게 될 가능성이 크다.

교육내용은 교육목표를 달성하기 위해 가르쳐야 할 내용을 말하며, 현재 학습수행 수준을 바탕으로 학생이 배우고 경험해야 할 내용을 말한다. 교육내용을 개발할 때는 학생의 나이와 정서행동적 특성 및 정서행동 문제의 심각성, 학습 스타일, 선호도 등을 고려해야 한다.

교육방법은 학생의 요구에 맞는 교육을 제공하기 위해 사용되는 모든 교수학습 전략, 교수자료, 집단 구성 방식 등을 말한다. 구체적 예시로는 직접교수, 역할극, 협동학습, 또래교수, 자기조절 전략 등을 들 수 있다. 2020년에 시작된 코로나바이러스감염증-19의 확산에 따라 특수교육 현장에서도 실시간 쌍방향 원격수업을 포함한 다양한 온라인 교육 활동이 활성화되고 있으므로, 이후 정서행동장애학생의 개별화교육계획에 포함되는 교육방법에는 온라인 방식을 통한 교육내용 전달도 고려될 것으로 예상된다.

평가계획은 평가의 준거, 평가 방법과 시기, 평가자를 모두 기록해야 하며, 평가의 시점에 이르러 평가 결과를 기록할 수 있는 칸을 비워 두어야 한다. 학기별로 작성되는 개별화교육계획의 종합평가는 매 학기 실시되는 학업성취도 평가를 통해 이루어지는데(시행규칙 제4조 제4항), 이를 통해 적절한 진보가 이루어지고 있지 않다고 판단될 경우, 개별화교육계획의 내용을 전면 수정하게 된다.

(4) 특수교육 관련 서비스

개별화교육계획에는 교육내용과 방법, 평가에 관련된 내용 외에도 「장애인 등에 대한 특수교육법」에 명시된 관련 서비스(예: 가족지원, 치료지원, 보조인력지원, 통학지원 등) 중 대상학생에게 필요하다고 팀 구성원들이 합의한 관련 서비스의 유형, 시작일과 종료일, 장소, 참여 요일 및 시간, 담당자, 목표, 평가계획이 포함된다. 관련 서비스 담당 인력을 개별화교육지원팀 구성원으로 포함하거나 팀 회의에 초대할 수 있다면 대상학생의 교육적 요구를 좀 더 광범위하게 지원할 수 있을 것이다.

(5) 기타 정보

지금까지 설명한 요소들 외에도 개별화교육지원팀이 공유해야 하는 정보를 개별화교육계획에 포함할 수 있다. 예를 들어, 체크인 체크아웃(Check-In/Check-Out; Klingbeil et al., 2019)의 참여자로 선정된 정서행동장애학생의 경우, 매일 등교 직후와 하교 직전에 상담교사와 10분의 면담 시간을 가질 것임을 개별화교육계획에 포함할 수 있다. 또한 자신과 타인의 안전을 위협하는 심각한 도전행동을 가진 정서행동장애학생의 경우 위기관리중재에 대한 내용도 개별화교육계획에 포함할 수 있다(박지연 외, 2018).

3. 요약 및 결론

이 장에서는 특수교육대상자로 선정된 정서행동장애학생의 요구에 맞는 개별화된 교육을 제공하기 위해 실시되는 다양한 평가 방법들을 살펴보고, 이러한 평가 결과를 토대로 작성되는 개별화교육계획의 구성 요소를 살펴보았다. 교수를 위한 평가와 개별화교육계획의 작성은 모든 특수교육대상자에게 실시되는 것이지만, 이 장에서는 특히 정서행동장애학생에게 적용할 때 고려할 점을 중심으로 그 절차를 기술하였다. 평가(assessment)와 교수(instruction)는 동전의 양면과 같이 서로 분리하여 생각하기 어려운 개념이다. 평가의 결과를 토대로 교수계획을 수립하고, 그 계획에 따라 교수를 실행하면서 학생의 진보를 평가하는 계속적 과정이 특수교육의 핵심이라 해도 과언이 아니다. 따라서 특수교육 전문가들은 교수를 위한 평가의 다양한 유형과 실시 방법을 숙지하고, 그 결과에 기초하여 수립할 개별화교육지원계획에 대해서도 전문성을 확보하고자 노력해야 한다. 또한 개별화교육계획이 특수교사 혼자서 작성하는 문서가 아니라 개별화교육지원팀의 협의를 거쳐 작성되는 문서이므로, 특수교사는 장애학생과 그 보호자, 일반교사, 관련 서비스 전문가 등과 조화롭게 협업하는 데 필요한 역량을 기르도록 노력해야 할 것이다.

제2부

정서행동장애의 이론 모델

제4장 신체생리 모델과 심리역동 모델

제5장 행동주의 모델

제6장 인지 모델

제7장 생태학 모델

제4장

신체생리 모델과 심리역동 모델

개요

정서행동장애를 바라보는 견해 또는 모델은 색안경과 같다. 빨간 색안경을 쓰면 세상이 모두 빨갛게 보이고 파란 색안경을 쓰면 세상이 모두 파랗게 보인다. 모델이나 이론은 복잡한 현상을 해석하는 데 매우 유용하지만, 우리가 정서행동장애를 설명하기 위해 특정 모델을 취하면 다른 모델이 제시하는 측면을 간과하기 쉬운 단점이 있다. 최근의 동향은 아동기와 청소년기에 나타나는 정서행동 문제를 여러 모델로 통합하여 설명하려고 시도하는 것이다. 이 장에서는 신체생리 모델과 심리역동 모델의 기본 견해, 원인적 요인, 진단 및 평가 방법에 대해 살펴보고, 각 모델이 제시하는 여러 가지 중재 방법을 소개한다.

KEY WORDS

- 유전자gene
- 신경생리학neurophysiology
- 신경neuron
- 생화학biochemistry
- 신경전달물질neurotransmitter
- 기질temperament
- 약물치료pharmacological therapy
- 정신분석psychoanalysis
- 투사법projection
- 심리치료psychotherapy
- 인본주의적 중재humanistic intervention
- 집단중재group intervention
- 정서교육emotion education

정서행동장애를 설명하기 위해 많은 개념적 모델이 제시되어 왔으나, 일반적으로 신체생리 모델, 심리역동 모델, 인지 모델, 행동주의 모델 그리고 생태학 모델이 폭넓게 사용되고 있다. 신체생리 모델, 심리역동 모델 및 인지 모델은 장애의 일차적인 원인이 장애를 가지고 있는 사람의 내적 상태에 있다고 전제하는 모델로서 평가와 중재의 대상은 장애를 가지고 있는 사람의 내적 상태다. 반면, 행동주의 모델과 생태학 모델은 장애를 가지고 있는 사람과 환경이 상호작용하여 장애가 발현되었다고 전제하며, 평가와 중재의 대상은 장애를 가지고 있는 사람과 환경이다. 이 장에서는 장애의 원인이 장애를 가지고 있는 사람의 내적 상태에 있다고 간주하는 모델 중 신체생리 모델과 심리역동 모델을 살펴본다.

1. 신체생리 모델

신체생리 모델에서는 인간의 행동이 신경생리학적 기제와 관련이 있다고 간주한다. 즉, 한 개인은 자신의 신체 기관과 신경생리학적 도움 없이는 지각하거나 생각하거나 행동할 수 없다는 것이다. 이 모델에 따르면, 장애는 유전적 요인, 뇌와 신경생리학적 요인 및 기질적 요인에 기인한다.

1) 기본적 견해 및 원인

(1) 유전적 요인

인간은 환경과 상호작용하여 환경을 조작하는 기본 능력을 습득하고, 주변 세상에 대한 정보를 받아들여 처리하며, 다른 사람과 의사소통하고 사회적 유대감을 형성하도록 유전적으로 프로그램화되어 있다(정명숙 외 역, 2011). 인간 행동에서의 개인 간 차를 연구하는 행동유전학은 인간의 심리병리에 미치는 유전적 영향을 연구한다. 즉, 행동유전학은 유전자가 장애에 어느 정도 영향을 미치는지, 특정 장애를 발현시키는 특정 유전자가 있는지, 유전자가 어떤 경로를 통해 행동에 영향을 미치는지 등을 밝히고자 한다. 다시 말하면, 한 개인이 유전적으로 타고난 것을 유전형(genotype)이라고 하고 눈에 보이는 특성으로 나타나는 것을 표현형(phenotype)이라고 하는데, 행동유전학은 유전형이 어떤 경로를 거쳐 표현형으로 나타나는가를 연구하는 것이다. 분자유전학은 유전자 지도(mapping gene)를 통해 결함이 있는 유전자의 위치를 찾아내거나 특정 형질과 연관이 있는 특정 유전자를 찾아내고자 시도한다. 단일 유전자를 통해 유전되는 장애나 질병도 있지만, 인간 특성 중 지능이나 행동처럼 복잡한 특성은 단일 유전자가 아니라 다수의 유전자와 관련이 있다. 즉, 다수의 유전자가 함께 작용하여 특정 특성의 표현형의 범위를 결정하게 된다(Plomin & McGuffin, 2003).

인간을 대상으로 하는 유전학적 연구방법은 가족 유전연구, 쌍생아 유전연구 및 입양아 유전연구로 구성된다(Braungart-Rieker et al., 1995).

첫째, 가족 유전연구에 따르면, 일반적으로 제1급 친족에 해당하는 부모-자녀, 형제, 이란성 쌍생아의 평균 유전적 연관성은 50%이고, 제2급 친족에 해당하는 어머니 또는 아버지만 같은 형제자매의 유전적 연관성은 25%이며, 제3급 친족에 해당하는 사촌의 유전적 연관성은 12.5%다. 따라서 어떤 특성이 발현하는 데 유전적 영향이 있다면 유전적 연관성이 높은 친족들에게서 그 특징이 더 많이 발현할 것이다. 예를 들어, 부모가 주요우울장애를 가지고 있을 경우에 자녀가 유전적 영향을 받아 주요우울장애를 나타낼 확률이 증가하며, 특히 20세 이전에 주요우울장애가 나타난 경우는 가족력과 연관되었을 가능성이 높다(Klein et al., 2001).

둘째, 쌍생아 유전연구는 유전자가 똑같은 일란성 쌍생아와 유전자가 50%만 같은 이란성 쌍생아를 비교하는 것이다. 즉, 어떤 특성이 발현하는 데 유전적 영향이 있다면 이란성 쌍생아보다 일란성 쌍생아에게서 그 특성이 더 많이 발현할 것이다. 예를 들어, 일란성 쌍생아가 둘 다 조현병에 걸릴 확률은 45%인 데 반해서 이란성 쌍생아가 둘 다 조현병에 걸릴 확률은 17%다(Plomin & Crabbe, 2000). 또한 조현병과 관련된 인지 과정 결함이나 정서분열 등도 유사한 확률로 나타나는 것으로 미루어 조현병 자체가 유전되기보다는 장애에 노출될 일반적인 취약성(general vulnerability)이 유전되며, 이러한 취약성은 성인기보다 아동기에 중요한 역할을 하는 것으로 추정된다.

셋째, 입양아 유전연구는 유전과 환경의 복잡한 관계를 밝히는 데 기여하고 있다. 예를 들어, 입양아가 특정 장애를 나타낼 경우에 입양한 가족의 친족에게서보다 생물학적 가족의 친족에게서 특정 장애의 출현율이 높으면 유전자가 특정 장애를 발현시키는 데 기여한 것이라고 추정할 수 있다. Rende 등(1993)은 우울장애에 대한 유전과 환경의 영향을 밝히기 위해 707쌍의 청소년 형제자매(일란성 쌍생아, 이란성 쌍생아, 부모가 같은 형제자매, 부모 중 한 명만 같은 형제자매, 입양된 형제자매)를 대상으로 연구한 결과, 유전적 연관성이 높은 형제자매에게서 우울장애의 출현율이 높았으나, 가장 심한 극단의 우울 증세는 유전적 연관성이 전혀 없어도 같은 환경에서 스트레스를 경험하며 자란 형제자매에게서 공통적으로 나타났다. 즉, 유전적 요인뿐만 아니라 환경적 요인도 우울장애에 영향을 미치는 것을 알 수 있다.

요약하면, 정서행동장애의 원인을 밝히기 위해 가족 유전연구, 쌍생아 유전연구 및 입양아 유전연구에 많은 노력을 기울여 왔고 상당한 업적도 이루었지만, 아직도 정서행동장애의 각 하위 유형에 영향을 미치는 특정 유전자는 명확하게 밝혀지지 않았다. 소수의 예외가 있기는 하지만, 일반적으로 행동장애의 유전성은 50%를 넘지 않으므로 유전적으로 타고나더라도 환경과 상호작용을 하여 장애가 나타나는 것이므로 환경의 중요성을 간과할 수 없다(Rutter, 2002). 또한 모든 행동유전학의 연구방법은 완전한 것이 아니므로 제한점이 있다는 것을 주목해야 한다(Rutter & Silberg, 2002).

(2) 뇌와 신경생리학적 요인

정서행동장애의 원인을 밝히기 위한 뇌의 연구는 뇌의 구조적 이상과 역기능 및 신경전달물질에 초점이 맞추어져 있다. 인간의 중추신경계(central nervous system)는 뇌와 척수로 구성되어 있다([그림 4-1] 참조). 대뇌는 좌우의 대뇌반구로 나누어져 있으며, 뇌량이라고 불리는 신경섬유 다발들이 좌대뇌반구와 우대뇌반구를 연결하고 있다. 전두엽은 복잡한 사고를 담당하며 6세, 10세 및 청소년기에 급격히 발달한다(Anderson et al., 2001). 대뇌변연계(limbic system)는 뇌실을 둘러싸는 부분으로 겉은 대뇌피질로 덮여 있다. 대뇌변연계는 해마(hippocampus), 편도체(amygdala), 시상하부(hypothalamus) 등을 포함하며, 기억, 정서 조절, 내분비계와 자율신경계를 통해 생물학적 충동을 조절한다. 실제로 대뇌변연계에 전기 자극을 가하면 화를 내거나 무서워하는 정동반응이 일어나며, 해마에 전기 자극을 가하면

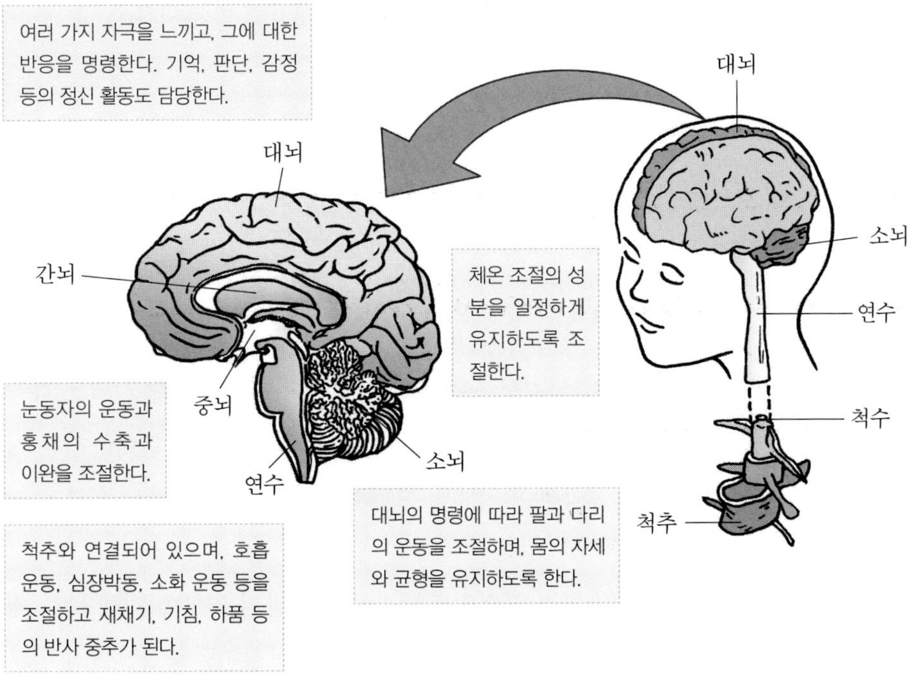

[그림 4-1] 인간 뇌의 구조

쾌감의 정동이 일어나므로 대뇌변연계를 정동뇌라고 부르기도 한다. 또한 대뇌변연계의 편도체 부분에 전기 자극을 가하면 핥거나 빠는 등의 본능적인 행동이 일어난다. 대뇌변연계는 정동과 본능적 행동을 통합하는 시상하부를 조절하는데, 대뇌변연계에 충격이 가해져 시상하부의 기능이 항진되면 자율신경계를 거쳐 그 지배하의 내장기능에 이상이 생기게 된다. 따라서 대뇌변연계를 내장뇌라고도 한다.

뇌의 구조와 관련된 연구들은 자폐장애 청소년의 소뇌와 뇌간에 이상을 보고하였고, 강박-충동장애를 가지고 있는 사람의 대뇌피질 아래 위치한 뇌의 기저핵(basal ganglia)과 전두엽 피질의 신경생물학적 이상을 밝혔다(Russell et al., 2003). 또한 모든 연령의 조현병 환자의 뇌의 구조에 이상이 있으며, 전두엽, 소뇌, 측두엽, 대뇌변연계, 간뇌 등의 크기가 작아서 신경생리학적인 결함을 초래한다고 보고되었다(Asarnow & Asarnow, 2003). 조현병 환자의 전두엽의 활동 수준이 낮다는 연구 결과와 일부 조현병 환자의 자율신경계의 반응 수준이 낮다는 연구 결과도 주목할 만하다(Hollis, 2002). 현재까지 진행된 연구를 종합하면, 조현병은 뇌의 여러 부분과 신경전달물질이 복잡한 방법으로 상호작용하여 전두엽, 측두엽, 대뇌변연계 등을 포함하여 광범위한 연결망에 결합이 생겨 초래되는 것으로 간주된다(Davis et al., 2003).

신경 단위인 뉴런(neuron)의 크기와 모양은 다양하지만, 수상돌기(dendrites), 세포체(cell body) 및 축삭돌기(axon)로 구성되어 있다. 뉴런과 뉴런 사이의 의사소통은 신경세포와 신경세포 사이의 작은 틈인 시냅스(synapse)에서 일어난다. 신경전달물질은 신경자극을 뉴런에서 뉴런으로 전달하는 화학물질이다. 신경전달물질은 신경전막 부근에 있는 시냅스 과립(synaptic vesicle) 속에 고농도로 축적되어 있다. 신경으로부터의 전기적 자극이 신경섬유를 지나 신경종말부에 이르면 시냅스 과립은 신경전달물질을 시냅스 틈에 방출한다. 시냅스 틈에 방출된 신경전달물질은 시냅스 후막에 있는 수용체와 결합하여 시냅스 후막에 전위를 발생시켜서 흥분을 전도한다([그림 4-2] 참조).

지난 수년 동안 조현병에 미치는 신경전달물질인 도파민의 영향에 대해 많은 연구가 진행되었다. 전두엽과 측두엽 부분과 관련이 있는 신경전달물질인 도파민과 신경전달 체계 간의 불균형이 초래되면 조현병이 발현될 수 있다고 추정되고 있지

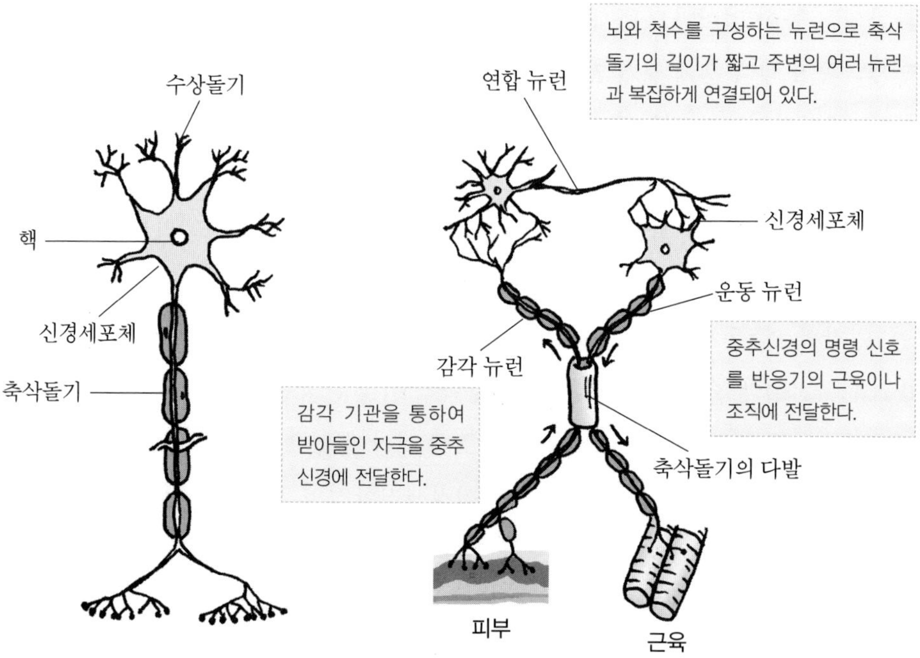

[그림 4-2] 신경의 구조와 신경전달 체계

만(Asarnow & Asarnow, 2003), 도파민이 조현병에 어떤 역할을 하는지에 대해서는 아직 밝혀지지 않았다(정명숙 외 역, 2011). 우울장애의 생화학적 연구들은 노르에피네프린, 세로토닌, 아세틸콜린 등의 신경전달물질에 초점을 맞추어 왔다. 그러나 최근의 연구들은 단순히 신경전달물질의 양이 부적절하여 우울장애가 초래되는 것이 아니라 신경전달물질 체계와 수용기 간의 복잡한 상호작용에 따라 우울장애가 초래된다고 주장하고 있다(Zmudzka et al., 2018). 또한 성인의 우울장애의 경우 신경전달물질로 조절되어야 하는 뇌, 호르몬 및 다양한 기관을 연결하는 신경내분비 체계에 이상이 있고(Emslie et al., 1994), 스트레스 호르몬인 코르티솔의 분비되는 양에 이상이 있다고 밝혀졌다(Brooks-Gunn et al., 2001). 그러나 성인기 우울장애와 심한 청소년기 우울장애의 경우에 코르티솔의 양이 과다하게 분비되는 반면에, 경도의 청소년기 우울장애는 코르티솔의 생산이 부족하다는 연구 결과들도 있어서 같은 우울장애라도 발달 단계와 장애의 정도에 따라 다른 신경생리학적 양상이 나타날 수 있음을 시사하고 있다. 성별 간 차이를 검증하기 위한 연구들도 활발하게 진행되고 있으며, Lithari 등(2010)은 신경생리학적으로 여성이 남성보다 정서적 자극에 더 민감하게 반응한다고 보고하였다. Powers 등(2016)의 연구 결과에 따르면, 대인관계의 스트레스에 대해서 성별 간 다른 코르티솔 반응을 보인다. 우울장애를 가지고 있는 여성의 경우에 코르티솔의 수준이 낮게 나타난 반면에, 불안장애를 가지고 있는 여성과 우울장애를 가지고 있는 남성의 경우에는 코르티솔 수준이 높게 나타났다.

요약하면, 정서행동장애의 원인을 밝히기 위하여 수행되는 뇌와 신경생리학적 요인에 관련된 연구들은 뇌의 구조적 이상과 신경전달 체계의 불균형이 특정 장애를 초래할 수도 있다는 것을 밝히는 데 많은 업적을 이루었다. 그러나 아직도 정서행동장애의 각 하위 유형과 관련된 뇌의 구조적 이상과 신경전달 체계의 불균형이 발달 단계별로 또는 장애 정도별로 어떻게 나타나는지는 명확하게 밝혀지지 않았다.

(3) 기질적 요인

기질(temperament)은 유전적 요인에 기반하여 생애 초기에 나타나고, 평생 비교적 안정적으로 나타나는 기본적인 성향이며(Nigg, 2006), 행동적으로 관찰 가능한 개인 간 차이를 의미한다(Sherman et al., 2016). Chess와 Thomas(1977)는 아동들이 보이는 아홉 가지 유형의 행동 측면에서 기질을 정의하였으며, 그 유형은 다음과 같다. 첫째, 활동 수준이 얼마나 활발한가다. 둘째, 섭식과 수면 등 생물학적 기능이 얼마나 규칙적인가다. 셋째, 새로운 자극이 주어졌을 때 긍정적인 반응(예: 미소)을 보이며 접근하는지 또는 부정적인 반응(예: 울음)을 보이며 위축되는가다. 넷째, 상황의 변화에 얼마나 잘 적응하는가다. 다섯째, 반응을 유발하기 위한 자극의 수준이 얼마나 높은가다. 여섯째, 특정 자극에 대한 반응의 강도가 얼마나 높은가다. 일곱째, 전반적으로 기분(예: 즐거움 또는 슬픔)이 어떠한가다. 여덟째, 외부적인 자극에 대해 얼마나 산만해지는가다. 아홉째, 주의집중 기간과 활동을 얼마나 지속할 수 있는가다.

이러한 아홉 가지 행동 유형을 바탕으로 Chess와 Thomas는 기질의 양상을 순한 기질, 긍정적 반응이 느린 기질 및 난기질로 나누었다. 순한 기질을 가지고 있는 아동은 섭식과 수면 등이 규칙적이고 상황의 변화에 잘 적응하며 새로운 자극에 대해 적극적으로 접근하는 특성을 가진다. 긍정적 반응이 느린 아동은 새로운 자극과 상황의 변화에 느리지만 결국에는 긍정적으로 적응하는 특성을 가진다. 난기질을 가지고 있는 아동은 부정적인 기분을 가지고 자극에 강하게 반응하며 새로운 상황에 잘 적응하지 못하는 특성을 가진다. 난기질을 가지고 있는 경우에 일생 동안 우울장애, 불안장애, 품행장애, 주의집중장애, 약물남용 등 다양한 사회적 및 심리적 장애를 경험할 가능성이 높다(Chronis-Tuscano et al., 2009).

Chess와 Thomas가 제시하는 기질의 아홉 가지 측면에 기초하여 많은 연구자가 긍정적 정서와 부정적 정서, 접근행동과 회피행동, 활동 수준 및 자기통제 등 새로운 측면에 대한 연구를 활발히 하고 있다(Frick, 2004; Rothbart, 2004). 이러한 연구자들은 기질이 유전 성향을 가지고 있고 생물학적으로 내재된 것이며, 시간이 지나도 비교적 안정적으로 유지되나 발달과 경험을 통해 변화할 수 있는 것이라는 데 동의한다.

Burgess 등(2003)의 연구에 따르면, 영아기에 새로운 자극에 노출시키면 심하게 울거나 격렬하게 몸부림치는 아동은 행동억제 기질(behaviorally inhibited temperament)을 가지고 있다. 이러한 아동은 행동억제 기질을 가지고 있지 않은 아동과는 다른 생물학적 프로파일을 나타낸다(Kagan, 2003). 즉, 뇌의 생화학 물질, 전두엽의 활성화 및 스트레스 호르몬 등에 이상이 나타난다. 행동억제 기질을 가지고 있는 아동은 매우 수줍어하고 사회적으로 위축된 행동을 보이며, 성장하면서 기질적 특성이 없어지기도 하지만 후에 아동기, 청소년기, 성인기 불안장애나 우울장애 등 내재화 장애를 나타낼 가능성이 높다고 간주된다(Goodwin et al., 2004). 기질에 대한 종단연구를 실시한 Chronis-Tuscano 등(2009)의 연구 결과에 따르면, 생후 4개월에서 7세까지 행동억제 기질의 특성을 보인 아동들은 청소년기에 사회적 불안장애를 나타낼 위험이 거의 4배였다. Nolen-Morse(2013)는 6개월의 기질적 반응성과 54개월의 정서조절 능력과 만 6세의 사회적 능력 간 상관관계가 있다고 보고하였다. Clark와 Watson(1991)이 제시하는 부정적 정서(negative affectivity) 모델에 따르면, 아동이 환경과 상호작용을 하면서 전반적이고 지속적으로 부정적 기분(예: 예민, 분노, 슬픔 등)과 양상을 보일 경우 청소년기나 성인기에 우울장애와 불안장애를 나타낼 가능성이 높다. 기질과 주요우울장애의 상관관계에 대해 연구한 Sherman 등(2016)에 따르면, 기질에 있어서 규칙성과 적응성의 수준이 낮을수록 주요우울장애를 일으킬 가능성이 높아지고, 기질에 있어서 활동성의 수준이 높을수록 주요우울장애의 심각성은 낮아진다. 예를 들어, 기질의 특성상 새로운 상황에 적응하는 데 어렵고 수면 패턴과 식사 패턴이 불규칙하게 나타나는 경우에 주요우울장애가 발생할 가능성이 높다. 기질에 있어서 적응성이 낮은 경우에 학령기에 우울장애가 나타날 가능성이 높고(Lee et al., 2015), 사회적 상황과 관련하여 성인기에 우울장애가 나타날 수도 있다(Elovainio et al., 2015).

요약하면, 많은 연구를 통하여 특정 기질이 정서행동장애와 상관이 있음이 밝혀지고 있으나, 아직도 특정 기질과 특정 장애의 명백한 관계를 밝히지는 못하였다. 또한 기질의 차이는 유전적 성향에 따른 것임과 동시에 환경의 영향도 많이 받으며, 경험과 더불어 변화될 수 있는 것이기도 하다. 후속연구들을 통해 기질의 어떤 측면들이 각 발달 단계별로 수줍음, 사회적 위축, 불안, 우울, 공격행동 및 다른 품행장애들과 관련을 나타내는지, 기질과 경험의 관계는 어떠한지, 그리고 기질과 중추신경계의 기능 간의 관계는 어떠한지, 난기질을 타고난 경우에 발달 단계별로 어떠한 경험을 제공하여야 장애의 유발을 최대한 감소시킬 수 있는지 등이 밝혀져야 한다.

2) 진단 및 평가

정서행동장애의 신체생리학적 진단은 소아과 의사, 정신과 의사, 신경학자 등 의료 관련인의 전문 영역이다. 여기서는 발달사와 신체적 기능 진단을 중심으로 살펴본다.

(1) 발달사

아동의 발달사에 관련된 정보는 주로 부모나 보호자, 의료기록부, 학생기록부 등으로부터 얻으며, 정서행동장애를 진단하는 데 매우 중요한 정보를 제공한다. 따라서 아동의 성장과 발달에 영향을 미쳤을 가능성이 있는 발달사에 대한 정보를 다음과 같이 수집하도록 권장하고 있다(이효신, 방명애 역, 2019). 첫째, 아동의 출생 전과 출생 시에 비전형적인 문제(예: 무산소증, 난산)에 대한 정보를 수집한다. 둘째, 아동이 성장하면서 목 가누기, 앉기, 걷기, 말하기, 배변 훈련, 급식 훈련 등의 발달적 사건을 언제 시작하였는지 그 연령에 대한 정보를 수집한다. 셋째, 아동이 신체적으로 발달을 하면서 뇌손상, 뇌막염이나 뇌염의 질병, 중독, 고열, 영양실조에 따른 신경학적 손상이 있었는지, 급식과 섭식에 문제가 있었는지, 수면장애가 있었는지, 일반적인 활동 수준이 연령과 발달 수준에 적절하였는지에 대한 정보를 수집한다. 넷째, 아동의 연령이나 발달 수준에 적절한 사회적 발달을 하고 또래관계가 형성되었는지, 지나치게 위축되거나 수줍어하지는 않았는지, 지나치게 주의가 산만하거나 과다행동을 보이지는 않았는지에 대한 정보를 수집한다. 다섯째, 아동이 천식, 알레르기, 당뇨, 심장 상태 등 특별한 약물을 투여할 만큼 건강상태가 악화된 적이 있었는지에 대한 정보를 수집한다. 여섯째, 부모와 친인척의 정신건강 문제는 없는지, 가족의 구성(예: 편부모 가정, 재혼 가정)은 어떠한지, 형제자매의 수와 연령과 성별은 어떠한지, 특별히 스트레스를 받을 만한 생활사건이 있었는지에 대해 정보를 수집한다.

(2) 신체기능평가

신체기능평가는 일반적인 신체검사, 심리생리적 진단 및 신경학적 진단 등을 포함한다(Luciana, 2003; Parry et al., 2017). 일반적인 신체검사(예: 혈액검사, 소변검사,

비만도)는 정서행동장애를 가지고 있는 아동의 전반적인 건강상태를 이해하는 데 중요한 정보를 제공한다. 심리생리적 진단은 각성 수준과 관련된 불안장애가 의심될 때 실시하며, 심장박동 수, 근육 긴장도, 호흡률 등에 관한 정보를 수집한다. 신경학적 진단은 미세뇌역기능, 뇌 손상 등의 문제를 진단하기 위한 것으로 신경학자가 담당한다. 표준화된 신경학적 검사는 정신적 기민성, 협응, 운동기능, 감각변별 및 신경 보전 영역 기능 등을 포함한다. 예를 들어, 피험자에게 개인적 정보를 말해 보도록 함으로써 정신적 기민성을 진단하고, 손가락으로 코의 끝을 만져 보도록 하여 협응능력을 진단하며, 손바닥에 숫자를 써서 알아내도록 함으로써 감각 변별능력을 진단한다. 신경계 기능검사는 피부전도를 이용한 자율신경계의 활동을 검사하거나, 뇌파검사(electroencephalogram: EEG)를 통한 중추신경계의 검사 등을 실시한다. 또한 신경심리학적 평가를 위해 지능검사, 감각운동능력 검사, 지각능력(예: 시지각, 청지각) 검사, 주의집중능력 검사, 언어능력 검사, 학습능력 검사, 기억력 검사 등을 실시하는데, 이러한 검사는 신경심리학 전문가만 실시하도록 제한하고 있다. 신경심리학적 평가를 통해 얻어진 정보에 근거해 뇌의 기능을 직접 또는 간접적으로 진단할 수 있다. 가장 폭넓게 사용되고 있는 신경심리학 평가도구는 아동용 할스테드-라이탄 신경심리학 검사(Halstead-Reitan Neuropsychological Test Battery for Children; Reitan & Wolfson, 1993)와 아동용 루리아-네브라스카 신경심리학 검사(Luria-Nebraska Neuropsychological Battery-Children's Revision; Golden, Purisch, & Hammeke, 1985)다. 인지 및 적용능력을 평가하는 포괄적인 신경학적 검사인 할스테드-라이탄 검사는 언어 및 비언어 지능, 개념 형성, 표현언어 및 수용언어, 청지각, 시지각, 기억, 지각운동 속도, 공간 관계 등에 관련된 하위 검사로 구성되어 있다. 신경심리학적 기능과 관련된 10개의 검사로 구성된 루리아-네브라스카 검사는 아동의 반응을 정확도, 속도, 질, 시간 경과, 시도 횟수 및 반응 수 등에 따라 평가한다.

3) 신체생리 모델의 중재

신체생리 모델에서는 정서행동장애에 대한 신체생리학적 원인을 전제하기 때문에 의료적 중재를 모색한다. 따라서 전통적으로 가장 많이 사용되어 온 중재 방법은 약물치료와 식이요법이다.

약물치료는 아동기와 청소년기의 다양한 정서행동장애를 중재하기 위해 사용되고 있으며, 약물이 사고과정, 기분, 행동에 영향을 미치므로 심리약물치료라고 불리기도 한다(정명숙 외 역, 2011). 아동과 청소년에게 가장 많이 처방되는 약물은 주의집중장애를 위한 심리자극제(예: 리탈린)와 우울장애, 불안장애 및 강박충동장애에 처방되는 프로작이나 졸로프트와 같은 선택적 세로토닌 재흡수 억제제(selective serotonin reuptake inhibitors: SSRI)다. Cipriani 등(2013)은 메타분석 결과 리티움이 우울장애로 인한 자살을 예방하는 데 효과가 있다고 보고하였으며, Vieta 등(2013)은 양극성장애의 삽화를 예방하면 정신적 고통을 감소시킬 뿐만 아니라, 생체적응

표 4-1 정서행동장애학생에게 처방되는 심리약물

약물의 종류	예	효과와 부작용
각성제	리탈린(Ritalin) 아데랄(Adderall) 덱서드린(Dexedrine)	아동의 주의집중이 증가하므로 교사의 통제 필요성이 감소한다. 약물 섭취 1시간 후에 효과가 나타나며, 효과가 10시간 지속되기도 한다. 가능한 부작용은 두통, 복통, 초조함이다. 지나친 복용은 학습을 저해한다.
항정신질환제	리스페달(Risperdal) 세로켈(Seroquel) 아빌리파이(Abilify)	약물의 효과는 서서히 나타나며, 수일 내에 공격성, 흥분 및 환각이 줄어든다. 복용 3~4일 후에 사회성이 증가하며, 2개월 내에 사고장애가 감소한다. 부작용은 떨림, 어지러움, 주의집중 감소 및 체중 증가가 있다.
항우울제	프로작(Prozac) 졸로프트(Zoloft) 웰부트린(Wellbutrin) 이펙서(Effexor)	교실에서 관찰될 수 있는 효과가 충분히 연구되지 않았다. 슬픈 정서가 감소하고 의사소통과 과제에 대한 주의집중이 증가한다. 혼란스러움이 감소된다. 부작용은 약의 종류에 따라 다르지만, 선택적 세로토닌 재흡수 억제제(SSRI)의 경우에 자살행동의 증상의 증상이 증가한다.
기분안정제	리티움(Litium) 데파코트(Depakote) 토파맥스(Topamax) 라믹탈(Lamictal)	불안정한 기분과 극단적 분노가 감소한다. 부작용은 약물의 종류에 따라 다르다. 리티움은 항경련제로 사용되기도 한다.

출처: Kauffman & Landrum (2008), p. 171.

부담, 인지 퇴행, 신체적 질병률, 사망률 등이 감소한다고 주장하였다. 미국에서는 정서행동장애로 판명된 아동 중 56%가 항정신성 약을 복용하고 있다(Hallfors et al., 1988). 아동과 청소년에게 가장 많이 처방되는 항정신성 약물은 각성제, 항정신질환제, 항우울제, 기분안정제 등이며, 〈표 4-1〉에 각 약물의 효과와 부작용을 제시하였다.

심리약물은 신경전달물질에 다음과 같은 방법으로 영향을 미친다(Poling et al., 1991).

- 신경전달물질의 생산량을 변화시킨다.
- 신경전달물질의 축적을 방지한다.
- 신경전달물질의 방출량을 변화시킨다.
- 신경전달물질이 비활성화되거나 재흡수되는 것을 방지한다.
- 신경전달물질의 수용기와 상호작용한다.

심리약물치료를 결정하기 전에 아동이 보이는 문제의 성격, 부작용의 가능성, 약물치료에 대한 가족들의 견해 등을 고려하여야 한다. 자녀에게 항정신성 약물이 필요하다고 진단되면 부모는 자신들이 도울 수 없는 문제에 대한 해결책이 생긴 것에 대해 안심을 하면서도 자녀에게 만성적이고 심각한 정신적 문제가 생긴 것으로 간주하여 매우 슬퍼하며 상실감을 느끼기도 한다. 그러나 약물치료에 대한 부모의 태도와 만족도가 매우 중요하므로 의료 전문가 또는 상담가는 약물치료에 대한 부모의 의견에 대해 충분한 대화를 나누어야 한다.

일반적으로 가정 수입이 높고 부모의 학력이 높을수록 약물치료를 많이 받는 것으로 보고되고 있다(Leslie et al., 2003). 성인기 심리약물치료의 효과와 안전은 많이 향상되었지만, 아동기와 청소년기 심리약물치료의 효과와 안전에 대한 연구는 아직 매우 미흡하며, 아동과 청소년을 대상으로 한 통제된 이중맹검(double-blinded) 연구도 부족하다(Gracious et al., 2004). 따라서 교사들은 심리약물을 복용하는 아동의 행동을 모니터링하고 가족 및 의료 전문가와 지속적으로 약물의 효과와 부작용에 대해 의견을 교환할 필요가 있다. 또한 교사들은 심리약물이 아동의 부적절한 행동을 감소시키는 데는 도움이 되지만, 학업수행을 향상시키는 것에는 의문을 제기하고 있다. 약물치료를 통하여 아동의 부적응 행동을 감소시킬 뿐이지 약물을 복용한다고 해서 아동이 자연스럽게 학업 기술과 생활 기술을 습득하는 것은 아니라는 것이다. 따라서 교사는 약물치료를 받는 아동의 교육적 요구에 따라 사회성 기술이나 자기통제 기술 등을 교수하여야 한다.

2. 심리역동 모델

심리역동 모델에서는 정서행동장애를 정서적 성숙이 지체된 것으로 간주하며, 아동은 정서적인 문제와 충족되지 않은 욕구 때문에 불안해하는 것으로 본다. 따라서 이 모델에 근거한 중재는 아동의 내적 갈등을 해결하여 건강한 심리적 기능을 촉진하고 발달하도록 돕는 것이 목적이다. 심리역동적 이론의 주요 견해는 Freud와 신프로이트학파인 Horney와 Erickson이 지지하는 정신분석적 견해와 Rogers와 Maslow가 지지하는 인본주의적 견해다.

1) 기본적 견해 및 원인

(1) 정신분석적 견해

정신분석학파를 창시한 Sigmund Freud(1856~1939)는 체코슬로바키아에서 8남매 중 맏아들로 출생하여 생애의 대부분을 비엔나에서 보냈다. 그는 빈민가에서 자라면서 자신이 학대받는 소수민족인 유대인임을 항상 의식하며 의학을 전공하였다. Freud는 신체적인 결함이 없으면서도 여러 신경증적인 증상을 보이는 환자를 치료하는 과정에서 감정, 충동, 환상 등 내면의 세계에 관심을 가지게 된 내과의사로서 정신분석이라는 심리학 이론에 새로운 분과를 발달시킨 정신분석가다.

Freud는 영아기부터 청소년기까지를 구순기(출생~2세), 항문기(2~4세), 남근기(4~6세), 잠복기(6세~사춘기), 생식기(사춘기~성인기) 등 다섯 가지 심리성적 발달 단계로 가정하였다. Freud에 따르면, 생의 첫 몇 년이 성격 형성을 결정짓게 되며, 이상 성격발달은 다음 단계로의 전이에 대한 공포 등의 신체적 또는 심리적 이유로 특정 심리성적 발달 단계에 고착되어 나타난다. 또한 이상행동이나 장애는 심리성적 단계 내의 갈등을 해결하지 못하는 무능력에서 초래된다고 간주하였다. 예를 들어, 구순기에 고착되면 탐욕스럽거나 남에게 과도하게 의존적이 되며, 항문기에 고착되면 정서적 폭발이 일어나고, 남근기에 고착되면 성적 정체성 문제가 발생하며, 생식기에 고착되면 자기도취나 자기연민에 빠진다는 것이다(Hall, 1954).

Freud에 따르면, 성격은 정신적 에너지인 이드, 자아, 초자아의 세 가지 주요 체계를 가지며, 행동이란 이러한 세 가지 체계 간 상호작용의 결과다. 이드는 출생 시에 존재하여 나머지 두 체계에 정신적인 에너지를 공급하는 근원적 체계로서, 주관적 경험의 내적 세계를 나타내고 객관적 현실에 대한 지식은 가지지 않으며 고통을 피하고 쾌락을 얻는 것과 같은 유기체 내 긴장을 감소시키는 작용을 한다. 자아는 이드의 주관적 견해와 현실적이고 객관적인 세계를 알맞게 조절해야 하므로 논리적이고 합리적인 사고를 특징으로 하는 현실 원리를 따르며 실제 환경과 이드의 요구를 중재함으로써 행동을 조절하는 성격의 집행부다. 초자아는 부모나 사회적 대리인이 아동에게 부과하는 도덕적 기준으로서 완전을 향한 이상과 노력을 나타낸다. Freud는 이 정신적 에너지가 유동적이고 결코 없어지거나 감소하지 않으며, 성격의 역동성은 이드, 자아, 초자아의 세 가지 체계 간의 분배에 따라서 결정되는 것이라고 주장하였다.

이드의 요구가 위협당하는 것을 감시하고 불안을 해소하기 위하여 자아는 다음과 같은 방어기제를 사용한다(Hall & Lindzey, 1970). 첫 번째 방어기제인 억압은 불안한 생각이나 감정을 자신의 의식에서 강제로 제거하는 것이다. 두 번째 방어기제인 투사는 부정적인 충동이나 감정의 원인을 자신보다 외부 세계의 탓으로 돌리는 것이다. 세 번째 방어기제인 반동 형성은 자신이 느끼는 것과 반대되는 행동이나 태도를 취하는 것이다. 네 번째 방어기제인 고착은 심리성적 발달의 다음 단계로 옮겨 가지 못하고 특정 단계에 머무는 것이다. 다섯 번째 방어기제인 퇴행은 심리성적 발달의 이전 단계로 후퇴하는 것이다. 자아의 방어기제는 본래 적응적인 것이지만 방어기제는 무의식적으로 작용하고 현실을 거부하거나 왜곡할 수 있으므로 개인의 내적 갈등을 묻어 버려 알 수 없게 만들기도 한다.

또한 Freud는 아버지, 어머니, 자식의 삼각관계인 오이디푸스적 관계를 주장한다. 남아의 경우에 어머니에게 애정을 품고 아버지에게 적의를 가지며, 아버지에 대한 적의를 품은 것에 대한 보복으로 거세를 당하지 않을까 하는 불안을 없애기 위하여 자신과 아버지를 동일시하여 오이디푸스적 관계를 극복하려고 하는데, 극복되지 않을 때는 여러 가지 증상이 나타나게 된다는 것이다. 정신분석에서 꿈의 해석이 중요한 이유는 꿈이 마음의 일차 과정으로 불리는 무의식 과정을 밝히기 위한 중요한 수단이 되기 때문이다.

신프로이트학파에 속하는 Erik Erikson은 성격발달에 사회적 · 문화적 영역을 추가하여 자아의 역할을 새롭게 개념화하였다(Erikson, 1959). 즉, 자아를 이드의 수동적인 연장이 아니라 자율적이고 고유한 에너지 원천으로 보고 8단계의 심리사회적 발달 단계를 제안하였다(〈표 4-2〉 참조). Freud가 생물학적 성적 본능에 초점을 맞춘 반면, Erikson은 대인 간 상호작용에 초점을 맞추어 각 단계에서 위기가 성공적으로 다루어지지 않으면 그보다 낮은 단계의 행동을 지속적으로 나타내므로 각 단계의 위기 해결이 중요하다고 강조하였다. 예를 들어, 신뢰 대 불신 단계인 영아기

표 4-2 **심리사회적 발달 단계**

발달 단계와 연령대	심리사회적 위기	대인관계의 반경	심리사회적 양상	Freud의 심리성적 단계와의 비교
I. 영아기 (0~1세)	신뢰 대 불신	어머니	받기와 주기	구순기
II. 영유아기 (2~3세)	자율성 대 수치심과 의심	아버지	쥐기와 놓기	항문기
III. 놀이기 (3~5세)	주도성 대 죄의식	가족	따르기와 놀기	남근기
IV. 학령기 (7~12세)	근면성 대 열등감	이웃과 학교	완성하기	잠복기
V. 청소년기 (12~18세)	정체감 대 정체혼란	또래 집단과 리더의 역할모델	자신다워지기와 공유하기	사춘기와 청소년기
VI. 성년기(20대)	친밀감 대 고립감	친구, 이성, 경쟁, 협력의 파트너	타인과 융화되기와 자신을 구별하기	성숙한 생식기
VII. 장년기 (20대 후반~50대)	생산성 대 침체기	분할된 노동과 가사 분담	돌보기	
VIII. 노년기 (60대 이상)	자아통일 대 절망감	인류(humankind) 같은 부류의 사람	상실감에 직면하기	

출처: Erikson (1959), p. 166.

에 위기를 극복하지 못하면 다른 사람을 불신하는 적응 문제를 초래하고, 자율성 대 수치심 단계인 영유아기에 위기를 극복하지 못하면 자신과 환경에 대한 확신을 가지지 못하며, 주도성 대 죄의식 단계인 놀이기에 위기를 극복하지 못하면 과도한 죄의식을 가지게 된다는 것이다. 또한 근면성 대 열등감 단계인 학령기에 위기를 극복하지 못하면 열등감과 무능감을 가지고 되고, 정체감 대 정체혼란 단계인 청소년기에 위기를 해결하지 못하면 자신의 성적 · 인종적 · 직업적 정체감에 혼란이 온다는 것이다.

(2) 인본주의 견해

20세기 중반에 시작된 인본주의는 자유의지, 총체주의, 개인적 경험, 심리적 성장 및 자아실현 등을 중요시한다는 면에서 다른 이론들과 다르다(McWilliams, 2005). 인본주의는 Rogers(1951)와 Maslow(1968)가 그 당시 지배적이었던 심리분석 이론이나 행동주의에 반기를 들면서 시작되었다. 즉, 이들은 인간을 심리분석 이론의 정신적 구조나 행동주의의 자극과 반응으로 단순화시켜 분석해서는 안 되며, 인간의 고통을 있는 그대로 총체적으로 수용하여야 한다는 인본주의적 접근을 주장하였다. 인본주의 견해에 따르면, 심리분석의 경우 상담가 역시 자신의 주관에 따라 지배받으므로 내담자의 정신적 구조와 갈등에 대해 편견 없이 중립적이고 객관적으로 판단할 수 없다는 것이다. 또한 행동주의는 관찰 가능한 행동에 초점을 맞춘다고 하지만 이는 인간 정신세계의 주관성을 거부하는 것이다(Hansen, 2006). Spiegel(2005)은 현대 정신건강은 과학적 객관성을 강조하여 인간을 정상 또는 비정상이라는 진단 범주의 이분법으로 전락시키고 있으며, DSM은 정신과 의사들의 집합적 판단을 집약해 놓았으나 진단기준의 타당도와 신뢰도가 결여되어 있으며 진단 범주에서 이분법의 악역을 담당하고 있으므로 반인본주의적 접근이라고 비판하였다.

인본주의는 인간이 사회로부터 부과된 부정적 경험과 좌절을 피할 수 있다면 인간은 본능적으로 선하므로 자신의 잠재력을 활성화시킬 수 있다고 가정하고 있다. Maslow(1968)에 따르면, 인간은 음식과 안전 등에 대한 기본 욕구인 결핍 욕구와 정의, 선, 아름다움 등에 대한 성장 욕구인 자아실현 욕구가 있다. Maslow(1987)가 제안하는 인간의 5단계 욕구는 〈표 4-3〉과 같으며, 이전 단계의 욕구가 충족되어야

표 4-3 Maslow의 5단계 욕구

욕구의 단계	설명
I. 생리적 욕구	• 공기, 음식, 음료, 휴식, 식욕 충족 등에 대한 생리적 욕구 • 신체 내의 균형을 추구하고자 하는 욕구
II. 안전 욕구	• 안전과 안정에 대한 욕구 • 두려움, 불안 및 혼란으로부터 자유롭고자 하는 욕구 • 법, 구조, 허용 한계 등에 대한 욕구
III. 소속감과 사랑 욕구	• 가족, 친구, 연인에 대한 사랑과 소속감에 대한 욕구 • 애정, 친밀감, 자신의 근본을 알고자 하는 욕구
IV. 존중감 욕구	• 자신과 타인에 대한 존중감에 대한 욕구
V. 자아실현 욕구	• 자신이 할 수 있는 것을 하고자 하는 욕구 • 개인의 내적 성향에 따라 잠재력을 실현하고자 하는 욕구

다음 단계의 욕구를 추구한다.

Maslow(1968)는 '정상적'과 '비정상적'이라는 용어보다는 '건강한'과 '병든' 또는 '성숙한'과 '미성숙한'이라는 용어를 사용하였고, 자아실현을 이룬 성숙한 사람의 특성을 다음과 같이 제시하고 있다.

- 뛰어난 현실 지각
- 자신, 타인, 자연에 대한 수용 향상
- 자발성 향상
- 문제해결 기술 향상
- 자율성 향상과 문화적응(enculturation)에 대한 저항
- 사람들로부터의 분리와 개인적 자유 추구의 증가
- 감사의 증가와 풍부한 정서적 반응
- 최고의 경험 증가
- 자신과 인류와의 동일시 향상
- 대인관계의 향상
- 민주적 인격구조 향상
- 창의성 증가

• 가치체계의 변화

Rogers(1969)는 적절한 인격이 형성된다는 것은 경직성에서 융통성으로, 정적인 삶에서 동적인 삶으로, 의존에서 자율로, 예측 가능성에서 예측 불가능한 창의성으로, 방어성에서 자기수용으로의 발달과 성장을 의미한다고 하였다.

요약하면, 심리역동 모델에서는 충족되지 않은 욕구와 정서적 미성숙으로 말미암아 정서행동장애가 발생한다고 가정한다.

2) 진단 및 평가

(1) 투사법

투사법의 기본적인 가정은 중성적 또는 불분명한 자극이 주어졌을 때 사람은 자극에 대하여 자신의 의식적 느낌과 무의식적 느낌을 투사한다는 것이다. 즉, 아동은 자신의 인지적 틀을 자료에 쏟아 놓으면서 자신과 세상과 미래에 대한 자신의 생각과 느낌과 태도 등을 드러내게 된다는 것이다. 가장 일반적으로 사용되는 투사법은 로르샤흐 잉크반점 검사, 아동통각검사, 문장완성법 및 인물화 검사 등이 있다. 첫째, 로르샤흐 잉크반점 검사(Rorschach, 1921)는 대칭적 잉크반점이 있는 10장의 카드를 한 장씩 보여 주고 피검자로 하여금 보이는 것을 자발적으로 표현하도록 하는 것이다. 피검자의 반응은 형태, 움직임, 색, 명암 등 영역에 따라 채점되며, 피검자의 현실의식, 자아개념, 정서 및 대처기제 등을 평가한다. 둘째, 아동통각검사(Bellak & Bellak, 1949)는 10장의 동물 그림으로 된 일련의 삽화로 구성되어 있다. 3~10세 아동을 위해 개발된 도구로서 피검자에게 그림을 한 장씩 보여 주면서 그림과 관련된 이야기를 말하게 하여 주제, 주인공, 주인공의 주된 욕구, 환경에 대한 개념, 다른 인물에 대한 견해, 주요 갈등, 불안의 본질, 주요 방어기제, 초자아의 엄격성, 자아통합 등 10개 영역에 대해 분석한다. 셋째, 문장완성법은 미완성 문장(예: 나는 ……때 가장 기쁘다)을 제시하고 피검자로 하여금 문장을 완성하게 함으로써 피검자의 대인관계, 학업, 불안, 태도 등에 관한 정보를 수집하는 방법이다(방명애 외 역, 2020). 넷째, 인물화 검사는 그림이 어휘보다 더 웅변적이라는 가정하에 아동의 인물화를 통해 성격측정, 타인과 관련된 자아측정, 집단 가치의 측정 및 타인을 향한 태도를 측정하는 것이다(Klepsch & Logie, 1982).

투사법은 현실에 대한 무의식적 지각을 끌어내기 때문에 의도적으로 자신의 생각이나 느낌을 왜곡하거나 위조할 여지가 적다는 이유로 임상적 도구로서 인기가 있으나, 다음과 같은 문제점이 지적되고 있다(Anastasi & Urbina, 1997). 첫째, 투사법은 검사의 기준과 실시, 채점, 규준 등의 표준화에 문제가 있으며 신뢰도나 타당도 등 기술의 적절성이 취약하다. 특히 로르샤흐 잉크반점 검사와 인물화 검사의 타당도는 매우 의심스럽다. 둘째, 대부분의 투사법은 이론적 근거가 미흡하다. 셋째, 투사적 검사의 해석은 피검자의 성격보다는 검사자의 배경, 훈련, 성격적 경향 등이 더 반영될 수도 있다.

(2) 자기보고식 검사

심리역동적 심리학자들은 아동이 자신과 세상, 그리고 미래를 어떻게 지각하고 있는지에 대한 정보를 얻기 위해 자기보고식(self-report) 검사를 사용하기도 한다. 가장 많이 사용되고 있는 피어스-해리스 아동용 자아개념척도(The Piers-Harris Children's Self-Concept Scale; Piers & Harris, 1969)는 행동, 학교에서의 지위, 신체적 외모, 불안, 인기, 행복 등 6개 영역에 관련된 80개 문항을 아동이 이분 척도(예/아니요)로 응답하도록 한다. 자기인식 프로파일(The Self-Perception Profile; Harter, 1985)은 학업능력, 운동능력, 사회적 수용, 신체적 외모, 품행 및 일반적 자아존중에 관한 36개 문항에 아동으로 하여금 4점 척도로 응답하게 한다.

요약하면, 심리역동 모델은 아동의 정서행동장애를 진단하기 위해 주로 투사법과 자기보고식 검사를 사용하는데, 이러한 검사도구들은 타당도와 신뢰도가 결여되어 있다는 지적을 받고 있으므로 검사 결과의 해석에 주의를 기울여야 한다.

3) 심리역동 모델의 중재

(1) 심리치료

최근 증거 기반의 처치(evidence-based treatments)를 강조함에 따라 약물치료와 인지행동치료가 가장 많이 사용되고 있는 반면에, 임상적으로 치료의 효과를 검증하기 어려운 심리치료나 가족치료를 평가절하하는 경향이 있으나(Messer &

Wampold, 2002), 심리역동 모델에 기초하여 가장 폭넓게 사용되어 온 중재 방법은 정신분석적 심리치료다. 정신분석적 심리치료의 목표는 내담자로 하여금 자신의 내면에 존재하는 무의식적 내용(예: 심리적 혼란, 수치감, 자기기만, 자기정당화, 공격성 등)을 인정하는 능력을 향상시키도록 하는 것이다(권석만 외 역, 2007). 심리치료는 내담자의 부정적인 증상을 줄이고 적응적이고 친사회적인 기능을 향상시키기 위하여 고안된 중재로서 특정 치료 계획에 따라 치료자와 내담자 간의 상호작용, 상담 및 활동을 포함한다. 심리치료는 사람이 어떻게 느끼고 생각하며 행동하느냐에 초점이 맞추어져 있고, 입원치료보다 치료비용이 저렴하며, 아동이나 청소년이 자연환경에서 자유롭게 치료를 받을 수 있고 다양한 환경과 상황에서 심리분석, 인지치료, 가족치료 등을 사용할 수 있다는 것이 장점으로 간주된다.

심리치료가 인지적 행동치료와 구분되는 특징은 다음과 같다(Blagys & Hilsenroth, 2000). 첫째, 심리치료사는 내담자의 감정과 정서표현에 초점을 둔다. 둘째, 심리치료사는 내담자의 행위, 사고, 감정, 경험의 패턴을 파악한다. 셋째, 심리치료사는 내담자의 과거 경험, 대인관계 및 치료적 관계를 중요시한다. 마지막으로, 심리치료사는 내담자의 소망, 꿈, 환상 등을 탐색한다.

지난 수십 년 동안 심리치료 결과의 타당도와 신뢰도 등을 포함하여 많은 문제점이 지적되며 사례연구에 지나지 않는다는 주장도 제기되었으나, 최근 심리치료의 연구방법은 다음과 같은 발전을 거두게 되었다(Kazdin, 1993). 첫째, 아동과 청소년의 역기능을 측정하기 위한 검사도구(예: 진단적 인터뷰)들이 개발되었다. 둘째, 정상적으로 발달하는 아동들의 기능에 대한 기준을 제시함으로써 장애아동의 발달과 기능을 비교할 수 있게 되었다. 셋째, 심리치료 매뉴얼 등을 통해 심리치료를 표준화시키려고 노력하고 있다. 넷째, 집단을 대상으로 실험연구나 준실험연구를 실시하여 임상 분야에 시사점을 제시하고 있다. 마지막으로 통계 모델과 자료분석 방법이 발달하여 메타분석 등의 통계 방법들을 통하여 치료효과를 검증하게 되었다. 그러나 아동과 청소년을 위한 심리치료는 성인을 대상으로 한 심리치료만큼 세분화되어 있지 않을 뿐만 아니라, 치료효과가 연령, 성별, 치료 빈도, 부모참여 여부 등에 따라 검증되어 있지 않아서 일관성 있는 결론을 내기가 어렵다.

심리치료에서 치료자는 내담자의 감정을 비추는 거울처럼 내담자의 내면상태가 투사될 수 있도록 중립적으로 행동하며, 내담자로 하여금 정신병리로 나타나는 무의식적 갈등을 인식하고 능동적으로 조절하도록 도와야 한다(권석만 외 역, 2007).

(2) 인본주의적 중재

인본주의적 교육자들은 학교를 학업적 기술 습득보다 행복하고 잘 적응된 개인의 발달이 일어나는 곳으로 간주한다. 그러나 현대사회의 가치관은 아동의 자아존중감의 발달과 성숙을 저해하고 있다(Coopersmith, 1967). 첫째, 아동의 자아존중감을 습득하기 위해서는 사랑이 가득한 집단에 대한 소속감을 느껴야 하는데, 현대사회는 개인주의가 팽배하여 집단보다는 개인의 중요성이 강조되고 있다. 둘째, 아동이 자아존중감을 경험하기 위해서는 아동으로 하여금 성공감을 경험하고 습득된 기술이나 행동을 숙달할 충분한 기회를 제공하며 다른 사람의 성공을 축하하는 것을 학습하여야 하는데, 현대사회는 어떤 방법을 사용해서라도 다른 사람을 이겨야 한다고 가르친다. 셋째, 아동이 자아존중감을 가지기 위해서는 투쟁을 하지 않고 지혜롭게 결정하며 책임감이 뒤따르는 독립성을 습득하여야 하는데, 현대사회는 다른 사람을 지배하여야 힘이 있다고 간주한다. 넷째, 아동이 자아존중감을 가지기 위해서는 다른 사람을 배려하고 자신을 용기 있게 내어 주는 이타심이 필요한데, 현대사회는 물질적인 풍요로움이 덕이라고 가르친다.

① 학교역할과 인본주의적 중재

학교가 학생에게 가치관을 강요하며 교육을 하면 학생은 신뢰감과 소속감을 자지지 못하고 좌절감과 무력감을 느낄 수 있으며, 삶의 목적을 상실하거나 자기 자신에 대해 집착하고 타인에 대해 무관심하게 된다. 이러한 문제들에 대한 인본주의적 중재로서 교사-학생 관계와 또래관계에 있어서 신뢰를 회복하고, 친사회적 행동과 자기통제기술을 교수하며 도덕교육과 인성교육을 실시할 필요가 있다. 학교에서 학생들이 나타낼 수 있는 문제 영역과 그에 대한 인본주의적 중재를 〈표 4-4〉에 제시하였다(Brendtro & Bockern, 1994).

〈표 4-4〉에 제시된 인본주의적 중재를 실시하기 위해서는 다음과 같은 도덕 공동체로서의 학교 역할이 중요하다(Berreth & Berman, 1997). 첫째, 학교는 구성원 간 협력을 통해 도덕적 가치관을 정립하여야 한다. 둘째, 학교는 긍정적인 도덕적 가치관을 학생들에게 전수하여야 한다. 셋째, 학교는 가정과 지역사회를 연계하는 공동

표 4-4 **학생의 문제 영역과 인본주의적 중재**

문제 영역	중재
신뢰감과 소속감 결여	• 교사-학생 관계와 또래관계에서 신뢰를 회복
좌절감과 무가치함 실패에 대한 두려움	• 정서적 지원과 사회성 기술의 교수를 통한 대인관계 향상 • 창의적인 자기표현의 촉진과 성공 경험
무력감 또래를 괴롭히며 잘못된 힘 추구	• 책임 있는 행동과 자기통제 기술 • 안전한 환경 제공과 친사회적 행동 교수
삶의 목적 상실과 자기 집착 타인에 대한 무관심	• 도덕교육과 친사회적 행동 교수 • 남을 돌보는 가치관의 내재화 • 지역사회와 밀접한 유대관계 형성

체의 중심이 되어야 한다. 넷째, 학교는 학생에게 목표설정, 문제해결, 협력, 갈등해결, 의사결정 기술 등을 교수하여야 한다. 다섯째, 학교와 학급의 의사결정(예: 두발 길이)에 학생을 최대한 참여시켜야 한다. 여섯째, 학생들이 장애물을 극복하고 인내하며 자신의 행동에 대해 책임감을 가지고 스스로 조절할 수 있도록 하여야 한다. 일곱째, 학생이 학교와 지역사회에 봉사할 수 있는 기회(예: 고아원, 양로원, 장애인 봉사)를 제공하여야 한다. 여덟째, 학교는 학생들로 하여금 나이, 종교, 사회경제적 배경 등이 서로 다른 사람들을 존중하도록 교수하여야 한다. 아홉째, 한 학생에게 멘터의 역할을 할 수 있는 어른 한 명을 짝지어 학생들이 실제 생활에서 겪는 갈등을 해소하고 실패를 극복함으로써 학생이 자아존중감과 책임감을 가지고 자기 자신을 잘 다스리며 다른 사람의 관점을 취하며 성장할 수 있도록 도와야 한다.

② 집단중재

집단중재의 목표는 교사와 학생이 문제행동을 일으키는 갈등의 원인을 집단중재를 통해 공개적으로 다루는 것이다. 또한 학생의 행동을 강화나 벌을 이용하여 외부적으로 통제하는 것이 아니라, 학생이 자신의 행동에 대해 의견을 표현하고 자기통제 기술과 전략을 습득하여 행동을 내부적으로 통제할 수 있도록 돕는 것이다. 집단중재에서 교사의 역할은 학생들의 의견을 적극적으로 청취하고 적절한 질문을 통하여 학생들이 문제를 해결할 수 있도록 촉진하고 안내하는 것이다. 집단중재를 실시할 때 다음과 같은 점들을 고려해야 한다(Coleman & Webber, 1988). 첫째, 유사한 문제(예: 사회적 위축, 분노 폭발)를 공유하고 있는 학생들로 집단을 구성한다. 둘째, 학생의 필요를 반영하여 집단중재의 장단기 목표를 설정해야 한다. 예를 들어, 수줍고 위축된 학생들을 위한 집단중재의 경우 사회성 기술의 교수를 목표로 하고, 감정조절을 못하여 분노를 폭발하는 학생들을 대상으로 한 집단중재의 경우 자기통제 기술의 교수를 목표로 할 수 있다. 셋째, 집단중재의 참여자들이 서로에게 심리적 또는 신체적 상해를 입히지 않게 하기 위하여 참여자의 나이, 언어능력, 기능 수준 등을 고려하여 집단중재의 규칙을 정하여야 한다(예: 다른 참여자를 놀리지 않는다).

Maxwell(1980)은 효과적인 집단중재를 위하여 다음과 같이 일곱 가지 제안을 하였다. 첫째, 중재를 시작하기 전에 모든 참여자는 집단중재의 목표가 참여 학생의 필요를 충족하는 것이라는 것을 숙지하여야 한다. 둘째, 중재 일정을 참여자들에게 미리 공개하여야 하며, 한 회기는 30분~1시간이 적절하다. 셋째, 매 회기를 동일한 순서에 따라 진행함으로써 학생들의 불안을 감소시켜야 한다. 예를 들어, 매 회기를 시작하면서 인사를 한 후 특정 주제에 대한 자유 토론을 하고 각자 자신의 의견을 제시하는 등이다. 넷째, 참여자들이 직접 리더를 선출하도록 한다. 다섯째, 매 회기를 마치기 전에 참여자들로 하여금 평가를 하도록 한다. 여섯째, 매 회기 모임이 성공적으로 끝나면 정적 강화(예: 과자 파티)를 제공하여야 한다. 마지막으로, 집단중재에 촉진자로 참여하는 성인은 적극적으로 참여하여야 하며 학생 참여자들과 동일한 규칙을 따라야 한다.

효과적인 집단중재를 위해 Gord(1974)가 제시하는 교사를 위한 지침은 다음과 같다. 첫째, 교사는 학생이 이야기할 때 비판하지 않고 수용적으로 듣는다. 둘째, 교사는 학생의 이야기가 끝나면 언어적으로든 비언어적으로든 잘 들었다는 표현을 하여야 한다. 셋째, 교사는 토론과 대화를 촉진하는 역할을 하여야 한다. 넷째, 교사는 학생들의 의견에 대해 적절한 피드백을 제공하여야 한다. 다섯째, 교사는 자신의 관점과 전문적 지식을 나누고 학생들의 잘못된 정보를 수정하여야 한다. 여섯째, 교사는 자존감이나 상호존중 등의 가치관에 대해 학생들에게 모델링을 하여야 한다. 일곱째, 교사는 권위적이기보다는 수용적이어야 하며, 학생들과 상호 신뢰할 수 있는 인간관계를 형성하는 것을 중시하여야 한다. 마지막으로 교사는 중재효과가 없어도 수용하여야 한다. 왜냐하면, 어느 누구도 다른 사람을 변화시킬 수 없으므로 교사가 최선을 다하였다 할지라도 학생들이 협력하지 않으면 중재효과가 없을 수도 있기 때문이다.

③ 정서교육

인간은 진(truth), 선(goodness), 미(beauty), 성(holiness)을 추구하고자 하는 감정을 지니고 있다. 이러한 감정은 노여움, 미움, 두려움과 같은 부정적인 감정과는 달리 이성을 통해 지속적으로 유지되는 고상한 정서다. 이러한 감정을 키우기 위한 교육이 정서교육이다. 정서에는 지향하는 가치에 따라 진리를 추구하려는 과학적 정서, 선을 구하는 도덕적 정서, 예술적 정서, 종교적 정서 등이 있다. 지식이나 기능 습득이 중요시되는 근대교육에서는 정서에 대해 비교적 무관심했다. 그러나 최근에 지(intellect), 정(emotion), 의(will), 체(physical body) 등에 대한 조화로운 발달이 강조되어 정서교육 실천연구가 발달하고 있다.

정서적 웰빙은 학업, 고용, 결혼, 건강에서의 성공에 대한 예견자다. 정서지능은 과거 경험을 통한 학습의 결과이며, Gardner와 Hatch(1989)의 자신을 아는 개인 내 지능과 대인관계에 관련된 개인 간 지능을 확장한 개념이다(Goleman, 1995). 정서지능에는 다섯 가지 측면이 있다(Pool, 1997). 첫째, 자기인식 측면은 자신의 강약점을 인식하여 자신감을 형성하는 것이다. 둘째, 정서조절 측면은 분노와 충동을 적절히 조절하는 것으로 정서 지능의 기본을 형성한다. 셋째, 동기적 측면은 목표를 이루고자 하는 열정과 인내를 가지고 단계적으로 과정을 수행하는 것이다. 넷째, 공감적 측면은 다른 사람의 목소리나 얼굴표정을 읽을 수 있는 능력이다. 다섯째, 사회성 기술 측면은 대인관계를 효과적으로 시작하고 유지하는 기술이다.

학생들의 정서적 웰빙을 위해 절대적으로 필요한 '안전한 학교'의 필수 요소 세 가지는 다음과 같다(Haspel, 2021). 첫째, 학교는 상호의존적인 협력적 공동체여야 한다. 즉, 학교와 학부모가 상호의존적이어야 하고, 학교 구성원들이 상호의존적이어야 하며, 학생 또래 간에 상호의존적이어야 한다. 둘째, 교사는 의견이 다른 갈등 상황이 발생하였을 때 학생 스스로 토론이나 역할놀이를 통해 타협적인 문제해결 기술을 습득하도록 돕는다. 셋째, 학교는 적절한 행동에 대한 공동체의 공동 목표와 가치관을 정립하여야 한다.

전 세계 많은 아동이나 청소년이 발달적, 정서적 및 행동적 문제로 고통받고 있다고 보고되고 있다. 호주 아동과 청소년의 30% 정도가 정서행동 문제를 가지고 있고, 모든 연령군에서 여학생이 남학생보다 정서행동문제를 더 많이 가지고 있다(Pathak et al., 2011). 케냐의 아동과 청소년 중 27%가 정서행동장애의 위험군이며, 17%가 임상군에 해당한다(Magai et al., 2018). 우리나라도 청소년의 25.5%가 우울감을 경험하며, 34.2%가 스트레스를 인지하고 있다(교육부, 보건보지부, 질병관리청, 2021). 예를 들어, 매년 수많은 아동과 청소년이 사랑하는 사람의 죽음으로 슬퍼한다. 아동들은 연령에 따라 슬픔에 대해 다르게 반응한다. 공격성을 보일 수도 있고, 위축되거나 우울해하고 불안해할 수도 있다. 교사는 슬픔을 느끼는 아동으로 하여금 자신의 생각과 감정을 솔직하게 이야기하고, 그림이나 글 등을 통해 표현하며, 사망한 사람과의 기억을 안전한 방법으로 재경험을 하기 위해 앨범 등을 만들도록 기회를 제공할 수 있다(Goldman, 1997). 또한 교사는 어린 아동의 경우에 출생부터 사망에 이르기까지의 인생의 주기에 대해 가르치며, 아동이 부적절한 행동을 보이는지 모니터링하며, 학급의 다른 아동들에게 가족을 잃은 급우를 어떻게 위로할지 가르치고, 아동이 학교와 가정에서 어떻게 적응하는지에 대해 가족과 지속적으로 의견을 교환하며 협력하여야 한다(방명애, 2015, 2016, 2017).

3. 요약 및 결론

이 장에서는 정서행동장애를 바라보는 신체생리 모델과 심리역동 모델에 대해 살펴보았다. 신체생리 모델은 인간의 행동이 신경생리학적 기제와 관련이 있다고 간주하고, 정서행동장애의 유전적 요인, 뇌와 신경생리학적 요인 및 기질 요인에 초점을 맞춘다. 신체생리 모델에 기초한 진단은 발달사와 신체기능평가를 포함하며, 중재는 약물치료와 식이요법이 가장 많이 사용되고 있다. 심리역동적 모델은 정서행동장애를 정서적 성숙이 지체된 것으로 간주하고, 정신분석적 접근과 인본주의적 접근을 통해 원인을 규명하고자 한다. 심리역동 모델에 기초한 진단은 투사법과 자기보고식 검사가 많이 사용되고 있으며, 중재는 심리치료와 인본주의적 접근에 기초한 집단중재와 정서교육이 가장 많이 실시되고 있다.

정서행동장애를 설명하는 신체생리 및 심리역동 모델에 근거한 원인 규명과 효과적인 중재를 위해서 다음과 같은 연구들이 실시될 필요가 있다. 똑같은 진단 명에도 발달 수준별로 증상이 다르므로 장애를 진단하고 평가할 때 발달이론과 접목시켜 발달적 심리병리 모델을 제시할 필요가 있으며, 위험 아동에게 예방적 중재를 제공하여 특수교육대상자가 되지 않도록 해야 한다. 이론적 연구와 임상 실제를 연결하여 개념적 모델에 근거한 효과적인 중재 전략을 개발해야 하며, 중재의 신뢰성, 타당성, 객관성을 확보해야 한다. 특히 심리역동 모델에 근거한 중재의 경우, 중재효과의 증거가 불충하다고 지적되고 있는 만큼 중재를 표준화시키고 중재효과에 대해서도 신뢰성과 타당성이 있는 측정도구를 이용하여 객관적인 증거를 확보할 필요가 있다.

여러 가지 모델에 기초한 중재방법을 통합하여 프로그램을 개발하고 적용하여 중재효과가 나타난 경우에 어떤 구성 요소가 긍정적인 변화를 초래하였는지 검증해야 하며, 종단적 연구를 통한 중재의 장기적인 효과를 검증해야 한다. 아동의 정서행동장애에 영향을 미치는 유전적 요인과 환경적 요인을 밝히기 위해서 가능하면 출생 전부터 각 인생주기별로 유전적 요인과 환경적 요인이 어떻게 상호작용하는지와 조기에 중재를 도입하였을 때 나타나는 효과를 검증할 필요가 있다.

제5장

행동주의 모델

개요

행동주의 모델은 인간 행동의 본질을 이해하고, 그 행동을 변화시키는 데 초점을 맞춘다. 인간의 행동 중에는 더 증가시켜야 할 바람직한 행동이 있는가 하면, 행동을 감소시키거나 소거해야 할 바람직하지 않은 행동이 있다. 인간의 행동을 작동적으로 변화시키는 방법이 행동주의 모델에서의 접근법이다.

행동주의 모델에서는 문제행동을 부적절하게 학습된 반응으로 보고, 이를 감소시키거나 소거시키기 위하여 응용행동분석을 적용해 왔다. 응용행동분석의 특징은 행동을 과학적으로 측정하며, 단일대상연구를 사용하여 중재를 실증적으로 평가하는 것이다. 응용행동분석에서의 중재는 목표행동을 설정하고, 기능행동평가를 통해 문제행동의 기능을 파악하고, 목표행동이 신뢰할 만한 수준으로 변화될 때까지 지도한 후 단일대상연구로 중재효과를 검증한다. 응용행동분석에서의 중재 방법에는 작동적 조건화에 기초한 후속결과를 통제하는 방법과 선행사건을 통제하는 방법이 있다. 이 장에서는 행동주의 모델의 이론적 배경을 설명하고, 진단 및 평가 방법과 효과적인 중재 방법을 정서행동장애를 중심으로 살펴본다.

KEY WORDS

- 작동적 조건화operant conditioning
- 수동적 조건화respondant conditioning
- 정적 강화positive reinforcement
- 부적 강화negative reinforcement
- 기능행동평가functional behavior assessment
- 목표행동target behavior
- 응용행동분석applied behavior analysis
- 행동수정behavioral modification
- 차별강화differential reinforcement
- 선행사건 통제antecedent control
- 자기관리self-management
- 토큰경제token economy
- 행동계약behavioral contract
- 집단 유관group contingency
- 사회적 기술 훈련social skills training

1. 기본적 견해 및 원인

행동주의 모델은 행동의 본질을 이해하고 그 행동을 통제하는 것에 초점을 둔 이론이다. 행동주의는 Watson(1913)이 "심리학은 자연과학의 일부로서 객관적이고 외현적인 행동만을 연구대상으로 해야 한다."고 주장하면서 시작되었다. 행동주의에 근거한 용어에는 행동수정, 응용행동분석, 행동치료가 있다. 이 용어들은 서로 구분하여 사용하기도 하고 구분 없이 사용하기도 한다. 행동수정은 동물 대상의 실험연구를 통해 도출된 기본 원리를 응용한 것으로 인간 행동을 분석하고 변화시키는 데 초점을 둔다. 이러한 행동에 대한 과학적 연구를 실험행동분석(experimental analysis of behavior: EAB) 또는 행동분석이라고 한다(Skinner, 1953, 1966). 인간 행동에 대한 과학적 연구는 실험적 인간행동분석 또는 응용행동분석이라 한다(Baer et al., 1968). 한편, 행동수정은 교육 및 의료 현장에서 행동치료라고 부르기도 한다(이성봉 외, 2019).

행동주의 모델에서의 주요 관점은 첫째, 학생의 문제행동을 포함한 모든 행동은 과학적으로 증명된 학습이론에 따라 결정되며, 둘째, 행동과 행동변화에 대한 연구가 과학적인 방법을 통해 수행된다는 것이다. 많은 행동주의 연구 중에서도 Skinner의 작동적 조건화에 관한 연구가 행동주의 이론에 큰 공헌을 하였다(Liebert & Spiegler, 1994).

작동적 조건화에서는 인간의 행동이 다양한 생물학적 요인 및 심리사회적 요인으로부터 영향을 받는다고 인식한다. 그러나 이 이론은 행동에 선행하거나 뒤따라오는 다양한 종류의 환경 자극에 대한 관계성의 관점에서 행동을 이해한다(Miller, 2006). 작동적 조건화에서 연구자들은 환경 자극을 조정함으로써 행동을 통제할 수 있다는 것을 알고 있다.

행동주의 모델에서는 인간의 행동을 수동적 행동(respondent behavior)과 작동적 행동(operant behavior)으로 설명한다. 수동적 행동은 강한 자극에 적응하는 행동으로 유기체의 생존과 유관되어 있다. 작동적 행동은 행동에 뒤따르는 자극을 조작하는 행동이며, 자극에 의해 영향을 받는다.

1) 수동적 행동

수동적 행동은 행동에 앞서 일어나는 자극으로 유발된 행동이다. 이 자극은 외부 환경에 따라 발생하거나 유기체의 내부로부터 발생하기도 한다. 수동적 행동은 행동을 조절하는 내분비선(gland)과 근육뿐만 아니라 자율신경계의 행동도 포함한다. 예를 들어, 밝은 빛은 동공의 반사적 반응을 유발하며, 입 안의 음식물은 침을 나오게 하며, 강한 자극은 호흡, 혈액 순환, 호르몬 분비, 근육 활동에 변화를 유발한다.

수동적 조건화와 수동적 소거는 수동적 행동을 유발하는 자극의 변화와 관련된 학습과정이다. 수동적 조건화는 처음에는 자연적으로 반응을 유도하지 않았던 중성 자극이 무조건 자극과 연합하여 반사적으로 반응하도록 조건화시키는 것을 말한다. 이러한 조건 반응을 학습하는 것이 수동적 조건화, 즉 고전적 조건화다. 예를 들어, Pavlov의 실험에서 굶주린 개에게 먹이는 조건화 없이도 자연적으로 타액을 분비하기 때문에 무조건 자극이라 하고, 자연적인 타액 분비 반응을 무조건 반응이라 한다. 그리고 개가 소리를 듣고 타액을 분비하는 것은 조건화의 결과이므로 소리를 조건 자극이라 하며, 먹이 없이 소리만 제시되었을 때 타액을 분비하는 것은 조건 반응이라 한다.

수동적 소거는 반응행동을 유발하는 힘을 잃게 하는 것이다. 수동적 소거는 체계적 둔감법(systematic desensitization)의 기본이 되며, 응용행동분석에서 불안행동을 감소시키는 중재에 사용되어 왔다(Barrios & O'Dell, 1998). 이 방법은 불안행동, 사고, 심리적 반응을 유발하는 자극에 학생을 점진적으로 노출시키는 방법이다. 결과적으로 시간이 지나면서 그러한 자극은 더 이상 부적응 반응을 유발하지 않고 소거된다. 수동적 조건화와 수동적 소거는 정서행동장애학생의 불안행동을 지도하는 데 효과적인 방법이다.

2) 작동적 행동

작동적 행동은 후속결과에 따라 영향을 받는 행동이다. 후속결과는 작동적 행동에 따라 나타나며, 작동적 행동에 영향을 주는 자극이다. 작동적 행동은 다른 사람을 통해 나타나며, 뒤따르는 후속결과에 의존하기 때문에 그 행동이 다시 발생할 수도 있고 감소할 수도 있다.

작동적 행동은 매우 광범위한 영역이다. 개인의 생존을 위해 필요한 행동, 개인이나 집단이 번영하는 데 중요한 역할을 하는 행동, 개인이나 주변 환경을 위협하는 행동, 결정하기 쉽지 않은 이익이나 손해가 되는 행동 등을 포함한다. 또한 작동적 행동은 정서행동장애학생의 행동과도 연관되어 있다.

작동적 조건화는 작동적 행동과 자극 간의 관계를 설명하는 원리다. 이러한 자

A (선행사건)	B (행동)	C (후속결과)
정서행동장애학생인 예지는 일반학급에 통합되어 있다. 예지가 사회 시간에 '생활계획표 만들기' 과제를 수행하기 위해서는 교사의 도움이 필요하나 교실에 학생들이 많아 도움을 받지 못하고 있다.	예지는 "선생님, 생활계획표를 어떻게 만들어요? 저를 도와주세요."라고 말한다.	교사는 "물론 도와주지. 그리고 어려운 일이 있으면 선생님께 도와달라고 말해라." 라고 말한다.
국어 시간에 '그림을 보고 알맞은 낱말 쓰기'를 지도하기 위해 교사가 예지에게 개와 고양이 그림카드를 제시하면서 낱말을 쓰라고 한다.	예지는 그림카드를 가리키며 "선생님, 이 그림은 '개'이고, 저 그림은 '고양이'예요.", "저는 공책에 '개'하고 '고양이'를 쓰는 것이 어려워요.", "선생님, 제가 자꾸 틀려서 그러니 도와주세요."라고 말한다.	교사는 "알았다. 먼저 '개'를 써 봐. 그러면 '고양이'를 쓸 때 내가 도와줄게." 예지가 '고양이'를 쓰지 못하고 있을 때, "예지야, '고양이'라고 한번 써 보렴. 너는 잘할 수 있을 거야."라고 말하면서 도와준다.
교사는 수학 시간에 '합이 9 이하인 덧셈하기'를 지도하기 위해 예지에게 덧셈 문제 5개를 냈다. 그리고 다섯 문제 중에서 세 문제를 풀면 컴퓨터 게임을 할 수 있게 해 준다고 한다.	예지는 덧셈 문제를 열심히 푼다.	예지는 다섯 문제 중에서 네 문제를 풀었다. 교사는 예지가 컴퓨터 게임을 할 수 있도록 허락한다.

[그림 5-1] A-B-C 유관의 예

극에는 여러 형태의 후속결과뿐만 아니라 선행사건이 포함된다. 선행자극과 후속자극에 대한 작동적 행동의 관계를 선행사건–행동–후속결과(A–B–C) 모델, 즉 A–B–C 유관이라 부른다. [그림 5–1]은 학교 현장에서 정서행동장애학생이 보이는 행동에 대한 A–B–C 유관의 예다.

3) 작동적 조건화와 정서행동장애

작동적 조건화의 원리는 일반학생과 장애학생 모두에게 적용할 수 있다. 행동주의자들은 정서행동장애를 설명할 때 관찰하기 어려운 감정, 사고, 정보처리와 같은 개인 내적인 현상에 관심을 갖지 않는 반면에 조건화된 강화나 벌, 자극 일반화와 같은 개인 외적인 현상에 초점을 맞춘다. 따라서 그들은 다양한 작동적 조건화의 관점에서 정서행동장애학생을 이해하려고 한다. 정서행동장애학생 지도에 작동적 조건화의 원리를 적용한 중재뿐만 아니라 문제행동 발생 상황과 관련된 선행사건, 행동, 후속결과를 조사하는 A–B–C 유관을 사용한다. 정서행동장애학생의 문제행동 지도를 작동적 조건화 관점에서의 정적 강화와 부적 강화로 설명할 수 있다.

(1) 부적절한 관심의 정적 강화

공격행동, 불안, 이상한 말과 행동, 사회적 위축 등의 문제행동은 자연스럽게 다른 학생이나 교사의 관심을 끈다. 일반적으로 교사는 조용하고 바람직한 행동을 하는 학생을 무시하는 반면에, 부적절한 행동을 하는 학생에게 관심을 갖는 경향이 있다. 부적절한 행동에 대한 교사의 관심은 학생을 꾸짖거나 학교 규칙을 지키라고 지도하는 등의 다양한 형태로 나타난다. 정서행동장애학생은 문제행동에 대한 교사의 관심 때문에 다른 학생에게 관심을 받게 된다.

교사는 학생에게 나타나는 불안장애, 우울장애 등의 내재화 장애뿐만 아니라 품행장애, 적대적 반항장애, 주의력결핍과잉행동장애와 같은 외현화 장애에 관심을 가진다. 그러나 교사가 부적절하게 관심을 주는 정적 강화로는 정서행동장애학생의 문제행동을 감소시키지 못한다. 따라서 교사가 정서행동장애학생의 문제행동에 정적 강화를 사용하려고 할 때는 문제행동의 기능을 고려하여야 한다.

교사는 문제행동에 즉시 개입함으로써 학생의 문제행동을 감소시키거나 소거시킬 수 있다. 그러나 이는 일시적인 현상이 될 수 있으며, 학생의 문제행동 기능에 따라 그 행동이 강화되는 오류를 범할 수 있다. 예를 들어, 정서행동장애학생의 공격행동이 교사의 관심을 끌기 위한 기능으로 작용된다면, 교사의 즉각적인 개입은 학생에게 관심을 주는 강화가 될 수 있다. 더욱 문제가 되는 것은 교사가 일시적인 효과를 얻은 후 자신의 지도 방법이 옳다고 오해할 수 있다는 점이다.

(2) 강요와 순응의 부적 강화

Patterson과 Yoerger(2002)는 칭얼거림, 외침, 다툼, 무례함, 위협, 밀기, 때리기와 같은 문제행동의 원인과 작동적 행동을 연구하였다. 그들은 서로 상이해 보이는 다른 문제행동들 간에 중요한 유사점이 있다는 것을 발견하였다. 그것은 각각의 행동들이 다른 사람에게 자신의 요구를 따르도록 강요(coercion)할 수 있다는 것이다.

Patterson(1982)은 이러한 종류의 기능적인 반응을 강요라고 부르고, 학생들이 어떻게 부적 강화를 통해 강요받는지를 보여 주었다. 예를 들어, 철수와 영규가 동시에 같은 장난감을 가지고 놀겠다고 다투는 상황을 가정해 보자. 철수는 자기가 먼저 장난감을 가지고 있었다고 주장하고, 영규는 자기가 그 장난감을 사용할 차례라고 말한다. 만약 당장에 장난감을 주지 않는다면 영규는 철수를 밀거나 적대적인 행동으로 위협할 수 있다. 이 두 학생은 자기의 강요행동에 따르도록 하기 위해 다른 학생의 행동에 대해 반응하면서 강요의 수준을 높인다. 그러나 마지막에 가서는 누군가가 포기해야 되기 때문에 강요의 수준이 계속 올라갈 수 없다. 이때 영규의 강요행동을 제거하면 영규는 강요행동이 부적으로 강화된다. 동시에 철수는 투쟁을 통해 장난감을 획득하였기 때문에 강요행동이 정적으로 강화된다. 더욱이 영규의 실패한 강요행동은 포기와 순응하는 행동으로 나타나 부적으로 강화되며, 이 행동도 역시 궁극적으로 강요행동이 된다. 마지막으로, 두 학생은 강한 형태의 강요가 약한 형태의 강요보다 효과적이라는 것을 배운다.

강요행동 분석은 학생과 성인 사이의 상호작용에도 적용되며, 공격행동보다는 정서행동장애의 다른 행동에 적용된다(정명숙 외 역, 2011). 예를 들어, 교사가 학업적인 상호작용 과제나 사회적인 상호작용 과제를 제시했을 때 학생이 그 과제를 할 수 없다고 말하면 교사는 학생에게 과제를 수행하라고 지시한다. 결국 학생은 그 과제를 수행할 수 없기 때문에 싫다고 말하면서 울기 시작한다. 이때 교사가 과제 수행 지시를 철회하면 학생은 진정되기 시작한다. 이 사례에서 학생의 강요행동을 낮은 자아개념이라고 말할 수 있으며, 그 강요행동이 교사의 과제 철회를 통해서 부적으로 강화되었다. 이것은 학생의 강요행동을 더 강하게 만들었으며, 교사의 행동 역시 학생의 낮은 자아개념 행동이 일시적으로 멈춤으로써 강화되었다. 궁극적으로 교사와 학생은 서로 잘못된 행동을 학습한 것이다.

2. 진단 및 평가

행동을 평가하는 목적은 목표행동을 정확하게 진단하여 가장 효율적인 중재 방법으로 지도하기 위함이다. 행동주의 모델에서의 평가는 다양한 평가도구를 사용하여 행동을 진단하고 평가하는 체크리스트와 평정척도, 목표행동을 직접 관찰하여 행동을 분석하는 행동관찰 방법, 문제행동의 본질, 즉 의도를 파악하는 기능행동평가 방법이 있다. 정서행동장애학생의 문제행동을 효율적으로 지도하기 위해서는 다양한 평가 방법을 통해 행동을 정확하게 평가한 후에 적절한 행동지원 계획을 수립해야 한다.

1) 체크리스트와 평정척도

교사는 학생의 행동에 관한 정보를 얻기 위해서 체크리스트나 평정척도를 사용할 수 있다. 행동 체크리스트나 평정척도는 보통 규준참조검사의 유형이 많다. 행동 체크리스트나 평정척도를 이용해 양적으로 평가하기 위해서는 학생을 잘 알고 있는 교사나 부모가 평가해야 한다. 행동 체크리스트나 평정척도는 교사나 부모가 행동에 관한 진술문을 읽고, 학생에게 그러한 행동이 나타나는지의 여부를 판단할 수 있도록 구성되어 있다. 일반적으로 행동 체크리스트나 평정척도에서는 평가자에게 일련의 행동목록을 제시한다. 이 평가 방법에서는 학생의 행동 발생 유무를 그 정도에 따라 평가할 수 있도록 구성한 3점 척도나 5점 척도를 사용한다. 이 척도로 학생의 행동을 또래들과 비교하여 학생의 행동이 어느 정도 수준인지에 관한 정보를 얻는다. 체크리스트나 평정척도의 소요시간은 보통 10~15분 정도다.

정서행동장애학생을 평가하는 데 사용할 수 있는 체크리스트나 평정척도에는 스킬스트리밍 사회적 기술 교육과정(skillstreaming social skills curricula)이 있다. 이 검사는 환경과 사람에 따라 다르게 나타나는 사회적 기술 결함에 관한 정보를 제공하며, 검사 소요 시간은 10~15분이다. 이 검사는 학령 전, 초등학교, 청소년용으로 구성되어 있고, '전혀 그렇지 않다'부터 '항상 그렇다'까지로 평정할 수 있다. 이 검사를 통해 대상학생의 사회적 기술을 평가할 수 있다(Goldstein & McGinnis, 1997).

이 외에도 사회적 기술 평정체계(social skills rating system), Walker-McConnell 사회적 수행능력 및 학교 적응척도, Conners 평정척도 개정판, 정서장애 진단척도(scale for assessing emotional disturbance), 교사용 보고 양식(teacher's report form)이 있다.

우리나라에서 표준화한 검사에는 한국 아동·청소년 행동평가척도(Korean Child Behavior Checklist: K-CBCL)가 있다. 이 척도는 부모로부터 아동의 행동에 관한 자료를 수집한다. 검사 소요 시간은 20~30분이며, '전혀 해당되지 않는다', '가끔 그렇거나 그런 편이다', '자주 그런 일이 있거나 많이 그렇다'의 3점 척도로 아동의 행동을 평정한다. 평정된 점수는 위축, 신체 증상, 우울·불안, 사회적 미성숙, 사고의 문제, 주의집중 문제, 비행, 공격성의 8개 하위 유형으로 분류되며, 평가 결과로 아동이 외현화 및 내재화 행동에 문제가 있는지를 결정한다(오경자 외, 2003).

청소년 행동평가척도-청소년용(Adolescent Behavior Assessment Scales for Self-Report: ABAS-S)은 일반 청소년이 일상생활에서 경험하는 부적응 문제를 포괄적으로 평가하는 표준화 검사다. 이 평가척도는 11개의 문제척도, 3개의 타당도 척도, 11개의 중요 문항으로 구성되어 있다. 11개의 문제척도는 인터넷 중독 문제, 섭식 문제, 가족관계 문제, 또래관계 문제, 교사관계 문제, 학업/주의 문제, 진로 문제, 공격행동, 지위비행, 범죄성비행, 충동/과다행동이고, 3개의 타당도 척도는 비일관성척도, 긍정반응 경향척도, 부정반응 경향척도다. 11개의 문제척도를 통해 한국 사회에서 청소년들이 갖는 다양한 부적응 문제를 평가할 수 있어 위기상담을 요하는 청소년을 선별하는 데 활용될 수 있다. 이 평가척도에는 청소년 행동평가척도-교사용(Adolescent Behavior Assessment Scale for Teacher Report: ABAS-T)과 청소년 행동평가척도-부모용(Adolescent Behavior Assessment Scales for Parent-Report: ABAS-P)이 있다(이해경 외, 2008).

2) 행동관찰 방법

행동관찰의 목적은 자연스러운 장면에서 행동을 기록하고 측정하며, 그 행동과 관련된 변인을 파악하는 데 있다. 행동을 직접 관찰한 자료를 사용하여 교사는 행동 중재의 효과를 관찰하고 평가할 수 있다. 일반적으로 행동관찰은 다음의 과정을 따른다.

- 지도하고자 하는 행동의 목표행동을 정의한다.
- 행동을 측정하고 기록하는 관찰 방법을 선택한다.
- 관찰의 신뢰도를 높일 수 있는 방법을 강구한다.
- 행동관찰 결과를 시각화 자료로 제시한다.

(1) 목표행동 정의

행동을 중재하기 위해서는 먼저 목표행동을 명확하게 정의해야 한다. 목표행동은 행동을 관찰, 측정, 평가, 수정하기 위해 목표로 설정한 행동이다. 일반적으로 목표행동은 관찰할 수 있는 행동이나 측정할 수 있는 행동으로 정의하는 것이 바람직하다. 또한 긍정적인 용어로 기술해야 하며, 객관적이고 명확하게 기술해야 한다. 목표행동을 기술할 때는 바라는 행동, 그 행동이 일어날 수 있는 조건, 구체적이고 일관성 있게 측정할 수 있는 행동기준을 제시하는 것이 좋다. 예를 들어, 수업시간에 자리이탈 행동을 하는 학생의 목표행동은 다음과 같이 기술할 수 있다.

> 예지는 수학시간 <u>40분 동안</u>(조건)에 주어진 과제를 <u>10분 이상</u>(행동기준) <u>자기 자리에 앉아 수행할 수 있다</u>(행동).

(2) 관찰 방법 선택

행동관찰 방법에는 일반적으로 빈도기록법, 반응시간기록법, 간격기록법 등이 있다. 빈도기록법은 행동의 발생 빈도를 관찰하여 기록하는 방법으로 사건기록법이라고도 한다. 빈도기록법은 관찰기간 동안에 목표행동을 지속적으로 관찰하여 그 행동이 발생할 때마다 기록하는 방법으로 행동관찰 방법 중에서 가장 많이 사용하는 방법이다. 빈도기록법은 목표행동의 시작과 끝이 분명하고 비교적 짧은 시간에 발생했다가 사라지는 비연속적인 행동을 측정할 때 사용한다. 빈도기록법을 적용할 때는 발생 빈도와 비율을 함께 고려하는 것이 좋다. 예를 들어, 수업 시간 40분 동안에 학생의 자해행동 횟수와 더불어 단위시간당 자해행동의 비율을 함께 제시하는 것이다. 교사는 이를 통해 한 회기당 학생의 자해행동의 횟수와 비율을 알게 되므로 회기가 진행되면서 자해행동의 변화를 알 수 있다.

반응시간을 측정하는 방법에는 지속시간기록법과 반응지연기록법이 있다. 지속시간(duration)은 행동이 시작한 시간부터 그 행동이 끝날 때까지의 시간을 말한다. 예를 들어, 교실에서 수업 중에 자리에서 이탈하여 다시 자기 자리에 앉을 때까지의 시간을 기록하는 방법이다. 반응지연시간(response latency)은 자극이 주어진 후에 그 자극에 반응할 때까지의 시간을 말한다. 예를 들어, 교사가 지시를 하고 나서 학생이 그 지시에 알맞은 반응을 시작할 때까지 걸린 시간을 기록하는 방법이다.

간격기록법(interval recording)은 행동이 발생한 횟수의 근사치를 기록하는 방법이다. 행동 발생을 하나하나 기록하기보다는 관찰 기간 동안에 행동이 발생하는 간격 수를 계산하여 비율을 산출한다. 간격기록법에는 전-간격기록법(whole-interval recording)과 부분간격기록법(partial interval recording)이 있다. 그리고 순간의 시간에서 행동을 측정하는 시간표집기록법(time sampling recording)이 있다. 전-간격기록법은 전체 관찰시간을 일정한 간격으로 나눈 후, 표적행동이 간격의 처음부터 끝까지 나타날 경우 표적행동이 발생했다고 기록하는 방법이고, 부분간격기록법은 표적행동이 간격의 어느 한순간이라도 나타날 경우 표적행동이 발생했다고 기록하는 방법이다. 이 기록법들은 사건기록으로 관찰할 수 없는 높은 빈도의 행동을 기록하는 데 주로 사용된다. 시간표집기록법은 특정한 관찰 시점의 순간에 표적행동이 발생할 경우 기록하는 방법으로 순간시간표집법(momentary time recording)이라고 부르기도 한다. 이 기록법은 빠르게 발생하는 것보다 약간의 주기를 가지고 발생하는 행동을 측정하는 데 적절하고 동시에 1인 이상을 대상으로 데이터 수집이 가능하다(이성봉 외, 2019).

다음의 그림은 교사가 자폐성장애학생의 상동행동을 10초 간격으로 100초간 관찰한 후 그 결과를 도식화한 것이다.

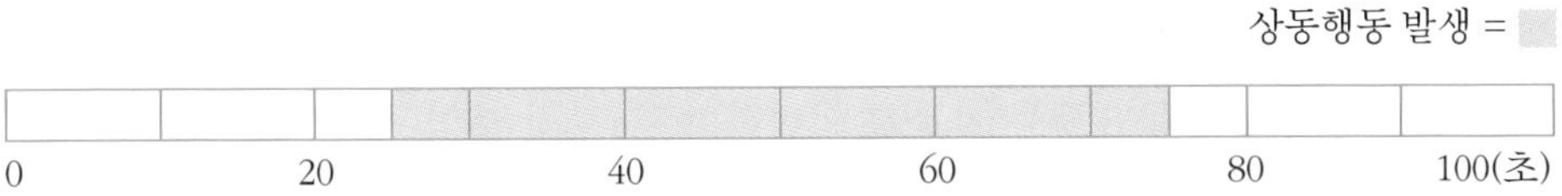

이 그림에서 간격기록법에 따라 상동행동 발생률을 구하면 부분간격기록법으로 관찰한 경우는 60%이고, 전-간격기록법으로 관찰한 경우는 40%이며, 순간시간표집법으로 관찰한 경우는 50%다.

(3) 관찰의 신뢰도

직접 관찰 방법에서 생기는 오류를 줄이기 위해서는 목표행동을 정확하게 정의하고, 관찰자 훈련을 하고, 관찰자와 학생 간의 적응시간을 갖고, 관찰 목적에 벗어나지 않게 관찰하고, 실제적이고 구체적으로 학생의 관찰 결과를 기록하고, 체계적으로 관찰해야 한다.

관찰자 일치도는 관찰자 간에 수집된 자료의 정확성을 의미한다. 모든 관찰자가 잘 훈련되어 있고 목표행동이 명확히 정의되어 있다면 만족할 만한 일치도를 얻을 수 있다. 관찰자 일치도는 관찰 방법에 따라 계산하는 방법이 다르다. 관찰자 일치도 평가 방법에는 총횟수 관찰자 일치도, 평균 간격당 횟수 관찰자 일치도, 정확한 간격당 횟수 관찰자 일치도, 시도 대 시도 관찰자 일치도, 총지속시간 관찰자 일치도, 평균 발생당 지속시간 관찰자 일치도, 간격 대 간격 관찰자 일치도, 발생·비발생 관찰자 일치도 등이 있다(이성봉 외, 2019).

교사는 구체적으로 학생의 관찰 결과를 수집하고, 다양한 양식의 정보를 수집하고, 코딩 체계를 이용하여 관찰을 기록할 수 있다. 정보 수집 보조기구에는 손목시계형 카운터, 시계, 개인이 만든 기구나 기법이 있다. 이러한 도구들은 자료 수집을 보다 쉽게 해 주고, 자료 측정의 정확성 및 신뢰성을 향상시켜 준다.

(4) 시각화 자료

교사는 학생의 행동을 관찰하고 나서 관찰한 자료를 시각화하여 제시할 수 있다. 시각화 자료 제시는 선그래프가 가장 많이 사용되는 형식이긴 하지만, 누적그래프나 막대그래프를 사용할 수도 있다. 시각화 자료는 기초선 자료나 중재 자료로 나타낼 수 있다. 기초선 자료는 중재 시작 전에 수집된 자료를 의미하고, 중재 자료는 프로그램 중에 측정된 목표행동 자료를 의미한다. 시각적 분석(visual analysis)은 기초선 자료와 중재 자료의 차이와 자료의 경향을 분석하여 중재효과에 대한 정보를 얻는 방법이다.

중재효과는 여러 단계(phase)에 분포된 자료점을 그림으로 나타내는 그래프의 시각적 분석을 통해 평가할 수 있다. 중재효과를 판단하기 위하여 단계 내 혹은 단계 간에 걸친 자료의 특성을 분석한다. 이러한 특성에는 단계 간 자료점의 평균을 비교하는 수준(level), 단계 내 자료점의 증가 · 감소되는 기울기를 분석하는 경향(trend), 자료점 기울기 선을 중심으로 분산되어 있는 범위 또는 표준편차로 분석하는 가변성(variability), 인접 단계에서 자료의 겹쳐지는 정도(overlap), 중재에 따른 자료점의 즉각적 변화 정도(immediacy of effect) 등이 있다(이성봉 외, 2019).

3) 기능행동평가

1997년 미국 「장애인교육법(IDEA)」에서는 긍정적 행동지원과 기능행동평가라는 용어를 사용하기 시작하였다. 이후 2004년 IDEA에서는 학생이 정서행동장애를 가지고 있는 경우 행동중재계획을 수립해야 하고, 행동중재계획을 수립할 때는 기능행동평가를 실시하도록 명시하고 있다.

교사는 학생의 문제행동에 대한 행동중재계획을 수립하기 전에 부적절하다고 판단되는 학생 행동의 기능(function)이 무엇인지를 알아야 한다. 문제행동의 기능이라는 용어는 문제행동의 본질(nature) 또는 목적(purpose)이라고 불리기도 한다. 학생이 보이는 문제행동의 기능에는 원하는 물건이나 활동의 획득(get), 타인에게 관심 끌기(attention), 과제나 활동으로부터의 도피(escape), 내적 자극을 추구하는 자기자극(sensory) 등이 있다. 이러한 문제행동의 기능을 알기 위해서는 기능행동평가 방법을 사용해야 한다.

(1) 기능행동평가의 정의

정서행동장애학생이 보이는 문제행동을 파악하기 위해서는 먼저 문제행동의 본질을 이해하고, 그 문제행동이 의도하는 기능을 파악해야 한다. 기능행동평가는 문제행동을 일으키는 학생의 의도를 분석하여 그 행동을 통해 의사소통하고자 하는 것이 무엇인가를 파악하는 것이다. 기능행동평가에서는 문제행동의 발생과 관련된 선행사건이나 후속결과에 대한 정보를 수집하는 과정이 포함된다. Magg(2000)는 기능행동평가를 원하는 것을 얻기 위해 부적절한 행동을 하는 본래의 의도를 찾아내고, 원하는 것을 얻도록 좀 더 바람직한 행동으로 대체시키는 과정이라고 정의하였다.

기능행동평가를 통해 얻어진 정보는 먼저, 학생 행동의 기능 수준을 알려 주고 학생 행동에 직간접적으로 영향을 미치는 요인들을 분석할 수 있게 한다. 기능행동평가로 학생의 행동이 의도하는 것을 이해한 다음에는 문제행동에 대한 의미 있는 대안을 제공해 주는 중재를 설계할 수 있고, 행동변화의 양상과 중재 프로그램의 효과를 평가할 수 있다.

또한 기능행동평가는 개인의 문제행동에 기여하는 심리학적 요인과 환경적 요인을 이해하는 과정으로 행동적 중재의 효과와 효용성을 개선시키는 정보를 얻을 수 있다. 기능행동평가로부터 얻은 정보는 생활 장면의 물리적인 상황, 학교의 커리큘럼, 직업 환경에서의 사회적 구조를 재설계하는 작업 등에 도움을 줄 수 있기 때문에 문제행동을 유지시키는 후속결과를 이해하는 것이 중요하다. 다시 말해, 기능행동평가는 문제행동이 발생하는 물리적 · 사회적 환경에 대해 세부적인 정보를 제공해 주는 것이다.

기능행동평가로부터 얻어진 정보를 임상적인 프로그램에 단순히 적용시키는 것은 의미 없는 일이기 때문에 기능행동평가는 의학적인 진단과는 다르다. 반면에 기능행동평가는 의사소통장애와 행동장애를 가진 학생들의 환경을 재설계하도록 요구하고, 이를 위하여 다학문적인 팀의 참여를 요구한다(Carr et al., 1994).

문제행동의 의도를 파악하는 기능행동평가는 다음과 같은 세 가지 전제를 바탕으로 한다(O'Neill et al., 1997).

- 문제행동의 원인을 알면 바람직하지 않은 행동이 나타났을 때 바람직한 행동으로 대체하도록 가르칠 수 있다.
- 행동수정에서의 접근법이 주로 문제행동 감소에 초점을 두고, 행동의 결과에만 관심을 두기 때문에 교육과는 상관관계가 낮다.

- 기능행동평가를 통해 문제행동을 대체할 수 있는 동등한 기능을 가진 대안적인 행동을 찾아낼 수 있다.

기능행동평가는 이러한 세 가지 전제를 바탕으로 문제행동을 기술하고 분석한다.

(2) 기능행동평가 방법

기능행동평가 방법에는 일반적으로 간접적 방법, 직접관찰 방법, 실험적 방법이 있다. 간접적 방법은 기능행동평가 방법 중에서 우선 실시할 수 있는 방법으로 짧은 시간에 많은 정보를 수집할 수 있다. 간접적 방법은 학생의 보호자를 대상으로 한 면접, 학생 행동에 대한 기록물 분석, 교사가 학생을 평가한 평정척도나 체크리스트 등을 사용하여 학생의 문제행동 정보를 수집하는 방법이다. 면접의 목적은 문제행동 발생과 관련된 배경사건, 선행사건, 후속결과에 대한 정보를 수집하는 데 있다. 교사는 학생의 문제행동에 대한 배경사건, 선행사건, 후속결과를 보다 정확하게 파악하기 위하여 구조화된 기능행동평가 면접지를 사용할 수 있다. 또한 특수교사나 관련 서비스 담당 교사가 작성한 학생의 기록을 검토하고, 학생을 대상으로 실시한 평정척도나 체크리스트로부터 학생의 문제행동 정보를 수집할 수 있다. 평정척도에는 행동기능질문(Questions about Behavior Function: QABF; Matson & Vollmer, 1995), 동기사정척도(Motivation Assessment Scales: MAS; Durand & Crimmins, 1988) 등이 있다. [그림 5-2]는 행동기능질문(QABF)의 예다.

예지의 문제행동에 대한 행동기능질문 결과를 평가자에 따라 다르게 해석할 수 있다. 한 평가자는 관심 끌기로 해석할 수 있고, 다른 평가자는 도피로 해석할 수 있다. 따라서 간접평가는 한 검사에 대해 동일한 결과를 얻지 못하는 경우가 있으므로 직접관찰이나 기능분석을 추가로 실시하는 것이 바람직하다.

한편, 간접적 방법의 면접, 학생의 기록, 평정척도나 체크리스트를 통해 얻어진 정보들은 학생의 문제행동에 대한 정확한 가설을 세우는 데 도움이 된다.

기능행동평가의 다음 단계에서는 간접적 방법을 통해 수립된 문제행동의 가설을 보다 명확하게 하기 위해 직접관찰 방법을 사용한다. 직접관찰 방법은 자연스러운 환경에서 행동을 체계적으로 관찰하는 방법으로 A-B-C 관찰과 산포도 사정이 있다. A-B-C 관찰은 관찰자가 문제행동을 관찰한 다음 선행사건(A), 행동(B), 후속

행동기능질문(The Questions about Behavioral Functions: QABF)

이름: 예지	평정자: 이○○
표적행동: 공격행동	날짜: 20○○. ○○. ○○.

• 한 질문지에 한 가지 표적행동만 평가하십시오. 복수의 표적행동은 각각의 질문지에 평가하십시오.
• 각 항목의 상황에서 표적행동이 얼마나 자주 발생하는지를 ×, 0, 1, 2, 3으로 표시하십시오.

× 해당 사항 없음	0 전혀	1 가끔	2 때때로	3 자주

3 1. 관심을 끌기 위해 표적행동을 보인다.
2 2. 작업 혹은 학습 상황에서 도피하기 위해 표적행동을 보인다.
0 3. '자기자극'의 형태로 표적행동을 보인다.
0 4. 통증을 느낄 때 표적행동을 보인다.
2 5. 좋아하는 장난감, 음식, 음료수와 같은 물건을 얻기 위해 표적행동을 보인다.
2 6. 꾸중 듣는 것을 즐기기 때문에 표적행동을 보인다.
2 7. 옷 입기, 이 닦기, 작업 등 무엇인가 하라고 했을 때 표적행동을 보인다.
0 8. 방 안에 아무도 없어도 표적행동을 보인다.
1 9. 아플 때 더 자주 표적행동을 보인다.
2 10. 무언가를 빼앗겼을 때 표적행동을 보인다.
3 11. 자신에게 주의를 끌기 위해 표적행동을 보인다.
3 12. 무언가를 하기 싫을 때 표적행동을 보인다.
1 13. 아무것도 할 것이 없을 때 표적행동을 보인다.
2 14. 무엇인가 신체적으로 자신을 귀찮게 할 때 표적행동을 보인다.
1 15. 원하는 물건을 당신이 가지고 있을 때 표적행동을 보인다.
3 16. 당신의 반응을 보고 싶어서 표적행동을 보인다.
0 17. 다른 사람들로부터 혼자 있고 싶어서 표적행동을 보인다.
1 18. 주변 상황과 관계없이 심하게 반복적으로 표적행동을 보인다.
0 19. 신체적으로 불편해서 표적행동을 보인다.
0 20. 또래가 원하는 것을 가지고 있을 때 표적행동을 보인다.
2 21. 표적행동을 보일 때 "이리 와서 나 좀 봐 주세요." 혹은 "나를 보세요."라고 말하는 것 같나요?
3 22. 표적행동을 보일 때 "나를 내버려 두세요." 혹은 "나에게 이런 것을 시키지 마세요."라고 말하는 것 같나요?
0 23. 주위에 아무도 없어도 표적행동을 즐기는 것 같나요?
1 24. 표적행동이 기분이 좋지 않다는 것을 나타내는 것 같나요?
1 25. 표적행동을 보일 때 "그것(장난감, 특정 물건, 음식)을 주세요."라고 말하는 것 같나요?

- 관심 기능 – 1, 6, 11, 16, 21의 합계
- 도피 기능 – 2, 7, 12, 17, 22의 합계
- 비사회적(자기자극) 기능 – 3, 8, 13, 18, 23의 합계
- 신체적 기능 – 4, 9, 14, 19, 24의 합계
- 구체물 획득 기능 – 5, 10, 15, 20, 25의 합계

표적행동: 공격행동 평정자: 이○○

행동 기능	관심	도피	비사회적 (자기자극)	신체적	구체물 획득
총점	13	10	2	4	6

[그림 5-2] **예지의** 행동기능질문(QABF)

출처: Paclawskyj et al. (2000), pp. 223-229의 내용을 수정함.

결과(C)를 관찰 가능하고 측정 가능한 용어로 작성하는 방법이다. A–B–C 관찰에서는 문제행동이 일어나기 전의 선행사건과 문제행동 발생 후의 후속결과를 수집하여 문제행동의 기능을 가정한다. 이때 배경사건은 문제행동보다 더 먼저 일어나기 때문에 A–B–C 관찰에서는 배경사건에 대한 정보를 얻기 어렵다. 배경사건에 대한 정보는 면접이나 산포도 사정, 여러 가지 기록 등을 통해 얻을 수 있다. 따라서 A–B–C 관찰과 함께 면접, 산포도 사정 등을 사용하면 문제행동의 배경사건과 선행사건, 후속결과를 정확하게 파악하여 문제행동의 기능을 알 수 있다. 산포도 사정은 학생의 문제행동 정보를 미리 파악하여 그 문제행동이 어느 시간대에 가장 많이 발생하고, 어느 시간대에 발생하지 않는지를 알아보는 방법이다. 이를 위해 교사는 일정한 시간 간격으로 나눈 산포도 사정 기록지에 학생이 문제행동을 할 때마다 표시를 한다. 교사는 완성된 산포도 사정 기록지를 분석함으로써 문제행동이 하루 중 어떤 특정한 시간대와 관련 있는지, 혹은 특정 활동이나 환경에서 발생하는지를 파악할 수 있다. [그림 5-3]은 산포도 사정 기록지의 예다.

간접적 방법과 직접관찰 방법으로 수집한 자료를 분석하여 문제행동에 대한 가설을 세울 수 있다. 다음은 문제행동에 대한 가설 진술 방법의 예다.

산포도 사정 기록지

시간			불복종	언어적 공격	신체적 공격	교실 밖으로 이탈	시간별 전체 발생 횟수
오전	08:30~09:00	등교					
	09:00~09:40	사회					
	09:40~09:50	휴식					
	09:50~10:30	국어					
	10:30~10:40	휴식					
	10:40~11:10	과학	//	/	////	/	8
	11:10~11:20	휴식					
	11:20~12:00	수학		///	///		6
오후	12:00~13:00	점심					
	13:00~14:00	체육					
	14:00~14:10	휴식					
	14:10~14:50	음악					
	14:50~15:50	하교					
행동별 전체 발생 횟수			2	4	7	1	14

조작적 정의
1. 불복종: 교사의 과제 지시를 10초 이내에 따르지 않거나 과제를 완성할 때까지 계속하지 않음
2. 언어적 공격: 큰 소리로 떠들기, 욕설, 수업과 관련 없는 잡담
3. 신체적 공격: 손, 팔, 다리로 공격하는 행동, 다른 사람에게 물건을 던지는 등의 폭력 행동
4. 교실 밖으로 이탈: 교사의 허락 없이 교실 밖으로 나가는 행동

지시 사항: 문제행동이 발생하는 시간마다 해당하는 칸에 빗금을 치시오.

[그림 5-3] 예지의 산포도 사정 기록지

출처: 곽승철 외 역(2010), p. 217의 내용을 수정함.

놀이활동 중에 교사가 예지에게 관심을 갖지 않을 때,
(선행사건)

예지는 교사의 관심을 끌기 위하여 옆에 있는 친구를 때릴 것이다.
(후속결과/기능) (문제행동)

실험적 방법은 문제행동의 기능을 직접적으로 알아보기 위하여 실험을 통해 선행사건이나 후속결과를 체계적으로 조작하는 방법이다. 실험적 방법은 기능분석(functional analysis)이라고도 하며, 실험실이나 기타 통제된 환경에서 행동을 체계적으로 관찰함으로써 행동의 기능을 검증하거나 타당성을 확인한다. 실험을 통한 기능분석은 평가자가 특정 상황에서 문제행동이 지속적으로 일어나는지를 결정하기 위하여 상황을 의도적으로 조정할 수 있다. 실험적 방법에는 환경 조작 방법, 실험 설계 방법 등이 있다. 실험적 방법은 기능행동평가 방법 중에서 가장 정확하고 빠르게 문제행동의 기능을 찾을 수 있는 방법이다. 그러나 실험적 방법은 문제행동을 유발하는 상황을 만들어야 하기 때문에 위험하거나 윤리적인 문제를 야기할 수 있으므로 신중하게 계획해야 한다.

기능행동평가를 통해 학생의 문제행동 기능을 파악할 때는 먼저 간접적 방법을 통해 학생의 문제행동에 대한 정보를 일차적으로 수집한 다음, 여러 가지 관찰 방법과 실험적 방법을 사용하여 문제행동을 좀 더 구체적으로 파악한다.

(3) 기능행동평가의 실시

기능행동평가는 문제행동의 기능을 파악하여 그 문제행동을 효율적으로 지도하기 위한 평가 방법이다. 기능행동평가 실시 절차는 다음과 같다.

- 목표행동을 확인한다. 학생의 현재 목표행동이 무엇이며, 그 행동이 학습을 방해하는지를 정확하게 정의할 필요가 있다. 또한 목표로 설정한 문제행동을 대체할 수 있는 목표행동을 결정할 필요가 있다.
- 배경사건을 확인한다. 학생의 행동을 정의한 다음에는 그러한 행동이 가장 잘 발생하는 때가 언제인지를 알아보아야 한다. 이는 배경사건(혹은 선행사건)이라 부르며, 문제행동이 발생하는 장면을 말한다. 배경사건에는 근접 배경사건과 원격 배경사건이 있다. 근접 배경사건은 학생의 문제행동과 가까이 있고, 주로 학교 안에서 나타나는 경우가 많다. 원격 배경사건은 보통 가정에서 발생하고, 학교로 이동하는 과정이나 수업 시작 전에 나타나기도 한다.
- 목표행동이 가장 적게 나타나는 장소를 확인한다. 목표행동 관찰 시 가능하다면 목표행동을 가장 적게 보이는 곳이 어디인지를 확인할 필요가 있다. 문제행

동이 적게 나타나는 장소를 살펴보면 학생이 무엇을 좋아하고, 무슨 활동을 하길 원하는지 파악할 수 있다.

- 강화제나 벌제를 확인한다. 누구에게나 적용되는 보편적인 강화제나 벌제는 존재하지 않는다. 따라서 학생에게 알맞은 강화제나 벌제를 찾아야 한다.
- 목표행동의 기능을 확인한다. 학생이 문제행동을 통해 무엇을 얻거나 도피하려 하는지를 알아야 한다. 즉, 문제행동의 의도를 파악해야 한다. 학생이 문제행동을 하는 의도에는 원하는 물건이나 활동의 획득, 타인에게 관심 끌기, 과제나 활동의 도피, 내적 자극을 추구하는 자기자극 등이 있다. 앞에서 설명한 기능행동평가의 간접적 방법, 직접관찰 방법, 실험적 분석으로 문제행동의 기능을 파악할 수 있다.

3. 행동주의 모델의 중재

1) 응용행동분석

응용행동분석은 특정 행동을 증진시키기 위하여 실험적인 행동 원리를 적용하고, 그 과정에서 중요한 변화가 있는지를 과학적으로 증명하는 체계적인 접근법이다. 응용행동분석은 특정한 기법이 아니라 행동의 변화를 증진시키기 위한 일련의 이론적 체계다. 응용행동분석에서의 응용(applied)은 일상생활의 실제 상황에서 발생하는 행동을 다루며, 행동(behavior)은 표면화되어 나타나는 행동을 다루며, 분석(analysis)은 분석적 행동주의 절차를 따른다는 의미다. 응용행동분석에서는 행동을 과학적으로 측정하며, 단일대상연구를 사용하여 중재를 실증적으로 평가하며, 행동 원리에 기초하여 지도한다.

(1) 행동 측정

응용행동분석에서는 측정 가능하고 관찰 가능한 행동을 주로 다룬다. 응용행동분석으로 정서행동장애학생을 중재하는 단계는 다음과 같다.

첫째 단계에서는 수정하고자 하는 행동이 관찰 가능하도록 하기 위해 행동을 객관적이고 명확하게 조작적으로 정의한다. 이렇게 진술해야 행동을 신뢰할 수 있게 측정할 수 있다. 행동을 수정하기 위하여 선택한 행동을 조작적으로 정의한 것이 목표행동이다.

둘째 단계에서는 목표행동에 맞는 적절한 측정 방법을 선택한다. 교사는 학급의 일정과 장면을 고려하여 기록 방법을 선택해야 한다. 어떤 기록 방법을 선택하든지 간에 행동의 효과를 중재 전과 중재 후에 정기적으로 측정해야 한다.

셋째 단계에서는 측정의 신뢰도를 구한다. 중재 전의 측정 결과는 기초선 자료라 부르며, 목표행동의 수준을 나타낸다. 중재 후의 측정 결과는 학생의 행동이 얼마나 개선되었는지를 기초선 자료와 비교할 수 있다. 측정의 신뢰도를 입증하기 위해서 응용행동분석에서는 관찰자 신뢰도를 구한다. 관찰자 신뢰도를 구하기 위해서는 기초선과 중재 기간 동안에 독립적인 두 관찰자가 목표행동을 기록하여 측정한다. 관찰자 신뢰도가 낮으면 목표행동이 잘못 정의된 것이므로 정정해야 한다.

마지막 단계에서는 사회적 타당도를 고려한다. 사회적 타당도는 목표행동의 적절성, 중재 방법, 중재를 통해 성취된 행동변화의 적절성을 측정하는 것이다. 사회적 타당도를 측정하는 방법 중의 하나로 주관적인 평가 방법이 있다. 주관적인 평가 방법에서는 교사, 부모, 성인, 동료들이 목표행동의 선택, 중재 방법, 행동변화를 주관적으로 평가한다.

(2) 단일대상연구

응용행동분석에서는 중재하고자 하는 목표행동을 정의하고, 기초선 단계와 중재 후에 목표행동을 측정하여 비교함으로써 행동의 변화를 확인한다. 이때 수집한 자료가 행동의 개선을 보였다면 중재에 따른 효과로 본다. 그러나 중재와 관련 없는 가정에서의 지도, 의사의 치료, 지역사회 활동, 기타 예측하지 못한 외재 변인 때문에 중재의 효과가 있었을 것이라는 의문을 가질 수 있다. 응용행동분석에서는 중재의 효과가 기타 변인 때문이 아니라 중재에 따른 것이라는 것을 검증하기 위하여 단일대상연구 방법을 사용한다.

단일대상연구에서 일반적으로 사용하는 실험설계에는 ABAB 설계와 중다기초선설계가 있다. ABAB 설계는 ABAB 반전설계라고도 부르며, 이 설계에서는 기초선(A)과 중재(B) 단계에서 목표행동을 교대로 반복해서 측정한다. [그림 5-4]는

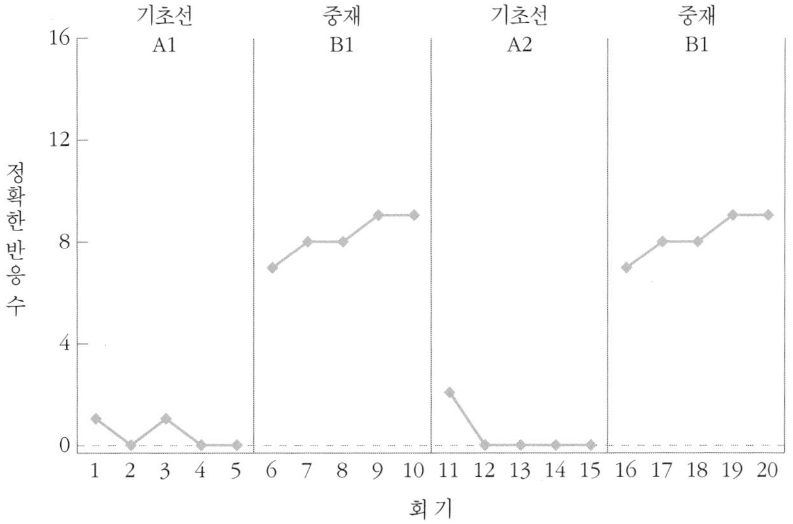

[그림 5-4] ABAB 설계

출처: Richards et al. (1999), p. 114.

ABAB 설계의 예다.

중다기초선설계에는 여러 대상자가 보이는 동일한 목표행동을 측정하는 대상자 간 중다기초선설계, 동일한 대상자의 2개 이상의 목표행동을 측정하는 행동 간 중다기초선설계, 2개 이상의 장면에서 한 대상자의 행동을 측정하는 상황 간 중다기초선설계가 있다. 응용행동분석에서 사용하는 실험설계에는 이 외에 교대중재설계, 준거변동설계 등이 있다. 이러한 설계들은 연구방법에 따라 차이가 있지만 동일한 기본 원리를 가지고 있다. 행동변화가 중재를 통해서가 아니라 다른 변인 때문에 일어났다면, 그 변인을 통제해야 정확한 중재효과를 확신한다는 것이다.

응용행동분석 관점에서 정서행동장애학생을 지도하는 교사는 과학적으로 입증할 수 있는 중재 방법을 선호한다. 단일대상연구를 통해 응용행동분석의 많은 중재 방법이 과학적으로 입증되었다. 교사가 학교 현장에서 실시한 단일대상연구는 학생의 행동을 변화시키는 데 기여했고, 정서행동장애 영역에 과학적 기초를 제공하는 데 도움을 주었다.

(3) 행동 원리에 기초한 중재 방법

응용행동분석에서의 행동 원리에 기초한 중재 방법은 Skinner(1938)의 작동적 조

작동적 조건화에 의한 학습

후속결과 통제 방법
- ✓ 강화
- ✓ 소거
- ✓ 벌

선행통제 방법
- ✓ 자극통제
  - 변별
- ✓ 동기조작
  - 동기설정조작
  - 동기해지조작

[그림 5-5] 행동 원리에 기초한 중재 방법

건화로 설명할 수 있다. 작동적 조건화에 기초한 3요인 유관에서의 중재 방법에는 후속결과를 통제하는 방법과 선행사건을 통제하는 방법이 있다.

후속결과를 통제하는 중재 방법에는 강화(reinforcement), 소거(extinction), 벌(punishment)이 있다. 강화는 행동 뒤에 따라오는 자극에 따라 행동이 증가하는 것을 말한다. 정적 강화는 자극을 제시하여 행동을 증가시키는 것이고, 부적 강화는 자극을 제거하여 행동을 증가시키는 것이다. 차별강화는 반응군에 따라 강화의 유무를 달리함으로써 행동을 증가시키는 방법이다. 차별강화의 종류에는 대체행동 차별강화(differential reinforcement of alternative behavior: DRA), 상반행동 차별강화(differential reinforcement of incompatible behavior: DRI), 타행동 차별강화(differential reinforcement of other behavior: DRO), 고비율 차별강화(differential reinforcement of higher rates of behavior: DRH), 저비율 차별강화(differential reinforcement of lower rates of behavior: DRL)가 있다.

소거는 강화되어 온 행동이 더 이상 강화를 받지 못해 행동이 발생하지 않는 것을 말한다. 소거는 강화를 받아 오던 행동이 강화를 받지 못할 때 나타난다. 소거는 행동을 점진적으로 감소시키는 절차로 교육 현장에서 많이 사용하는 방법이다. 소거 절차를 적용할 때 유의해야 할 점으로 소거 폭발(extinction burst)과 자발적 회복(spontaneous recovery)이 있다. 소거 폭발은 지금까지 받아오던 강화가 갑자기 제거되면서 행동의 빈도, 강도, 지속시간 등이 증가하거나 새로운 행동이 일어나는 것을 말한다. 자발적 회복은 소거 적용으로 행동이 일정 시간 동안 일어나지 않다가 다시 일어나는 것을 말한다. 자발적 회복은 소거 적용 후, 행동이 이전의 수준으로 돌아가거나 행동이 사라진 이후에 재발하는 것이다. 소거 절차의 효과가 지속되고 있다면 자발적 회복은 일시적이고 제한적인 수준에 그칠 수 있다. 소거 절차를 적용할 때는 소거 폭발과 자발적 회복에 적절하게 대처해야 한다. 소거 적용 과정에서 소거 폭발과 자발적 회복이 발생하더라도 일관되게 강화제를 제거하는 것이 중요하다.

벌은 행동 뒤에 따라오는 자극에 따라 행동이 감소하는 것을 말한다. 바람직하지 않은 행동을 감소시키거나 제거하는 데 벌을 사용할 수 있다. 벌에는 좋아하는 자극을 제거하여 행동을 감소시키는 부적 벌과 싫어하는 자극을 제시하여 행동을 감소시키는 정적 벌이 있다. 자극을 제거하여 행동을 감소시키는 부적 벌에는 반응대가와 타임아웃이 있고 자극을 제시하여 행동을 감소시키는 정적 벌의 종류에는 과잉교정, 유관운동, 신체구속, 반응차단 등이 있다. 벌의 효과는 제한적일 수 있고 윤리적 문제나 부작용으로 인해 신중하게 사용해야 한다.

선행사건을 통제하는 중재 방법에는 자극통제(stimulus control)와 동기조작(motivating operation: MO)이 있다. 자극통제는 행동 발생 전에 나타나는 선행자극에 의해 행동이 통제되는 것을 말한다. 자극통제는 선행자극에 의해 행동이 다르게 나타나는 것으로 변별을 예로 들을 수 있다. 변별은 어떤 자극과 다른 자극의 차이를 구별하는 것을 말한다. 변별자극(discriminative stimulus: S^D)은 선행자극에 따른 행동에 강화가 주어지는 자극이다. 반대로 델타자극(S-delta: $S^{\triangle}$)은 선행자극에 따른 행동에 강화가 주어지지 않은 자극이다. 자극변별훈련은 변별자극과 델타자극을 구별하여 변별자극에 대해서만 바르게 반응을 하도록 지도하는 것이다.

자극변별훈련 과정에서 변별자극과 유사한 자극이 제시될 때도 행동이 나타날 수 있다. 이와 같이 자극통제가 공통 속성을 가진 다른 자극에서도 동일하게 이루어지는 것을 일반화(generalization)라고 한다. 일반화는 선행자극에 의해 획득된 통제가 공통적인 속성을 가진 다른 자극에 의해 서로 동일하게 반응하는 것을 말한다. 일반화의 종류에는 자극 일반화(stimulus generalization), 반응 일반화(response generalization)가 있다. 자극 일반화는 특정 자극으로 강화 받은 반응이 유사한 자극에서도 나타나는 것을 말한다. 자극 일반화는 훈련 상황에서 주어진 자극이 아닌 다른 자극을 다른 상황에서 주어져도 행동이 일어나는 것이다. 따라서 자극 일반화를 훈련 전이라고도 한다. 반면에 반응 일반화는 한 행동의 변화가 유사한 행동의 변화를 가져 오는 것을 말한다. 반응 일반화는 변별훈련에 의해 행동이 수정되었을 때, 그 행동에 대해 계획되지 않은 변화가 나타나는 것을 의미한다(Twardosz & Sajwaj,

1972). 다시 말해, 반응 일반화는 학습한 행동을 응용해서 유사한 행동을 하는 것이다. 유지(maintenance)는 중재 결과로 나타난 행동이 시간이 흐른 후에도 필요할 때마다 나타나는 것을 말한다. 유지는 행동이 지속적으로 나타나는 것으로 시간의 일반화라고도 한다.

동기조작은 선행자극 통제 방법의 하나로 환경적 상황을 조작해서 행동을 수정하는 방법이다. 동기조작은 강화제가 가지는 자극의 가치를 변화시켜 행동에 영향을 주는 것을 말한다. 가치 변화 효과(value altering effect)는 자극, 사물, 사건이 강화제로서 효과가 증가되거나 감소되는 것이다. 강화제로서 효과가 증가되는 것을 동기설정조작(establishing operation: EO)이라고 하고, 강화제로서 효과가 감소되는 것을 동기해지조작(abolishing operation: AO)이라고 한다. 행동변화 효과(behavior altering effect)는 자극, 사물, 사건에 의해 강화된 행동의 발생 빈도가 증가하거나 감소하는 것이다. 행동의 발생 빈도가 증가하는 것을 동기유발효과(evocative effect)라고 하고, 행동의 발생 빈도가 감소하는 것을 제지효과(abative effect)라고 한다(이성봉 외, 2019).

2) 중재 패키지

정서행동장애학생의 문제행동은 다양한 상황에서 다양하게 발생하므로 한 가지 방법으로 지도하기보다는 여러 가지 방법을 동시에 사용하는 중재 패키지가 효과적일 수 있다. 이러한 패키지에는 응용행동분석 방법과 응용행동분석 방법이 아닌 방법을 포함시킬 수 있다. 여기서는 토큰경제, 행동계약, 사회적 기술 훈련만을 설명하지만, 이 외의 다양한 방법을 사용하여 정서행동장애학생의 문제행동을 지도할 수 있다.

(1) 토큰경제

토큰경제는 상징 강화체계다. 이는 화폐체계에 기초하며, 토큰의 가장 보편적인 형태로 화폐를 사용하기 때문에 경제체계라고도 한다. 학생은 바람직한 행동을 수행함에 따라 토큰을 받는데 이 토큰은 지원 강화제(backup reinforcer)가 되는 사물 또는 활동과 교환할 수 있다.

토큰은 칠판에 표시하는 점수가 될 수 있고 학생의 책상에 붙인 종이 위에 기록하는 체크 표시가 될 수도 있다. 또한 토큰은 플라스틱 조각, 점수, 스마일 얼굴 표시, 스티커, 별 표시, 동전, 색종이, 색 테이프, 리본, 공깃돌 또는 학생이 좋아하는 작은 사물이 될 수 있다. 토큰은 학생이 다룰 수 있고 보관할 수 있어야 하며, 이후에 지원 강화제와 교환하기 위해 저축할 수 있을 정도의 크기가 좋다.

토큰경제에서 중요한 것은 학생이 토큰을 가지고 다양한 지원 강화제와 바꿀 수 있어야 한다는 점과 각 지원 강화제를 구입하기 위해서 어느 정도의 토큰이 필요한지를 이해해야 한다는 점이다. 정서행동장애학생을 대상으로 토큰경제를 처음 적용할 때는 교사가 직접 교환체계를 학생에게 안내하여 토큰경제 프로그램이 어떻게 시행되는지를 보여 주어야 한다.

토큰경제는 정서행동장애학생의 일상생활 훈련에 유용하며, 문제행동 지도에도 효과적으로 사용할 수 있다. 토큰경제의 장점은 다음과 같다.

- 최소한의 노력으로 소집단 또는 대집단 학생에게 토큰을 제공할 수 있다.
- 토큰을 사용하면 교사가 바쁜 날에는 학생에 지원 강화제를 주는 것을 미룰 수 있다.
- 다양한 지원 강화제를 선호하는 많은 학생에게 동일한 토큰을 제공할 수 있다. 그리고 학생이 토큰을 모으면 이후에 자신이 선호하는 지원 강화제를 구입할 수 있음을 학습한다.
- 학생이 토큰으로 다양한 지원 강화제 중에서 자신이 선호하는 것을 선택할 수 있기 때문에 토큰에 대한 포만 현상이 거의 나타나지 않는다.
- 수업 또는 다른 활동에 대해 방해 없이 학생에게 토큰을 제공할 수 있다.
- 토큰을 사용하면 교사는 학생에게 가격, 저축, 인플레이션, 임대 등의 경제 개념을 가르칠 수 있다.

토큰경제를 사용할 때는 먼저, 목표행동을 정확하게 정의하고 어떠한 지원 강화제를 사용할지에 대한 강화 메뉴를 개발한다. 그리고 행동의 발생에 따라 토큰을 주고받는 교환율을 정한다. 토큰경제를 사용할 때 고려해야 할 사항은 다음과 같다.

- 토큰과 지원 강화제의 교환 시기를 정한다.
- 관계되는 모든 사람이 토큰체제를 이해하여 일관성 있게 실시해야 한다.
- 학생의 특성을 고려하여 토큰의 유형을 결정하고, 학생이 획득한 토큰을 확인할 수 있도록 한다.
- 규칙을 정하여 학생 스스로 관리하는 것을 통해 자기통제력 향상에 도움이 될 수 있도록 한다.

(2) 행동계약

행동계약은 유관계약이라고 하며, 목표행동의 수행 및 강화제 교환에 관한 내용을 교사와 학생 간에 서면으로 계약하는 것이다. 행동계약은 다양한 기술을 가르치기 위해 다양한 상황에서 적용할 수 있는 유용한 도구로 개별 학생은 물론 집단으로도 사용할 수 있다. 행동계약은 학교 출석, 교실 행동, 과제 참여 행동, 숙제 수행, 숙제의 정확성을 향상시키는 데 유용하다. 또한 방해행동을 감소시키고 개인 위생과 몸단장 행동을 개선시키는 데도 효과적이다.

행동계약서에는 다음과 같은 요소들이 포함되어야 한다. 먼저, 목표행동을 명확하게 정의하고 그 목표행동을 어떻게 측정해야 할지에 대한 자료 수집 방법을 정한다. 다음으로 행동이 나타나거나 혹은 나타나지 않아야 할 시기를 진술하고 계약서에 진술된 목표행동을 촉진시키기 위해 강화나 벌에 대한 사항을 기술한다. 마지막으로 계약서에 누가 목표행동에 대해 어떤 행동을 이행할 것인지를 분명하게 확인한다.

다음은 행동계약의 실시 단계다(유재연 외 역, 2017).

- 증가시키고자 하는 목표행동을 선정한다. 목표행동의 수는 둘 또는 셋으로 한정한다.
- 학생의 상황을 효과적으로 점검할 수 있도록 목표행동을 측정 가능한 용어로 기술한다.
- 학생이 선호하는 지원 강화제를 확인한다.
- 계약 참여자의 역할과 행동결과에 관한 계약의 일반적인 지침과 기한을 설정한다.

행동계약서

○○○는(은) 학교에서 다음과 같이 할 것을 약속합니다. 1. 지각하지 않고 등교시간에 맞춰 학교에 온다. 2. 집에서 숙제를 해 온다. 3. 수업시간에 선생님이 내 준 과제를 혼자서 완성한다. 4. 도움이 필요할 때는 손을 들어 선생님에게 도움을 청한다. (학생 서명)____________________	선생님은 다음과 같이 ○○○를(을) 도와줄 것을 약속합니다. 1. 학교 일과 중에 ○○○가(이) 지켜야 할 약속이 생각날 수 있도록 이야기해 준다. 2. ○○○가(이) 약속한 네 가지 사항을 모두 이행하면 4개의 토큰을 준다. 3. 토큰은 금요일 오후에 강화제 목록에 있는 것과 교환한다. (교사 서명)____________________

년　　월　　일

[그림 5-6] 교사와 학생 간의 행동계약서

- 계약 참여자 전원이 이해할 수 있도록 계약서 내용을 작성한다. 특히, 학생의 연령에 적합한 어휘를 사용한다.
- 계약 참여자가 계약서에 서명한다. 이는 계약서에 쓰인 용어를 이해하고 동의함을 의미한다.
- 계약에 따라 목표행동을 수행하면 일관되게 강화를 한다.
- 목표행동의 수행을 점검하고 자료를 수집한다.
- 자료를 검토하여 목표행동이 개선되지 않았다면 논의를 거쳐 계약서를 다시 작성한다. 모든 참여자가 계약 수정에 서명해야 한다.

(3) 집단강화

응용행동분석은 학생의 행동을 개선시키기 위해 주로 개별 학생에 초점을 맞추어 왔으나 근래에는 집단이나 학급 전체에 적용할 수 있는 방법들이 개발되고 있다. 집단강화는 집단으로 강화를 제공하는 것으로 집단 유관(group contingency)이라고도 한다.

집단강화는 다음과 같은 목적을 가지고 있다. 첫째, 집단강화는 집단 내 모든 학생을 대상으로 한 개 이상의 목표행동을 향상시킬 수 있다. 둘째, 집단강화는 일부 유형에서 집단구성원들이 동일한 공동의 목표를 위한 작업을 해야 하므로 집단 응집력과 협력을 촉진할 수 있다(김진호 외 역, 2009).

집단강화의 유형에는 독립 집단강화, 종속 집단강화, 상호의존적 집단강화가 있다. 독립 집단강화는 집단 내에서 모든 학생에게 동일한 강화제가 적용되지만 강화제의 획득은 개별 학생의 수행에 달려 있는 것을 말한다. 독립 집단강화는 집단 응집력을 촉진하지 않고 공동의 목표를 이루기 위해 협력하지도 않지만 학생들은 다른 유형의 집단강화보다 이 유형의 집단강화를 더 선호하는 것으로 나타났다.

종속 집단강화는 집단 내 한 명 이상의 특정 학생의 수행에 따라 모든 학생이 강화를 받는 것을 말한다. 종속 집단강화는 정서행동장애학생의 긍정적인 언어 사용을 증가시키고, 부정적인 언어 사용을 감소시키는 데 유용하다.

상호의존적 집단강화는 집단 내 모든 학생이 공동의 강화제를 위해 과제를 함께 수행하는 것을 말한다. 상호의존적 집단강화는 학업 및 사회적 행동을 향상시키고 문제행동을 감소시키는 데 사용된다.

다음은 집단강화를 수행할 때 고려해야 할 사항이다(Cooper et al., 2007).

- 효과적인 보상을 선택한다.
- 변화시킬 행동과 영향받을 만한 행동을 결정한다.
- 적절한 수행 준거를 세운다.
- 적절하다면 다른 절차와 결합한다.
- 가장 적정한 집단강화를 선택한다.
- 개인 및 집단 수행을 점검한다.

(4) 사회적 기술 훈련

사회적 기술은 학생이 긍정적인 사회적 상호작용을 시작하고 유지하며, 다른 사람에게 받아들여지며, 학교 및 다른 중요한 사회적 환경에 적절히 적응하는 행동이다(Elksnin & Elksnin, 2006). 사회적 기술을 적절하게 수행하지 못하거나 또래에게 거부당하는 학생은 개인적 부적응 및 사회적 부적응의 위험에 처하게 된다. 따라서 사회적 기술을 지도할 때는 학생의 사회적 상호작용, 사회적 수용, 학교 적응, 일상생활 적응 등을 개선하는 데 초점을 맞추어야 한다.

행동주의 접근법에서의 사회적 기술 지도는 자기소개하기, 참여하기, 칭찬하기, 협력하기, 공유하기, 차례 지키기, 적절한 대화하기와 같은 사회적응 행동을 증진시켜야 하며, 다투기, 방해하기, 부적절한 이상한 행동하기, 따돌림과 같은 사회적 능력을 방해하는 행동을 감소시켜야 한다. 학생이 사회적응 행동을 수행하지 않는다면 교사는 사회적응 행동을 수행하는 데 필요한 적절한 절차를 쉽게 설명하여 지도해야 하며, 학생에게 사회적응 행동을 하도록 요구해야 한다. 사회적 기술 훈련은 적절한 사회적 상호작용에 필요한 특정 기술을 체계적으로 지도하는 것이다. 행동주의에 입각한 사회적 기술 훈련 방법은 다양하다. 그 훈련 방법들은 일반적으로 중재 목표와 기술의 적용범위는 유사하나 지도를 위해 사용하는 절차는 다양하다.

사회적 기술 훈련은 새로운 기술을 효과적으로 학습하도록 계획한다. 사회적 기술 훈련의 목표는 훈련을 받는 학교나 그 외의 기타 상황에서 수행 수준이 낮은 기술을 증진시키며, 사회화에 장애가 되는 요인들을 제거하며, 자연스럽게 기술을 수행하며, 일반화와 유지가 되도록 하는 데 있다. 사회적 기술 훈련에서는 또래와 교사에게 호감을 주는 행동과 간섭을 통제하는 행동을 다룬다.

사회적 기술의 체계적인 지도 절차는 시범, 모방, 후속결과, 실행의 단계를 거친다. 교사에게 허락받기, 또래와 이야기할 때 차례 지키기, 교사와 눈 마주치기와 같은 사회적 기술을 가르치는 것이 매우 단순하다면 부가적인 절차가 필요 없을 것이다. 그러나 많은 중요한 사회적 기술들은 복잡하며, 정서행동장애학생이 배우고 실행하는 데는 부가적인 절차가 요구된다. 이러한 절차에는 준비, 시범, 모방, 후속결과, 실행의 단계가 있다. 사회적 기술을 지도할 때 교사는 학생의 주의를 집중시킨 후에 시범을 보인다. 시범을 보인 다음에는 학생이 즉시 모방하도록 한다. 학생이 모방을 잘하면 그 결과에 대해 피드백을 제공한다. 그리고 학생이 훈련 상황이나 다른 장소에서 사회적 기술을 실행하도록 한다.

행동주의 중재로 제시한 사회적 기술 훈련은 행동주의 이론에 근거하여 설명하고 있다. 그러나 몇몇 사회적 기술 훈련은 인지 이론으로 설명할 수 있다. 예를 들어, 모방 단계에서 학생은 사회적 기술의 전반적인 요소들을 스스로 기억하여 배울 수 있고 시범 모델의 이미지를 회상하여 복잡한 행동을 스스로 수행할 수 있다. 많은 사회적 기술 훈련이 응용행동분석과 인지적 중재의 두 요소를 모두 가지고 있다

(Cullinan, 2007).

정서행동장애학생 교육에서 사회적 기술 훈련이 폭넓게 사용되고 있지만 이것에 대한 효과는 다양하게 나타난다. 사회적 기술 훈련의 효과를 증진시키는 방법에는 사회적 기술 측정의 개선, 사회적 기술 문제와 부합하는 중재 선택, 부적응 행동 제거, 일반화 고려 등이 있다.

4. 요약 및 결론

행동주의 모델의 이론적 배경은 Skinner의 수동적 행동과 작동적 행동으로 나누어 설명할 수 있다. 수동적 행동은 학생이 강한 자극에 일시적으로 적응하는 행동으로 생존에 대한 기회를 증진시킨다. 작동적 행동은 행동을 조작하는 행동으로 뒤따르는 자극에 영향을 받는다. 행동주의자들은 다양한 작동적 조건화의 관점에서 정서행동장애학생을 이해하려고 한다. 행동주의 모델에서는 정서행동장애학생 지도를 위해 작동적 조건화의 원리를 적용한 중재 방법뿐만 아니라 문제행동 발생 상황과 관련된 선행사건, 행동, 후속결과를 조사하는 A−B−C 모델을 사용한다.

행동주의 모델에서의 평가는 다양한 평가도구를 사용하여 행동을 진단하고 평가하는 체크리스트와 평정척도, 목표행동을 직접 관찰하여 행동을 분석하는 행동관찰 방법, 문제행동의 본질, 즉 의도를 파악하는 기능행동평가 방법이 있다. 정서행동장애학생의 문제행동을 효율적으로 지도하기 위해서는 다양한 평가 방법을 통해 행동을 정확하게 평가한 후에 적절한 행동지원 계획을 수립해야 한다.

응용행동분석은 행동주의 모델에 근거한 가장 보편적인 중재 방법으로 정서행동장애학생의 문제행동 지도에 유용한 방법 중 하나다. 응용행동분석에서의 응용은 일상생활의 실제 상황에서 발생하는 행동을 다루고, 행동은 표면화되어 나타나는 행동을 다루고, 분석은 분석적 행동주의 절차를 따른다는 의미다. 응용행동분석에서는 행동을 과학적으로 측정하며, 단일대상연구를 사용하여 중재를 실증적으로 평가하며, 행동 원리에 기초하여 지도한다. 정서행동장애학생의 문제행동은 다양한 상황에서 다양하게 발생하므로 한 가지 방법으로 지도하기보다는 여러 가지 방법을 동시에 사용하는 중재 패키지가 효과적일 수 있다.

제6장

인지 모델

개요

행동주의 모델이 외부로 드러난 행동을 보고 인간의 행동을 이해하고 변화시키려 한다면, 인지 모델은 인간의 내부에서 일어나는 인지 과정을 통해 행동을 이해하려 한다. 인지란 지각, 사고, 추론 등과 같은 정신적 활동을 말하며, 인지적 영역은 지적 과정 또는 고등정신 과정을 포함한다. 인지 모델에서는 인간의 행동을 개인의 신체적 · 사회적 환경, 사고 · 감정 · 지각과 같은 개인적 요인, 그리고 행동 자체의 상호작용의 결과로 본다. 또한 이 모델에서는 부정적 사고를 부적응 행동의 원인으로 보고, 자신의 지각과 신념을 변화시킴으로써 부적응 행동을 변화시킬 수 있다고 전제한다. 정서행동장애에서의 인지 모델은 학생의 장애에 인지가 어떤 역할을 하는지를 밝혀 효과적인 중재 방법을 모색하는 것에 초점을 맞추고 있다. 이 장에서는 인지 모델의 이론적 배경을 정보처리 이론과 사회인지 이론으로 나누어 설명하고, 인지 모델의 진단 및 평가 방법과 효과적인 중재 방법을 정서행동장애를 중심으로 살펴본다.

KEY WORDS

- 모델링modeling
- 사회인지social cognition
- 대리효과vicarious effect
- 인지결함cognitive deficit
- 사회적 문제해결social problem solving
- 왜곡된 귀인distorted attribution
- 관찰학습observational learning
- 사회정보처리social information processing
- 자기효능감self-efficacy
- 자기교수self-instruction
- 인지왜곡cognitive distortion
- 부정적 인지삼제negative cognitive triad
- 합리적 정서행동치료rational emotive behavior therapy
- 비합리적 신념irrational belief
- 학습된 무기력learned helplessness

1. 기본적 견해 및 원인

인지행동이라고 불리는 인지 모델은 인지가 정서와 행동에 어떤 역할을 하며, 정서와 행동에 문제가 발생하면 그 문제를 어떻게 해야 하는지에 대한 물음에 답을 찾는 이론이다. 인지 모델은 자극과 반응을 통해 인간의 행동을 변화시키려고 하는 행동주의 모델의 한계를 지적하고 정서, 사고, 기대, 해석과 같은 정신적 처리과정을 연구하면서 시작되었다. 인지 모델은 20세기 중반 이후에 다양한 영역에서 발전하였으며, 오늘날에는 정서행동장애학생을 위한 인지적 접근법에 영향을 미쳐 왔다.

인지 모델은 정보처리, 주의, 기억을 다루는 전통적인 연구에서 다양한 정서행동장애를 다루는 영역으로 확대되고 있다. 예를 들어, Beck(1976)의 인지 모델은 우울증을 단순히 생물학적 요인을 지닌 정서행동장애로 보았던 과거의 전통적인 가정을 무너뜨렸다. 정서행동장애 분야에서 인지적 접근이 중요한 이유는 첫째, 많은 부적응 행동이 심각한 인지적 결함을 포함하고 있으며, 둘째, 학생의 인지적 패턴이 장애의 직접적인 원인이 될 수 있기 때문이다(Cullinan, 2007).

인지 모델의 정보처리 이론과 사회인지 이론은 정서행동장애학생의 부적응 행동을 다루는 중재에 중요한 역할을 한다.

1) 정보처리 이론

정보처리는 인간이 어떻게 환경으로부터 정보를 받아들이고, 그 정보를 어떻게 사용하는지를 밝히는 인지연구의 한 분야다. 정보처리라는 용어는 외부에서 제시되는 정보를 수용하고 기억 속에 저장할 수 있는 형태로 조직함을 나타내는 말이다. 정보처리 이론은 컴퓨터의 정보처리 과정과 인간의 사고과정이 유사하다는 전제하에 뇌에서 정보가 어떻게 처리되는지를 밝혀내는 것에 초점을 맞춘다. 정보처리의 구조는 주로 컴퓨터의 하드웨어로 비유되기도 하는데 정보가 감각등록기, 단기기억, 장기기억이라는 특정 단계에서 진행되는 범위를 말한다. [그림 6-1]은 Atkinson과 Shiffrin(1968)의 정보처리의 다단계 모델을 간략하게 설명한 그림이다.

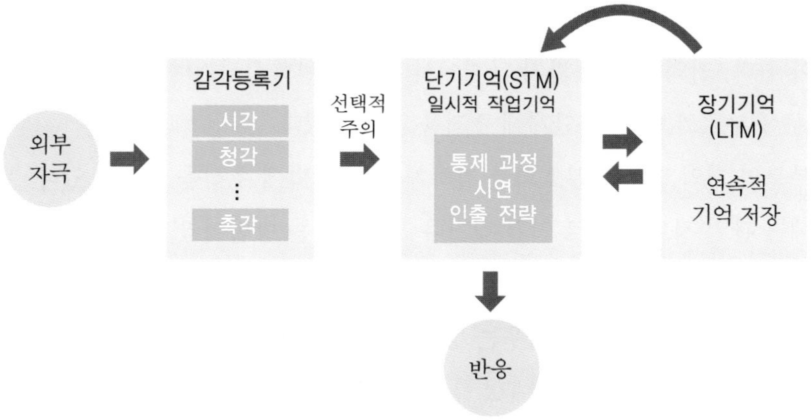

[그림 6-1] 정보처리의 다단계 모델

감각등록기(sensory register)는 외부에서 들어오는 자극을 아주 짧은 기간 동안 감각기관에 주어진 그대로 저장해 두는 곳이다. 감각등록기는 오감을 통해 들어온 정보가 감각등록기에 1초 이내 또는 5초 이내에 입력되는 것을 말한다. 이러한 감각기억 중에는 시각적 감각저장인 영상기억(iconic memory)과 청각적 감각저장인 청상기억(echoic memory)이 있다. 감각등록기에 등록된 많은 정보는 기억쇠잔으로 정보가 유실되나 입력된 정보 중 일부는 선택적 주의를 통해 단기기억으로 넘어가게 된다.

작업기억(working memory)이라 부르는 단기기억(short-term memory)은 일반적으로 20~30초의 짧은 기억을 말하며, 기억용량은 ±7청크(chunk) 범위다. 단기기억에 저장된 정보는 기억쇠잔과 부적절한 통제 과정으로 일부 유실된다. 단기기억의 정보는 시연(rehearsal)과 다양한 기억 전략을 통해 장기기억(long-term memory)으로 넘어간다.

장기기억은 시간 경과에 따라 급속히 소멸되는 감각기억이나 단기기억과는 달리 무제한 용량의 영구적인 정보 저장을 의미한다. 장기기억이 오래 지속되는 기억이라고는 하지만 쇠잔이나 간섭으로 망각이 일어난다. 이러한 장기기억은 정보 간의 연결, 연합, 조직화 등을 통해 저장된다. 장기기억에 저장된 정보는 인출 전략에 따라 운동과 활동으로 나타나게 된다.

정보처리 이론에서는 기억과정을 부호화, 파지, 인출 과정으로 설명하고 있다.

기억을 잘하기 위해서는 정보를 부호화하여 파지한 다음에 필요할 때 적절하게 인출해야 한다. 기억 전략은 파지 단계에서 정보를 변화시키거나 조작하기가 쉽지 않기 때문에 부호화 및 인출 단계에 초점을 맞추고 있다.

대부분의 기억 전략은 부호화를 잘하게 하는 방법에 초점을 맞추고 있다. 부호화 전략에는 관련 정보를 서로 연결 짓거나 조직화하는 방법이 있다. 기억에 사용되는 부호에는 언어부호와 심상부호가 있다. 언어부호를 이용하는 방법으로는 익숙한 노래를 사용해서 첫 글자를 외우는 방법과 운율을 사용해서 기억해야 하는 항목을 조직화하는 방법이 있다. 심상부호를 이용하는 방법으로는 장소법(method of loci), 말뚝어법(pegword), 핵심단어법(keyword)이 있다. 이러한 전략은 학생이 기억 정보를 쉽게 인출할 수 있게 하기 위해 장소, 말뚝어, 핵심 단어와 기억해야 할 정보를 연합해서 심상을 형성하게 하는 방법이다.

기억 전략에서 기억해야 할 내용이 서로 연관이 있을 경우는 관련 정보를 연합해서 정교화하는 방법이 효과적이다. 이러한 정교화 전략에는 PQ4R 방법이 있다. PQ4R은 Preview(예습), Questions(질문), Read(읽기), Reflect(숙고), Recite(암송), Review(복습)의 약자로 중요한 내용을 연관 지어 정교화 처리를 하는 방법이다. 다음은 PQ4R 절차의 예다.

- 목차와 요약을 훑어본 다음에 질문을 만든다.
- 질문을 염두에 두고 책을 읽으며, 질문에 대답한다.
- 그 답에 대해 평가해 보고, 머릿속으로 요약해 본다.

기억 전략에는 이 밖에도 한 번에 학습하지 않고 여러 번으로 나누어 학습하는 분산학습이 있으며, 효과적인 인출단서로 훈련을 하는 인출 전략 등이 있다.

정보처리 과정에서 발생하는 장애에는 지각장애, 단기기억장애, 장기기억장애, 인출장애가 있다. 지각장애학생은 기억에 어려움 없이 주어진 정보를 저장하더라도 잘못되거나 불필요한 정보를 습득하는 결과를 초래한다. 단기기억장애학생은 입력된 정보를 장기기억까지 유지하지 못하고 망각한다. 장기기억장애학생은 전략 사용의 부재로 정보를 효율적으로 저장하지 못해서 기억의 양이 적다. 인출장애학생은 기억된 정보를 조직화하지 못해서 저장된 정보를 필요할 때 기억해 내지 못한다.

한편, 인지 모델에서는 정보를 처리하는 방법을 자동적 처리와 통제된 처리로 나눈다. 정보의 자동적 처리는 주의를 덜 필요로 하며, 시간의 변화에 안정적으로 유지되는 빠르고 잘 학습된 반응에서 나타난다. 정보의 통제된 처리는 새로운 정보를 통합하여 하나의 반응을 내어놓기 때문에 지속적인 주의집중과 논리를 필요로 한다(Bargh & Ferguson, 2000). 불안장애와 우울증과 같은 이상행동은 부적절한 자동적 처리의 결과로 볼 수 있다. 예를 들어, 우울증에 취약한 여성이 처음에는 낮은 학점이나 실패한 일을 만회하려고 의도적인 방법으로 자기 비판적인 사고를 한다. 그러나 이런 통제된 처리를 반복하게 되면 시간이 흐름에 따라 점차 통제할 수 없는 자동적인 사고가 된다. 최근의 연구는 인지치료가 우울증 환자에게 이런 자동화된 부정적인 편견을 통제된 처리로 바꾸는 데 성공적임을 보여 준다(Alloy et al., 2006).

2) 사회인지 이론

인지 모델 연구의 영역은 학생의 사고가 행동에 영향을 미치는 언어, 심상, 기억, 주의 등을 포함한다. 이러한 연구의 중요한 부분 중 하나는 정서행동장애와 인지가 어떻게 관련 있는지를 규명하는 것이다.

Bandura의 연구(1969)는 정서행동장애에서 인지적 역할의 중요성을 설명하고 있다. Bandura는 인지적 측면에서 모방을 연구하였고 다양한 인지적 변인으로 행동을 통제할 수 있다는 것을 입증하였다. 이러한 연구를 통해 Bandura는 인지가 다양한 인간의 행동과 어떻게 상호작용하는지를 설명하는 사회인지 이론을 수립하였다. 사회인지 이론은 사회적 환경에 대한 사고와 관련이 있다. 따라서 사회인지 이론은 학생이 사회적 상황을 어떻게 받아들이고 해석하는지에 관심을 갖고, 행동이 사회적 상황에 어떻게 영향을 받는지에 초점을 맞춘다.

(1) 모델링과 사회인지 이론

1960년대 초 Bandura는 인간의 모방과 관련된 심리적 현상을 조사하여 모델링 이론을 개발하였다. 그는 모델링 이론을 발전시켜 사회인지 이론을 도출하였다. 모델링은 학생이 타인을 관찰하면서 나타내는 감정, 행동, 사고의 변화를 말한다.

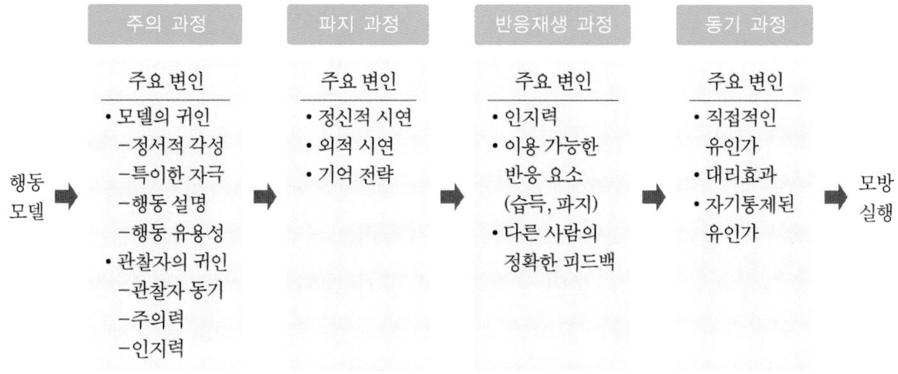

[그림 6-2] 모델링 과정의 주요 변인

출처: Cullinan (2002), p. 328.

Bandura는 심리역동 이론, 행동주의 이론, 그리고 다른 이론들로는 모방과 모델링과 관련된 일상적인 사건들을 적절하게 설명할 수 없음을 발견하였다. 모델링과 사회인지 이론은 복잡하며, 이들은 인간 기능의 많은 영역을 다룬다.

Bandura의 연구(1971, 1986)는 모델의 관찰자가 모델 행동의 정신적 표상을 습득하고 파지한다는 것을 밝혔다. 그는 모델을 관찰함으로써 나타나는 효과를 인지적 습득과 모방적 수행으로 구분하였다. 그는 [그림 6-2]와 같이 모델링을 주의, 파지, 반응재생, 동기의 네 과정으로 분석하였다.

① 습득과 관찰학습

인지적 습득은 관찰학습으로 나오는 효과다. [그림 6-2]의 모델링 과정에서의 주의, 파지, 반응재생은 주로 모델을 관찰하면서 습득하는 새로운 행동과 관련 있다. Bandura는 모델링에서 이러한 습득의 효과를 관찰학습이라 불렀다.

관찰학습은 아동 발달에 중요한 역할을 한다. 언어적 행동, 사회적 행동, 기타 중요한 행동은 너무 복잡해서 다른 사람을 관찰하지 않고서는 배우기 어렵다. 학생이 시행착오를 거쳐 중요한 행동을 배울 수 있으나 실수가 단순히 배움의 시도로만 끝날 수 있어 위험하다. 그러나 대부분의 학생들은 발달기 동안에 부모, 또래, 교사, 기타 다른 사람들의 행동을 보고 듣고 관찰함으로써 중요한 행동을 습득한다.

학생은 관찰학습을 통해 행동뿐만 아니라 정서도 습득한다. 이것은 정서가 관찰 가능한 인지 · 행동 · 심리적인 면을 포함하기 때문이다. 학생은 관찰을 통해 타인의 말, 행동, 얼굴표정, 몸짓, 음의 고저, 호흡 주기 그리고 다른 정서적인 반응 지표를 습득할 수 있다.

관찰학습에서는 관찰과 대리적 벌에 의해 문제행동이 감소될 수 있고 관찰과 대리적 강화에 의해 새로운 행동을 학습할 수 있다.

② 수행과 대리효과

Bandura의 모델링 과정에서의 주의, 파지, 반응재생은 새로운 행동 습득과 관련 있으나 동기는 이론적으로 행동 습득에 포함시키지 않는다. 그러나 동기 과정은 어떠한 환경하에서 모델을 관찰한 결과에 따라 학생의 행동이 변화했는가와 관련 있다. 모델 관찰 결과로 학생의 행동이 변화하였다면 이를 대리효과라 부른다.

대리효과는 모델 행동의 관찰 결과에 따라 학생의 행동이 더 나타나기도 하고 덜 나타나기도 한다. 모델 행동으로부터 좋은 결과를 습득하면 학생은 그 행동을 모방할 것이다. Bandura는 이것을 학생의 행동이 대리강화되었다고 하였다. 모델 행동으로부터 좋지 않은 결과를 얻었다면 학생은 모델과 비슷하게 행동하지 않을 것이다. 즉, 학생의 모방행동이 대리적인 벌로 작용한 것이다. 어떠한 경우든 모델링은 학생에게 새로운 행동을 습득시켜 주지는 못한다. 대신에 대리효과는 학생에게 행동에 뒤따르는 결과를 알려 준다. 이것이 대리효과가 행동을 수행하게끔 하는 동기에 영향을 주는 이유다.

대리효과는 또한 모델의 특성과 관련이 있다. 모델의 나이, 성, 인종, 옷 입는 스타일, 말투 등의 여러 특성이 학생의 특성과 닮는다고 가정할 수 있다. 학생은 모델과의 유사성 때문에 모델을 모방하기로 결정할 것이다. 또한 학생이 그 모델을 따라 할 경우 자신이 동일한 보상을 받을 것이라는 이유로 모델을 모방할 것이다. 반면에 모델이 학생과 상이한 특성을 가졌다면 학생 자신과 모델은 다른 기준으로 평가를 받고 다른 보상을 받을 것이라고 생각할 것이다. 다시 말해, 모델링은 실제로 행동을 수행하도록 하는 학생의 동기에 영향을 줄 수 있는 정보를 제공한다(Cullinan, 2007).

(2) 사회인지 이론과 정서행동장애

사회인지 이론은 학생들이 어떻게 부적응 행동을 습득하고 수행하는지를 설명해 준다. 이러한 설명은 관찰학습, 대리효과, 자기효능감에 기반을 두고 있다.

① 부적응 행동과 관찰학습

다른 사람의 적대감, 공포, 슬픔, 충동성, 위축, 규칙 위반, 약물 복용, 자살과 같은 부적응 행동을 관찰한 학생은 이러한 행동을 실행하는 방법을 배우기 쉽다. 부적응 행동의 관찰학습은 다음과 같은 상황에서 자주 발생한다.

- 다양한 부적응 행동에 노출
- 수많은 모델에 반복적으로 노출
- 부적응 행동에 혜택이 주어진 것을 관찰

그리고 가족, 지역사회 성인, 또래, 급우, 게임, 영화, 텔레비전, 인터넷 등은 부적응 행동을 발생시킬 수 있는 풍부한 정보원이 된다.

반대로 적절한 행동의 관찰학습 부족이 정서행동장애에 영향을 미칠 수 있다. 성장기의 학생들은 생활에 필요한 다양한 기술을 습득해야 한다. 그러나 가정과 지역사회에 이러한 중요한 기술을 모델로 삼을 만한 사람이 없고 주의, 파지, 반응재생과 같은 관찰학습의 하위 단계에서 실패를 경험할 수 있다. 어떤 경우에는 규칙을 준수하는 방법, 사회적 상호작용을 시작하고 계속하는 방법, 폭력 없이 갈등을 해결하는 방법, 좌절과 기회를 예견하고 계획하는 방법, 그리고 사회적 문제를 해결하는 방법과 같은 중요한 기술을 배우는 것이 지연될 수도 있다. 학생이 같은 나이 또래가 갖고 있는 사회적 기술이 없다면 사회적인 문제와 개인적인 문제가 나타날 수 있다.

② 부적응 행동과 대리효과

탈억제(disinhibition)는 외부 자극에 따라 일시적으로 억제력을 잃는 것을 말한다. 모델이 새로운 부적응 행동을 가르치지 않을 때도 부적응 행동에 강한 영향을 줄 수 있다. 예를 들어, 다른 학생이 아무렇지도 않게 규칙을 어기는 것을 관찰한 학생은 다음에 규칙 위반을 하지 않았던 행동을 바꿀 수도 있다. 따라서 학생은 이전에 회피했던 부적응 행동을 자유롭게 시작할 것이다.

학생은 특정 상황에 반응하는 사람을 관찰함으로써 희로애락의 정서적 각성을 경험할 수 있다. 관찰을 통해 정서적 각성을 경험한 학생은 비슷한 상황에서 모방하려는 모델이 없어도 이전과 같은 정서적 각성을 경험할 수 있다. 이러한 정서적 반응이 사회적 관계에 방해가 된다면 그것은 부적응적인 정서다. 예를 들어, 학생은 교사의 화난 행동, 생각, 정서를 관찰함으로써 교사가 특정 사람에게 화가 나 있다는 것을 알 수 있다.

③ 기능부전적 자기효능감

기능부전적으로 높거나 낮은 자기효능감의 지각이 정서적 · 행동적 문제를 야기할 수 있다. 불안행동을 보이는 학생은 친구 사귀는 데 낮은 자기효능감을 가진다(Boegels & Zigterman, 2000). 이러한 학생은 자신이 친구 사귀는 데 어색하고 무력하게 보일 것이라 믿는다. 그러므로 학생이 친구 사귀는 방법을 알더라도 친구 사귀는 데 필요한 반응을 하지 않을 수 있다.

반면에 공격행동을 하는 학생은 또래에게 고통을 주는 능력에 대해 높은 자기효능감을 가질 수 있다. 따라서 학생은 갈등을 해결하는 데 다른 학생들보다 더 폭력적인 방법을 사용할 수 있다.

3) 기타 사회인지 이론

정서행동장애와 관련된 인지 이론에는 모델링과 사회인지 이론 외에 사회정보처리와 인지결함 및 인지왜곡이 있다. 두 이론 모두 사회인지 이론 내에서 중요한 개념으로 양립된다.

(1) 사회정보처리

Dodge 등(1990)은 정서행동장애의 공격 패턴에서 발견되는 문제행동을 설명하기 위해 사회정보처리(social information processing) 모델을 발전시켰다. 사회적 정보에는 사람의 행동, 말, 억양, 외모, 얼굴표정, 행동결과, 사람의 행동에 따라 발생하는 명확하거나 미묘한 정보 등이 있다. 사회정보처리 모델의 단계는 다음과 같다(Cullinan, 2007).

- 1단계-부호화(encoding): 부호화는 사회적 정보를 탐색하고, 주의집중하고, 파지하는 것을 포함한다. 공격적인 학생은 공격적이지 않은 학생보다 관련된 사회적 정보를 탐색하고 주의를 기울이는 능력이 부족하기 쉽다. 또한 공격적인 학생은 가장 최근에 일어난 일이나 유행하는 것 등 사회적으로 일반적이지 않은 정보에 주의를 기울이는 경향이 있다.
- 2단계-해석(interpretation): 해석은 의미를 판단하기 위하여 자신의 경험과 사회적 정보를 비교하는 것이다. 공격적인 학생은 주어진 상황에서 타인의 사고와 감정을 이해하는 능력이 부족하고 다른 사람이 자신에게 어떻게 대할지에 대한 판단을 잘하지 못한다. 공격적인 학생은 다른 사람의 진실된 말도 적대감 있는 말로 잘못 인식하는 경향이 있다.
- 3단계-반응 접근(response access): 반응 접근은 친근한 반응이 발견되지 않으면 적합한 반응을 만들기 위해 정신적인 탐색을 하는 것이다. 공격적인 학생은 분쟁을 평화롭게 해결할 수 있는 대화 기술과 문제해결 방법과 같은 좋은 사회적 관계에 필요한 행동과 사고가 부족하다. 공격적인 학생은 도전적인 상황에서 적절한 반응을 보이지 않고 공격적인 반응을 하는 경향이 있다.
- 4단계-반응 결정(response decision): 반응 결정은 반응을 선택하는 것이다. 반응을 적절하게 선택하기 위해서는 3단계에서 나타난 반응의 결과를 예측해야 한다. 그리고 학생이 원하는 목표가 무엇인지를 고려해야 한다. 공격적인 학생은 타인에게 공격하는 것을 정당화하고 상대방의 고통을 수용할 수 있는 반응 결과로 판단하기 위해 타인의 비열한 성격을 과장하거나 앙갚음하기 위해 공격행동을 선택하는 경향이 있다. 공격적인 학생은 공격행동에 대해 성공적이라고 생각할 수 있는데, 이는 단지 공격의 결과를 잘못 예측한 것이다.
- 5단계-실연(enactment): 실연은 선택된 반응을 행하는 것이다. 공격적인 학생은 친사회적 언어와 운동기능이 부족한 경향이 있다. 공격적인 학생은 친사회적 행동으로 발생하는 좋은 결과를 예상하지 못하고 공격행동의 성공만을 예상한다.
- 6단계-성과 평가(outcome evaluation): 성과 평가는 실연의 효과를 평가하기 위

하여 반응 결과를 관찰하는 것이다. 이것은 유사한 환경이 다시 발생했을 때 학생이 과정을 수정할 필요가 있는지를 결정할 수 있게 한다. 공격적인 학생은 공격적인 반응의 나쁜 결과를 간과하는 경향이 있다. 예를 들어, 공격적인 학생은 공격을 당한 학생에 대한 부정적 반응 결과를 최소화하고 단지 전체 결과 중에서 일부분만 관심을 갖는다.

(2) 인지결함과 인지왜곡

Kendall 등(2002)은 정서행동장애의 결과가 될 수 있는 두 종류의 문제, 즉 인지결함과 인지왜곡을 구분하였다. 인지결함의 관점에서 보면 정서행동장애는 필요한 인지처리 과정의 부재로부터 나타난다. 인지왜곡의 관점에서 보면 정서행동장애는 왜곡된 인지처리 과정에 따라 발생한다.

Kendall(1991)은 공격성과 충동성을 보이는 정서행동장애는 주로 인지결함을 수반하며, 불안과 우울은 인지왜곡으로부터 유래한다고 하였다. 그는 정서행동장애

표 6-1 인지왜곡의 예

흑백논리적 사고	모든 것을 흑 아니면 백으로 본다. 어떤 것이 완벽하지 않으면 수용하지 않는다.
과잉 일반화	하나의 부정적 사건을 보고 어떤 것이 전부 안 좋다거나 항상 안 좋아질 것이라는 증거로 여긴다.
긍정적인 면 평가절하	한 상황이나 사건에는 항상 긍정적인 면과 부정적인 면이 있다. 상황이나 사건이 아주 긍정적일 때라도 긍정적인 면을 깎아내리거나 무시하고 부정적인 면에 초점을 둔다.
성급하게 결론 내리기	증거가 없는데도 임의적으로 성급하게 부정적인 결론을 내린다. 여기에는 독심술, 다른 사람의 생각 넘겨짚기, 증거도 없이 미래의 부정적 사건 예측하기가 포함된다.
과장 혹은 축소	부정적인 사건을 지나치게 부풀리거나 긍정적인 사건의 중요성을 축소시킨다.
명명하기와 잘못 명명하기	사건과 자신을 부정적으로 명명한다. 이것은 자신과 세상을 어떻게 보는가에 영향을 미친다.
개인화	증거가 없음에도 불구하고 자신에게 부정적인 사건 발생의 책임이 있다고 생각한다.

출처: 안병화 외 역(2009), p. 453.

가 인지결함과 인지왜곡으로부터 발생한다는 것을 발견하였다. 인지결함이 있는 경우에는 자기효능감, 자기강화, 자기교수 등과 같은 초인지적 전략 사용에 문제가 있는 경우가 많다.

Burns(1980)는 우울증 증상이 있는 사람들은 〈표 6-1〉과 같은 인지왜곡(cognitive distortion)이 있다고 하였다. 그는 우울증 치료에 왜곡된 사고를 바꾸는 인지 재구조화 방법을 사용하였다.

2. 진단 및 평가

인지적 평가는 구체적 상황에서 나타나는 인지적 수행에 초점을 맞추어 측정한다. 정서행동장애의 인지적 평가는 학업수행 과정에서 다양하게 나타나는 인지 영역에서의 어려움을 측정하는 방법과 정서행동장애에서 나타나는 인지적 부적응 행동을 진단하고 평가하는 방법이 있다. 인지적 평가에서는 타인에 대한 이해 및 지각, 자신과 타인의 행동에 대한 기대, 문제해결 능력, 조망 능력, 귀인, 비합리적 사고, 자기통제 양식 등을 평가한다. 정서행동장애학생을 위한 인지적 평가 방법에는 자기보고, 사고목록, 소리 내어 생각하기가 있다.

1) 자기보고

자기보고는 자기보고 형태의 체크리스트, 평정척도, 질문지 등을 통해 정서행동장애학생의 자기 자신, 세상, 미래에 대해 부정적 사고와 관련된 정보를 수집하는 방법이다. 자기보고에서는 학생이 자신의 행동과 정서에 대해 관찰자와 보고자로서의 역할을 한다. 이 접근법의 기본 가정은 학생이 자신의 사고와 행동을 관찰하고 기술하는 데 가장 좋은 위치에 있다는 점이다. 따라서 학생은 다양한 경험을 이용하여 응답할 수 있다. 자기보고는 외현적인 행동으로는 알 수 없는 정서와 반응을 평가할 수 있는 장점이 있다. 그러나 자기보고의 주요 한계점은 학생이 자신의 행동에 대한 객관적인 판단자가 아닐 수 있기 때문에 의식적으로나 무의식적으로 자신의 반응을 왜곡할 수 있다는 점이다. 따라서 자기보고는 종합적인 평가의 일부분으로 활용하는 것이 바람직하다.

자기보고에는 불안이나 우울과 같은 문제를 측정하는 척도와 통제 신념이나 자기개념처럼 적응과 관련된 구성 개념을 평가하는 척도가 있다. 정서행동장애와 관련된 자기보고식 검사에는 IPAT(Institute for Personality and Ability Testing)에서 발행한 IPAT 불안척도(IPAT Anxiety Scale)가 있다. 이 검사는 5개의 불안 차원을 측정하는 간편한 측정도구로 청소년용과 성인용이 있다. 그리고 CPP(Consulting Psychological Press)에서 발행한 상태-특성 불안검사(State-Trait Anxiety Inventory)가 있다. 이 검사는 불안에 관한 연구용으로 불안 성향과 현재의 긴장 수준 상태를 측정한다(Brown, 1982).

아동용 인지검사(Cognitive Triad Inventory for Children: CTI-C)는 Beck의 부정적 인지삼제에 근거하고 있다. 인지삼제인 자기 자신, 세계, 미래에 대한 생각을 36개 질문을 통해 스스로 답하게 구성되어 있다. 전체 점수와 척도별 점수를 통해 아동을 평가하며, 우울증 아동 및 청소년 연구에 많이 사용된다(Kaslow et al., 1992).

우울증을 측정하는 도구 중에서는 자기보고가 널리 사용된다. 자기보고는 슬픔이나 무가치한 느낌과 같이 우울증의 특징을 이루는 핵심적인 문제들이 주관적이라는 점에서 중요하다. Covacs가 개발한 아동 우울증검사(Children's Depression Inventory 2: CDI 2)는 이런 유형의 도구 중에서 널리 사용되는 검사 중 하나다. 다른 자기보고 측정도구로는 Reynolds 아동 우울증척도(Reynolds Child Depression Scale: RCDS)와 Reynolds 청소년 우울증척도가 있다(Reynolds Adolescent Depression Scale: RADS; Reynolds, 1987). 우리나라에서 표준화 절차를 결쳐 개발한 검사로는 한국 우울증검사(KDS-30)가 있다(이민수, 이민규, 2005).

정서행동장애학생의 부모도 자신에 대해 자기보고 척도를 작성할 수 있다. 이 척도로 부모 자신의 불안이나 우울과 같은 특수한 문제를 평가할 수 있다.

2) 사고목록

사고목록(thought listing)은 개방형 인지기법으로 특정한 시간이나 활동을 하는 동안에 생각했던 모든 것을 목록화하도록 하는 방법이다. 사고목록은 기록된 반응들을 내용에 따라 정적 사고와 부적 사고의 비율로 점수화하여 평가한다. 심층

분석에서는 개인이 보고한 사고, 개념, 이미지, 감정 등의 진술에 대해 분석한다 (Cacioppo et al., 1997).

사고목록은 자기 자신을 바라보는 사고, 도전과 위협에 대한 대응 과정, 생각의 흐름과 그 이면에 있는 배경과 내용을 측정하기 때문에 정서행동장애와 관련된 인지 구조에서의 문제를 파악하는 데 사용될 수 있다. 다음은 평가 과정에서 실질적인 사고목록을 도출하기 위해 고려해야 할 사항이다(Meichenbaum & Cameron, 1981).

- 단기 기억 속에 머물러 있는 반응을 기술한다.
- 반응에 대해 자세하게 조사하는 것을 배제한다.
- 원인이나 동기를 서술하지 않고 있는 그대로의 생각을 기술한다.
- 솔직하고 주의 깊게 자신의 생각을 보고한다.

3) 소리 내어 생각하기

소리 내어 생각하기(think aloud)는 특정 상황에 대한 반응을 알아보는 개방형 인지기법으로 자신의 마음속에 일어나고 있는 것을 모두 말하도록 하는 방법이다. 다음은 소리 내어 생각하기를 적용한 평가 방법의 예다(Ramirez, 2000).

- 녹음된 모의 실험적 상황을 학생에게 제시한다.
- 학생에게 그 상황을 경험했던 것처럼 반응하도록 한다.
- 자신의 마음속에 생각하고 있는 것을 말하도록 한다.
- 학생이 말한 것을 녹음하고 내용을 부호화한다.

소리 내어 생각하기는 우울증이나 가족 갈등과 같은 문제의 인지적 요인을 연구하기 위해 사용되어 왔으며, 학업에도 응용되어 왔다. 예를 들어, 학생들에게 수학문제를 풀 때 생각하는 것을 소리 내어 말하도록 하면 교사는 어느 부분이 틀렸는지 파악할 수 있다.

3. 인지 모델의 중재

정서행동장애학생에게 나타나는 부적응 행동은 인지 특성에 따라 나누어 생각해 볼 수 있다. 부적응 행동은 부정적인 사고로 발생하는 경우가 있으며, 사회적 단서를 잘못 해석하거나 사건의 원인을 잘못 귀인함으로써 나타나는 경우가 있다. 또한 부적응 행동은 대처 기술과 적절한 문제해결 능력의 부족으로 일상생활에서 발생할 수 있다.

따라서 정서행동장애학생의 인지 특성으로 나타나는 부적응 행동을 중재하기 위해서는 다양한 인지적 접근을 고려해 볼 수 있다. 인지적 접근의 중재 방법은 크게 모델링, 인지결함에 대한 중재, 인지왜곡에 대한 중재로 나눌 수 있다.

1) 모델링

대부분의 인지적 중재는 모델링에 의존한다. 모델링은 일반적으로 관찰학습과 대리효과를 사용하며, 교수 도구로서의 효과를 증진시키기 위해 사용한다. 학습자는 모델 행동에 대해 주의집중을 하거나 기억 전략을 사용하여 새롭게 학습한 적응 행동을 유지할 수 있다. 모델링을 사용한 인지적 중재에는 비디오와 역할극이 있다. 비디오 중재의 효과는 긍정적으로 나타날 수도 있고 부정적으로 나타날 수도 있다. 학생이 비디오를 시청하면서 습득하는 적절한 인지 성과에 대해서는 좋은 결과가 뒤따르지만 부적절한 사고에 대해서는 나쁜 결과가 뒤따른다. 즉, 비디오를 통해 대리 처벌과 대리 강화를 받는 것이다. 역할극에서는 교사와 학생이 바람직한 행동과 바람직하지 않은 행동, 그리고 이러한 행동의 결과를 모델링할 수 있다.

모델링은 인지적인 문제와 정서행동적인 문제를 개선시키는 데 효과가 있으나 모델링을 단독으로 사용하는 경우는 많지 않다. 그러나 모델링을 일반적인 교수 실행과 인지적 중재의 중요한 부분으로 사용할 수 있다. 예를 들어, 모델링은 새로운 기술의 설명, 기술 실행 및 역할극, 교정 피드백, 행동 유지 및 일반화를 증진시키기 위해 사용할 수 있다. 나아가 모델링은 사회적인 문제나 개인적인 문제를 해결하기 위한 자기교수, 인지적 문제해결, 대안적인 지각 · 귀인 · 신념의 지도와 같은 특수한 인지적 중재와 함께 사용할 수 있다.

2) 인지결함에 대한 중재

문제행동은 인지결함에 따라 발생할 수 있다. 학생이 문제를 해결하는 방법에는 공격적인 방법과 비공격적인 방법이 있다. 학생이 사회적 문제를 해결하는 데 공격적인 방법을 알고 있으나 비공격적인 방법을 모른다면 사회적 문제에 직면했을 때 문제를 해결하기 위해 공격적인 방법을 사용할 것이다. 학생이 공격적인 방법을 사용해 문제를 해결했다면 강화되어 다음에도 공격적인 방법을 사용할 가능성이 높아진다.

인지결함의 또 다른 측면은 학생이 의사결정 과정에서 미숙함을 보이거나 사회적 상황의 중요한 면을 고려하지 못한다는 점이다. 이러한 결과로 학생은 또래 집단에게 따돌림을 받거나 교사에게 문제행동을 하는 학생으로 여겨지게 된다.

인지결함으로 발생하는 문제행동을 지도하기 위해서는 문제행동과 동등한 기능을 가진 대안적인 행동을 지도하거나 기술 습득의 방법을 통해 적응행동을 증진시켜야 한다. 인지결함에 대한 중재에는 인지 전략과 사회적 문제해결 전략이 있다.

(1) 인지 전략

인지 전략은 지적 기능 특히, 문제해결 기능의 한 특수한 영역으로서 개인의 사고, 학습, 기억 등의 행동을 지배하는 내적 행동방식을 말한다. 즉, 인지 전략은 사고 전략이며, 학습방법이며, 기억 전략이다(한국교육심리학회, 2000). 인지 전략은 문제해결 과정이나 특정 과제수행을 용이하게 하기 위해서 사용하는 정신적인 전략이다. 인지 전략에는 시연(rehearsal), 정교화(elaboration), 조직화(organization)가 있다. 시연은 단기기억에 저장된 정보가 사라지지 않게 하기 위한 전략이다. 시연 전략에는 밑줄 그어 강조하기, 노트하기, 암송하기 등이 있다. 정교화는 새롭게 유입되는 정보를 이전 지식과 관련을 맺도록 하여 장기기억 속에 저장하는 전략이다. 정교화 전략에는 다른 말로 바꾸어 자신이 것으로 만들어 보기, 요약하기, 질문하기, 심상법, 유추하기 등이 있다. 조직화는 학습내용의 요소들 간 내적 연결 구조를 만들어 논리적으로 구성, 위계화시켜 복잡한 내용을 쉽게 이해할 수 있게 하는 전략이다. 조직화 전략에는 주요 주제와 아이디어의 개요 작성하기, 지도나 개념지도 흐름도와 같은 정보 도식화가 있다.

초인지 전략은 과제 수행에 사용한 전략의 모든 과정을 알고 조정하는 전략을 말한다. Flavell(1979)은 초인지를 인지적 현상에 관한 지식과 인지적 지식이라고 하였다. Brown(1978)은 초인지를 인지 자체라기보다는 자신의 인지에 관한 지식이며, 자신의 인지 과정을 통제하여 학습하는 능력이라고 하였다. 따라서 초인지는 '자신의 학습을 반성, 이해, 통제하는 능력'이며, 초인지적 지식과 자기조절(self-regulation)의 두 요소로 설명할 수 있다.

초인지적 지식은 학습자가 학습에 영향을 주는 개인 · 과제 · 전략 변인을 아는 것이다. 초인지적 지식에는 자신과 전략에 관한 지식인 선언적 지식(declarative knowledge), 전략 사용에 관한 지식인 절차적 지식(procedural knowledge), 전략 사용 시기와 이유에 관한 지식인 조건적 지식(conditional knowledge)이 있다.

자기조절은 인지 과정을 스스로 조절하는 것으로 인지 전략을 효율적으로 선택하여 관리하고, 목표에 도달하기 위해 학습하는 동안 학습 활동을 점검하고 재지시하는 것이다. 자기조절의 과정에는 결과 예측, 전략 계획, 다양한 형태의 대리적 시행착오와 같은 계획 활동, 학습 전략의 점검, 수정, 재계획과 같은 점검 활동, 그리고 전략 효과에 대한 평가와 같은 결과 점검이 있다.

초인지 전략 훈련에는 자기교수(self-instruction)가 있다. 자기교수는 자신의 행동을 조절하기 위해 자기 자신에게 이야기하는 과정이다. 자기교수에서는 과제 수행에 필요한 의사결정과 행동 실행의 지침을 스스로 이야기해야 한다. 자기교수는 보통 환경 인식, 자기교수 시작, 자기교수 활동 수행, 결과 평가의 단계를 거친다.

- 학생은 과제 수행이 요구되는 환경을 인식해야 한다. 또한 자기교수가 요구되는 환경을 인식하는 학습을 해야 한다.
- 환경이 인식되면 학생은 일련의 자기교수 과정을 시작해야 한다. 학생이 일련의 과정을 기억할 수 있도록 도움을 주기 위해 교사는 기억 단어, 약어, 그림 등의 보조도구를 사용하는 방법을 지도한다.
- 학생은 각 단계에 해당하는 행동을 실행하면서 각 단계에 맞는 순서대로 말하거나 혹은 마음속으로 생각해야 한다.
- 학생은 자기교수 결과를 평가하여 추가적인 활동이 필요한지를 판단한다.

이러한 단계는 지도하고자 하는 과제와 학생의 개인적 요구에 따라 바뀔 수 있다. 교사가 학생에게 자기교수 전략을 지도하기 위해서는 앞에서 설명한 자기교수 단계에 기초하여 다음과 같은 과정을 거쳐 지도한다.

표 6-2 **자기교수 지도 단계**

단계	활동
1단계	• 교사는 성공적인 과제 수행에 필요한 단계를 수행하면서 자기교수 단계를 소리 내어 말한다. • 학생은 관찰한다. • 교사는 학생에게 각 단계를 적은 기억카드를 사용하도록 할 수 있다. 교사는 빈 카드에 각 단계를 적은 기억카드를 만들거나 혹은 다른 기억 전략을 가르칠 수 있다.
2단계	• 교사는 과제 수행에 필요한 관찰 가능한 자기교수 단계를 말한다. • 학생은 과제 수행에 필요한 관찰 가능한 단계를 실행한다(기억카드를 참고할 수 있다). • 교사는 학생이 교사의 수행을 모방하도록 하기 위해 필요한 피드백(예: 촉구, 교정)을 준다.
3단계	• 학생은 과제 수행에 필요한 단계를 수행하면서 자기교수 단계를 큰 소리로 말한다. 학생은 기억카드의 사용을 그만두기 시작한다. • 교사는 자기교수 단계를 모방하도록 하기 위해 학생에게 필요한 피드백(예: 촉구, 교정)을 준다.
4단계	• 교사는 성공적인 과제 수행에 필요한 단계를 수행하면서 자기교수 단계를 속삭인다. • 학생은 관찰한다.
5단계	• 학생은 자기교수 단계를 수행하면서 속삭인다. • 교사는 학생이 단계를 수행하면서 속삭이는 자기교수를 모방하도록 하기 위해 피드백을 준다.
6단계	• 학생은 소리가 나지 않게 입술을 움직이면서 자기교수 단계를 수행한다.
7단계	• 교사는 단계를 수행한다. 동시에 교사는 각 단계를 수행하기 전에 멈추어서 자기교수에 대한 생각을 흉내 낸다. • 학생은 관찰한다. 학생은 교사가 멈출 때마다 정확한 자기교수를 소리 내어 말한다.
8단계	• 학생은 멈춤과 동시에 정확한 자기교수를 생각하면서 단계를 수행한다. • 학생은 과정 및 결과를 자기평가할 수 있다. 동료들도 평가할 수 있다.

출처: Cullinan (2007), p. 318.

첫째, 자기교수의 단계를 기술한다. 교사는 성취에 도움을 주는 과제, 연속적인 단계의 사용이 요구되는 환경, 그리고 성공 여부에 대한 평가 방법을 자기교수 단계에 포함시킨다. 둘째, 교사는 연속적인 자기교수 단계를 학생에게 모델링한다. 셋째, 교사는 학생이 과제를 수행하면 자기교수에 대한 피드백을 제공한다. 〈표 6-2〉는 자기교수 지도의 한 예다.

교사는 자기교수 지도과정에서 학생의 오류를 줄이기 위해 교사의 도움을 점진적으로 제거해야 한다. 이러한 과정의 목표 중 첫 번째 목표는 교사 주도의 수행을 학생 주도의 수행으로 변화시키는 것이다. 두 번째 목표는 학생이 배우지 않은 과제에서도 스스로 자기교수 방법을 사용하여 과제를 성공할 수 있는 능력을 기르는 것이다. 자기교수 과정은 보통 〈표 6-2〉의 단계를 따르나 간단한 과제에서는 각 단계를 축소할 수 있고 일부 단계를 생략할 수도 있다.

(2) 사회적 문제해결 전략

정서행동장애학생 지도의 중요한 영역 중 하나가 사회적 문제해결이다. 사회적 문제해결에 대한 연구는 D'Zurilla와 Goldfried(1971)가 성인을 위한 치료 방법으로 사회적 문제해결을 처음 시도하였다. 정서행동장애학생은 정서적 · 행동적 문제로 사회적 문제를 효율적으로 해결하지 못할 수 있다. 일반적으로 또래 집단에서 대인 관계가 좋지 않은 학생들은 자신들의 문제를 해결할 수 있는 인지 기술을 사용하지 않는 경향이 있다. 예를 들어, 그들은 바람직한 목표를 위해 필요한 생각을 하는 '수단-목적 사고'와 대인 간 갈등을 해결하기 위한 다양한 인식과 같은 '대체 해결 사고'가 부족한 경향이 있다. 그러므로 교사는 사회적 문제해결 과정을 학습시키기 위한 중재를 설계해야 한다.

사회적 문제해결에서 고려해야 할 사항에는 문제의 범위, 연령, 인지능력 수준 등이 있다. 일반적으로 사회적 문제해결의 단계는 문제해결 방법 설정, 문제 정의, 대안적인 일반화, 의사결정, 수행 및 확인의 5단계로 설명할 수 있다. 여기서는 사회적 문제해결의 각 단계를 따로 살펴보겠지만 이 단계들은 서로 중복될 수 있다 (Cullinan, 2007).

① 1단계: 문제해결 방법 설정

교사는 정서적·행동적 문제에 대해 실천 가능한 해결 방법을 설정하고, 학생 자신이 사회적 문제해결을 할 수 있는 능력자라고 생각할 수 있게 한다. 그리고 학생이 사회적 문제에 대해 성급하게 행동하거나 포기하기보다는 사려 깊은 사고방식으로 접근하도록 한다. 또한 타인의 행동, 비사회적인 신체적 사고, 자신만의 사고와 같은 다양한 문제 요소들을 식별하는 방법을 지도한다.

② 2단계: 문제 정의

교사는 학생이 문제 상황의 외적인 면과 내적인 면을 검토할 수 있도록 지도한다. 그리고 문제와 관련된 외적인 면과 내적인 면에 집중할 수 있도록 지도한다. 이를 통해 학생은 문제해결을 돕는 외적인 면과 내적인 면에서의 변화를 확인할 수 있다.

③ 3단계: 대안적인 일반화

교사는 문제 정의 단계에서 설정한 변화를 달성하기 위해 학생에게 대안적인 해결 방법을 모색하도록 시킨다. 더 나은 대안적인 방법을 찾는 데 시간이 걸린다면 대안적인 해결 방법의 평가 시기를 일시적으로 늦출 수도 있다.

④ 4단계: 의사결정

교사는 각 대안적인 방법의 결과를 고려하여 학생을 지도한다. 그리고 실제 상황에서 학생이 각 대안을 수행할 수 있는 가능성을 고려한다. 이 시점에서 대안적인 방법이 첫 번째 문제해결 방법으로 선택될 때까지 3단계와 4단계의 교수과정을 반복한다.

⑤ 5단계: 수행 및 확인

학생은 자신이 선택한 해결 방법을 시도한다. 이 단계에서 학생은 문제 상황, 문제해결 시도, 문제를 해결하는 동안의 감정 및 사고, 그리고 전략의 성과에 대한 정보를 기록한다. 이러한 기록은 전략을 평가할 때 고려된다. 학생이 첫 번째 전략을 성공했다면 다양한 방법으로 자기에게 보상한다. 그러나 성공하지 못했다면 선택하고 시도했던 대안이 가치 있었는지를 확인하고 이전 단계로 되돌아가서 다시 시도한다.

3) 인지왜곡에 대한 중재

정서행동장애는 자신이나 타인과 관련된 주변의 사건에 대해 잘못 생각하는 왜곡된 사고로 나타날 수 있다. 부적응적 조망은 사회정보처리에서의 오류와 잘못된 신념으로 발생하는 인지왜곡이다. 정서행동장애에 대한 인지중재는 학생의 부적응적 조망을 적응적 조망으로 변화시키도록 설계해야 한다. 인지왜곡에 대한 중재에는 왜곡된 정보처리를 수정하는 방법과 왜곡된 신념과 귀인을 수정하는 방법이 있다.

(1) 왜곡된 정보처리의 수정

정서행동장애학생은 사회적 정보를 부정확하거나 선택적으로 인식하고, 그에 따라 부정적으로 인식하는 경우가 많다. 정서행동장애학생은 사회적 정보에 대한 왜곡된 처리 과정 때문에 사회 내의 각 구성원이 사회적 상황에 대해서 다른 방법으로 해석할 수 있다는 것을 인식하지 못한다. 정서행동장애학생이 다른 사람과의 갈등을 이해하는 능력이 있다면 공격행동을 예방할 수 있다. 그러므로 공격행동에 대한 인지중재는 학생이 다양한 상황에서 다양한 조망을 할 수 있도록 지도해야 한다.

왜곡된 정보처리를 수정하는 방법에는 분노 대처 프로그램(anger coping program)이 있다. 분노 대처의 주요 목표는 강한 정서적 각성과 공격행동을 초래하는 사회적 지각의 오류를 수정하는 것이다. Smith 등(2005)은 심한 공격행동을 보이는 초등학교 고학년 학생을 대상으로 분노 대처 프로그램을 개발하였다. 이 프로그램은 목표설정, 자기대화, 분노 개념, 분노에 대한 대안행동, 사회적 조망 수용, 분노 대처 실행의 활성화 과정으로 구성되어 있다(Cullinan, 2007).

① 1단계: 목표 설정

목표 설정은 분노 대처 수업을 시작할 때 검토해야 하는 기본 과제다. 학생은 프로그램 초기에 수업과 관련된 목표를 세워 실천하고, 그 목표를 평가하는 방법을 배운다. 예를 들어, "누군가가 나를 놀렸을 때 화를 내며 소리 지르는 행동을 멈춘다." 라고 목표를 설정한다.

② 2단계: 자기대화

학생이 다른 사람의 조롱과 경솔하게 분노하는 것에 대해 참는 방법을 배울 때 인형과 역할극의 모델링을 통해서 자기대화를 배울 수 있다. 자기교수와 유사한 자기대화는 학생의 분노를 진정시킬 수 있다. 예를 들어, "누군가가 나를 놀렸을 때 화를 내며 소리 지르는 행동을 멈춰야지." 하며 마음속으로 자기대화를 한다.

③ 3단계: 분노 개념

분노 개념은 분노와 연관된 행동(예: 얼굴표정, 자세), 정서, 사고, 생리적 반응(예: 뜨거운 것을 느낌, 근육 긴장)을 포함한다. 교사는 이러한 개인적인 반응들을 시청각 매체를 통해 정의한 다음에 학생과 논의하고 조사한다. 예를 들어, 학생이 누군가에게 놀림당했을 때 교사는 화를 내며 소리지르는 행동을 녹화한 다음에 학생에게 보여 주면서 설명한다.

④ 4단계: 분노에 대한 대안행동

교사는 갈등 상황에서 분노에 대한 대안행동을 조사한다. 교사는 학생이 대안행동의 과정을 순서대로 생각할 수 있도록 돕는다. 예를 들어, 학생이 누군가에게 놀림당했을 때 교사는 학생에게 화를 내며 소리 지르는 행동 대신에 양 주먹을 힘껏 쥐며 "참자."라는 대안행동을 지도한다.

⑤ 5단계: 사회적 조망 수용

사회적 조망 수용은 타인의 입장에서 그 사람의 사고, 감정, 상황을 추론하는 능력으로 분노 대처 프로그램의 중요한 특징 중 하나다. 교사는 사회적 조망 수용을 위해 다양한 상황에서 다양한 방법으로 지도한다. 이때 사회적 조망의 잠재적인 결과를 강조한다. 예를 들어, 학생이 누군가에게 놀림당했을 때 화를 내며 소리지르는 행동을 한다면 상대방이 어떻게 생각하고 반응할지를 설명한다.

⑥ 6단계: 분노 대처 실행의 활성화

학생은 분노 개념의 학습과 더불어 분노 대처 실행을 활성화하기 위한 전략을 배운다. 학생은 자기 자신에게 다음과 같은 질문을 한다.

- 무엇이 문제인가?
- 나는 어떻게 느끼는가?
- 내가 할 수 있는 대안은 무엇인가?
- 결과는 어떠한가?

(2) 왜곡된 신념과 귀인의 수정

왜곡된 신념과 귀인은 불안장애와 우울증의 중요한 요인으로 작용한다. Abramson 등(1978)은 우울증 환자가 자신에게 일어난 불행한 일은 자신의 인내심 부족 때문이라고 생각하고, 좋은 일은 자신의 통제 밖의 일이라고 단정 짓는 것을 발견하였다.

Beck(1976)에 따르면 사람들은 어린 시절에 자신, 자신의 주변 환경, 자신의 미래에 대한 인지를 수립하기 시작한다. 이러한 인지가 잘못된 결론을 야기하는 틀린 정보에 기초한다면 자신은 부적절한 사람이며, 자신의 주변 환경은 만족을 가로막는 많은 장애물이 있는 곳이며, 자신의 미래는 절망적인 현재와 별로 다르지 않을 것이라는 부적응적 신념을 발전시킬 수 있다. 이러한 자신과 세상 그리고 미래에 대한 절망적인 관점을 부정적 인지삼제(negative cognitive triad)라고 하며, 우울증 환자에게서 흔히 발견된다.

Beck은 인지적 요인이 우울증과 연관 있으며, 우울증 학생의 사고에 체계적인 왜곡이 있다는 것을 발견하였다. 예를 들어, 우울증 학생은 부정적인 인지도식을 통해서 사건을 여과시키기 때문에 현실을 왜곡하거나 과장하여 부정적으로 해석하고 그 결과로 우울증 증상이 나타난다. Beck의 인지 모델에 따르면 정서행동장애는 왜곡된 사고의 결과이거나 일상적인 사건에 대한 비현실적인 인지평가의 결과다.

이와 유사하게 Ellis(1962)는 비합리적 신념이 많은 형태의 정서행동장애를 일으킨다는 결론을 내렸다. 유연하지 않고 비논리적인 신념은 인생의 목표 달성을 방해한다. Ellis는 비합리적 신념을 합리적 신념으로 변화시키는 방법으로 합리적 정서행동치료(rational emotive behavior therapy: REBT)를 고안하였다.

합리적 정서행동치료의 일반적인 목표는 학생의 비합리적 신념을 합리적 신념으로 바꾸는 것이다. 합리적 신념은 비합리적 신념의 반대다. 즉, 합리적 신념은 상황의 변화에서 유연하고 논리적이며, 상황의 현실과 일치하며, 목표를 성취하려는 사람에게 도움을 준다(Dryden & Ellis, 2001).

합리적 정서행동치료는 인간의 정서와 인지는 분리된 것이 아니라 서로 연계되어 있다고 가정한다. 사고의 대부분은 감정이 원인이다. 부정적인 상황이 학생의 정서행동 문제에 직접적으로 작용하지는 않는다. 즉, 학생이 문제를 일으키는 것은 상황에 대한 학생의 비합리적 신념 때문이다. 이것이 합리적 정서행동치료의 'A-B-C 체계'다. 학생은 불쾌한 정서와 부적응 행동(C)의 원인을 불행한 선행사건(A) 탓으로 돌리는 경향이 있다. 그러나 합리적 정서행동치료에서는 학생의 비합리적 신념(B)이 부적응 행동의 실제적인 원인이라는 것을 강조한다. 〈표 6-3〉은 합

표 6-3 **합리적 정서치료의 A-B-C 체계**

A	선행사건	관찰 가능한 상황과 그 상황에 대한 학생의 해석
B	신념	발생한 상황에 대한 다양한 평가 및 조망, 학생의 삶에 대한 철학 및 신념
C	결과	학생의 신념에 뒤따르는 정서 및 행동

출처: Cullinan (2007), p. 331.

표 6-4 **합리적 정서치료의 비합리적 신념과 합리적 신념**

용어	비합리적 신념	대안적인 합리적 신념
막다른 생각	이 선행사건은 나에게 끝이다.	이 선행사건은 나에게 매우 불편하고 혐오스럽고 나쁘지만 끝이 아니다.
참을 수 없다는 생각	이 선행사건은 내가 참을 수 있는 능력의 한계를 넘었다.	이 선행사건은 나에게 고통스럽고 어렵고 큰 변화를 요구할 것이지만 나는 이것을 해낼 수 있다.
마술적 사고	이 선행사건은 부당하고, 일어날 수 없는 일이고, 아주 불공평하고, 결코 일어나지 말았어야 한다.	일어나지 말았어야 할 일이 일어났다면 나는 지금 그것을 바꿔야 하고, 참아야 하고, 다른 방법으로 처리해야만 한다.
비난	이 선행사건을 일으킨 나쁜 사람은 사악한 행동에 대해 반드시 비난과 벌을 받아야 한다.	나는 그가 나에게 대했던 방법과 다르게 생각하고 대응해야 한다.
흑백논리적 사고	나는 항상 불행하다. 내가 사랑하는 사람이 나를 전혀 받아들이지 않는다. 이런 중요한 과제를 성공하지 못하기 때문에 내가 성취한 것들은 무가치하다.	거의 모든 사람과 같이 나는 행복과 슬픔, 사랑과 거절, 성공과 실패를 경험한다.

출처: Cullinan (2007), p. 331.

리적 정서행동치료의 'A–B–C 체계'를 설명한 것이고, 〈표 6–4〉는 합리적 정서행동치료의 비합리적 신념과 합리적 신념의 예를 기술한 것이다.

합리적 정서행동치료의 초점은 학생의 신념을 비합리적인 것에서 합리적인 것으로 전환시키는 인지 재구조화에 있다. 교사는 학생의 비합리적 신념을 논박하여 인지 재구조화를 촉진한다. 논박 기법은 비합리적 신념의 논리, 증거, 유용성이 부족하다는 것을 설명한다. 이 논박이 성공적이라면 인지 재구조화는 정서행동장애에서 나타나는 사고체계를 변화시킨다. 이러한 종류의 변화는 일반화와 유지에 필수적이다.

합리적 정서행동치료를 바탕으로 한 중재 프로그램은 문제행동 지도에 효과가 있다. Zionts(1996)는 합리적 정서행동치료가 학교 현장에서 다음과 같은 방법으로 사용될 수 있다고 하였다.

- 교사를 더욱 합리적으로 생각할 수 있도록 돕는 정신건강 프로그램
- 정서에 문제가 있는 학생을 위한 상담 프로그램
- 학생의 부적절한 사고, 감정, 행동을 감소시키는 교육과정

이러한 Beck과 Ellis의 접근법은 논리적 분석과 추상적 사고와 같은 개인의 능력에 의존하기 때문에 발달기에 있는 학생에게는 적합하지 않을 수 있다. 그러나 학생의 사고나 기대를 변화시키려는 인지치료가 개발되고 있는데 그중 하나가 귀인 재훈련이다.

귀인(attribution)은 일상생활에서 경험하는 사건의 원인에 대해 학생이 생각하는 신념으로 수행에 대한 성공과 실패의 원인이 어디에 있는지를 설명한다. 귀인의 종류에는 능력, 노력, 과제 곤란도, 행운, 타인의 도움 등이 있으며, 그 특성에 따라 안정성, 원인의 소재, 통제성으로 분류한다. 귀인 이론에서는 자신의 성공과 실패의 원인이 변화가 가능한 불안정 요인과 변화가 불가능한 안정 요인 중 어느 것이며, 외부 요인과 내부 요인 중 어디에 있으며, 통제가 가능한지 불가능한지를 설명한다. 성공과 실패와 관련된 귀인의 특성을 표로 나타내면 〈표 6–5〉와 같다.

일반적으로 실패를 내적이고 안정적인 요인에 귀인하는 학생은 무력감을 갖거나 우울에 민감하다. 따라서 무력감을 느끼는 학생이나 우울 증상이 있는 학생을 위한

표 6-5 성공과 실패와 관련된 귀인의 특성

귀인	특성		
	안정성	원인의 소재	통제성
능력	안정	내적	통제 불가능
노력	불안정	내적	통제 가능
과제 곤란도	안정	외적	통제 불가능
행운	불안정	외적	통제 불가능
타인의 도움	불안정	외적	통제 가능

귀인 재훈련 프로그램에서는 학생이 성공의 원인을 내적이고 안정된 원인인 자신의 능력으로 돌리게 해야 하며, 실패의 원인을 내적이지만 불안정한 원인인 노력으로 돌리게 해야 한다.

귀인과 더불어 학습된 무기력(learned helplessness)은 정서행동장애학생들이 보이는 특징 중 하나다. Seligman과 Maler(1967)는 동물을 대상으로 한 공포의 조건형성 연구를 통해 학습된 무기력을 발견하였다. 그들은 극복할 수 없는 환경에 반복적으로 노출되면 자신의 능력으로 피할 수 있거나 극복할 수 있음에도 불구하고 스스로 포기하는 것을 학습된 무기력이라고 정의하였다. 정서행동장애학생은 학교나 가정에서 잦은 실패 경험으로 인해 자신이 스스로 할 수 있음에도 타인에게 의존하는 학습된 무기력을 가질 수 있다. 따라서 교사는 학생에게 맞는 적절한 과제를 제시하여 성취감을 맛볼 수 있도록 함으로써 학습된 무기력으로부터 벗어나게 해야 한다.

4. 요약 및 결론

이 장에서는 정서행동장애와 관련된 인지 모델을 설명하기 위해 이론적 배경, 진단 및 평가, 그리고 중재 방법을 중심으로 설명하였다. 인지 모델에서의 이론적 배경은 크게 정보처리 이론과 사회인지 이론으로 나누어 볼 수 있다. 정보처리 이론은 어떻게 인간이 환경으로부터 정보를 받아들이고 사용하는가에 대한 광범위한 인지연구 분야다. 잘못된 정보처리로 발생하는 정서행동 문제에는 자동적 처리의 결과로 나타나는 불안과 우울증이 있다.

사회인지 이론은 학생의 사회적 환경에 대한 사고와 관련이 있다. Bandura는 인간의 모방과 관련된 심리적 현상을 조사하여 모델링 이론을 개발하였고, 그 모델링 이론을 발전시켜 사회인지 이론을 도출하였다. 모델링은 학생이 타인을 관찰하면서 나타나는 감정, 행동, 사고의 변화를 말한다. 모델링은 주의, 파지, 반응재생, 동기의 과정을 거친다. 정서행동장애와 관련된 사회인지 이론은 학생이 어떻게 부적응 행동을 습득하고 수행하는가에 초점을 두며, 관찰학습, 대리효과, 자기효능감을 중심으로 설명할 수 있다.

인지적 평가는 구체적 상황에서 나타나는 인지적 수행과 행동적 수행에 초점을 맞추어 측정한다. 인지적 평가에서는 타인에 대한 이해 및 지각, 자신과 타인의 행동에 대한 기대, 문제해결 능력, 조망 능력, 귀인, 비합리적 사고, 자기통제 양식 등을 평가한다. 인지적 평가 방법에는 자기보고, 사고목록, 소리 내어 생각하기가 있다.

정서행동장애학생은 인지 특성에 따라 부적응 행동이 발생한다. 이러한 부적응 행동은 부정적인 사고로 발생하는 경우와 사회적 단서를 잘못 해석하거나 사건의 원인을 잘못 귀인함으로써 나타나는 경우가 있다. 또한 대처 기술과 적절한 문제해결 능력의 부족으로 일상생활에서 발생하는 부적응 행동이 있다. 따라서 인지적 중재는 정서행동장애의 인지 특성에 따라 접근해야 한다. 인지적 접근 방법에는 모델링, 인지결함에 대한 중재, 인지왜곡에 대한 중재가 있다. 모델링에는 인지적 습득을 위한 관찰학습과 수행을 위한 대리효과가 있다. 인지결함의 중재 방법에는 자기교수와 사회적 문제해결이 있으며, 인지왜곡에 대한 중재에는 왜곡된 정보처리의 수정과 왜곡된 신념 및 귀인의 수정이 있다.

제7장

제7장 생태학 모델

개요

생태학 모델은 제5장에서 행동주의 모델과 같이 행동장애, 즉 사회적 규범의 위반인 일탈의 근원이 개인의 특성뿐 아니라 개인과 환경 간의 상호작용에 있다고 본다. 생태학이란 유기체와 환경 간의 상호관계를 의미하는 것으로 생태학 모델에서 학생은 상호작용하는 환경의 영향 내에 있으며, 학생 또한 환경의 영향과 상호작용한다. 이 장에서는 정서행동장애에 대한 생태학 모델의 기본적 견해 및 원인과 진단 및 평가 방법, 그리고 생태학 모델에 근거한 가정 · 학교 · 지역사회의 지원 및 중재에 관하여 살펴본다.

KEY WORDS

- 생태학 모델ecological model
- 미시체계microsystem
- 중간체계mesosystem
- 외체계exosystem
- 거시체계macrosystem
- 시간체계chronosystem
- 가족 요인family factor
- 교사 요인teacher factor
- 또래 요인peer factor
- 지역사회 요인community factor
- 권위적 훈육authoritative discipline
- 대체 양육substitute care
- 생태학적 사정ecological assessment
- 기능적 행동평가functional behavioral assessment: FBA
- 긍정적 교육 프로그램positive education program: PEP
- 긍정적 행동지원positive behavioral supports: PBS

1. 기본적 견해 및 원인

1) 일탈행동을 보는 관점

생태학 모델에서는 학생의 개인적인 특성뿐 아니라 학생의 행동에 대한 환경과의 상호작용 요소가 일탈행동의 발생 및 지속에 영향을 미친다고 본다(방명애, 이효신 역, 2013). 생태학 모델에서는 정서행동장애가 학생의 환경 내에 있는 사람들의 기대 및 판단에 따라 달라질 수 있으며 상황에 따라 다르게 판단될 수 있으므로, 학생이 다른 사람과 상호작용하는 환경 내에서 지속적으로 일관되게 부적절한 행동을 보이는 것을 정서행동장애로 정의하고 있다.

생태학 모델은 생태심리학과 지역사회심리학에 기반을 두고 있다. 생태심리학은 생물 또는 생물군과 환경 간의 상호관계를 연구하는 생태학(ecology)에 근거하여 인간을 둘러싼 생태계를 지각의 장(場)으로 보고, 인간과 생태계 간의 상호작용 과정을 통한 인간의 능동적 변화를 강조한다(Gibson, 1986). 그래서 생태심리학에서는 인간을 능동적으로 자신이 포함된 생태계로부터 자극을 주고받는 존재로 여긴다. 지역사회심리학은 개인, 집단, 기관, 사회적 수준에서 일어나는 행동에 미치는 사회 및 환경적 요인을 알아보는 것으로 사회적 규범으로부터의 일탈에 대처할 수 있는 다른 대안을 찾고자 한다(Heller et al., 1984). 지역사회심리학에서는 문제해결을 위해 개인 차원뿐 아니라 개인의 환경적 요인의 변화 및 개선을 강조한다.

이렇듯 생태심리학과 지역사회심리학에 근거한 생태학 모델에서는 학생을 다양한 사회 및 물리적 환경, 그리고 또래 및 성인과의 사회적 교류 시 제공자와 수혜자라는 복잡한 사회체계(social system)의 한 부분으로 보고(Kauffman & Landrum, 2008), 행동 문제인 일탈은 학생이 속한 환경 내에서 다른 사람과의 상호작용에 의해 영향을 받는다고 하여(방명애, 이효신 역, 2013), 정서행동장애를 생태계 장애라고 본다. 그래서 학생이 문제행동을 보이면 문제행동만을 중재하는 것이 아니라 행동이 일어난 상황, 즉 학생을 중심으로 둘러싼 사회 및 물리적 환경을 함께 고려해야 함을 강조하고 있다.

정서행동장애를 이해하는 데 생태학 모델을 적용한 대표적인 연구자로는 William Rhodes와 Uri Bronfenbrenner를 들 수 있다. 이들은 환경과 학생의 본유적 특성 간의 부조화로 인해 장애가 나타난다고 보았다. 일차적으로 학생이 속한 생태계는 혼란스럽고 이러한 생태계에서 학생과 생태계 내 다른 요인들이 서로 영향을 주고받는다. 따라서 중재는 대상학생뿐 아니라 환경 수정을 통해 조화를 이루는 것에 중점을 두며, 장기적으로는 학생이 속한 환경 내에서 기능적인 사회구성원으로서의 역할을 할 수 있도록 중재 내용 및 과정을 확장하는 것에 주안점을 둔다. 이러한 과정에서 문제행동을 보이는 상황 밖에서 학생의 행동을 중재하고 다시 문제행동을 유발하는 상황에 투입하는 것은 효과적인 중재가 아니므로 문제행동을 보이는 상황 내에서 학생과 상황에 대한 수정 및 보완을 제공하는 것이 바람직하다.

2) 생태학적 체계

생태학을 인간발달에 적용한 Bronfenbrenner(1979)는 능동적으로 발달하는 개인과 그 개인이 포함된 상황의 변화 속성 간의 상호조절(mutual accommodation) 과정을 과학적으로 연구하는 학문을 인간발달 생태학(ecology of human development)이라고 하였다. 상호조절 과정은 상황 간의 관계로부터 영향을 받고 그 상황은 이를 포함한 보다 큰 맥락에 의해 영향을 받는다. 여기서 개인은 자신이 살고 있는 환경을 재구성하는 존재다. 환경은 개인을 중심으로 점진적으로 확대되는 것으로, 한 구조는 보다 큰 구조 안에 포함된다. Bronfenbrenner는 이러한 환경 구조를 미시체계, 중간체계, 외체계, 거시체계로 구분하고 있다([그림 7-1] 참조).

- 미시체계(microsystem): 물리 및 사회적 환경 내에서 개인이 직접 경험하는 활동, 역할 및 관계를 의미한다. 미시체계 내의 환경은 가정, 놀이터, 학교 등과 같이 사람들이 면대면으로 마주하여 상호작용하는 상황이다. 직접적인 상호작용을 하는 부모가 자녀의 교육에 무관심하고 방임을 하면 학생의 발달에 부정적인 영향을 미쳐 정서행동 문제를 보일 가능성이 크다.
- 중간체계(mesosystem): 개인이 참여하는 환경들 간의 상호작용을 의미한다. 개인이 직접적으로 상호작용을 하는 미시체계 간의 상호작용으로, 학생의 부모

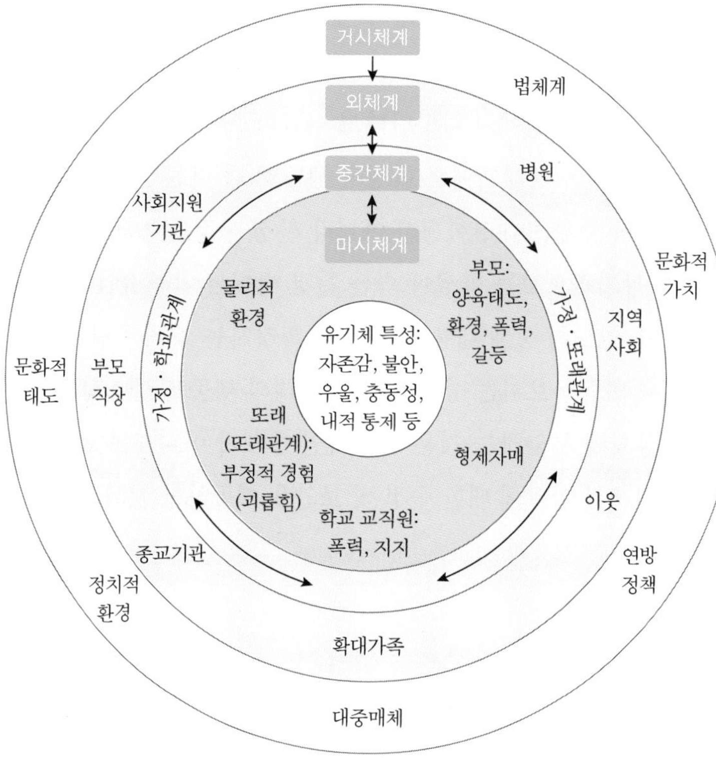

[그림 7-1] Bronfenbrenner의 생태학적 체계

와 교사 간의 상호작용, 가정과 또래 간의 상호작용이 그 예가 된다. 이들의 상호작용이 직접적으로 영향을 미치지는 않지만 간접적으로 학생에게 영향을 미친다.

- 외체계(exosystem): 개인이 직접적으로 참여하지는 않지만 개인이 속한 환경에 영향을 주고받는 상황을 의미한다. 부모의 직장, 형제의 학교, 지역사회 기관, 교회, 병원, 부모의 친구, 친척 등이 이에 포함될 수 있다. 예를 들면, 부모의 일시적 부재 시 학생을 돌볼 수 있는 친척 또는 지역사회 기관의 활용 여부가 학생의 발달에 영향을 미칠 수 있다.
- 거시체계(macrosystem): 문화적 가치 및 태도, 정치적 환경, 대중매체, 법 등과 같이 하위 체계(미시체계, 중간체계, 외체계)에서 일관되게 나타나는 것을 의미한다. 문화적 가치 및 태도가 보다 수용적인 나라, 또한 총기 소지에 제한을 두는 나라에서는 아동 및 청소년의 정서행동 문제가 적게 나타날 수 있다.

환경체계는 개인에게 서로 다르게 영향을 미치며 환경체계 간에서도 역동적인 상호작용이 이루어진다. 그리고 연령, 기질, 성, 건강 등과 같은 개인의 특성도 환경에 영향을 미친다. 동생의 출생은 형제에게 영향을 미치고 장애 자녀의 출산은 가족에게 영향을 미칠 수 있다. 또한 개인에게 영향을 미치는 환경의 시기와 상호작용의 시기는 개인 발달에 중요한 변수가 된다. 즉, 환경 변화를 경험하는 시기가 아동의 발달에 중요한 영향을 미친다는 것이다. 동생의 출생이 모아애착의 중요 시기인 2세경인 경우와 부모로부터의 독립을 연습하는 시기인 15세인 경우는 발달에 다른 영향을 미칠 수 있다. 이러한 시간적 차원을 Bronfenbrenner(1989)는 시간체계(chronosystem)라 하여 생태학적 평가와 중재는 이러한 시간체계를 포함한 모든 생태체계를 다루어야 함을 강조한다.

3) 일탈행동의 원인

하나의 위험 요인이 문제행동을 유발하는 것이 아니라 여러 위험 요인이 상호 관련하여 영향을 미친다. 경험하거나 노출된 위험 요인이 많으면 많을수록 문제행동이 나타날 가능성이 높아진다. 여기서는 생태학적 맥락에 근거하여 정서행동장애의 문제행동에 영향을 미치는 대표적인 요인을 살펴보고자 한다.

(1) 유기체 요인

① 기질적 특성

기질(temperament)은 아동의 생애 초기부터 나타나는 타고난 본유적인 행동 방식(경향성)이다. 기질은 개인별로 차이가 있고 생물학적 구조에 근거하며 유전의 영향을 주로 받아 시간이 지나도 크게 변하지 않지만, 환경과의 상호작용에 따라 다소 변하기도 한다(Fox et al., 2001). 느리고 순한 기질의 아동보다 까다로운 기질의 아동이 더 많은 문제행동을 보인다. 까다로운 기질의 아동은 식사 및 수면의 불규칙성, 자극에 대한 격렬한 반응, 부정적 기분, 낮은 적응성, 주변 자극에 대한 산만함, 낮은 활동 지속성, 정서적 민감성, 높은 활동성 등의 특성을 보인다(정명숙 외 역, 2011). 환경으로부터의 자극에 부정적으로 반응하고 쉽게 기분이 나빠지며 자신의 감정을 조절하지 못하는 성향의 아동은 걱정-불안행동, 적대-공격행동, 과잉-산만행동을 보인다. 끊임없이 새로운 것을 찾아다니며 계속해서 움직이고 활동하는 성향의 아동은 과잉-산만행동을 보인다(정현희, 최경순, 2001). 기질에 대한 부모의 반응은 아동의 반응에 영향을 미치고 다시 아동의 반응은 부모의 반응에 영향을 미친다. 행동 문제는 아동의 기질과 부모의 특성, 그리고 기타 환경 요인들이 얼마나 서로 부합되는가와도 관련이 있다.

② 인지적 특성

인지적 특성을 대표하는 지능(intelligence)은 필요한 자극에 주의집중하는 능력, 정보를 처리하는 능력, 논리적으로 사고하는 능력, 사회적 상황을 정확하게 인식하는 능력, 추상적인 개념을 이해하는 능력 등 언어 및 비언적인 다양한 능력을 포함한다. 일반적으로 정서행동장애학생은 지능의 정상 범주 내에 있다고 가정하고 있으나, 평균 지능은 90 정도이며 매우 높은 영재 수준에서부터 매우 심각한 지적장애 수준에 이르기까지 다양한 분포를 보인다(Duncan et al., 1995). IQ는 교육 성취와 이후의 적응에 대한 예측 가능성이 큰 요인이지만 문제행동과의 직접적 연관성에 대한 충분한 설명을 제공하지는 못한다.

학업성취(academic achievement)는 일반적으로 표준화된 성취검사를 통해 사정된다. 지능과 더불어 성취검사 점수도 학생의 성공적인 학교생활을 평가하고 예측하는 데 도움이 된다. 대부분의 정서행동장애학생들은 학업적 결함을 보이며 학년 수준에 비해 1년 이상 낮은 학업수행을 보인다(Walker et al., 2004). 이들의 미성취(underachievement)가 정서행동장애에 기인한 것인지, 아니면 미성취로 인해 정서행동장애가 유발되는 것인지는 분명하지 않지만, 낮은 학업성취에 따른 학교생활의 실패가 정서행동장애와 관련이 있음은 분명하다.

③ 사회적 특성

학생의 사회적 특성은 학교생활의 성공 또는 실패와 상호 관련이 있다. 사회성 기술이 부족한 학생은 교사의 중재 또는 통제를 요구하는 행동, 수행을 위한 교사에게의 의존, 주의집중의 곤란, 스트레스 상황이나 강요를 받는 상황에서의 불안, 성실하지 않고 충동적인 활동, 낮은 자신감 등을 보인다(Kauffman & Landrum, 2008). 학교생활의 실패가 지속적인 심각한 반사회적 행동과 함께 나타나면 이는 성인기에 정신건강 문제를 일으킬 가능성이 높다(Kazdin, 1998). 또한 반사회적 행동과 학교 실패의 경험을 보다 이른 시기에 경험하면 그러한 문제가 더욱 커질 수 있다. 지속적인 학업 실패와 사회적 일탈을 경험하면 부정적인 자기인식을 갖게 되고, 사회적 상황에 대해서도 왜곡된 인식을 하여 지적 효율성과 동기가 약화될 수 있다.

사회성 기술(social skills)은 긍정적인 사회적 관계를 유지하는 데 핵심 기술이다. 다른 사람과 긍정적 사회관계를 유지하는 데 필요한 사회성 기술로는 긍정적인 대인관계를 만들거나 유지하기, 또래로부터 수용 및 인정받기, 다른 사람의 말을 경청하기, 대화 시 혼자서만 말하지 않고 주고받기, 인사하기, 또래의 활동에 참여하기, 사회적으로 수용될 수 있는 방식으로 자신의 화를 표현하기, 다른 사람에게 도움을 청하기, 규칙 지키기 등을 들 수 있다. 이러한 사회성 기술이 부족할 경우 문제행동이 나타난다.

④ 언어 및 의사소통 특성

언어 및 비언어적 의사소통 능력은 앞서 언급한 사회성 기술과도 관계가 깊다. 많은 정서행동장애학생은 사회성 기술의 제한뿐 아니라 언어의 실제적이며 사회적인 사용을 의미하는 화용(pragmatics)에서 결함을 보인다. 특히, 외현화 장애(예: 품행장애)를 보이는 학생은 다른 사람을 방해하고 괴롭히며 억압하기 위해 효과적으로 언어를 사용하는 방법은 잘 알고 있으나 긍정적이고 건설적인 사회적 관계 및 목적을 위해 언어를 효과적으로 사용하지는 못한다. 내재화 장애(예: 불안장애)를 보이는 학생은 또래 학생이 다른 사람과의 대화 시 사용하는 적절한 언어 사용에서 결함 및 부족을 보인다.

(2) 가족 요인

일탈행동의 대표적인 근원으로 가정을 꼽기도 하지만, 가족 요인이 단독으로 일탈을 유발하지는 않는다. 가족 요인은 다른 복잡한 요인과의 상호작용을 통해 정서행동장애에 영향을 미친다. 생태학 모델에서 보면 미시체계 내 아동과 부모의 상호작용을 포함한 아동과 가족구성원 간의 상호작용뿐 아니라 미시체계 밖의 요인들(외체계)이 가족의 기능 및 관계에 영향을 미친다. 외체계는 가족의 기능수행을 위한 지원을 제공할 수도 있는 반면, 스트레스를 줄 수도 있다(Lynch & Cicchetti, 2002). 또한 중간체계인 부모와 교사 간의 관계가 정서행동장애에 영향을 미칠 수 있다.

이렇듯 가족 요인은 정서행동장애에 영향을 미치는 단독 요인은 아니지만 아동의 발달과 일탈에 가장 중요한 영향을 미치는 요인임에는 틀림없다. 여기서는 정서행동장애에 영향을 미치는 가족 요인으로 가족의 구조와 기능, 대체 양육과 보호, 가족 상호작용, 아동 관리, 아동 학대를 살펴보고자 한다.

① 가족의 구조와 기능

가족의 기능(function)은 가족의 구조(structure)보다 중요하다. 가족의 근본적인 기능으로는 보호, 통제, 지식, 정서, 자기이해가 있다(Radke-Yarrow, 1990). 아무리 가족의 기본 구조(예: 부, 모, 자녀)가 갖추어져 있다고 하더라도 가족의 기능이 제 기능을 발휘하지 못하면 다른 요인과의 상호작용으로 아동의 일탈을 유발할 수 있다.

- 보호: 자녀에 대한 양육과 보호를 제공한다.
- 통제: 자녀의 행동을 통제하고 조절한다.
- 지식: 물리 및 사회적 환경을 이해하고 이에 대처하는 지식과 기술을 전달한다.
- 정서: 상호작용 및 관계에 영향을 미치는 정서적 의미를 제공한다.
- 자기이해: 자녀의 자기이해를 돕는다.

가족구성원의 외적 특성 및 유형과 관련된 가족 구조와 비행 간의 관계는 지속적으로 연구되고 있으며, 연구에 따라 다소 다른 결과가 나타난다. 초기 연구에서는 이혼, 별거, 사망 등에 따른 한부모가정과 같은 가족 구조의 결손이 양육을 위한 경제적 어려움, 정서적 관심 및 애정의 부족, 사회화 역할 모형의 부재, 감독 및 통제의 부족 등의 특성을 가지고 있어서 비행을 촉진한다고 하였다(Free, 1991). 그러나 최근의 연구에서는 가족의 구조적 요인은 비행과는 직접적인 관계가 없다고 보고 있다(김준호 외, 2002; 신혜섭, 2005).

부모의 이혼 및 재혼은 일반적으로 아동의 적응에 일시적인 부정적 영향을 미칠 수는 있다. 한부모가정은 아동의 발달상의 적응 문제를 유발할 위험이 있다(Hetherington et al., 1998). 그러나 한부모가정이라는 가족 구조의 문제가 직접적인 비행의 요인이라기보다는 가족 구조의 문제가 가족 기능의 문제와 상호 연계될 때 직접적인 영향을 미치게 된다.

② 대체 양육과 보호

부모의 사망, 이혼, 가출, 행방불명, 경제 문제 등의 이유로 해체된 가정의 아동들에게 사회는 그들이 성장할 수 있는 가정과 유사한 양육 환경을 제공할 수 있다. 2013년 11월 발행된 「보건복지통계연보」에 따르면, 보호를 요하는 위탁가정 및 가정위탁 보호 아동이 2012년에는 14,502명으로, 이 중에서 9,732명이 대리양육가정에서 위탁보호를 받고 있고, 3,831명이 친인척 위탁가정, 939명이 일반위탁가정에서 보호를 받고 있다. 이렇듯 대리인 또는 친인척에 의해 양육 및 보호가 제공되는 대체 양육(substitute care)을 받고 있는 아동은 정서행동장애의 위험이 높다(Smucker et al., 1996). 이는 양육자가 아동의 문제를 다루는 데 필요한 기술의 습득 및 훈련이 부족한 경우에 더욱 높을 수 있으며(Minty, 1999), 대체 양육에서의 안정성 및 지속성의 결여와 애착의 결여가 있는 경우 정서행동장애를 유발할 가능성이 있다(Clark et al., 1994). 또한 양육자의 변경 횟수가 많을수록 정서행동장애의 위험도 증가한다.

③ 가족 상호작용

일탈행동을 보이는 청소년 가족의 경우에는 바람직하지 않은 부모의 행동과 부정적인 가족 상호작용이 나타난다. 특히, 공격적인 자녀와 부모 간의 상호 혐오적인 상호작용은 주로 부적 강화를 통해 유지된다. 부모와의 관계에서 공격적인 언행을 하여 자신이 싫어하는 것(예: 부모의 요구)을 안 해도 되는 결과를 이끌고, 이는 자녀에게 부적 강화로 작용하여 부모와의 관계에서 바람직하지 않은 행동을 지속적으로 보일 수 있다.

공격적인 아동의 가족구성원들은 서로 공격성을 훈련한다. 이 아동들에게는 비일관된 훈육과 가족의 갈등이 삶의 준거가 되기도 한다(Campbell, 1995). 가족의 갈등 문제가 해결되지 않으면 이는 학교생활의 문제로 연결될 수 있다. 생태학 모델에서는 체계 내 그리고 체계 간의 상호작용을 전제한다. 가족체계 요인 중에서 가족 갈등의 경험은 학교 및 지역사회의 또래 폭력 및 상해 경험에 영향을 미친다(이상균,

2005). 따라서 학교 및 지역사회에서만 또래 폭력 문제를 해결하고자 해서는 안 되며, 가족의 갈등 문제를 해결하려는 접근이 함께 이루어져야 한다.

가족구성원 간의 상호작용이 서로에게 호혜적일 때 가족 상호작용을 강화시킨다. 바람직한 부모는 자녀의 행동에 대해 분명한 제한을 두고 따뜻하고 사랑스러운 가정환경을 만들며, 자녀의 적절한 행동에 대해 긍정적인 관심과 승인을 하고 부적절한 행동에 대해 혐오적이지 않은 처벌을 적용한다. 가족 상호작용은 아동 관리 및 학대와도 관계가 깊다(Kauffman & Landrum, 2008; Patterson et al., 1992). 반사회적 행동을 보이는 아동은 부모와 강제적 또는 고압적 상호작용 패턴을 보인다. 이러한 패턴은 조기 판별이 가능하다. 조기에 바람직한 상호작용으로의 전환이 이루어지지 않을 경우 만성적 정서행동장애로 이어질 수 있다. 특히 대처 기술이 부족한 부모와 까다로운 기질의 아동 간의 상호작용은 초기 아동기의 정서행동장애 발생에 영향을 미친다.

④ 아동 관리

자녀에게 최상의 관리를 제공하는 부모는 자녀의 요구, 감정, 정서에 민감하게 반응한다. 자녀의 연령에 맞는 감독을 하면서 자녀의 행동을 점검하고, 자녀를 통제하거나 강요하기보다는 자녀의 비행에 직접적으로 대면한다. 또한 자녀의 바람직하지 않은 행동에 대해서는 해서는 안 됨을 알도록 혐오적이거나 학대적이지 않은 후속결과를 일관되게 제공하며, 적절한 행동에 대해서는 칭찬, 승인, 보상 등을 통해 정적 강화를 한다.

이렇듯 부모는 수용 가능한 것과 그렇지 않은 것을 바르게 판단 및 행동할 수 있도록 지도하고, 수용되지 않는 행동을 했을 경우에만 일관되게 적절한(상호 합의되고 행동에 상응하는 정도) 처벌만을 사용하여 훈육(discipline)을 해야 한다. Steinberg 등(1994)은 통제와 수용의 정도에 따라 권위적 훈육, 권위주의적 훈육, 관대한 훈육, 무관심한 훈육으로 분류하고, 정서행동장애 예방을 위한 가장 적절한 훈육으로 권위적 훈육을 들고 있다.

- 권위적(authoritative) 훈육: 신뢰적 훈육이라고도 하며, 부모는 아동의 행동에 대해 반응적이고 요구적이다. 상호 호혜적이고 애착 형성이 이루어져 있으

며, 자녀의 행동 발달에 가장 좋은 효과를 보이는 양육이다. 권위적 양육은 자녀의 약물 사용을 감소시키며 분노 및 정신적 문제를 감소시킨다(Adamczyk-Robinette et al., 2002). 이러한 부모는 통제와 수용의 적절한 균형을 유지한다.

- 권위주의적(authoritarian) 훈육: 독재적 훈육이라고도 하며, 부모가 아동의 요구에 반응은 하지 않으면서 자신의 요구만을 아동에게 강요하고 엄격한 통제를 하며 아동의 부적절한 행동에 대해 부정적 후속결과를 제공한다. 권위주의적 훈육을 받은 아동은 공격적인 행동을 보이거나 매우 낮은 자존감을 갖게 될 수 있다.
- 관대한/허용적(indulgent/permissive) 훈육: 부모는 아동이 스스로 자신을 조절하도록 하여 아동의 충동성에 대해 매우 관대한 태도를 보인다. 이러한 훈육을 받은 아동은 충동적이고 공격적이며 의존적인 행동을 보인다.
- 무관심한(neglectful) 훈육: 부모는 아동이 보이는 어떠한 행동에도 관여를 하지 않으며, 아동을 위한 훈육에 부모의 시간과 관심을 보이지 않는다. 부모로부터 무관심한 훈육을 받은 아동은 또래 및 성인과의 부정적인 상호작용과 반사회적 행동을 보이며 정서행동 문제를 보일 위험이 매우 높다.

자녀에 대한 통제 및 수용 방식인 아동 관리에서는 부부간의 일치된 통제가 무엇보다도 중요하다. 자녀 양육에 대한 불일치를 포함한 부부간의 갈등 및 불화는 부적절한 자녀 관리로 이어지고, 이는 자녀의 공격행동이나 비행과 같은 반사회적 행동으로 연계될 수 있다. 부부간의 일치된 통제와 더불어 부모의 감독이 잘 이루어지는 가정에서는 정서행동장애의 가능성이 낮다(김준호 외, 2002). 아동이 누구와 어디에 있으며 무엇을 하고 있는지 등의 활동뿐 아니라 친구관계에 관해서도 잘 알고 있고 이를 직간접적으로 통제할 수 있는 부모의 감독은 아동의 행동에 중요한 영향을 미친다.

⑤ 아동 학대

사례 ••• 열 살인 경호는 할머니와 아버지와 함께 살고 있다. 경호는 조금만 자신의 맘에 안 들어도 또래뿐 아니라 어른들에게도 언어 및 신체적 폭력을 심하게 행사한다. 한번 폭력이 시작되면 힘이 센 어른도 제어하기 어려울 정도로 심하게 사람을 때리고 기물을 부수는 행동을 한다. 이러한 모습 때문에 학교 친구들은 경호를 매우 무서워한다. 아버지는 경호의 이러한 모습을 걱정하기보다는 오히려 경찰에 신고하라고 하며 방임하고 있다. 아버지는 경호 어머니가 죽은 후에 술에 의지해서 생활하며 술에 취하면 가족들에게 언어 및 신체적 폭력을 행사하고 있다. 경호는 아버지의 방임과 신체 학대로 심각한 품행 문제를 보이고 있다.

아동 학대는 정서행동장애에 영향을 미치는 가장 대표적인 가족 요인이다. 아동 학대는 부모가 양육과 훈육의 최소 기준을 제공하기 위해 자녀에게 혐오적이거나 부적절한 통제 전략을 사용하는 정도로 정의된다. 보건복지가족부와 중앙아동보호전문기관에서 조사하여 2013년 6월에 발간한 『전국아동학대현황보고서』에 따르면, 2012년 한 해 동안 아동보호 전문기관에 접수된 아동 학대 신고 건수는 10,943건으로 이는 10년 전인 2003년 4,983건에 비해 219.6%가 증가한 것이다. 이 중에서 실제 학대 사례로 판정되어 전문기관의 보호를 받은 경우가 6,403건이며, 부모가 학대자인 경우가 5,370건(83.9%)으로 나타났다. 학대자는 친부, 친모, 계모, 계부, 양부, 양모 순으로 나타났다. 학대 유형별 사례 수는 한 가지 이상의 중복 학대를 받은 경우가 3,015건(47.1%)으로 가장 높고, 그다음으로 방임이 1,713건(26.3%)으로 높게 나타났다.

단일 학대 유형 중 가장 많이 나타나는 학대 유형인 방임은 부모가 아동의 기본적인 요구를 충족시키지 못하는 것으로, 기본적인 요구에는 신체적 요구와 정서적 요구 모두가 포함된다. 앞서 소개된 사례의 경우, 심각한 방임과 신체적 폭력에 대한 결과로 품행 문제가 나타나고 있는 것이다. 어떠한 유형의 학대든 아동이 경험한 학대는 신체건강 문제, 인지 및 운동 발달 문제, 정서 문제 등 발달 영역 전반에 걸쳐서 부정적인 영향을 미친다(김준호, 김선애, 1997).

보호와 이해의 기능을 수행하지 못하고 갈등적인 가정에서는 아동 학대의 발생 가능성이 크고, 부부간의 갈등이 아동 학대로 나타나기도 한다. 학대받은 경험이 많을수록 아동의 공격성과 과잉행동 등의 반사회적 행동도 증가하며, 신체적 학대보다도 정서 및 언어적 학대와 방임이 아동의 반사회적 행동에 더 큰 영향을 미친다. 부모 자신의 어릴 적 학대를 받았던 경험도 아동 학대와 관련이 있다. 학대받은 경험이 있는 부모의 25~30%가 학대 부모가 된다(Azar & Bober, 1999). 이는 학대 자체의 세대 간 전이라기보다는 학대 경험과 더불어 어릴 적 부모의 반응 양식, 부모로서의 기술 부족 등의 가족 기능 관련 위험 요인과의 상호작용의 결과라 할 수 있으며, 이러한 위험 요인을 많이 가진 경우 학대 부모가 될 가능성이 높다.

아동 학대와 방임은 아동기 외상후 스트레스 장애(posttraumatic stress disorder: PTSD)를 유발하여 스트레스 조절 및 신경전달체계의 변형을 가져 오고, 뇌의 신경전달물질 대사 및 뇌 발달에도 부정적인 영향을 미치며, 손상된 인지 및 심리사회적 결과를 초래하기도 한다(De Bellis, 2001). 물론 아동의 이전 정신병리, 다른 부정적인 생활사건, 가족력, 가족 기능 및 사회적 지원의 문제, 비학대적 부모의 심리적 기능, 잘못된 중재의 경험 등이 더불어 영향을 미치지만, 아동 학대와 방임은 유아기, 아동기, 청소년기, 성인기에 이르기까지 모든 단계에 영향을 미칠 수 있다.

(3) 교사 요인

① 행동 관리 관련 요인

가정에서의 비일관된 부모의 훈육이 아동의 행동 발달에 부정적인 영향을 미치는 것과 마찬가지로, 학교에서의 비일관된 교사의 행동 관리도 행동 발달에 부정적인 영향을 미친다(Reid & Eddy, 1997). 교실에서의 비일관된 훈육은 학생이 적절한 행동을 학습하는 것을 방해하여 문제행동을 유발할 수 있다.

교사의 비일관 행동 관리와 더불어, 부적절한 행동에 대해 정적 강화를 제공하거나 바람직한 행동에 대해 정적 강화를 제공하지 못하는 잘못된 강화 절차의 적용이 정서 · 행동 문제를 유발할 수 있다(Kauffman & Landrum, 2008). 학교에서 일어날 수 있는 잘못된 강화 절차로 다음을 들 수 있다.

- 부적절한 행동에 대한 정적 강화의 제공: 정적 강화라 함은 학생이 적절한 행동을

했을 때 학생이 선호하는 후속자극을 제공(presentation)하여 이후에 행동의 발생 가능성을 증가시키는 절차이지만, 여기서는 적절한 행동이 아닌 부적절한 행동에 대해 관련인들이 제공한 후속자극(예: 관심)이 학생에게 정적 강화의 역할을 하여 이후 학생의 부적절한 행동 발생 가능성이 높아진다.

- 적절한 행동에 대한 정적 강화 제공의 실패: 적절한 행동을 했는데 자신이 원하는 후속자극을 받지 못하면 이후에 이 적절한 행동을 보일 가능성이 낮아진다.
- 과제를 회피하고자 하는 행동에 대한 부적 강화의 제공: 부적 강화는 학생이 적절한 행동을 했을 때 학생이 혐오하는 자극을 제거(removal)하여 이후의 행동 발생 가능성을 증가시키는 절차인데, 여기서는 부적절한 행동을 했을 때 관련인이 과제를 제거하여 줌으로써 학생은 혐오하는 자극(예: 과제)을 회피하고자 이후에도 지속적으로 부적절한 행동을 하게 된다.

학교의 관련인들과 학생 간의 상호작용은 서로에게 영향을 미치므로, 특히 교사는 학생이 문제행동을 보일 때 문제행동을 유발하는 선행사건과 문제행동을 강화하는 후속사건 등에 대한 환경과 학생의 행동 간의 관계를 파악하는 기능적 행동평가(Functional Behavior Assessment: FBA)를 시행해야 한다. 문제행동과 관련 상황(물리 및 사회적 상황)의 관계 분석을 하고 이에 근거하여 선행 및 배경 사건 중재, 대체행동 교수, 후속결과 조절, 장기적 지원과 같은 다요소 중재 절차를 적용하는 것이 중요하다(이소현 외 역, 2008).

가정보다 학교에서 많은 시간을 보내는 청소년기에는 교사가 의미 있는 행동 모델이 된다. 아동 및 청소년 시기에는 특히 사회적 또는 신체적으로 힘이 있고 매력적인 사람의 행동을 모방하려 한다. 모델링 과정이 신중하게 통제되지 않으면 학생은 공격 및 방해행동을 비의도적으로 쉽게 모방할 수 있다. 특히, 교사는 학생의 행동에 중요한 영향을 미치며 부적절한 행동의 모델이 될 수 있다. 교사의 태도가 부정적이면 이를 보는 학생도 동일한 행동을 할 수 있다(Kauffman & Landrum, 2008). 교사의 정서적 폭력은 주로 학생에게 신체 및 정신적 폭력으로 여겨지며, 이를 모방하여 청소년 시기의 관계적 공격성을 유발시킬 수 있다. 관계적 공격성에 대해서는 제9장 품행장애의 원인 중 환경적 요인의 또래 영향 부분에 구체적으로 기술되어 있다. 정서행동장애의 예방과 긍정적 행동을 길러 주기 위해 교사는 바람직한 행동과 자기통제의 모델을 제공해야 한다.

② 교과지도 관련 요인

교사의 학생에 대한 부적절한 기대는 정서행동장애에 영향을 미칠 수 있다. 교사의 기대는, 특히 교사의 학생에 대한 신뢰, 그리고 학생의 행동 및 학업수행에 대한 교사의 기준과 직접적으로 관련이 있다. 너무 낮은 기대는 학생이 그 기대에 맞게 행동하는 결과를 가져 오고, 너무 높은 기대는 좌절과 불안을 가져 와 그 기대를 회피하고자 하여 정서행동 문제를 유발할 수 있다. 기대의 개선은 교사가 학생의 현재 학업수행 수준과 적절한 사회적 행동 수준을 알고 객관적 측정에 근거하여 교사와 학생 모두 동의하는 합리적인 기대 수준을 판별하는 것에서부터 시작된다.

학업 관련 학습은 정서적 안정과 행동 발달에 중요하다. 학업능력과 또래 및 성인과의 상호작용 기술은 학령기 사회적 수용과 긍정적인 자기인식에 영향을 크게 미친다. 따라서 학업 실패와 사회적 부적응은 학생의 사회적 수용과 자기인식에 부정적 영향을 미치고, 이는 정서 · 행동 문제로 이어질 수 있다. 현재 일반학교에서는 특히 품행장애를 보이는 학생들에게 부족한 사회성 기술과 인지적 학업을 포함한 핵심 기술의 지도보다는 처벌 위주의 비효과적인 지도가 이루어지고 있다(유재연 외 역, 2008). 학생의 학교생활을 위해 필요한 핵심 기술에 대한 효과적인 교수가 이루어지지 않으면 이는 아동의 정서 및 행동 발달에 부정적인 영향을 미친다.

(4) 또래 요인

또래관계는 정서 및 행동 발달에서 매우 중요하다. 특히, 아동기와 초기 청소년기에 더욱 그러하다(Patterson et al., 1992; Walker et al., 2004). 높은 사회적 지위를 지니고 있고 수용적인 환경의 아동 및 청소년은 또래와 친사회적 상호작용을 보이고, 다른 사람에 대해서도 긍정적인 태도를 보이며, 독립성, 우정 및 친절, 규칙에 순응적인 태도를 보인다. 반면에, 긍정적인 또래관계의 경험이 없거나 사회적 거절을 경험한 아동 및 청소년은 또래가 적대적으로 대하지 않았음에도 상호작용 시 적대 행위나 방해 및 공격 행동을 주로 보인다.

아동 및 청소년 시기에 또래로부터 공격을 받았거나 따돌림의 가해자 또는 피해자였던 경험은 사회 및 정서적 발달에 부정적인 영향을 미친다(이상균, 2005). 특히,

피해학생의 경우 기분장애, 만성적 등교 거부, 학업 성적의 저하, 학교 중도 탈락, 대인관계의 심각한 문제 등을 경험하고, 심한 경우 자살로 이어지기도 한다. 가해학생도 지속적인 비행에 참여하며, 연령의 증가와 더불어 비행의 정도는 더욱 심각해진다.

가해학생은 폭력 행사를 통한 지배욕의 획득(정적 강화)과 죄책감 및 반격의 회피(부적 강화)로 자신의 폭력을 정당화하고, 심지어는 긍정적으로 판단한다. 이러한 또래와의 주된 상호작용을 하는 학생은 비행 및 폭력에 대해 허용적이며 문제해결을 위해 폭력을 사용할 가능성이 높다(Durant et al., 1996). 또한 학교에 대해서도 부정적인 태도를 가지며, 불안, 좌절, 불만이 증가되어 또래 폭력의 의도를 높일 수 있다. 이에 따라 반복적인 또래 폭력이 이루어지며, 이는 다시 학교생활의 문제로 이어지는 악순환이 된다. 또래 폭력 가해 경험은 여러 요인과의 상호작용을 통해 이루어진다(이상균, 2005). 이에 영향을 미치는 개인 특성 요인으로는 공격성, 충동성, 일탈적 자아개념, 성역할 고정관념을 들 수 있으며, 가족 요인으로는 가족 갈등의 경험을, 또래 요인으로는 비행 성향이 있는 또래와의 교제를, 그리고 학교 요인으로는 학교생활의 부적응 정도와 교사와의 관계를 들 수 있다.

반사회적 행동 및 비행과 관련 있는 또 다른 또래 관련 요인으로는 또래 압력과 일탈 집단에의 사회화를 들 수 있다. 반사회적 행동을 보이는 학생은 학급 또래가 보이는 바람직한 행동을 관찰하고 이를 모방하기보다는 일탈된 또래 집단에 더 관심을 갖는다(Farmer, 2000). 또래 집단의 압력은 학업 과제를 거부하거나 반사회적 행동을 보이는 것을 강요하며(Walker et al., 2004), 이는 학교를 포함한 지역사회 내 심각한 문제를 초래하기도 한다.

(5) 지역사회 요인

외체계 수준에서 정서행동장애에 영향을 미치는 대표적인 요인으로는 지역사회 환경과 사회적 지원의 부재 등을 들 수 있다. 이러한 요인은 독자적으로는 정서행동장애에 중요한 영향을 미치지는 않지만, 가족의 경제적 빈곤 및 갈등과 연계되면 정서행동장애에 영향을 미치는 결정적인 요인이 된다.

지역사회 환경은 거주민들의 사회적 계층과 물리적 환경뿐 아니라 이용 가능한 심리적 지원체계를 의미한다(Kauffman & Landrum, 2008). 정서행동장애에서 나타나는 외현화 문제는 내재화 문제와는 달리 지역사회 요인과 관계가 깊다. 특히, 공격 행동과 비행은 부정적인 지역사회 환경과 관련이 깊다. 문제해결을 위한 폭력 사용이 일반적으로 받아들여지는 지역사회에 거주하는 아동 및 청소년은 특별한 거부감 없이 쉽게 폭력을 사용한다(Loeber & Stouthamer-Loever, 1998). 또한 지역사회의 빈곤은 개인, 가정, 지역사회의 건강과 안녕에 영향을 미친다. 지역사회 수준에서의 사회경제적 불이익과 사회적 문제 간에는 상호작용이 있다(Osterling, 2007). 사회경제적으로 빈곤한 지역사회는 부적절한 사회적 자본을 양성하는 데 영향을 미치고 이러한 낮은 수준의 사회적 자본은 지역사회에 부정적 영향을 미친다. 지역사회 내에 정서행동장애 위험 학생 및 가족을 지원할 수 있는 지원체계가 이용 가능한 경우는 정서행동장애를 예방할 수 있다. 반면에 이러한 지원체계의 부재 또는 부족은 비행 및 반사회적 행동의 발생에 영향을 미칠 수 있다.

(6) 대중매체 요인

인쇄매체, 라디오, 텔레비전, 동영상, 인터넷 등과 같은 매체를 통해 아동 및 청소년은 쉽게 음란 및 폭력물을 접하며, 이는 아동 및 청소년의 부정적 정서 및 행동 발달에 영향을 미친다. 특히, 가정, 학교, 지역사회에서 손쉽게 대중매체를 통해 공격적인 문화를 접하는 학생은 품행장애의 위험이 매우 높다. 대중매체는 잘 학습된 공격적 습관의 단서 역할을 하며, 일상생활에서 폭력은 단기간에 쉽게 전이된다(Huesmann et al., 1997; Walker et al., 2004). 폭력적인 텔레비전 프로그램을 많이 본 학생은 성인기에 대인 폭력 행동을 보일 위험이 매우 높다. 또한 일부 게임은 폭력 행위에 대한 정서적 준비와 행동 연습을 통해 효과적인 폭력 행동 훈련을 학생들에게 제공한다. 폭력을 미화하고 문제를 폭력으로 해결하는 것을 긍정적으로 평가하는 영화 또한 폭력적인 내용을 제공하는 텔레비전의 영향과 동일하다.

청소년 시기에는 인터넷을 통한 정보화 인지도가 매우 높고 이용률 또한 다른 연령대에 비해 매우 높다. 컴퓨터 인터넷은 다양한 정보의 활용 등 보다 쉽게 폭넓고 다양한 의사소통의 기회를 제공한다는 측면에서는 긍정적이지만, 일상생활에서 텔레비전만큼이나 보편화된 매체이면서도 아동 및 청소년들에게 미치는 유해적인 요인(예: 인간 소외, 윤리 붕괴, 사회질서 파괴)에 대해 무방비 상태의 매체다. 따라서 텔레비전보다 심각한 유해 내용을 쉽게 접할 수 있고 과도하게 몰입을 유발하여 아동 및 청소년의 자아정체성 발달에 저해를 가져 올 수 있다.

이러한 대중매체의 영향에 대한 해결책은 분명하지 않다. 개인적 선택과 보호의 책임이 문제해결을 위해 가능한 접근일 뿐이다(Kauffman & Landrum, 2008). 무엇보다도 대중매체로부터의 영향을 조절할 수 있는 자기조절 능력의 훈련이 필요하다.

2. 진단 및 평가

생태학 모델은 학생의 행동에 관한 정보와 학생이 기능수행하는 생태체계에 관한 정보를 수집하는 생태학적 사정(ecological assessment)에 근거한다. 생태학적 사정은 대상학생과 의미 있는 상호작용이 이루어지고 있는 생태체계에 관한 정보를 수집 및 평가하는 것이다. 생태학적 사정은 ① 학생에게 의미 있는 환경을 판별하고, ② 학생에 대한 환경 내 다른 사람의 기대 및 허용 한계를 포함하여 학생의 요구를 파악하며, ③ 학생이 속한 생태 환경에서 성공적으로 기능수행하기 위해 필요한 기술과 행동을 정의하는 과정을 통해 이루어진다. 생태학적 사정은 정서행동장애학생이 일반학급에 통합되어 있는 경우에 더욱 필요하다(방명애, 이효신 역, 2013).

1) 의미 있는 환경 판별

앞서 언급하였듯이, 생태학 모델의 중요 요소는 개인이 기능수행하는 환경체계라고도 하는 다양한 생태체계(ecosystems)다. 행동 문제에 대한 사정 및 평가를 할 때는 [그림 7-1]에 제시된 행동 발생과 관련 있는 생태체계에 대한 고려를 해야 한다.

- 개별 대상학생의 특성: 연령, 성, 건강, 인지적 기능수행, 사회성, 의사소통 능력 등
- 미시체계: 부모, 형제자매, 교사, 또래, 학교 교직원, 물리적 환경 등
- 외체계: 지역사회, 부모의 직장, 확대가족, 사회복지체계, 교회, 병원, 사회지원기관 등

• 거시체계: 문화적 가치 및 태도, 대중매체, 법체계, 정치적 환경 등

생태체계는 역동적이며 개별 학생에게 서로 다른 방식으로 영향을 미칠 수 있다. 특히 주된 사건과 상호작용의 시기는 학생의 개별적 특성과 더불어 변화에 중요한 요인이 된다. 부모의 이혼, 형제자매의 출생, 친한 또래의 사망 등과 같은 사건을 학생이 언제 경험했는가에 따라 상호작용의 효과가 달라진다.

2) 환경 내 기대 및 허용 한계와 요구 분석

생태학적 사정에서는 환경 내 개인의 기대와 허용 한계에 대한 분석이 반드시 이루어져야 한다. 생태체계가 행동 변인에 대해 보다 낮은 허용 한계를 가질수록 보다 많은 학생이 문제행동을 보이는 것으로 판별된다(Kauffman & Landrum, 2008). 분석은 행동문제가 나타나는 환경뿐 아니라 문제가 전혀 나타나지 않는 생태체계에 대해서도 이루어져야 한다. 학생이 기능수행하는 생태체계에 대한 관찰과 생태체계 내 기대와 허용 한계 수준을 결정하는 교사 및 관련인들과의 면담을 통해 정보를 수집할 수 있다. 이러한 정보는 자기보고를 통해서 수집될 수도 있다. 각 생태체계 내에서 성공적인 상호작용과 그렇지 못한 상호작용의 방식을 판별하고 이에 근거하여 중재의 목표가 개발되어야 한다.

3) 성공적 기능수행을 위해 필요한 기술 및 행동의 정의

중재는 대상학생뿐 아니라 대상학생과 관련 있는 생태체계에 대해서도 시행되어야 한다(김진호 외 역, 2017a). 개인의 바람직한 발달을 위해 필요한 개별적인 기술의 지도뿐 아니라 가정, 학교, 직장, 지역사회 상황에서의 적절한 지원을 제공해야 한다(Schalock, 1986). 환경에의 성공적인 적응은 개인과 환경의 관계에 달려 있다고 보는 생태학 모델에서는 개인과 환경 간의 조화를 최대화하기 위해 ① 활동 및 환경의 특정한 요구와 관련하여 개인의 행동 특성을 사정하고, ② 해당 환경에서 개인의 성공을 방해하는 장애 요인에 특별히 중점을 두어 분석하며, ③ 장애 요인을 극복하기 위한 중재를 개발한다. 이러한 중재에는 특정 기술 훈련, 물리적 환경 및

활동에의 적응, 환경적 지원의 제공이 포함된다(McDonnell et al., 2003).

4) 생태학적 사정도구

생태학적 사정도구로는 행동주의 모델에서 강조하는 기능적 행동평가(Functional Behavior Assessment: FBA)를 활용할 수 있다. FBA가 아동의 미시 및 중간체계의 관련 변인을 파악하는 것으로 확대되면 이는 생태학 모델이 적용되었다고 볼 수 있다(Lane et al., 1999). 행동 발생에 대한 직접적인 선행 및 후속사건뿐 아니라 이에 관련된 배경사건(setting events)을 파악하는 것이 그 예가 될 수 있다. 배경사건은 아동이 속한 환경, 분위기, 행동 발생과 관련 있는 상황으로 아동의 가족 환경, 의료 조건 등이 포함된다. 맥락적 요인인 배경사건을 포함하여 보다 폭넓은 환경 요인으로 생태학적 사건 또는 변인(ecological events or variables)은 문제행동의 기능 분석과 중재에 매우 중요한 요인이다. Kazdin(2001)은 FBA를 통해 판별될 수 있는 배경사건으로 ① 소음, 온도, 계획되지 않은 변화 등의 물리적 요인, ② 가족의 질병, 죽음, 부모의 이혼, 싫어하는 사람과의 만남 등의 사회적 요인, ③ 약물남용, 질병, 통증 등의 생리적 요인을 들고 있다.

FBA 외에도, 학생의 행동을 다양한 상황과 관점에서 파악하는 또 다른 생태학적 사정 도구로 행동평정 프로파일(Behavior Rating Profile: BRP-2)을 들 수 있다(Brown & Hammill, 1990). 이는 학생의 행동을 다양한 상황 및 관점에서 파악하고자 하는 것이다. 6~18세의 학생들을 대상으로, 가정 및 학교에서의 학생의 행동에 관한 평가와 대상학생과 부모・교사・또래의 다양한 관점에서의 대인관계에 관한 평가를 한다. BRP-2를 통해 학생의 일탈행동이나 행동 문제가 많이 나타나는 특정 상황, 학생의 행동 등에 대한 환경 내 다른 사람들의 다양한 인식에 관한 요인을 판별할 수 있다.

3. 생태학 모델의 중재

1) 가족 관련 중재

Becvar와 Becvar(1988)는 건강한 가족의 특성으로 ① 합리적 근거를 가진 권위, ② 일관되게 적용하는 규칙체계, ③ 일관되고 안정적인 양육행동, ④ 효과적인 양육과 결혼생활 유지를 위한 노력, ⑤ 가족 공동의 목표 설정 및 실행, ⑥ 발달 위기 및 변화에 대한 적응유연성, ⑦ 분명하고 일치된 의사소통을 들고 있다. 이러한 특성을 가진 가정은 미시체계 내의 다른 환경 요인(예: 이웃, 학교 등)과의 긍정적 상호작용에 영향을 미치고, 이는 궁극적으로 학생의 적절한 정서・행동 발달을 촉진한다.

학생을 둘러싼 가장 대표적인 환경체계인 가정 요인과 관련하여 교사는 ① 학생과 긍정적 상호작용을 하고 이를 부모가 알게 하며, ② 개별 가족의 강점을 파악하여 이에 맞는 지원을 하며, ③ 가족이 또래, 이웃 또는 지역사회 관련인들로부터 받을 수 있는 비형식적인 지원을 활용할 수 있도록 돕고, ④ 가족의 문화적 차이를 인정하고 이해하며, ⑤ 가족의 요구를 판별하여 포괄적이고 융통성 있으며 활용 가능한 서비스를 제공할 수 있는 광범위한 협력 지원체계를 구축해야 한다. 이러한 지원은 교사 혼자만의 노력으로는 이루기 어렵다. 개방적인 태도를 가진 학교 및 지역사회 내 관련인들과 전문가와의 협력을 통해 지원이 이루어질 수 있다(Hanson & Carta, 1996).

교사는 무엇보다도 학생의 가족구성원을 학생 교육의 동반자로 인식하고 가족, 특히 부모에 대해 긍정적 관점을 유지해야 한다. 많은 관련인이 학생의 정서행동장애 문제를 부모의 탓으로 돌리고 부모를 학생의 문제해결을 위한 지원의 잠재적 원천이 아닌 지원 대상자로 보아 왔다. 그러나 학생의 문제를 돕는 데 부모의 긍정적 역할과 관점은 무엇보다도 중요하다. 부모는 지원을 제공하는 제공자가 될 수 있다. 이를 위해 지원자로서 필요한 부모 및 가족의 기술에 대한 훈련이 필요하다. 교사는 〈표 7-1〉에 제시된 부모와 가족 기술 훈련을 위한 요소를 고려하여 가족중재를 계획하고 실시할 수 있다.

표 7-1 부모와 가족 기술 훈련을 위한 요소의 최상의 실제

훈련 요소	최상의 실제
실행자/중재자의 특징	관계를 확립한다. 구조를 제공한다. 부모가 새로운 기술을 발견할 수 있도록 가능한 한 표준화된 지침을 제공한다.
훈련 방법	모델링(비디오 모델링 포함), 역할놀이, 연습, 피드백, 강화, 토론, 숙제를 활용한다. 중재는 소집단 또는 가족별로 이루어질 수 있다.
회기의 수	대략 10~18회기가 적용된다. 가족에게 핵심 기술 지도 시 하나의 핵심 내용당 평균 3~6회기가 소요된다.
일반화와 유지의 촉구	지연 훈련 과제를 활용한다. 절차를 기술한 책과 가정에서 연습하는 것을 도와주는 차트를 사용한다. 추후에 추가 회기를 적용한다.

출처: Bloomquist & Schnell (2002), p. 153.

2) 학교 중심의 생태학적 프로그램

학교는 가정과 더불어 학생에게 가장 직접적인 상호 영향을 주고받는 미시체계이므로 정서행동장애를 위한 효과적인 중재의 직접적인 환경을 제공할 수 있다. 긍정적 가족관계가 학교생활 성공에 영향을 미치는 것과 마찬가지로, 학교에서의 성공도 가정에서의 성공에 영향을 미칠 수 있다. 학교 환경은 사회성 발달을 위해 매우 중요할 뿐 아니라 교사가 직접적으로 통제할 수 있는 환경이기도 하다.

학교 맥락에서 생태학적 접근에 따라 정서행동장애학생을 대상으로 중재하면, 학교 환경 내의 체계상의 문제와 더불어 문제 상황에 따라 가장 부정적으로 영향을 받는 학생들의 기술 부족, 동기 문제, 행동 문제를 파악할 수 있다(Walker et al., 2004). 이에 근거하여 개별 학생에 대한 직접적 중재와 동시에 학교체계에 대한 중재를 할 수 있고, 이러한 중재는 개인과 환경 간의 관계 향상과 발전된 사회 및 학문적 적응을 이끌 수 있다. 교사가 시행할 수 있는 생태학 모델의 중재 원리는 다음과 같다(Algozzine et al., 2001).

- 필요한 학업, 행동 및 사회성 기술을 교수한다.
- 학생의 개별 특성에 따라 차이를 인정하고 허용 한계 수준을 높게 설정한다.
- 학생의 행동변화를 위해 교사 자신의 행동을 먼저 수정하고자 노력한다.

- 학생에게 개별적으로 높은 수준의 임무와 교사의 기대를 제공한다.
- 학교, 가정, 지역사회의 영역을 포함하여 학생이 기능수행하는 모든 환경에 걸쳐서 중재를 실행한다.

학교 중심의 생태학적 접근의 예로는 Re–ED 프로젝트와 긍정적 행동지원을 들 수 있다.

(1) Re–ED 프로젝트

생태학적 이론을 반영하는 프로그램으로 미국 내에서 실시하고 있는 '정서장애 청소년의 재교육(Re-Education of Emotionally Disturbed Children and Adolescents)'이라는 Re–ED 프로젝트가 있다. Re–ED 프로젝트는 학교의 네트워크로, 정서행동장애학생을 위한 생태학 모델에 근거한다. Re–ED 프로젝트의 목적은 학생이 기능수행하는 모든 환경(가정, 학교, 지역사회)에서의 일관성을 길러 주는 것으로, 학생뿐 아니라 일상의 모든 환경에 대해 중재를 제공하는 포괄적인 접근이다.

Re–ED 프로젝트는 다음의 네 가지 기본 철학에 근거한다. ① 문제행동을 보이는 청소년과 상호작용하는 사람은 이들이 긍정적인 변화를 보일 수 있음을 믿어야 한다. ② 문제행동을 보이는 아동과 성인 간의 긍정적인 관계가 행동변화를 위한 필수적인 선수 기술이다. ③ 어린 아동의 성공적 수행을 위해서는 적절한 학업 및 사회적 기대, 평가, 프로그램이 중요하다. ④ 교사 및 관련인의 기대가 개별 학생 및 집단과 지속적으로 의사소통되어야 한다.

Re–ED 프로젝트의 철학을 시행하는 대표적인 프로그램으로 미국 오하이오주 쿠야호가 카운티에 있는 '긍정적 교육 프로그램(Positive Eudcation Program: PEP)'을 들 수 있다(김진호 외 역, 2017a). PEP는 1976년에 설립되어 조기교육센터, 주간치료센터, 그룹홈, 특수교육 요구아동을 위한 주간치료 프로그램, 지원고용 프로그램, 학교 및 지원사회 기반 사례관리 프로그램으로까지 확대되었다. PEP 프로그램 내 연락요원(liaison staff member)은 이웃 및 지역사회 서비스를 제공하는 8개 이상의 주요 기관 및 가정과 작업을 한다. 이들은 학생이 기능수행하는 모든 영역과 환경에서 학생의 요구를 판별하고 그에 부응하는 포괄적인 서비스를 조정한다. PEP에서는 학생의 교육 및 중재에 부모의 참여를 권고한다. 부모가 중재의 계획 및 평가에 적극 참여할 뿐 아니라 가정과 학교 간의 밀접한 의사소통을 이룰 수 있도록 지원한다. 또한 PEP는 학교에서 활용되는 기법(예: 의사소통 기술 중재, 문제행동 감소를 위한 가정환경의 수정 및 조정 방법 등)을 부모가 습득할 수 있도록 돕는다.

(2) 긍정적 행동지원

학생들의 대표적인 미시체계인 학교가 정서행동장애의 발생 가능성을 예방하고 문제행동 발생에 대한 적절한 지원을 하기 위해서는 학교의 물리적 · 사회적 환경에 대한 전반적인 변화를 모색하여 학교의 전반적인 체계의 변화를 이루어야 한다. 학교체계 변화를 위한 실제적인 접근으로 학교 차원의 긍정적 행동지원(School-wide Positive Behavioral Interventions & Supports: SW−PBIS)을 들 수 있다. 대표적인 생태학적 접근인 SW−PBIS는 특정한 교육과정이나 특정한 중재가 아니다. 이는 정서행동장애학생을 포함한 학교 내 모든 학생의 학업 및 행동의 긍정적 성과를 이루기 위해 증거 기반(evidence-based)의 학업 및 행동적 실제를 설정하고 통합하며 시행하는 데 지침을 제공하는 의사결정체계(decision making framework)다. SW−PBIS는 네 가지 구성 요소를 강조한다. [그림 7−2]에서 보는 바와 같이, 네 가지 구성 요

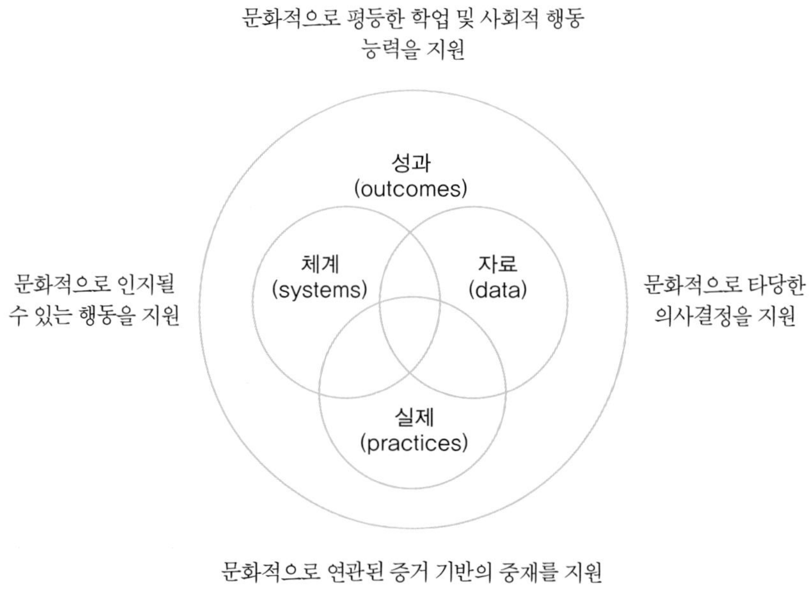

[그림 7−2] 학교 차원의 긍정적 행동지원(SW−PBIS)의 구성 요소

출처: Sugai et al. (2012); Vincent et al. (2011).

소는 의사결정을 위한 자료(data), 자료에 의해 지지되고 평가된 측정 가능한 성과(outcomes), 이러한 성과가 달성될 수 있음을 입증하는 증거 기반의 실제(practice), 그리고 실제가 시행될 수 있도록 효과적이고 효율적으로 지원하는 체계(systems)다(Sugai & Horner, 2002; Sugai et al., 2012). [그림 7-2]에서 '문화적'이라는 말은 단위학교마다 개별적인 사회적 문화(social culture)가 다르기 때문에 다른 단위학교에서 효과적이었던 SW-PBIS를 그대로 적용해서는 안 된다는 것이다. 생태학적으로 단위학교마다 체계 내 사회적 · 물리적인 문화적 환경이 다르므로 개별 단위학교에 적합한 문화적 지원이 이루어져야 함을 의미한다. SW-PBIS를 통해 학교는 모든 학생을 위한 효과적인 학습 환경을 만드는 데 필요한 사회적 문화와 행동적 지원을 이룰 수 있다.

SW-PBIS의 특징을 살펴보면 다음과 같다.

- 예방적 접근이다.
- 긍정적인 사회적 기대(학교 차원의 규칙)를 판별하고 지도한다.
- 긍정적 행동에 대한 인정체계를 적용한다.
- 문제행동에 대한 일관된 후속결과를 적용한다.
- 의사결정을 위해 자료를 사용하고 지속적으로 자료를 수집한다.
- 집중적이고 개별적인 중재 지원을 연속적으로 제공한다.
- 효과적인 실제를 지지하는 체계를 시행한다.

여기서 특히 중요한 점은 연속적 행동지원 체계의 3단계 예방 모델을 통해 모든 학생의 요구에 관심을 갖는다는 것이다. 3단계 예방 및 중재 모델은 지원 학생 수와 서비스 제공의 정도에 따라 1차 예방, 2차 예방, 3차 예방으로 구분된다(김진호 외 역, 2017a). 이에 대한 보다 구체적인 설명은 이 책의 제9장(품행장애)을 참고하기 바란다. 학교 차원의 긍정적 행동지원에 관한 보다 상세한 설명은 『긍정적 행동 중재와 지원: 행동중재를 위한 최신 이론과 실제』(김진호 외 역, 2017a)의 제3장을, 2차 예방인 표적집단을 위한 긍정적 행동지원에 관한 보다 상세한 설명은 『표적집단을 위한 긍정적 행동지원』(박지연, 김예리 역, 2019)을, 개별 차원의 긍정적 행동지원에 관한 보다 상세한 설명은 『장애 학생을 위한 개별화 행동지원: 긍정적 행동지원의 계획 및 실행』(이소현 외 역, 2008)을 참고하기 바란다.

궁극적으로는 SW–PBIS를 통한 학교 전반의 체계 변화가 이루어져야 하겠지만, 개별 차원의 지원과 학교 차원의 지원을 연계할 수 있는 중간 단계로서 개별 교사의 주도하에 학급 차원의 PBS를 적용하는 것도 바람직할 것이다(김미선, 박지연, 2005).

4. 요약 및 결론

생태학 모델에 따르면, 학생은 자신의 특성(유기체 수준)뿐 아니라, 직접적인 사회 및 물리적 환경(미시체계 수준)과 이러한 직접적인 환경 내 다양한 상황 간의 관계(중간체계 수준)로부터 영향을 주고받는다. 더 나아가, 학생은 경제적 여건과 같은 보다 광범위한 사회적 상황(외체계 수준)과 문화적 태도 및 사상(거시체계 수준)으로부터 영향을 받는다. 생태학적 관점에서는 학생 개인이 직접적인 환경과의 상호작용 속에서 어떻게 발달해 나가는지, 그리고 보다 큰 맥락이 개인과 개인의 직접적 환경인 미시체계에 어떠한 영향을 미치는지에 초점이 있다.

생태학 모델에서 문제행동은 개인과 환경의 상호작용으로부터 초래되며, 정서행동장애는 개인만의 문제가 아닌 개인이 속한 환경(생태계)에도 문제가 있는 것으로 본다. 그래서 사정 및 중재의 대상으로 정서행동장애를 보이는 학생뿐 아니라 학생이 생활하고 상호작용하는 다양한 체계, 즉 학교, 가정, 지역사회, 사회적 체계가 포함되어야 한다. 상호작용은 쌍방향적인 것으로 환경이 학생에게 영향을 미쳐 학생을 변화시킬 뿐 아니라 학생이 환경에 영향을 미칠 수도 있음을 의미한다. 학생이 보이는 문제행동을 다루는 교사는 학교라는 소규모 사회체계(미시체계)에서 자신의 위치 및 역할을 올바르게 수행하고 있는지를 판별하고 체계 내의 다른 사람(또래, 부모 등) 및 자원을 사정하여 학생의 정서행동장애 중재에 포함시키고자 하는 노력을 기울여야 한다.

사회는 빠르고 다양하게 변화하고 있지만 학생 및 청소년 문화는 오히려 이전에 비해 다양하지 못하며 주로 컴퓨터나 비디오 게임과 같은 것에 편향되어 있다. 문화 및 경제적 빈곤, 긍정적 또래관계의 부재, 따돌림과 또래 폭력, 바람직하지 않은 또래 사회화 등 복잡한 사회 및 문화적 요인들이 학생의 정서 및 문제행동에 영향을 미칠 수 있다. 따라서 교사는 가정과 학교 요인 외에도 학생이 속한 문화 및 지역사회 규준을 고려하여 정서행동 문제를 보이는 학생을 판별하고 지도해야 한다. 물론 교사 혼자만의 노력으로는 학생에 대한 사회적인 큰 변화를 가져 올 수 없다. 그러나 학생이 속한 가정, 학교, 지역사회라는 생태체계 내에서 학생과 관련 있는 인적·물적 자원을 연계하는 중요한 가교 역할을 교사가 할 수 있을 것이다.

대부분의 교육자가 생태학 모델의 많은 전제에 동의하지만, 생태학적 프로그램은 체계변화 접근(systems-change approach)을 필요로 하므로 실행을 주저한다. 학교, 지역사회 관련 기관(예: 정신건강, 사회적 서비스, 교육기관) 등의 협력을 요구하고 이러한 상호 협력이 이루어지려면 프로그램 실행 이전에 교사의 범위를 넘어선 철학적·법적·재정적·정책적 영역을 포함하여 다양한 선행 여건이 정비되어야 하는 문제가 있다.

생태학 모델에서는 정서행동장애의 예방 및 교육을 위해 대상학생뿐 아니라 학교와 가정, 더 나아가 지역사회 체계의 변화를 요구한다. 따라서 체계 변화를 위한 교사의 작은 노력(부모와의 협력, 교사 간의 협력, 체계 내 구성원 간의 연결 등의 역할)이 중요하다. 교사의 작은 노력이 체계 변화의 불씨가 될 수 있지만 작은 불씨만 있고 장작이나 도구 같은 자재가 없다면 불을 피울 수 없듯이, 교사의 노력이라는 불씨와 더불어 제도적인 지원이라는 자재가 함께 갖추어져야 변화가 일어날 수 있는 것이다. 따라서 지역사회 내 인적 자원의 활용, 가족의 참여가 보장되는 제도적 지원이 특히 요구된다. 아직은 출발 단계에 있지만 「장애인 등에 대한 특수교육법」 제11조에 명시된 특수교육지원센터가 제 역할을 수행하게 되면 이러한 제도적 지원의 역할을 담당하여 교사의 노력과 더불어 정서행동장애의 예방 및 교육을 위한 가정, 학교, 지역사회의 체계 변화를 이룰 수 있으리라 기대한다.

제3부

정서행동장애의 하위 유형

제8장 주의력결핍과잉행동장애

제9장 품행장애

제10장 불안장애 및 관련 장애

제11장 우울장애와 양극성장애

제12장 기초신체기능장애

제8장

주의력결핍과잉행동장애

개요

주의력결핍과잉행동장애(이하 ADHD)는 학교 현장에서 흔히 볼 수 있는 장애다. ADHD의 주요 특성은 부주의와 과잉행동 및 충동성이다. ADHD 학생들은 주의가 쉽게 분산되어 집중을 잘하지 못하고 한 가지 일을 꾸준하게 하지 못하는 부주의 행동을 보인다. 또한, 가만히 있지 못하고 뛰어다니는 과잉행동을 보이며, 참고 억제하고 행동을 통제하지 못하는 충동적인 행동을 보이기도 한다. ADHD는 주로 유아기 초기에 발생하나 부모의 무관심으로 진단을 간과하는 경우가 흔히 있다. 그러다가 유치원이나 초등학교에 입학한 다음에서야 그 증상의 심각성을 알고 진단을 받는 경우가 있어 ADHD는 주로 학령기에 발견된다. ADHD는 청소년기는 물론 성인이 되어서까지 그 증상이 지속되므로 조기에 진단하여 적절한 중재를 제공해야 한다. 이 장에서는 ADHD의 정의, 출현율, 원인, 분류, 평가에 관해 살펴보고, ADHD 학생에게 효과적인 중재 방법으로 알려진 약물치료, 응용행동분석, 인지행동중재를 설명한다.

KEY WORDS

- 부주의inattention
- 과잉행동-충동성hyperactivity-impulsivity
- 미세 뇌기능 장애minimal brain dysfunction: MBD
- 식이요법diet therapy
- 선택적 주의selective attention
- 지속적 주의sustained attention
- 약물치료drug therapy
- 응용행동분석applied behavior analysis
- 인지행동중재cognitive behavior intervention
- 부모훈련parent training

사례 1 ••• 토머스 에디슨이 오늘날 학교를 다녔다면 분명히 '주의력결핍과잉행동장애(ADHD)' 아동으로 분류되었을 것이다. 선생님이 보기에 매우 심한 정도의 '학교 부적응 아동'이었던 에디슨은 학교에서 쫓겨났다. 그러나 에디슨의 어머니는 아들이 학교로 인해 상처를 입지 않도록 그를 감싸 안았고 그를 존중하였으며, 그가 성공적인 삶을 살 수 있도록 이끌어 주었다. 뛰어난 창의력을 가지고 있는 ADHD 아동들이 흔히 보이는 충동성과 산만함은 전혀 장애의 징후가 아니다. 이 책을 쓴 저자의 주장에 따르면 그것은 농경시대 이전의 수렵시대에는 매우 필요하였으며 부러움을 산 자질이었다. 저자는 더 나아가, 이러한 특징을 가진 사람들이 결국은 인류의 문명에 크게 이바지하였으며, 앞으로 닥치게 될 위기에서 우리 인류를 구원해 줄 것이라고 말했다.

—『에디슨의 유전자를 가진 아이들』(Thom Hartmann 저, 최기철 역) 출판사 서평 중에서—

에디슨 이외에도 상대성 이론을 발표한 20세기 최고의 물리학자 아인슈타인, 역사적으로 뛰어난 음악적 업적을 이룩한 작곡가로 인정받는 음악의 신동 모차르트, 수학 · 의학 · 물리학 · 공학 등 다방면에서 업적을 남긴 천재 예술가 레오나르도 다빈치, 제2차 세계 대전을 연합국 승리로 이끈 영국의 총리 윈스턴 처칠, 미국 41대 대통령 조지 부시, 베이징 올림픽 수영 8관왕의 마이클 펠프스 등 이들의 공통점은 ADHD를 극복한 위인들이다.

사례 2 ••• 성수는 초등학교 4학년으로 항상 생각보다 행동이 앞서며, 늘 부산하게 움직이거나 뛰어다닌다. 학교와 같은 구조화된 환경에서 활동을 절제하지 못하여 교사로부터 자주 주의를 받곤 한다. 뿐만 아니라 충동적이어서 예기치 않은 사고를 자주 당한다. 한번은 쉬는 시간에 계단에서 여러 칸을 한꺼번에 뛰어내리다가 발을 헛디뎌 다리를 다친 적도 있다. 수업시간에는 수업에 집중하지 못하고 자리에 얌전히 앉아 있지 못한다. 또한 수업과 관련 없는 활동을 하다가 자기에게 주어진 학습 과제를 마치지 못하는 경우가 자주 있으며, 교사의 허락 없이 자기가 가지고 싶은 물건을 가지러 가곤 한다. 교사가 주의를 주어도 자신의 행동이 잘못된 행동이라는 것을 깨닫지 못하고 "왜요?"라고 반문할 정도로 상황 판단력이 부족하다.

1. ADHD의 정의 및 출현율

1) ADHD의 정의

주위력결핍과잉행동장애(Attention Deficit Hyperactivity Disorder: ADHD)는 부주의, 과잉행동 및 충동성이라는 핵심적 특성으로 정의된다. ADHD는 용어에서 보여주는 것과 같이 산만하여 주의집중을 못하는 부주의와 가만히 있지 못하고 끊임없이 움직이거나 성급하게 행동하는 과잉행동 및 충동성으로 나누어 볼 수 있다.

표 8-1 DSM-5의 ADHD 진단기준

A. (1) 그리고/또는 (2)와 같은 특징을 가진 부주의 그리고/또는 과잉행동-충동성의 지속적인 패턴이 기능이나 발달을 저해한다.

1. 부주의: 다음 증상들 중 여섯 가지(또는 그 이상)가 발달 수준에 적합하지 않고, 사회적 활동과 학업적 · 작업적 활동에 직접적으로 부정적인 영향을 미칠 정도로 적어도 6개월 동안 지속된다.
   주의: 증상이 과제나 교수를 이해하는 데 있어 단지 적대적 행동, 반항, 적개심, 또는 실패를 표현하는 것이 아니다. 청소년과 성인(17세 이상)에게는 적어도 다섯 가지 증상이 요구된다.
   a. 흔히 세부적인 면에 대해 면밀한 주의를 기울이지 못하거나 학업, 직업, 또는 다른 활동에서 부주의한 실수를 저지른다(예: 세부적인 것을 간과하거나 놓친다, 일을 정확하게 하지 못한다).
   b. 흔히 일 또는 놀이를 할 때 지속적인 주의집중에 어려움이 있다(예: 수업, 대화, 또는 긴 문장을 읽을 때 지속적으로 집중하기 어렵다).
   c. 흔히 다른 사람이 직접적으로 말을 할 때 경청하지 않는 것처럼 보인다(예: 분명한 주의산만이 없음에도 생각이 다른 데 있는 것 같다).
   d. 흔히 지시를 따르지 못하고, 학업, 잡일, 또는 직장에서의 임무를 수행하지 못한다(예: 과제를 시작하지만 빨리 집중력을 잃고, 쉽게 곁길로 빠진다).
   e. 흔히 과업과 활동 조직에 어려움이 있다(예: 순차적 과제 수행의 어려움, 물건과 소유물 정돈의 어려움, 지저분하고 조직적이지 못한 작업, 시간관리 미숙, 마감시간을 맞추지 못함).
   f. 흔히 지속적인 정신적 노력을 요하는 과업에의 참여를 피하고, 싫어하고, 저항한다(예: 학업 또는 숙제, 청소년과 성인들에게는 보고서 준비, 서식 완성, 긴 논문 검토).

g. 흔히 과제나 활동에 필요한 물건들을 분실한다(예: 학교 준비물, 연필, 책, 도구, 지갑, 열쇠, 서류, 안경, 휴대전화).

h. 흔히 외부 자극에 의해 쉽게 산만해진다(청소년과 성인에게는 관련 없는 생각이 포함된다).

i. 흔히 일상 활동에서 잘 잊어버린다(예: 잡일하기, 심부름하기, 청소년과 성인에게는 전화 회답하기, 청구서 납부하기, 약속 지키기).

2. 과잉행동 및 충동성: 다음 증상들 중 여섯 가지(또는 그 이상)가 발달 수준에 적합하지 않고 사회적 활동과 학업적 · 작업적 활동에 직접적으로 부정적인 영향을 미칠 정도로 적어도 6개월 동안 지속된다.

주의: 증상이 과제나 교수를 이해하는 데 있어 단지 적대적 행동, 반항, 적개심, 또는 실패를 표현하는 것이 아니다. 청소년과 성인(17세 이상)에게는 적어도 다섯 가지 증상이 요구된다.

a. 흔히 손발을 가만히 두지 못하거나 의자에 앉아서도 몸을 움직거린다.

b. 흔히 앉아 있도록 기대되는 교실이나 기타 상황에서 자리를 뜬다(예: 교실, 사무실이나 작업장, 또는 자리에 있어야 할 다른 상황에서 자리를 이탈한다).

c. 흔히 부적절한 상황에서 지나치게 뛰어다니거나 기어오른다(주의: 청소년이나 성인에게는 주관적 안절부절못함으로 제한될 수 있다).

d. 흔히 여가활동에 조용히 참여하거나 놀지 못한다.

e. 흔히 끊임없이 움직이거나 마치 자동차에 쫓기는 것처럼 행동한다(예: 식당, 회의장과 같은 곳에서 시간이 오래 지나면 편안하게 있지 못한다, 지루해서 가만히 있지 못하거나 지속하기 어렵다는 것을 다른 사람들이 경험한다).

f. 흔히 지나치게 수다스럽게 말한다.

g. 흔히 질문이 채 끝나기 전에 성급하게 대답한다(예: 다른 사람의 말에 끼어들어 자기가 마무리한다. 대화에서 차례를 기다리지 못한다).

h. 흔히 차례를 기다리지 못한다(예: 줄 서서 기다리는 동안).

i. 흔히 다른 사람의 활동을 방해하고 간섭한다(예: 대화, 게임, 또는 활동에 참견함, 요청이나 허락 없이 다른 사람의 물건을 사용함, 청소년이나 성인에게는 다른 사람이 하는 일에 간섭하거나 떠맡음).

B. 몇몇 부주의 또는 과잉행동-충동 증상이 만 12세 이전에 나타난다.

C. 몇몇 부주의 또는 과잉행동-충동 증상이 두 가지 이상의 장면에서 나타난다(예: 가정, 학교, 또는 직장에서, 친구 또는 친척들과 함께, 다른 활동들에서).

D. 증상이 사회, 학업, 또는 직업 기능에 방해를 받거나 질적으로 감소하는 명백한 증거가 있다.

E. 증상이 조현병(schizophrenia) 또는 기타 정신증 장애의 경과 중에만 발생하지 않으며, 다른 정신장애에 의해 더 잘 설명되지 않는다(예: 기분장애, 불안장애, 해리장애, 성격장애, 물질중독 또는 위축).

미국정신의학회(2013)의 DSM-5에서는 ADHD 아동은 자신과 비슷한 발달 수준에 있는 다른 아동들보다 더 심하게 부주의한 행동이 지속되거나 과잉행동 및 충동적인 행동을 보인다고 설명하고 있다. DSM-5에서 제시하고 있는 ADHD의 정의는 〈표 8-1〉과 같다.

DSM-5의 기준에 따라 ADHD로 진단하기 위해서는 〈표 8-1〉의 ADHD 진단기준에서 부주의 진단기준 아홉 가지 중 여섯 가지 그리고/또는 과잉행동 및 충동성 진단기준 아홉 가지 중 여섯 가지가 적어도 6개월 동안 지속적으로 나타나야 한다. 단, 청소년과 17세 이상 성인에게는 적어도 다섯 가지 증상을 보여야 한다. 그리고 ADHD 증상이 12세 이전에 발생하며, 적어도 두 가지 이상의 상황에서 광범위하게 나타나야 하며, 사회적 기능, 학업수행, 직업기능 등에서도 문제가 있다는 분명한 증거가 있어야 한다.

ADHD는 부주의, 과잉행동 및 충동성에 기초해서 복합형, 부주의 우세형, 과잉행동 및 충동 우세형의 세 가지 하위 유형으로 분류한다. 복합형은 지난 6개월 동안 〈표 8-1〉의 기준 A의 1과 A의 2 모두에 부합되는 경우이며, 부주의 우세형은 지난 6개월 동안 기준 A의 1에는 부합되지만 A의 2에는 부합되지 않는 경우이며, 과잉행동 및 충동 우세형은 지난 6개월 동안 기준 A의 2에는 부합되지만 A의 1에는 부합되지 않는 경우다(APA, 2013).

부주의 우세형은 다른 하위 유형과는 구분되며, 인지 처리가 매우 느린 것으로 보고되고 있다. 이들은 무기력해 보이며, 공상에 빠지거나 사회적으로 위축되어 있으며, 불안해한다(Barkley, 1998). 이러한 특성은 잠시도 가만히 있지 못하고 부산하며, 남을 방해하는 과잉행동 및 충동 우세형의 특성과는 임상적으로 전혀 다르다. 과잉행동 및 충동 우세형은 복합형보다 더 일찍 나타나며, 적어도 일부 사례에서는 시간이 지나면서 복합형으로 발전한다는 보고가 있다. 복합형은 여아보다 남아에게서 더 많이 나타난다(정명숙 외 역, 2011).

ADHD의 정의를 요약하면 ADHD는 부주의와 과잉행동 및 충동성을 보이는 발달장애로 12세 이전에 나타나서 성인까지 지속될 수 있으며, 주로 사회적 기술, 학업 및 직업 기술에 영향을 미치고 다른 장애와 공병(comorbidity)으로 나타날 수 있다.

2) ADHD의 역사

ADHD는 1902년에 영국의 소아과 의사인 Still이 처음 소개하였다. 그는 도덕적 통제력에 결함이 있는 아동들을 부주의하고 충동적이며, 과잉반응을 보이고 공격적이라고 묘사하면서 '정신적인 통제의 결함'이라는 용어를 사용하였다. 초기의 개념에서는 이들 아동의 과잉행동과 운동 불안정이 강조되었고 '과잉운동증', '과잉운동반응', '과잉운동증후' 등의 용어가 다양하게 사용되었다(Barkley, 1989).

1930년대에 들어서는 ADHD가 뇌 손상에 기인한다고 보았다. 1937년에 최초로 암페타민(amphetamine)이라는 약물이 ADHD 아동의 행동 개선을 위해 사용되었다. 20년 후인 1957년에 메틸페니데이트(리탈린)라는 약물이 소개되었다.

1950년대에서 1960년대에 뇌 손상이라는 용어를 '미세 뇌기능 장애(minimal brain dysfunction: MBD)'라는 용어로 바꾸어 사용하였다. 이 용어는 뇌가 실제적으로 정상이지만 특정한 행동을 일으키는 경미한 기능에 장애가 있다는 것을 암시한다.

1960년대에 '과잉행동 아동 증후군'이라는 용어가 처음 등장하였다. 1960년대와 1970년대에는 MBD와 과잉행동이라는 용어가 함께 사용되었다. 한편, 1973년에 Feingold가 과잉행동 치료에 식이요법을 도입하였다. Feingold 식이요법은 언론과 미국 정부의 지원을 받아 유행하였으나 많은 연구에서 그 효과성이 검증되지 않아 사라지게 되었다.

1972년에 캐나다 심리학회 회장인 Douglas는 주의력결핍과 충동성이 과잉행동보다 더 중요한 증상이라는 견해를 주장하였다. 그리고 1980년에 미국정신의학회의 DSM-Ⅲ에서는 '주의력결핍장애'라는 용어를 사용하면서 과잉행동을 수반하는 주의력결핍장애와 과잉행동을 수반하지 않는 주의력결핍장애로 구분하였다(APA, 1980). 1987년의 DSM-Ⅲ-R에서는 ADHD의 하위 유형에 따라 '주의력결핍과잉행동장애'라는 용어로 변경하여 사용하였다(APA, 1987). 그러나 세계보건기구(WHO)에서 제정한 국제질병분류(ICD-10)에서는 '과잉행동장애(hyperkinetic disorder)'로 명명하고 있었다(WHO, 1992).

1994년의 DSM-Ⅳ에서는 ADHD를 활동적 · 충동적 행동을 보이지 않는 부주의 우세형, 활동적 · 충동적 행동을 보이는 과잉행동 및 충동 우세형, 그리고 이 두 가지 유형이 공존하는 복합형으로 설명하였다.

표 8-2 **ADHD의 역사**

1902년	ADHD 행동을 명확하게 기술함 ADHD는 뇌손상이나 부모의 잘못된 양육으로 발생하는 것이 아님
1930년대	뇌손상이 ADHD 행동의 원인임
1937년	최초로 각성제 약물을 사용함
1950~1960년대	뇌의 기능장애로 간주하면서 '미세 뇌기능 장애' 용어를 사용함 정신분석학의 소아정신과 의사들은 ADHD를 부모와 환경의 문제로 생각함 (일부에서는 이런 태도가 1990년대까지 계속됨)
1957년	메틸페니데이트(리탈린)를 도입함
1960~1970년	'과잉행동 아동 증후군'이 널리 알려짐 리탈린이 널리 사용되고 각성제에 대한 많은 연구가 이루어짐
1970~1975년	잘못된 미디어의 주장으로 약물치료에 대한 우려가 증폭됨 Feingold 식이요법이 널리 사용됨
1975~1980년	약물치료가 다시 널리 사용됨
1980년	미국정신의학회(APA)의 DSM-Ⅲ에서 '주의력결핍장애'라는 용어를 사용함
1987년	미국정신의학회(APA)의 DSM-Ⅲ-R에서 '주의력결핍과잉행동장애'라는 용어를 사용함 반 약물치료 운동은 많은 부모들과 전문가들에게 혼동을 가져 옴
1990년	양전자방출단층촬영(PET)은 ADHD의 뇌와 정상의 뇌에서 기능상으로 의미 있는 차이를 보여 주었음
1992년	세계보건기구(WHO)의 ICD-10에서는 ADHD를 '과잉행동장애'로 분류함
1994년	미국정신의학회(APA)는 DSM-Ⅳ에서 '주의력결핍과잉행동장애'를 다시 정의함
1997년	ADHD를 네 가지 요인의 상호작용으로 봄: 주의력 및 학습, 충동적이며 통제력이 결핍된 행동, 공병 유무, 그리고 아동의 적절한 양육 환경 혹은 적대적인 양육 환경
2013년	미국정신의학회(APA)의 DSM-5에서는 ADHD 증상이 나타나는 시기를 12세 이전으로 보았음
2019년	세계보건기구(WHO)의 ICD-11에서는 ADHD를 '신경발달장애'로 분류함 ADHD는 부주의 우세형, 과행동동-충동성 우세형, 복합형으로 설명되며 전 생애에 걸쳐 나타남

출처: Green & Chee (1997), pp. 14-15의 내용을 수정함.

2013년의 DSM-5에서는 DSM-IV의 진단기준과 거의 유사하나 ADHD 증상이 나타나는 시기가 7세 이전에서 12세 이전으로 바뀌었으며, 청소년과 17세 이상 성인의 진단기준 항목 수를 다섯 가지로 제시하는 것이 포함되었다.

세계보건기구(WHO)는 2019년에 ICD-11를 승인하고 2022년부터 사용하도록 권고하였다. ICD-10에서 '과잉행동장애'로 분류되었던 ADHD가 ICD-11에서는 발달 초기에 발생하며, 지적, 운동 및 사회적 기능에서의 특징적 장애, 그리고 다른 신경발달장애와의 공통적인 공병으로 인해 '신경발달장애(neurodevelopmental disorders)'로 대체되었다. ADHD는 부주의 우세형, 과행동동-충동성 우세형, 복합형으로 설명되며 전 생애에 걸쳐 나타난다(Reed et al., 2019). 이러한 ADHD의 변천 과정을 요약하면 〈표 8-2〉와 같다.

3) ADHD의 출현율

ADHD 출현율은 일반적으로 학령기 아동의 3~5% 정도가 해당하는 것으로 알려져 있다(Hallahan et al., 2005). 미국정신의학회의 DSM-5에서는 ADHD 출현율을 아동의 경우 약 5%, 성인의 경우 약 2.5%로 제시하고 있다(APA, 2013). 미국에서 한 지역의 공립초등학교 전체 아동의 5.96%가 정기적으로 약물치료를 받고 있다는 보고가 있을 정도로 ADHD는 매우 흔하게 진단되는 장애이며, ADHD 치료로 약물치료가 보편화되어 있다(Safer & Zito, 2000).

우리나라 ADHD 출현율 연구를 살펴보면 연구자와 연구의 방법과 대상 지역에 따라 1.99%에서 7.6%의 출현율을 보고하고 있다. 김자윤 등(1999)은 약 2,500명의 초등학교 학생을 대상으로 2단계 진단 과정을 시행한 연구 결과에서 ADHD 출현율을 1.99%로 보고하였다. 국립특수교육원(2001)은 학령기 학생을 대상으로 한 조사서에서 0.07%로 보고하였으며, 임경희와 조붕환(2004)은 5.7%로, 조수철과 신윤오(1994)는 7.6%로 보고하였다.

이와 같이 출현율이 연구마다 다른 이유는 ADHD에 대한 정의, 측정 방법, 표집 상황 등 여러 요인 때문이라고 볼 수 있다. 출현율 연구를 종합해 보면 ADHD는 많은 연구에서 밝혔듯이 학령기 아동의 약 5% 정도로 추정할 수 있어 학교 현장에서 흔히 볼 수 있는 장애 중 하나다.

ADHD 출현율의 남녀 비율을 살펴보면 미국정신의학회의 DSM-5에서는 아동의 경우 약 2:1, 성인의 경우 약 1.6:1이고, 부주의 우세형은 여성이 남성보다 많다고 보고하고 있다(APA, 2013). Wicks-Nelson과 Israel은 ADHD 출현율이 아동기에서 청소년기로 갈수록 감소했으며, 남성 2~9명당 여성 1명 정도로 남성에게서 많이 발견된다고 보고하였다(정명숙 외 역, 2011). Barkley(1998)의 남녀 비율 조사 연구에서는 일반 집단과 임상 집단 조사에 차이가 있었다. 일반 집단의 경우 2.5:1에서 5.1:1로 조사되어 약 3~4:1로 남성이 높게 나타났다. 그러나 임상 집단 조사에서는 2:1에서 10:1까지 차이가 나타나 약 6:1 정도로 남성이 높게 나타났다. 이것은 남성이 여성보다 공격적이거나 반사회적인 문제행동으로 병원을 방문할 가능성이 더 높기 때문이라고 추정하였다.

남녀의 성별에 따른 출현율 차이는 유전과 관련된 생물학적인 위험이 남성이 여성보다 더 크다고 볼 수 있으며, 남성의 과잉행동이나 충동적인 행동은 허용되나 여성에게는 허용되지 않는 양육방식으로도 설명될 수 있다.

ADHD의 예후는 ADHD 아동의 약 70%가 그 증상이 청소년기까지 지속되어 상당한 어려움을 경험하는 것으로 나타났다. 이들은 ADHD 진단기준에 합당한 증세를 그대로 갖고 있으면서 학업부진과 같은 교육적인 문제를 갖기도 하고 때로는 또래, 교사, 부모와의 사회적인 문제에서 미숙함이나 충동성을 포함하는 개인적인 어려움으로 고생하기도 한다(안동현 외, 2004).

2. ADHD의 원인

ADHD의 원인은 정확하게 밝혀지지는 않았으나 주로 생물학적 요인, 심리사회적 요인, 기타 요인으로 나눌 수 있다. 생물학적 요인에는 유전적 메커니즘과 관련된 유전, 뇌 손상과 뇌기능 이상, 신경학적 접근에서의 신경전달물질 등이 있다. 심리사회적 요인에는 아동을 둘러싼 환경과 관련된 위험 요인으로 부모의 양육방식과 가족의 태도 등이 있다. 기타 요인에는 식이요법과 환경 속의 납 등이 있다.

1) 생물학적 요인

유전적 접근은 장애의 원인이 유전에 기인한다는 가설하에 가족력, 신경적 손상, 환경 내의 독성물질, 유전자 정보 등의 요인에 초점을 맞춘다. 유전 관련 연구는 가족관계 및 쌍생아 관계 연구를 통해 유전적 메커니즘을 이해하는 연구와 유전 양식을 연구하는 분자유전학 분야로 나눌 수 있다.

ADHD의 원인이 유전에 있다고 보는 견해는 가족력 연구에서 유래한다. 많은 연구를 통해 ADHD 학생의 가족들은 ADHD를 비롯한 여러 병리적인 증상을 나타내는 비율이 평균보다 높게 나타났다(Barkley, 1998). ADHD 학생의 부모에게서도 과잉행동, 사회병리, 알코올중독, 전환장애의 발생 빈도가 높게 나타났으며, ADHD 학생의 20~30%가 ADHD와 비슷한 문제를 가진 부모나 형제자매가 있는 것으로 알려졌다(정명숙 외 역, 2011). 또한 과잉행동 학생의 형제자매가 ADHD로 진단된 확률이 일반 학생보다 두 배나 높게 나타났다.

쌍생아 연구에서도 유전 가능성이 확인된다. Goodman과 Stevenson(1989)의 쌍생아 연구에서는 과잉행동과 주의산만 요인이 약 50%의 유전적 요인으로 밝혀졌다. Levy 등(1997)은 쌍둥이 한 명이 ADHD일 때 다른 한 명이 ADHD일 확률은 일란성 쌍생아에게서 훨씬 더 높게 나타난다고 하였다.

이러한 연구 결과들은 ADHD가 후천적인 환경보다는 유전자를 통해 유전될 가능성이 있다는 것을 보여 준다. 그러나 쌍생아 연구 결과가 100% 일치하지 않은 것으로 보아 ADHD를 유전만으로 설명하기는 어렵다.

ADHD의 유전 양식을 연구하는 분자유전학 분야에서는 2개의 유전자가 과잉행동과 관련이 있는 것으로 보고 있다(Rutter et al., 1999). 하나는 11번 염색체의 DRD4라는 유전자가 신호를 받아들이는 뉴런의 활동을 억제하는 도파민 수용기 정보를 가지고 있고(Barr, 2001), 또 하나는 DTA1이라는 유전자가 도파민 수송과 관련되어 있다. 이 결과들은 ADHD가 도파민 이상과 관련이 있으며, 전두엽을 비롯한 뇌의 연합피질 영역에 이상이 있다는 가설과도 일치한다(정명숙 외 역, 2011).

일반적으로 뇌 손상은 임신 중에 산모의 이상과 출생 시에 입었던 미세한 뇌 손상, 출생 후의 고열, 감염, 독성물질, 대사장애, 외상 등으로 발생한다. ADHD의 원인이 임신 및 출산 합병증과 관련 있다고 주장하는 연구가 있으나 연구 결과가 일관성 있게 나타나지는 않는다. 조산아와 체중 미숙아에 대한 연구들은 이 유아들이 주의력에 문제를 보이거나 과잉행동 및 충동성을 나타낼 가능성이 높다는 것을 시사하고 있다(Schothorst & van Engeland, 1996). 임신 중 음주와 흡연도 발달장애 위험을 증가시킬 수 있다. 임신 중 음주가 유아의 활동성 수준, 주의력 결핍, 과제를 조직화하는 능력의 부족 등과 관련 있는 것으로 밝혀졌다(Streissguth et al., 1984). 그러나 임신 및 출산 합병증과 ADHD 간의 상관관계를 입증할 만한 명확한 증거는 없으며, 이를 검증하는 것 또한 쉬운 일이 아니다.

ADHD의 원인을 뇌 손상으로 보는 견해는 뇌의 특정 부위 손상이나 기능 이상에 초점을 맞추어 접근한다. 즉, 뇌의 생물학적인 이상을 ADHD의 원인의 하나로 보는 것이다. 뇌는 발달 단계에 따라 성숙하는 것으로 알려져 있다. 특히 주의집중을 조절하는 데 영향을 미치는 전두엽은 청소년기 이전에 발달하는 것으로 알려져 있다. ADHD에 관한 뇌 손상 연구들은 전두엽 영역이 주의와 집행기능, 운동기능과 관련 있으며, 전두엽 기능의 손상이 ADHD의 증상과 관련 있다고 한다(Rapport et al., 2000).

뇌의 생물학적인 발달지체가 ADHD의 원인이 될 수도 있다. ADHD 학생들은 주의집중 조절에 영향을 미치는 전두엽이 청소년기까지 성숙하지 못한다고 하면서 ADHD 특징인 충동성과 부주의가 전두엽 발달의 지체와 관련 있다고 설명한다(Massman et al., 1988). 또한 ADHD의 뇌는 좌우 반구를 연결하는 조직인 뇌량과 소뇌의 크기가 정상에 비해 작다는 보고도 있다(Tannock, 1998).

신경학적 접근에서는 신경전달물질의 장애를 ADHD의 원인으로 본다. 뇌를 비롯한 신경계에는 신경전달물질이라는 화학물질이 있어 세포들 간에 정보를 전달하는 역할을 한다. 여러 종류의 신경전달물질 중에서 도파민과 노르에피네프린이 주의력결핍 및 과잉행동의 원인이라는 견해가 있다. 도파민과 노르에피네프린은 서로 상이한 작용을 하는 신경전달물질로 적절한 수준의 도파민은 중요하지 않은 것을 제지하여 작업에 주의집중할 수 있도록 하며, 노르에피네프린은 중요한 것에 재빨리 집중하여 적절한 행동을 취할 수 있도록 하는 신경전달물질이다. 이러한 견해는 도파민과 노르에피네프린에 영향을 주는 각성제 약물이 ADHD를 치료하는 데 효과가 있다는 연구를 통해 지지되고 있다.

생물학적인 요인에서의 연구들은 뇌 손상과 뇌기능 상의 이상을 밝히려는 연구가 주류를 이루고 있다. 유전적인 접근은 종래의 유전자 관련 원인을 규명하려는 쌍생아 연구와 가계 연구가 있으나 최근에는 포스트 게놈의 일환으로 DNA의 염기체 서열에서 ADHD에 원인이 되는 유전자를 밝히려는 분자유전학 연구가 진행 중이다. 아직 ADHD의 원인이 되는 유전자가 정확하게 밝혀지지 않았으나 머지않아 밝혀지리라 믿는다.

ADHD의 원인이 아직까지 정확히 밝혀지지는 않았지만 앞에서 살펴본 것과 같이 생물학적 요인을 뒷받침할 만한 근거들이 많이 있다. 그러나 연구 결과가 일관성을 보이지 않고, 그 연구 결과가 얼마나 타당한지는 앞으로 더 검증되어야 한다.

2) 심리사회적 요인

ADHD와 관련된 심리사회적 요인은 가족과 관련된 요인들로 부모의 낮은 학력 혹은 사회적 지위, 한부모가정, 결손가정 등이 있다. 이러한 요인들이 ADHD를 유발하거나 지속시키는 데 일정한 역할을 할 가능성이 있다.

Goodman과 Stevenson(1989)의 쌍생아 연구에서는 ADHD 행동과 가족 변인 간의 관련성을 발견하였다. 그 변인들에는 부모의 부정적 정서 상태와 원만하지 못한 부부관계, 아동에 대한 냉담과 비판 등이 포함되어 있다. 다른 연구들은 가정의 기능 상실, 한부모가정, 집 주변의 도시 환경 등 열약한 가정 여건이 ADHD와 관련이 있다고 밝히고 있다(Stormont-Spurgin & Zentall, 1995).

과잉행동을 보이는 학령기 학생에 대한 연구에서 ADHD 학생의 부모는 일관성과 인내심이 부족하고, 일반 학생의 부모보다 더 권위적임을 밝히고 있다(Woodward et al., 1998). Stormont-Spurgin과 Zentall(1995)은 ADHD와 공격성을 함께 보이는 유아의 가정이 ADHD만을 보인 유아의 가정보다 더 구속적이고 공격적임을 발견하였다.

어머니와 아동의 상호작용에 관한 초기의 연구들은 과잉행동 아동의 어머니가 일반 아동의 어머니보다 상호작용에서 더 통제적이고 명령적이고 부정적으로 영향을 미치고 있다고 보는 반면에, 최근 연구들은 어머니의 통제적인 상호작용 유형을 원인으로 보기보다는 아동의 행동에 대한 반응으로 보고 있다.

이러한 연구 결과로 미루어 볼 때 문제가 있는 부모의 부적절한 양육은 ADHD를 일으키는 직접적인 요인이 아니더라도 부적절한 양육이 ADHD 아동의 행동을 악화시키는 것은 분명하다고 할 수 있다.

아동의 과잉행동과 반항적인 행동이 다른 심리사회적 요인들과 결합하여 ADHD가 나타날 가능성이 크다는 연구가 있다. 학령기 전에 기질이 부정적이고 요구가 많은 아동은 학령기가 되어서도 ADHD가 될 가능성이 높다. 한 연구에서 부모가 지나치게 활동적이고 부주의하고 반항적이라고 평가한 2~3세 아동 46명과 문제행동을 보이지 않는 아동 22명을 6세가 될 때까지 관찰한 결과, 초기에 문제행동을 보였던 아동들 중 50%가 여전히 과잉행동을 보이거나 ADHD인 것으로 나타났다(신현균, 김진숙, 2016).

교사의 행동은 학생의 주의력과 사려성을 길러 주는 데 중요한 역할을 담당한다. Whalen(1989)은 학생의 행동에 대한 교사의 지각과 포용력도 부모 못지않게 학생의 사회적 상호작용에 영향을 미친다고 하였다.

심리사회적 요인에서 ADHD는 환경과 학생 간의 접촉으로 야기되는 결과로 본다. 환경적 요인으로는 학생의 가정생활, 사회경제적 지위, 부모의 태도와 정서, 내재화된 분노 등이 있다. 이들 중 가족 역기능과 낮은 사회경제적 수준은 ADHD의 원인에 영향을 미치지 않는 것으로 판명되었으나 건강 문제, 발달상의 결함, 도시 지역 거주는 영향을 미치는 것으로 나타났다(Szatmari, 1992). 부모의 양육은 중요한 변인으로 통제적이고 간섭이 많은 양육방식은 학생의 행동을 더 나쁘게 만들 수 있다. 또한 가족은 장애발달의 중요한 맥락적 요인으로 장애의 특성과 심각성에 영향을 미친다. 그러나 부모와 가족의 환경적인 영향이 ADHD 장애 수준에 영향을 미치지만 그 자체를 원인으로 보기는 어렵다(Barkley, 1998).

3) 기타 요인

ADHD의 원인이 되는 기타 요인으로는 식이요법과 환경 속의 납이 있다. ADHD 학생은 인공색소, 식품 첨가물, 설탕 등 특정 음식에 과잉행동과 관련된 알레르기 반응을 보일 수 있다. 또한 납은 ADHD 학생에게서 일관적으로 나타나는 유해물질 중 하나다.

식이요법이 ADHD를 초래할 수도 있다는 생각은 한때 일반 대중에게 널리 퍼져 있었으나 학계에서는 인정되지 않고 있다(Taylor, 1994). 식이요법에서는 인공 색소, 감미료, 특정 방부제 등을 함유한 음식이나 자연발생적으로 음식에 함유되어 있는 살리실산염이 과잉행동을 초래할 수 있다고 주장한다. 이러한 주장으로 등장한 것이 Feingold 식이요법이다. 그러나 이 주장은 후속연구를 통해 입증되지 못했다(Spring et al., 1987).

당분 섭취의 효과에 대한 연구도 이루어졌다. 일부 부모들이 보고한 일화에 따르면 당분 섭취가 학생에게 과잉행동을 일으키고 조직력 결여를 초래한다고 하였다. 그러나 실험 연구 결과를 메타분석한 자료는 학생의 인지기능이나 행동이 당분으로부터 영향을 받지 않았다는 것을 보여 주었다(Wolraich et al., 1995).

식이요법에 관한 연구를 종합해 보면 식이요법이 ADHD의 원인이라는 주장은 검증되지 않았으나 특정 음식물에 예민한 일부 학생에게만 영향을 미치는 것으로 추정할 수 있다.

또 다른 견해는 환경 속의 납 성분을 ADHD의 원인으로 본다. 납에 노출되면 매우 위험하다는 것은 널리 알려진 사실이다. 납 성분을 많이 섭취하면 생물학적 기능과 인지, 행동 등에 치명적인 장애가 발생할 수 있다(Tesman & Hill, 1994). 몇몇 연구들은 혈중 납 수준이 높은 학생들 중 25~35%가 과잉행동이 나타났다고 보고하였다(Barkley, 1984). 소량의 납에 장기간 노출되는 것도 학생에게 나쁜 영향을 미친다. 그러나 납의 양과 주의력 및 활동성 수준 간의 상관관계 연구 결과들은 상관이 있었으나 그 정도가 미미한 것으로 보고하고 있다(Fergusson et al., 1993).

ADHD의 원인을 식이요법이나 납 섭취와 같은 환경적 위해로 보는 연구는 환경적 위해 요인이 ADHD 발생에 영향을 준다고 밝히고 있다. 그러나 일부 연구에서는 입증할 만한 단서를 찾지 못했다고 상반된 주장을 하고 있어 명확한 결론을 내리기는 어렵다.

지금까지의 연구들은 ADHD의 원인을 정확하게 밝히지는 못하고 있으나 선행연구에 기초해서 ADHD의 원인을 요약해 보면, 생물학적 요인인 신경학적 요인과 유전적 요인이 원인이 되어 심리사회적 요인인 물리적 · 사회적 환경에 영향을 받아 ADHD 증상이 나타났을 것이라고 추정할 수 있다.

3. ADHD의 특성

ADHD 학생에게 일반적으로 나타나는 특성 중 하나는 한 곳에 집중하지 못하는 부주의를 들 수 있다. 또 다른 특성으로는 부주의와 동반해서 나타나거나 따로 나타나는 과잉행동 및 충동성이 있다. ADHD 진단기준에 언급된 부주의, 과잉행동 및 충동성 외에도 낮은 지능과 학업수행, 사회적 기술의 부재 등이 있다.

1) 부주의

ADHD 학생은 여러 가지 방식으로 부주의 문제를 나타낸다. 이들은 또래에 비해 한 활동에서 다른 활동으로 빠르게 옮겨 다니고, 다른 사람이 하는 말을 주의 깊게 듣지 않고, 주의가 쉽게 분산되어 집중을 잘하지 못하고, 한 가지 일을 꾸준하게 하지 못하고, 물건을 자주 잃어버린다.

ADHD 학생은 통제 집단의 일반 학생이나 학습장애학생에 비해 자신이 하는 일에 주의를 덜 기울이는 것으로 나타난다(Barkley, 1998). 그러나 부주의 문제는 주로 지루하거나 반복적인 과제를 수행할 때 발생하므로 ADHD 학생도 흥미를 느끼거나 동기 유발이 되었을 때는 주의를 집중하고 유지할 수 있다.

학교에 입학하기 전에는 비교적 주의집중을 요구하는 경우가 적기 때문에 부주의는 과잉행동에 비해 덜 중요한 것으로 간과되다가 학교에 입학하면서부터 부주의가 학업부진과 이차적인 동기 저하를 유발하기 때문에 점차 두드러진다.

주의력결핍 학생은 선택적 주의(selective attention)와 지속적 주의(sustained attention)에 문제가 있다. 선택적 주의는 적절한 환경 자극에 주의를 기울이고 부적절한 자극으로부터 방해받지 않는 능력이며, 지속적 주의는 시간이 지나도 과제에 주의를 기울이는 능력을 말한다. 주의는 외부적인 요인과 내부적인 요인에 따라 분산될 수 있다. 주의 분산은 과제가 지루하고 재미없거나 어려울 때 더 잘 일어난다. 또한 과제와 관련이 적은 부적절한 자극이 개입될 때 주의가 분산될 수 있다.

일반적으로 ADHD 학생은 선택적 주의에 문제가 있다. 그러나 ADHD 학생의 주의 분산 정도가 일반 학생보다 더 크지 않다는 연구가 있어 선택적 주의에 문제가 있다고 주장하는 연구에 대해 의문을 제기하고 있다(Taylor, 1994, 1995).

ADHD 학생은 선택적 주의의 문제와 더불어 주의집중에 일관성이 없는 지속적 주의에도 문제가 있다. ADHD 학생은 흥미로운 과제에 주의집중을 잘하는 편이다. 그러나 흥미롭지 않은 과제에서는 주의집중을 하지 못하거나 잠시 주의집중을 잘하다가도 얼마 되지 않아서 주의집중을 하지 않는다. ADHD의 지속적 주의는 긍정적 강화, 소그룹, 교사의 존재 여부 등의 외부적 요인으로부터 영향을 받는다.

2) 과잉행동 및 충동성

과잉행동 학생의 일반적인 행동 특성은 언제나 뛰어다니고, 가만히 있지 못하고, 안절부절못하고, 얌전히 앉아 있지 못하고, 몸을 뒤틀고, 손가락을 움직이고, 친구를 이유 없이 건드린다. 또한 물을 엎지르거나 물건을 뒤집어 엎는 등의 사소한 사고를 자주 저지르고 신체에 상처를 입는 심각한 사고를 내기도 한다. 과잉행동 학생의 동작은 지나치게 힘이 넘치고, 위험스럽게 보이고, 부자연스럽고, 행동의 목표가 결여된 것처럼 보인다. 과잉행동 학생은 다른 사람의 요구에 맞추어 자신의 행동을 적절히 조절하는 데 어려움을 겪는다.

과잉행동 학생은 학급에서 자주 규칙을 어기고, 다른 사람을 혼란스럽게 하고, 학업성취가 지체되는 등 학교생활에 문제를 보이기도 한다. 과잉행동은 주로 학급에서 조용히 앉아 학습 과제를 수행하거나 익숙하고 반복적인 일을 할 때 발생할 가능성이 높다. 또한 개개인에게 주의를 기울이지 않은 채 집단으로 과제를 수행하는 보상이 거의 없는 상황에서 발생할 가능성이 높다.

이러한 과잉행동은 성장하면서 큰 근육 운동에서 작은 근육 운동으로 외적 행동에서 내적 행동으로 변화한다. 따라서 학령전기 아동에게는 뛰고 돌아다니는 것과 같은 큰 근육 활동이 문제가 되지만 학령기가 되면 이러한 큰 근육 활동은 더 이상 문제가 되지 않고 꼼지락거림, 자리에서 뒤돌아보기, 말하기, 다른 아동 집적거리기, 연필 입에 물기 등과 같은 작은 근육 활동이 문제가 된다. 그러나 청소년기가 되면 이 같은 과잉행동은 대부분 크게 문제가 되지 않는다.

충동성의 본질은 생각하지 않고 행동하는 데서 드러나듯이 행동억제 능력의 결함에 있다. ADHD 학생은 참고, 억제하고, 행동을 통제하는 능력이 부족하다. 이러한 충동성 때문에 ADHD 학생은 조심성이 없고, 무책임하고, 미성숙하고, 게으르거나 버릇이 없어 보이기도 한다(Barkley, 1998).

충동성은 교실과 가정에서의 과제 수행에 영향을 미칠 뿐만 아니라 대인관계에도 심각한 영향을 미칠 수 있다. 과잉행동 학생은 대화를 방해하는 행동이 일반 학생보다 비율과 강도에서 높게 나타났다(Vincent et al., 1981).

일반 학생에 비해 ADHD 학생은 사고로 다치는 경우가 더 많다. 과잉행동 및 충동적인 행동이 사고의 원인이 된다. 일반적으로 자전거 사고와 같은 일상적 사고를 경험한 학생 중에는 과잉행동이 있거나 충동적인 학생이 많다. ADHD 청소년은 자동차 사고나 속도위반과 같은 규칙을 위반할 가능성이 높다.

3) 일반적인 특성

ADHD 아동의 지능은 일반 아동에 비해 약간 낮게 나타난다(Anastopulos & Barkley, 1992). ADHD 아동들은 3세 이후부터 과잉행동으로 인해 낮은 지능을 보이므로 ADHD의 낮은 지능과 과잉행동이 관련 있는 것으로 추정된다(Sonuga-Barke, 1994). 그러나 많은 아동이 정상 지능의 범위 안에 있으며, 심지어 영재 수준을 보이기도 한다(August & Garfinkel, 1989).

ADHD 학생은 학업성취 수준이 낮다(Forness & Kavale, 2001). 부주의, 과잉행동 및 충동성은 학업에 영향을 미친다. ADHD 학생은 학습할 수 있는 것처럼 보이는 과제조차도 제대로 수행하지 못하고 학급에서 요구하는 행동기준을 충족시키는 데 어려움이 있다. ADHD 학생은 특히 읽기와 셈하기에 어려움이 나타나며, 운동협응 능력이 떨어지기 때문에 쓰기에도 문제가 나타난다. 김미경 등(1996)은 학습수행평가척도를 사용한 조사에서 ADHD 학생의 46%가 학습에 어려움을 겪고 있다고 보고하였다. Weiss와 Hechtman(1986)은 ADHD 행동의 결과로 학업성취가 낮게 나타난다고 결론지었다.

또한 ADHD 학생들 사이에서 학습장애 출현율은 80%로 높게 나타났다. 임상적 관점에서 Silver(1987)는 과잉행동 학생은 최소한 한 영역에서 특정 학습장애를 가질 가능성이 있다고 하였다. 그러나 ADHD와 학습장애를 유발하는 공통적인 역기능이 있는 것인지, 아니면 ADHD 행동이 심각한 학업성취 문제를 유발하는지에 대해서는 전문가들의 의견이 일치하지 않고 있다(방명애, 이효신 역, 2013).

ADHD 학생은 사회적 상호작용에서도 어려움을 겪는다. 이들은 흔히 순종적이지 않고 반항적이며, 화를 잘 내고 자주 말다툼을 한다. 이는 DSM-5 분류체계에서 적대적 반항장애에 속하는 행동이며, 적대적 반항장애는 품행장애로 발전할 수 있다. 품행장애는 공격성, 사기, 규칙 위반 등의 행동 특성을 포함한다. ADHD 학생의 35~70%가 품행장애를 나타내는 것으로 추정된다(Johnston & Ohan, 1999).

ADHD 학생은 사회적 기술과 또래와의 상호작용이 결핍되어 있으며, 주의를 끄는 기술이 결여되어 있으며(Tallmadge & Barkley, 1983), 요구에 대해 덜 순응적인 경향이 있는 것으로 나타났다(Campbell, 1975). 그러나 사회적 상호작용이 기본적으로 충동성과 방해행동 때문에 어려운 것인지, 아니면 다른 관련 요인이 있는 것인지에 대해서는 아직 입증되지 않았다(방명애, 이효신 역, 2013).

ADHD 학생은 다른 학생들로부터 말썽을 피우고 시끄럽고 불만이 많다는 평가를 받으며, 이로 인해 따돌림을 받는 경향이 있다(Flicek, 1992). 과잉행동 및 충동성을 보이는 학생은 다른 학생들로부터 따돌림을 받는 반면에 부주의를 보이는 학생은 다른 학생들로부터 무시당하는 경향이 있다(Hinshaw, 1998).

ADHD에 대한 교사의 반응에도 문제가 있다. 예를 들면, 교사들은 사회성 및 협동성 부족, 과잉행동 및 충동성, 파괴적이고 낮은 자기통제 등이 모든 유형의 ADHD에 해당되는 것으로 알고 있으며, 일반 학생에 비해 ADHD 학생에게 더 지시적이고 통제적인 경향이 있다.

ADHD 학생에게 동시에 발생하는 공병을 살펴보면 적대적 반항장애는 복합형 ADHD의 약 50%와 부주의 우세형의 약 25%에서 나타난다. 품행장애는 복합형 ADHD 아동 또는 청소년의 약 25%에서 나타난다. 특정학습장애는 ADHD에서 흔히 나타난다. 불안장애와 주요우울장애는 소수의 ADHD에서만 나타나지만 전체 인구의 평균보다는 높게 나타나는 편이다. 간헐적 폭발성 장애(intermittent explosive disorder)와 물질남용장애도 소수의 ADHD 성인에서만 나타나지만 전체 인구의 평균보다는 높게 나타나는 편이다. ADHD 성인들 중에서 반사회적 성격장애가 ADHD와 함께 나타날 수 있으며, 이 밖에 기타 공병에는 강박-충동장애, 틱장애, 자폐스펙트럼장애 등이 있다(APA, 2013).

연구에 의하면 ADHD 학생의 25~30%가 불안장애를 보인다고 한다. 이 학생들은 ADHD 문제와 더불어 두려움, 걱정 그리고 기타 불안으로 불편함을 겪고 있으며, 보통의 ADHD에 비해 과잉행동 및 충동성이 덜 나타나며, 품행 문제도 적게 나타난다. ADHD와 불안장애를 둘 다 보이는 학생은 ADHD 또는 불안장애 중 하나만 보이는 학생과는 약간 다른 인지 수행 특성을 보인다는 자료가 있다. 또 다른 연구는 ADHD 학생의 30~50%가 우울증이나 불안장애가 있다고 밝히고 있다(Attention Deficit Disorder-Part I, 1995).

선행연구들은 소아 · 청소년기 ADHD와 양극성장애는 증상의 유사함으로 인해 선별 진단이 어렵고 중복 진단율이 높다고 보고하고 있다. ADHD와 양극성장애 공병 아동군은 순수 ADHD 아동군에 비해 조기에 ADHD 증상이 발생하였으며, 전반적인 기능 저하가 두드러지게 나타났다. 또한 기분장애의 가족력이 높았으며, 인지 기능에서도 시각적 주의력과 시각적 조직화 능력에 결손을 보여 주어 심각도와 예후 면에서 안 좋은 결과를 가져 오는 것으로 나타났다(정동선 외, 2006).

관련 장애 요인의 연구 결과를 살펴보면 ADHD, 품행장애, 우울장애, 불안장애, 학습장애가 높은 비율로 동시에 발생한다고 밝히고 있다. 그러나 어떤 공통 요인이 다양한 장애를 촉발하는지, 아니면 한 장애가 다른 장애를 유발하는지 현재로서는 알 수 없다.

[그림 8-1]은 ADHD를 빙산에 비유하여 설명한 그림이다. ADHD 학생에게 수면 위로 나타나는 주요 특성은 부주의, 과잉행동 및 충동성이다. 그러나 수면 아래 숨겨진 특성은 수면 위로 드러난 특성보다 더 복잡한 문제를 지니고 있다. 이처럼 ADHD는 특성이 다양하게 나타나기 때문에 겉으로 드러난 빙산의 일각만 보고 판단하지 말고 수면 아래 감추어진 숨겨진 특성들을 정확하게 이해하려는 노력이 필요하다.

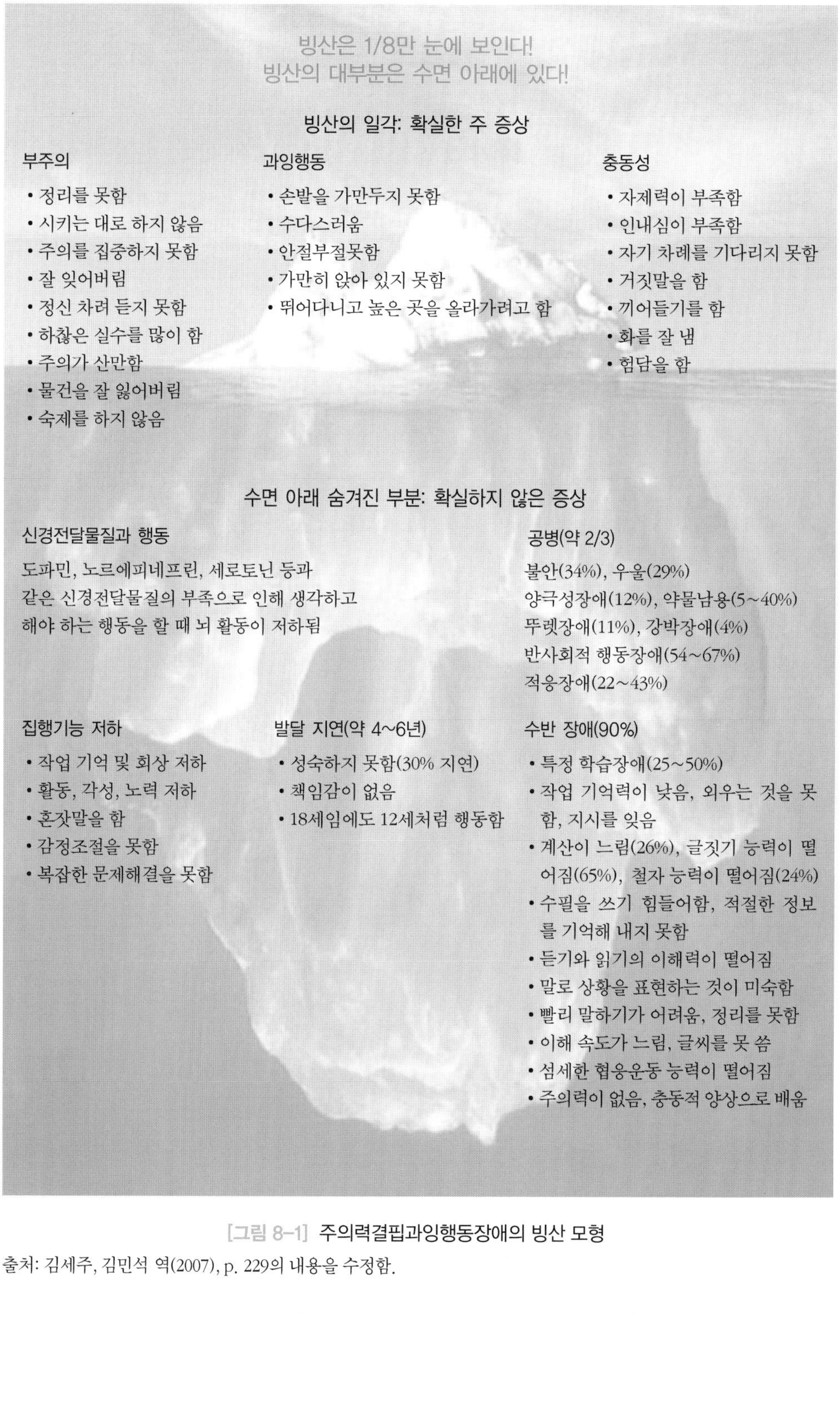

[그림 8-1] 주의력결핍과잉행동장애의 빙산 모형

출처: 김세주, 김민석 역(2007), p. 229의 내용을 수정함.

4. ADHD의 진단 및 평가

ADHD를 평가하는 목적은 장애를 조기에 발견하여 정확하게 진단한 다음에 학생에 맞는 적합한 교육 방법과 지원 서비스를 제공하기 위함이다. 이를 위해서는 진단평가를 통해서 장애의 주요 증상과 이차적인 증상을 파악함은 물론, 가족 기능 및 생물학적 기능도 포괄적으로 조사해야 한다.

ADHD를 평가하기 위해서는 병력, 발달 상황, 신경과 검사를 비롯한 건강검진 등을 포함하는 생물학적 평가가 선행되어야 한다. 일반적으로 의학적 평가로는 ADHD를 발견하기가 쉽지 않지만 생물학적 요인이 의심스러울 때는 실시할 필요가 있다. 그 결과를 통해 ADHD를 이해하거나 치료하는 데 도움이 되는 정보를 얻을 수도 있기 때문이다.

Barkley(1998)는 ADHD 평가를 위해 생물적 · 신경심리적 · 사회적 요인의 상호작용을 고려해서 평가할 것을 제안하였다. 생물적 요인에서는 학생의 신체 상태, 유전적 소인, 그 외의 위험 요인을 평가해야 한다. 신경심리적 요인에서는 학생의 신경심리학적 발달 및 중추신경계의 발달을 평가해야 한다. 사회적 요인에서는 행동 및 환경 요인, 사회 및 가족 요인, 사회경제 및 정치적 요인을 평가해야 한다.

ADHD의 평가 방법은 면접, 관찰, 검사로 나누어 살펴볼 수 있다. 면접은 학생과 직접 면접을 하거나 부모 혹은 교사와 면접을 할 수 있다. ADHD 학생의 면접에는 학생과 학교에 관한 정보, 부모와 가정에 관한 정보, 부모와 자녀의 상호작용에 관한 정보가 포함되어야 한다.

ADHD 학생에 대한 부모 면접에서 교사는 부부간의 문제, 생활 스트레스, 가족 기능, 부모의 불만과 태도와 정신병리 가능성 등에 초점을 두어야 한다. 교사는 학생의 발달력과 현재 문제를 상세하게 탐색해야 하며, 특히 운동, 언어, 지능, 사고, 학업, 정서, 사회적 기능 등을 살펴보아야 한다(Barkley, 1997). 교사가 ADHD 학생을 직접 면접하는 것도 중요하다. 그러나 면접에서 유의해야 할 점은 새로운 환경에서는 ADHD 학생이 종종 증상을 보이지 않는다는 점이다. ADHD 학생과의 면접은 자신의 행동, 대인관계, 학업성취에 대한 학생의 인식에 초점을 두어야 한다. 그러나 이러한 문제에 대한 학생과의 면접은 가끔 신뢰성이 떨어질 수 있다. 교사 면접은 ADHD 학생에게 결정적으로 중요한 역할을 해야 하며, 학생 행동의 선행사건과 후속결과에 집중해야 한다. 이러한 정보는 학생의 특정 행동이 유지되는 이유를 알아내는 데 중요하다.

관찰은 ADHD 학생 평가에서 많이 사용하는 방법 중 하나다. 관찰은 학업 상황과 일반 상황에서의 행동을 평가해야 하며, ADHD 증상이 두 장소 이상에서 나타나는지를 확인해야 한다. 관찰의 단계는 준비 단계, 기록 단계, 결과 요약 단계를 거친다. 관찰을 기록하는 방법은 빈도기록법, 반응시간기록법, 시간표집기록법 등이 있다. 관찰은 평가하고 치료 계획을 세울 때 유용하며 진단에 기여하는 장점이 있으나 시간이 많이 걸리고 임상 전문가에게 실용성이 떨어진다는 단점이 있다.

특히, 직접관찰은 ADHD를 평가하고 중재 계획을 세울 때 유용하다. 가정에서는 가족구성원의 상호작용과 문제행동에 대한 가족구성원의 대처가 주요 관찰 항목이다. 학교에서는 사회적 상호작용이 중요하며, 자리이탈 행동, 공격행동, 방해행동, 주의력 결여 등이 주요 관찰 항목이다.

검사는 사전에 결정된 반응 유형에 따라 일련의 질문을 하여 수량적 결과를 산출하는 방법으로 가장 잘 알려진 평가 방법 중 하나다(Salvia & Ysseldyke, 2007; Venn, 2004). ADHD를 위한 검사에는 지능검사, 학업성취도검사, 적응행동검사 등이 있다. 실제 평가 과정에서는 사용이 제한되어 있으나 주의력결핍과 과잉행동 및 충동성을 평가하는 도구도 개발되어 있다.

ADHD 평가를 위해 국내에서 사용하고 있는 검사도구에는 한국어판 부모 및 교사용 ADHD 평가척도(K-ARS), 한국 주의력결핍과잉행동 진단검사(K-ADHDDS), FAIR 주의집중력 검사 등이 있다. K-ARS는 DuPaul에 의해 개발된 아동용 행동평가척도로 학령기 아동의 ADHD 증상을 평가하기 위해 고안되었다. 척도는 DSM-IV의 ADHD 진단기준으로 이루어진 총 18문항으로 구성되었으며, 0~3점의 Likert 4점 척도로 0~54점으로 채점한다. 홀수 문항은 부주의를, 짝수 문항은 과잉행동 및 충동성을 측정할 수 있고 높은 점수가 해당 영역에 문제가 있음을 의미한다. 각각의 문항은 아동의 행동의 심각도에 따라서 0점에서 3점까지 평정되며, 2점 이상의 점수는 아동의 발달 단계에 비하여 비정상적인 것으로 간주된다. K-ARS은 ADHD 아동을 학습장애 아동과 일반 아동과 쉽게 변별하여 주며, 과잉행동이 동반된 ADHD 아동과 동반되지 않은 ADHD 아동을 구분하는 데 사용할 수 있다(소유경 외, 2002).

K-ADHDDS는 미국정신의학회의 DSM-IV(2000)의 ADHD 진단기준과 Gilliam(1995)이 개발한 ADHDT를 기초로 해서 우리나라 실정에 맞도록 제작한 진단검사다. K-ADHDDS는 3~23세의 아동 및 청소년을 대상으로 하고, 아동을 잘 아는 부모, 교사, 치료사가 실시한다. K-ADHDDS는 과잉행동 13개 문항, 충동성 10개 문항, 부주의 13개 문항으로 구성되어 있으며, 검사지에 제시된 일정한 순서에 따라 문항 1에서 문항 36까지 0(문제가 없음), 1(문제가 가벼움), 2(문제가 심각함)로 평정한다. 결과 해석은 하위 검사별로 표준점수(M = 10, SD = 3)를 산출하고, 이를 토대로 백분위 점수를 산출한다. 이를 통해 학생의 영역별 ADHD 심도와 전체 ADHD 심도를 알 수 있다(이상복, 윤치현, 2004).

FAIR 주의집중력 검사는 독일의 Moosbrugger와 Oehlschlaegel(1996)이 개발한 Frankfurter Aufmerksamkeits-Inventar(FAIR)를 한국의 아동, 청소년 및 성인을 대상으로 표준화한 것이다. 이 검사는 주의력이 여러 기능 요소들로 구성된다는 최근의 이론을 바탕으로 자기통제력(self-control), 선택적 주의력(selective attention), 지속적 주의력(sustained attention)을 측정하기 위해 개발되었다. 검사는 두 장의 검사지(검사 1, 검사 2)로 구성되어 있으며, 각 검사지에는 구분 판단을 해야 하는 320개의 검사 아이템이 그려져 있다. 실시 연령은 8세 이상이다. 검사 실시는 피검자가 검사 안내문을 읽고 연습문제를 마친 다음, 검사 1과 검사 2를 각 3분씩 실시한다. 검사결과는 선택적 주의력의 측정치인 능력치수(performance value: P), 자기통제력 측정치인 품질치수(quality value: Q), 지속성 주의력의 측정치인 지속성치수(continuity value: C)로 나타난다. P, Q, C는 모두 구분점수(stanine scores)다.

외국에서 사용하고 있는 ADHD 검사도구에는 주의력결핍과잉행동장애 종합교사평정척도(ADD-H Comprehensive Teacher's Rating Scale-Second Edition: ACTeRs-2), 주의력결핍장애 평정척도-2(Attention Deficit Disorders Evaluation Scale-2: ADDES-2), 아동용 주의 및 적응 조사(Children's Attention and Adjustment Survey: CAAS), 코너스 평정척도-개정판(Conners Rating Scale-Revised: CRS-R), 주의력결핍과잉행동장애 진단척도(Scales for Diagnosing Attention Deficit/ Hyperactivity Disorders: SCALES) 등이 있다.

ADHD 학생을 평가할 때 주의해야 할 점은 다른 장애의 가능성이 배제되도록 세심한 노력을 기울여야 한다는 것이다. 다른 장애를 구별하기 위해서는 일반적 지적 기능과 적응행동 기능, 학업성취, 공격성과 적대심, 대인관계의 질, 사회적 기술, 판단 기술, ADHD의 전형적 증상 등에 세심한 주의를 기울여야 한다.

5. ADHD의 중재

ADHD 학생을 위한 일반적인 중재 방법에는 약물치료, 행동중재, 인지행동중재 등이 있다. 약물치료는 ADHD 학생에게 가장 널리 사용되고 효과가 검증된 치료 방법이다. 행동중재는 정적 강화와 행동 감소 절차를 사용하여 ADHD 학생의 행동변화를 유도하는 방법으로 효과적인 중재 방법이다. 인지행동중재는 학생 스스로 자신의 인지적 충동성을 통제하고 상황에 맞게 행동을 조절할 수 있도록 하기 위해 일반적인 인지 전략을 학습시키는 방법이다. 인지행동중재는 ADHD 학생 지도에 널리 사용되나 그 효과에 대해서는 연구 결과가 일치하지 않고 있다.

ADHD 학생의 중재는 약물치료와 병행하여 교육적인 중재 방법으로 접근할 때 ADHD 증상이 더 많이 개선된다. 특히, 주의력 결핍이나 과잉행동 때문에 부차적으로 발생하는 잘못된 학습 습관, 충동적인 문제해결 방식, 잦은 실패에 따른 학습된 무기력, 체계적이지 못한 사고방식, 비효율적인 분노 처리, 공격적이고 자기중심적인 대인관계, 꾸중에 따른 자긍심 결여 등은 약물치료만으로는 해결할 수 없다. 따라서 ADHD의 중재는 약물치료와 함께 행동중재, 인지행동중재 등을 통합하는 복합중재의 적용이 필요하다.

1) 약물치료

ADHD 학생에게 교육적 중재에 앞서 선행되어야 할 치료 방법은 약물치료다. 약물치료는 약물을 투여함으로써 얻는 효과와 그에 수반되는 부작용의 관계를 고려하여 결정하는 것이 일반적인 관례다. ADHD의 약물치료는 어두운 방을 밝혀 주는 스위치와 같은 역할을 한다. 스위치를 켜야 전기회로가 돌아가듯 ADHD 학생의 뇌는 약물치료를 통해서 활성화시켜 주어야 제 기능을 다할 수 있다. 일반적으로 ADHD 학생이 약을 복용하면 과잉행동은 눈에 띄게 줄어든다. ADHD에 사용되는 약물은 중추신경계를 자극하여 파괴행동을 감소시키고 주의력결핍이나 과잉행동을 완화시키는 데 효과가 있다.

ADHD의 약물치료는 그 효과를 입증하는 연구들이 많이 발표되었으며, 부작용 또한 미비한 것으로 입증되어 두루 사용되고 있다. 미국의 경우 볼티모어주의 공립초등학교 전체 학생의 약 6%가 약물치료를 받고 있다는 보고가 있다. 국내에서는 아직 정확한 통계가 없지만 약물치료 사용이 늘고 있는 것은 분명하다(안동현 외, 2004). 최근의 연구는 적절한 약물을 바르게 사용한다면 ADHD 아동의 약 90%가 행동이 상당히 개선되고 학업도 촉진된다는 사실을 분명하게 보여 준다(Kauffman & Landrum, 2018).

ADHD의 약물치료에는 각성제가 널리 사용되고 있으며, 자주 쓰이지는 않지만 우울증 치료제도 사용되고 있다. 각성제에는 암페타민(amphetamine), 메틸페니데이트(methylphenidate), 페몰린(pemoline) 등이 있으며, 이들은 중추신경계의 활동과 각성 수준을 증가시킨다. 각성제는 ADHD 행동을 유발시키는 상황에서 주의력을 향상시키고 충동성 및 활동성을 감소시킨다(Whalen & Henker, 1998). 또한 학생에게 직접적인 도움을 주고 사회적 관계를 향상시킨다. 각성제는 다양한 상황과 측정도구, 대상학생의 연령에 관계없이 효과적이다(Riddle et al., 2001). 그러나 완화된 증상으로 ADHD 학생의 학업성취가 향상되었는지에 대한 논란은 아직도 계속되고 있다. 일부 연구자들은 다른 중재가 모두 실패할 경우에 약물치료를 사용해야 한다고 주장하는 반면에, 또 다른 연구자들은 ADHD 증상이 약물치료로 먼저 개선되어야 대안적인 중재도 성공할 수 있다고 한다.

약물치료는 입증된 효과에도 불구하고 문제점을 갖는 양면성이 있다. 먼저, 한 가지 약물치료가 모든 학생에게 효과적이지 못하다는 것이다. 일부 ADHD 학생은 각성제를 복용해도 효과가 없는 것으로 나타난다. 다음으로 약물 복용에서 비롯되는 생물학적인 부작용 문제다. 각성제의 부작용으로는 두통, 복통, 불면증, 식욕감퇴, 심장박동 및 혈압의 증가, 짜증, 기분의 기복이 심함, 성장 억제, 틱 증상 등이 있다. 마지막으로 과도한 처방이 문제가 된다. 특히 ADHD의 치료를 위해 2~4세의 학령기 전 아동에게 약물을 처방하는 사례가 급증하고 있는데 이는 심각한 문제를 야기할 수 있다. 5세 이하 아동을 ADHD로 진단하는 것이 어려울 뿐만 아니라 리탈린과 같은 약물 사용 여부가 아직 검증되지 않았기 때문이다(Goode, 2000).

이러한 문제점에도 불구하고 각성제는 올바르게 처방하고 복용한다면 대부분의 학생에게 비교적 안전한 약물이라고 할 수 있다. 그렇다고 해서 조심할 필요가 없다는 의미는 물론 아니다. 학생마다 각성제의 종류와 복용량에 따라 반응이 다르게 나타나기 때문이다. 복용량이 아무리 미미하다고 하더라도 일부 학생들에게는 약물이 매우 치명적인 결과를 초래할 수 있다는 사실을 잊지 말아야 한다.

2) 행동 중재

행동주의 이론에 근거한 응용행동분석 중재 방법은 학생의 바람직한 행동을 증가시키고 바람직하지 않는 행동을 줄이거나 없애기 위한 방법으로 ADHD 학생의 학습과 문제행동 지도에 널리 사용되어 왔다. 이러한 응용행동분석 중재 방법에는 토큰강화, 행동계약, 반응대가, 타임아웃 등이 있다.

응용행동분석 중재 방법은 강화를 통한 행동의 결과를 강조한다. ADHD 학생은 강력한 강화물이 없으면 일관되게 행동 변화를 나타내지 않는다. 따라서 ADHD 학생에게는 강하고 눈에 띄는 강화 자극을 지속적으로 사용할 필요가 있다. 강화 자극으로는 토큰뿐만 아니라 칭찬이나 보상과 같은 사회적 자극을 사용할 수 있다. 그러나 ADHD 학생에게 정적 강화만 사용하면 효과가 떨어질 수 있으므로 상황에 따라 타임아웃이나 반응대가와 같은 부적 강화를 사용해야 한다. 또한 응용행동분석 중재 방법을 적용할 때는 토큰강화, 행동계약, 반응대가, 타임아웃 중 하나 이상을 동시에 사용하는 것이 필요하다.

많은 응용행동분석 중재 방법이 과잉행동과 관련된 행동을 개선시키는 데 효과적이라고 보고하고 있다. ADHD 학생 지도에 응용행동분석 중재 방법을 사용한 연구 결과를 살펴보면 ADHD 학생의 학업기술에 효과가 있었으며(Shinn et al., 2002), 사회적인 강화와 반응대가를 통해 과잉행동 학생의 출석률이 향상되었으며(Rapport et al., 2000), 정적 강화를 통해 과제수행이 향상되었다(Allyon et al., 1975). 또한 과제분석, 분명하고 일관적인 규칙, 조용한 학습 공간, 짧은 학습시간, 반복적인 언어교수, 사전 조직도, 밑줄 긋기 같은 학습 전략의 사용은 ADHD 학생의 충동성을 감소시켰다(Reid, 1999).

Ross와 Ross(1982)가 응용행동분석 중재 방법의 효과를 검토한 결과 많은 응용행동분석 중재 방법이 ADHD 학생의 행동을 변화시키는 데 처음에는 성공적이었지만 긍정적인 효과가 항상 유지되지는 않았다고 결론지었다. 그들은 응용행동분석 중재 방법의 효과가 유지되지 못한 이유를 부적절한 프로그램 설계, 프로그램 진행에 대한 교사의 무관심, 강화제에 익숙해진 학생들 때문이라고 보았다. 따라서 ADHD 학생 지도에서 학생 변인을 고려하여 적절한 중재를 적용하는 것도 중요하지만 그 중재를 지속적으로 적용하도록 하기 위해서는 교사를 위한 강화도 필요하다.

행동 중재 방법이 ADHD 학생 지도에 항상 효과적이지는 않지만 많은 연구는 주의산만 행동, 충동적인 행동, 파괴행동, 방해행동 등에 효과가 있다는 것을 밝히고 있다. 행동 중재 방법을 바르게 사용했는데도 원하지 않은 결과가 나올 수도 있지만 행동 중재는 부모와 교사가 사용할 수 있는 가장 효과적인 방법 중에 하나다. 이 외에 행동 중재 방법에 대해 보다 자세한 내용을 보려면 제5장을 참고하기를 바란다.

3) 인지행동중재

인지행동중재는 학생 스스로 자신의 인지적 충동성을 통제하고, 상황에 맞게 행동을 조절할 수 있도록 하기 위해 일반적인 인지 전략을 학습시키는 방법이다. ADHD 학생들은 인지행동중재를 통해 일상생활에서의 문제해결 능력과 자신의 행동을 조절하는 기술을 배울 수 있으며, 문제행동에 내재해 있는 인지 과정을 이해하는 능력을 향상시킬 수 있다.

인지행동중재는 행동을 유발하는 현재의 사고와 행동에 초점을 맞추어 지도한다. 이러한 인지행동중재는 ADHD 학생의 사려 깊지 못함과 충동적인 문제해결 방식을 변화시켜 단계적이고 체계적으로 사고하도록 한다. 또한 인지행동중재는 ADHD 학생의 주의를 지속시켜 충동적인 행동이나 실수를 통제하는 긍정적인 변화를 가져 온다.

ADHD 학생의 인지적 중재의 궁극적인 목표는 학생 스스로 자기를 통제하는 것이다. 이는 학생 스스로 연령에 맞는 적절한 사회적 · 학업적 행동을 수행하는 것을 의미한다. ADHD 학생을 위한 자기관리 전략에는 자기점검, 자기강화, 자기교수 등이 있다. 교실 상황에서 보이는 ADHD 학생의 다양한 문제행동을 다루는 데 자기관리 중재가 일반적으로 사용되고 있다(Shapiro & Cole, 1994). 인지행동중재의 자기

일반적인 중재 방법

- 약물치료
  - 암페타민
  - 메틸페니데이트
- 응용행동분석 전략
  - 토큰강화
  - 행동계약
  - 반응대가
  - 타임아웃
- 인지행동중재
  - 자기점검
  - 자기강화
  - 자기교수

기타 중재 방법

- 사회적 기술 습득 훈련
- 부모훈련

[그림 8-2] ADHD의 중재 방법

교수, 자기점검, 문제해결의 통합적인 접근 방법이 ADHD 증상을 개선시킬 수 있음에도 불구하고 그 효과가 검증되지 않는 경우가 있다. 특히 자기교수 훈련의 효과가 일관적이지 못하다(Abikoff & Gittelman, 1985).

이와 같이 인지행동중재는 자기통제나 자기조절에서 효과가 있음에도 불구하고 또 다른 연구에서는 ADHD 학생의 행동이나 학업수행에서 향상이 없다고 밝히고 있어 논란이 있다. 따라서 인지행동중재를 효과적으로 사용하려면 교사는 선행 연구를 주의 깊게 고찰하여 학생 개개인의 특성에 맞는 적절한 중재 방법을 모색해야 한다. 이 외에 인지행동중재에 대해 보다 자세한 내용을 보려면 제6장을 참고하기를 바란다.

앞에서 살펴본 것과 같이 ADHD 학생을 위한 일반적인 중재 방법에는 약물치료, 행동중재, 인지행동중재가 있다. 그 밖에도 ADHD 학생에게 부족한 사회성을 증진시키기 위한 사회적 기술 습득 훈련과 부모에게 ADHD 학생의 행동 특성을 이해시키고 대처 방안을 교육시키는 부모훈련 방법이 있다.

ADHD의 중재는 이 방법들을 개별적으로 분리해서 접근하기보다는 상호 보완적으로 접근하는 방법이 더 효과적이다. 최근에는 ADHD 학생의 중재에서 단일중재보다 복합중재의 사용을 선호하고 있다(Forness et al., 1999). 가장 일반적인 복합중재는 응용행동분석, 기술 훈련 혹은 인지행동중재를 각성제와 동시에 사용하는 것이다. 일부 연구에서는 복합중재가 효과적이라고 보고하고 있는 반면에 또 다른 연구에서는 응용행동분석과 인지행동중재를 복합하여 사용한 효과가 낮은 것으로 나타났다(Forness et al., 1999). 그러나 복합중재는 교사와 연구자 모두가 선호하기 때문에 앞으로도 계속 적용될 것으로 보인다.

6. 요약 및 결론

이 장에서는 ADHD 학생을 이해하기 위하여 ADHD의 정의, 출현율, 원인, 분류, 평가, 중재를 중심으로 살펴보았다. 미국정신의학회의 DSM-5에서는 ADHD를 부주의, 과잉행동 및 충동성이라는 핵심적 특성으로 정의하고 있다. ADHD는 학령기 학생의 약 5%의 출현율을 보여 학교 현장에서 흔히 볼 수 있는 장애다.

ADHD의 원인은 크게 생물학적 요인, 심리사회적 요인, 기타 요인이 있다. 생물학적 요인에서는 뇌의 특정 부위 손상이나 기능 이상으로 보는 뇌 손상과 그 외의 유전 및 신경전달물질을 원인으로 보는 견해가 있다. 심리사회적 요인에서는 학생의 가정생활, 사회경제적 지위, 부모의 태도와 정서, 내재화된 분노 등 환경적 요인을 원인으로 보고 있다. 기타 요인에서는 식이요법과 환경 속의 납이 ADHD의 원인이 될 수 있다고 추정하고 있다.

ADHD의 주요 특징은 부주의, 과잉행동 및 충동성이며, 일반적 특성은 지능과 학업성취도가 일반 학생에 비해 낮다. 또한 사회적 상호작용에 어려움을 보여 또래나 교사로부터 무시당하는 경우가 있다. ADHD 학생은 품행장애, 우울증, 불안장애, 학습장애 등의 공병이 나타나는 경우가 있다.

ADHD의 중재 방법에는 약물치료, 행동중재, 인지행동중재 등이 있다. 약물치료는 ADHD 학생에게 널리 사용되고 효과가 검증된 치료 방법이다. 행동중재는 정적 강화와 행동 감소 절차를 사용하여 ADHD 학생의 행동변화를 유도하는 방법이다. 인지행동중재는 학생 스스로 자신의 인지적 충동성을 통제하고 상황에 맞게 행동을 조절할 수 있도록 하기 위해 일반적인 인지 전략을 학습시키는 방법이다. 기타 중재 방법에는 사회적 기술 습득 훈련과 부모 훈련이 있다.

제9장

품행장애

개요

극단적인 폭력을 나타내 두려움의 대상이 되는 품행장애학생의 내면을 들여다보면 이들은 오히려 부적절하게 너무 낮거나 높은 자아개념으로 혼란스러워하며 힘들어하는 여린 대상이다. 부모와 교사들은 이들에 대해 끝없는 인내와 신뢰를 표현해야 하지만, 이는 매우 힘든 일이다. 품행장애학생은 사회적 규범으로부터의 일탈을 보이며 이를 통해 자신의 존재감을 가족 및 관련인들에게 인식시킨다. 품행장애학생에게 적합한 최상의 교육 환경이 무엇인지를 아는 것은 간단하지 않다. 이 장에서는 품행장애의 정의와 원인 등을 살펴보면서 환경적 요인의 영향이 많은 품행장애 중재를 위한 교육적 접근들을 구체적으로 알아본다.

KEY WORDS

- 품행장애conduct disorder: CD
- 적대적 반항장애oppositional defiant disorder: ODD
- 외현화 장애externalizing disorder
- 공격행동aggressive behavior
- 규칙위반 행동rule-breaking behavior
- 비행delinquency
- 위험 요인risk factors
- 보호 요인protective factors
- 적응유연성resilience
- 부모훈련parent training
- 기능적 가족중재functional family therapy: FFT
- 다중체계중재multisystemic treatment: MST
- 학교 차원의 긍정적 행동지원schoolwide positive behavioral supports: SW-PBS
- 가족교수 모델teaching family model: TFM
- 치료적 위탁보호treatment foster care: TFC
- 인지행동중재cognitive behavioral intervention: CBI
- 문제해결 훈련problem solving training
- 분노조절 훈련anger control training
- 자기관리 훈련self-management training
- 자기교수self-instruction
- 대안반응 훈련alternate response training
- 귀인 재훈련attribution retraining
- 사회성 기술 훈련social skill training: SST

사례 1 ••• 윤수는 정상 범위의 지능(IQ 96)을 가진 9세 남아로 18개월 된 남동생 민수에게 자주 공격적인 행동을 한다. 윤수는 화가 나면 민수의 목을 조르고 몸을 때리며 죽여 버리겠다는 말을 한다. 윤수의 엄마는 윤수를 통제할 수가 없다. 윤수는 6세 때 성냥을 가지고 놀면서 동네 쓰레기통에 불을 지르고 자신의 방에 불을 질렀다. 초등학교 2학년인 윤수는 학교에서도 또래에게 공격적인 행동을 일삼고 수업 방해행동을 자주한다. 담임교사는 윤수의 행동을 통제할 수 없어서 특수학급에 보내고 싶어 한다. 윤수의 아빠는 자주 술을 마시고 집에 와서 윤수의 엄마와 윤수에게 폭행을 휘둘렀다. 결국 윤수가 7세 때 엄마와 아빠는 이혼을 하였고 윤수는 외할아버지 집에서 엄마와 함께 살았다. 외할아버지도 술만 마시면 윤수를 자주 구타하였다. 윤수의 외할아버지는 윤수가 8세 때 돌아가셨다. 이혼할 때 이미 민수를 임신하고 있던 엄마는 민수를 낳고 동생에 대한 스트레스와 문제행동을 보이는 윤수 때문에 심한 우울증에 걸려 술에 의지하며 생활한다. 술을 마시지 않을 때는 아이들을 집에 두고 밖에 나가서 여러 시간 심지어는 며칠씩 집에 들어오지 않고 집에 있을 때도 술만 마시면서 아이들을 돌보지 않는다.

사례 2 ••• 승민이는 글짓기와 말하기를 잘하며 책 읽기를 무척 좋아하는 11세 남아다. 부모님이 장사를 하셔서 태어나자마자 시골 외딴 산골에 계신 할머니가 승민이를 양육하였다. 승민이는 7세 때 유치원에 다니면서 서울의 부모님과 함께 살게 되었다. 부모의 장사 관계로 초등학교 입학 후 네 차례 전학을 하였다. 아빠는 2년 전에 돌아가셨고 엄마는 혼자서 장사를 한다. 승민이에게는 다른 형제가 없다. 지능검사에서 언어성 지능 지수가 110, 동작성 지능 지수가 111이 나왔다. 승민이는 매우 충동적이며 불만이 생기면 언성을 높이고 자제력을 잃고 공격적인 행동을 한다. 작은 일에도 쉽게 화를 내며 화가 나면 어느 누구도 통제할 수가 없다. 수업시간에 수시로 교실 밖을 드나들며 수업을 방해하고 작은 액수부터 매우 큰 액수까지 돈을 훔치는 일이 빈번하다. 절도에 대해 훈계를 하면 말로만 반성을 하고 전혀 죄책감을 보이지 않으며, 이후에는 더욱 많은 돈을 훔친다. 또래의 물건을 갖고 싶으면 또래에게 폭력을 행사하여 빼앗는다.

1. 품행장애의 정의 및 출현율

품행장애 청소년은 앞의 두 가지 사례에서 보는 것과 같이 일반적으로 어릴 적부터 불순종, 공격행동, 울화행동(temper tantrum), 거짓말, 절도와 같은 비행을 지속적으로 보인다. 불순종과 울화행동은 특정 발달 단계에서는 정상적인 행동일 수 있고, 아동 및 청소년기에는 대부분 학생들이 다소 반사회적인 행동을 보이기도 한다. 그래서 품행장애 진단은 반드시 임상적으로 유의미한(clinically significant) 정도의 다양한 반사회적 행동을 보일 경우에만 이루어진다(Eddy, 2006). '임상적으로 유의미하다'는 것은 아동이 보이는 행동 및 심리적 증후가 가정, 학교, 지역사회에서의 기능수행을 방해할 정도로 심각하고 결함이 있음을 의미한다.

1) 품행장애의 정의

품행장애(conduct disorder: CD)는 미국정신의학회의 『정신질환의 진단 및 통계편람(DSM-5)』에서 정서 및 행동 조절(통제)에 문제를 보이는 대표적인 외현화 장애로 파괴적, 충동조절, 품행장애(disruptive, impulse-control and conduct disorders)라는 범주에 포함된다. 이 범주에는 품행장애와 더불어, 적대적 반항장애(oppositional defiant disorder: ODD), 간헐적 폭발성 장애(intermittent explosive disorder), 방화벽(pyromania), 병적 도벽(kleptomania), 반사회적 인격장애(antisocial personality disorder)가 포함되어 있다. 여기서 반사회적 인격장애는 인격장애(personality disorders) 범주 내에 해당하며 그 범주에 준거가 제시되어 있지만, 품행장애에서 나타나는 증후와 매우 유사하여 파괴적, 충동조절, 품행장애 범주에도 포함되어 있다(APA, 2013).

품행장애는 공격행동, 절도, 공공시설 파괴, 방화, 거짓말, 무단결석, 가출 등과 같은 반사회적 행동을 포함하며 다양한 형태로 나타나지만 주된 사회적 규칙과 기대를 어기는 것이 특징이다(Kazdin, 1998). 품행장애는 타인의 기본 권리를 침해하고 연령에 적합한 사회적 규범을 위반하는 반사회적 행동을 지속적이며 반복적으로 보이는 것으로, 구체적인 반사회적 행동의 유형은 〈표 9-1〉에 제시되어 있다.

표 9-1 DSM-5의 품행장애 진단기준

A. 연령에 적합한 주된 사회적 규범 및 규칙 또한 다른 사람의 권리를 위반하는 행동을 반복적이고 지속적으로 보이며, 아래의 항목 중에서 세 가지 이상을 12개월 동안 보이고 그중에서 적어도 한 항목을 6개월 동안 지속적으로 보인다.

사람과 동물에 대한 공격성

1. 다른 사람을 괴롭히거나 위협하거나 협박한다.
2. 신체적 싸움을 먼저 시도한다.
3. 다른 사람에게 심각한 신체적 손상을 입힐 수 있는 무기(예: 방망이, 벽돌, 깨진 병, 칼, 총 등)를 사용한다.
4. 사람에 대해 신체적으로 잔인한 행동을 한다.
5. 동물에 대해 신체적으로 잔인한 행동을 한다.
6. 강도, 약탈 등과 같이 피해자가 있는 상황에서 강탈을 한다.
7. 성적인 행동을 강요한다.

재산/기물 파괴

8. 심각한 손상을 입히고자 의도적으로 방화를 한다.
9. 다른 사람의 재산을 방화 이외의 방법으로 의도적으로 파괴한다.

사기 또는 절도

10. 다른 사람의 집, 건물, 차에 무단으로 침입한다.
11. 사물이나 호의를 얻기 위해 또는 의무를 회피하기 위해 자주 거짓말을 한다.
12. 피해자가 없는 상황에서 물건을 훔친다.

심각한 규칙 위반

13. 부모의 금지에도 불구하고 밤늦게까지 자주 집에 들어오지 않는다. 이러한 행동이 13세 이전부터 시작되었다.
14. 부모와 함께 사는 동안에 적어도 두 번 이상 밤늦게까지 들어오지 않고 가출한다(또는 장기간 집에 돌아오지 않는 가출을 1회 이상 한다).
15. 학교에 자주 무단결석을 하며 이러한 행동이 13세 이전부터 시작되었다.

B. 행동의 장애가 사회적 · 학업적 · 직업적 기능수행에 임상적으로 심각한 장애를 초래한다.

C. 18세 이상의 경우, 반사회적 인격장애(antisocial personality disorder)의 준거에 부합하지 않아야 한다.

외현화(外現化, externalizing) 장애로서 품행장애에서 나타나는 행동에는 크게 공격행동(aggressive behavior)과 규칙위반 행동(rule-breaking behavior)이 있다. 다른 사람의 기본 권리를 침해하는 반사회적 행동은 공격행동으로, 연령에 적합한 사회적 규범을 어기는 반사회적 행동은 규칙위반 행동으로 구분할 수 있다. 공격행동에는 말다툼, 허풍, 자랑, 괴롭힘, 물건 파괴, 반항, 싸움 등이 포함되며, 비행이라고도 하는 규칙위반 행동에는 음주, 절도, 거짓말, 가출, 욕설, 지각, 흡연, 무단결석 등이 포함된다. 규칙위반 행동을 의미하는 비행(delinquency)은 법률용어로 만 18세 이하의 청소년이 보이는 중대범죄(index crime)나 신분비행(status offense)을 의미한다(정명숙 외 역, 2011). 중대범죄는 청소년뿐 아니라 모든 연령의 대상에게 범죄가 되는 것으로 절도, 폭력, 강간, 살인 등을 들 수 있고, 지위비행이라고도 하는 신분비행은 청소년에게만 불법인 범죄로 무단결석, 원조교제, 출입제한 위반 등이 이에 해당한다.

〈표 9-1〉에서 보는 것과 같이, 품행장애는 진단기준에 포함된 행동 중에서 최소한 세 가지 이상이 12개월 동안 나타나야 하며, 그중에서도 한 가지는 6개월간 지속적으로 나타나는 경우에 진단된다. 품행장애의 출현이 만 10세를 기준으로 만 10세 이전은 아동기 품행장애로, 만 10세 이후는 청소년기 품행장애로 구분하기도 한다.

경도의 품행장애라고도 볼 수 있는 적대적 반항장애는 〈표 9-2〉에서 보는 것과 같이 화난 민감한 기분, 시비를 걸거나 반항하는 행동, 보복적인 행동이 최소 6개월간 지속적으로 나타난다. 전문가들은 적대적 반항장애를 품행장애의 발달적 전조(前兆)라고도 한다. 아동 및 청소년기에는 고집 세고 어른의 요구나 지시에 따르지 않으며 다양한 반항행동을 보이는 경우가 자주 있다. 이는 일반적으로 아동기와 청소년기에 한 번쯤은 누구나 보이는 행동이지만 이러한 부정적이고 반항적인 행동이 매우 극단적인 형태로 지속적으로 빈번하게 나타나면서도 사회적 규범을 위반하지 않고 타인의 기본 권리를 침해하지 않는 경우는 적대적 반항행동으로 간주된다. 오랜 시간 부모 또는 교사 등의 성인과 논쟁을 하거나 감정을 조절하지 못하여 분노를 표출하거나 성인의 요구를 거절하거나 자신의 잘못을 다른 사람의 탓으로 돌리고 다른 사람을 비난하는 등의 행동이 이에 해당된다. 앞서 언급하였듯이, 적대적 반항장애는 사회적 규범의 위반과 타인 권리의 침해를 보이지 않으므로 품행장애보다 심각하지 않은 장애로 간주된다. 아동의 행동이 적대적 반항장애에서 품행

표 9-2 DSM-5의 적대적 반항장애 진단기준

A. 화난 민감한 기분, 시비를 걸거나 반항하는 행동, 보복적인 행동이 최소 6개월간 지속되고, 형제가 아닌 다른 사람 1인 이상과의 상호작용에서 다음 항목 중 적어도 네 가지 증후를 보인다.

화난 민감한 기분

1. 자주 화를 낸다.
2. 자주 다른 사람에 의해 쉽게 기분이 상하거나 신경질을 부린다(짜증을 낸다).
3. 자주 화를 내고 쉽게 화를 낸다.

시비를 걸거나 반항하는 행동

4. 권위적인 사람 또는 성인과 자주 말싸움(논쟁)을 한다.
5. 권위적인 사람의 요구에 응하거나 규칙 따르기를 거절 또는 무시하는 행동을 자주 보인다.
6. 의도적으로 다른 사람을 자주 괴롭힌다.
7. 자신의 실수나 비행을 다른 사람의 탓으로 자주 돌린다.

보복적인 행동

8. 지난 6개월간 두 차례 이상 다른 사람에게 악의에 차 있거나 보복적인 행동을 한 적이 있다.

비고: 행동의 지속성과 빈도에 따라 장애의 증후적인 행동과 정상적인 제한 내에서의 행동을 구별해야 한다. 5세 이하의 아동을 대상으로 적용할 때에는 최소한 6개월 동안 일상생활의 대부분 시간에 행동이 나타나지 않을 경우 진단을 내리지 않는다. 5세 이상의 경우, 최소한 6개월 동안 일주일에 적어도 한 차례 나타나야 준거에 부합하는 것은 아니다. 이러한 빈도 준거는 증후를 판별하는 데 적용할 수 있는 최소한의 빈도 수준으로, 행동의 빈도와 강도는 개인의 발달 수준, 성별, 문화별로 수용될 수 있는 기준이 다름을 감안해야 한다.

(1) 행동의 장애가 개인의 사회적 맥락(예: 가정, 또래 집단, 직장동료)에서 개인 또는 다른 사람에게 고통을 주는 것과 관련이 있거나, 사회적 · 학업적 · 직업적 또는 다른 중요한 기능수행 영역에 부정적인 영향을 미친다.

(2) 행동이 정신병적 장애, 물질사용장애, 우울장애, 양극성장애에 의해 주로 나타나는 것이 아니다. 또한 준거는 파괴적 기분조절부전장애(disruptive mood dysregulation disorder)에 부합하지 않는다.

장애 정도

경도: 증후가 단지 한 상황에서만 나타난다(예: 가정에서, 학교에서, 일터에서, 또는 또래와의 관계에서).

중등도: 일부 증후가 최소 두 가지 상황에서 나타난다.

중도: 일부 증후가 세 가지 이상의 상황에서 나타난다.

장애로 발전되어 그 준거에 부합하면 아동은 적대적 반항장애가 아닌 품행장애로 진단된다.

2) 품행장애의 출현율

연구에 따라 품행장애 출현율의 차이가 있지만, 아동 및 청소년기 품행장애 출현율이 증가하고 있으며 장애의 정도 또한 보다 심각해지고 있다는 점에는 대부분의 연구자들이 일치된 견해를 보인다(Hinshaw & Lee, 2003). 품행장애의 출현율은 일반적으로 2~10%로(APA, 2013), 연령, 성별, 지역에 따라 다양하게 나타난다. 초등학교 시기에는 여자의 경우 2%, 남자의 경우 7%로 나타나며, 중학교에서는 여자의 경우 2~10%, 남자의 경우 3~16%로 나타나고, 고등학교에서는 남자와 여자 모두에서 4~15%로 나타난다(Cohen, 1993). 18세 이하의 품행장애 출현율은 남자의 경우 6~16%, 여자의 경우 2~9%로 추산된다(Kauffman & Landrum, 2008). 초등 학령기 아동(7~11세)에게서는 공격성 행동의 출현율이 남자의 경우 3.8%, 여자의 경우 1.7%로, 남자 아동이 여자 아동보다 높은 공격행동을 보인다(이경혜, 2001). 이는 연령이 증가하면서 여자의 경우 중학교 시기 이후부터 품행장애의 출현율이 급격히 증가함을 의미하고, 남녀 차이도 연령의 증가와 더불어 줄어드는 것을 볼 수 있다. 보다 어린 시기에는 농촌 지역보다 도시 지역에서 높은 출현율이 나타난 반면에, 청소년기에는 지역적인 차이가 거의 나타나지 않는다(Offord et al., 1991).

품행장애의 대표 행동인 공격행동과 규칙위반 행동을 살펴보면, 공격행동은 4~10세에 증가를 보이다가 10세 이후부터 감소하는 반면에, 규칙위반 행동은 여아는 지속이 되고 남아는 증가하는 경향이 있다(Stanger et al., 1997). 또한 공격행동과 규칙위반 행동이 각기 따로 나타나는 것이 아니라 함께 공존하여 나타나기도 한다. 문제행동의 발현 연령(age of onset)이 낮은 경우는 공격행동과 규칙위반 행동이 함께 나타나는 경우가 많은 반면에, 발현 연령이 높은 경우 공격적인 규칙위반 행동보다는 비공격적인 규칙위반 행동이 주로 나타난다.

품행장애 청소년의 15~18%가 품행장애와 더불어 기분장애, 특히 우울증을 함께 보인다(Kashani et al., 1982). 품행장애만 가진 청소년보다 품행장애와 우울증을 함께 보이는 청소년의 경우 감정의 기복이 심하고 조절능력이 떨어져 보다 흥분된 행동을 과도하게 보인다.

3) 품행장애의 예후

초등학교 시기에 반사회적 행동을 보인 아동의 50%가 청소년기에도 지속적으로 반사회적 행동을 보이며, 청소년기에 반사회적 행동을 보이는 청소년의 40~75%가 성인기에도 반사회적 행동을 지속적으로 보인다(Farrington, 1987). 이렇듯 초등학령기에 품행장애를 보이는 학생 중에서 다음과 같은 요인이 포함되는 경우에 청소년 및 성인기에도 품행장애를 지속적으로 보일 수 있다. ① 과잉, 충동, 부주의 행동을 보인다. ② 반사회적 행동을 보이기 시작한 연령이 어리다. ③ 매우 높은 빈도로 반사회적 행동을 보인다. ④ 다양한 상황에서 반사회적 행동을 보인다. ⑤ 반사회적 행동을 보이는 또래와 어울린다. 이 중에서도 이른 시기의 반사회적 행동의 출현과 반사회적 또래와의 지속적인 연계가 만성적 품행장애와 가장 깊은 관련이 있다(Lipsey & Derzon, 1998). 아동 및 청소년기의 반사회적 행동은 이외에도 성인기의 알코올중독, 정신병적 문제, 연애관계 문제, 낮은 업무 수행, 신체 병약과 관련이 있다(Capaldi & Clark, 1998).

2. 품행장애의 원인

품행장애의 원인은 다른 정서행동장애의 하위 유형과 마찬가지로 한 가지 요인만으로는 설명할 수 없다. 공격행동과 규칙위반 행동을 보이는 품행장애의 원인은 매우 다양하며, 이를 설명하는 이론과 개념적 모델 또한 매우 많다. 이러한 많은 이론과 모델을 종합해 보면 크게 생물학적 요인과 환경적 요인으로 나뉜다.

1) 생물학적 요인

(1) 신경생리적 요인

행동억제체계(behavioral inhibition system: BIS)는 새롭고 두려우며 보상이 없고

처벌받는 상황에서 행동을 억제하는 불안과 관련이 있는 반면에, 행동활성체계(behavioral activation system: BAS)는 보상을 추구하며 행동을 활성화하는 쾌락 정서와 관련이 있다. 이러한 행동억제체계와 행동활성체계의 불균형과 부정적 환경이 연계되어 문제행동을 일으킨다(Gray, 1998). 행동억제체계와 행동활성체계가 균형을 이루면 정상적인 기능수행을 보이지만, 그 균형이 깨져서 과다 행동활성체계 또는 과소 행동억제체계가 되면 지속적으로 품행장애를 일으키게 된다. 과소 행동억제체계로 각성 저하가 지속되면 이에 따라 자극을 추구하고자 하는 반응으로 공격행동이 나타날 수 있다. 신경생리적 발달이 이루어지는 태아기의 손상 및 감염, 그리고 출산 중 발생할 수 있는 저체중 및 미성숙에 따른 생물학적 손상 및 결함이 행동억제 및 활성체계 간의 불균형에 영향을 미칠 수 있다(Kazdin, 1998).

(2) 뇌 기능 관련 요인

뇌 기능 장애도 아동이 보이는 반사회적 행동 및 비행과 관련이 있다. 일부 품행장애 아동은 언어, 기억, 운동 협응, 시각 및 청각 단서 통합, 실행기능과 관련된 다양한 뇌 기능수행의 결함 및 곤란을 보인다(Kauffman & Landrum, 2008). 특히, 구어학습, 구어 유창성, 언어성 지능과 관련된 언어적 기능과 추상적 개념화, 개념 형성, 계획, 주의집중 조절과 관련된 뇌의 실행기능(executive function)의 결함이 일부 품행장애 아동에게서 나타난다(Moffitt, 1993). 그러나 모든 품행장애 아동이 실행기능의 결함을 보이는 것은 아니며, 실행기능만이 품행장애의 직접적인 원인이라 할 수 없다. ADHD의 충동성은 실행기능의 결함에 주로 근거하는 반면에, 품행장애에서 나타나는 충동성은 실행기능의 결함보다는 충동적 성격과 다른 사람 및 환경의 부정적 피드백과 관련이 있다. 따라서 품행장애의 원인을 뇌 기능수행의 문제로만 해석할 수 없으며, 아동의 다른 기질 및 환경적 요인의 상호 관련으로 설명할 수 있다.

(3) 기질

타고난 본유적 행동방식인 기질(temperament)만이 문제행동의 원인이 되지는 않지만 기질이 문제를 쉽게 유발할 수 있는 요인이 되기도 한다. 보다 부정적이고 새로운 자극이나 환경을 좋아하지 않으며 변화에 적응하는 능력이 떨어지는 까다로운 기질의 아동이 느리고 단순하며 긍정적이고 변화에 순응하는 기질을 가진 아동에 비해 품행장애를 보일 가능성이 높다(Center & Kemp, 2003). 이러한 까다로운 기질은 유아기 때부터 양육자와의 사회적 상호작용에서 불순응과 방해행동을 유발한다. 문제행동을 보이는 까다로운 기질의 아동은 낮은 자존감과 우울감을 쉽게 가질 수 있으며, 또래관계와 학업성취에서도 문제를 보일 수 있다. 양육자, 교사, 또래와의 반복되는 부정적 상호작용을 통해 이러한 특징이 강화되기도 한다.

2) 환경적 요인

품행장애에 영향을 미치는 환경적 요인으로는 부정적인 초기 양육 환경, 학교 입학 시 나타나는 공격적 행동 패턴, 또래로부터의 사회적 거절의 경험 등으로 크게 가정 요인, 학교 요인, 지역사회 요인, 약물 관련 요인으로 구분할 수 있다.

(1) 가정

아동의 공격행동과 비행행동에 영향을 미치는 사회환경 요인 중에서 가정 요인은 가장 중요한 영향을 미친다. 품행장애와 관련 있는 가족, 특히 부모 관련 요인으로는 다음을 들 수 있다(Kelly, 2000; Patterson et al., 1992; Stern & Smith, 1999).

- 부모-자녀 상호작용: 품행장애학생의 부모는 제한과 지지를 적절하게 조절하는 긍정적인 행동관리 전략을 사용하지 못하고 가족 간의 갈등도 조절하지 못한다. 자녀를 다루는 기술이 부족한 부모는 자녀와의 상호작용에서 비일관된 처벌 위주의 훈육과 같은 강압적인 태도를 보인다. 또한 부모는 자녀양육 및 행동통제 기술이 미숙하여 자녀가 잘못된 행동을 했을 때 비록 부정적이지만 관심을 보이고 바람직한 행동을 했을 때는 무관심한 의도하지 않은 잘못된 강화 절차의 적용으로 아동의 품행장애를 유발할 수 있다.
- 부모의 관리 및 감독의 소홀: 최근 들어 맞벌이 부부가 증가하면서 부모가 자녀의 일상을 점검하고 관여하는 데 소홀해지고 이 때문에 자녀에게 미안한 마음으로 자녀의 행동을 통제하기보다는 무조건적으로 허용하는 경우가 많다. 이는 아동의 충동성을 유발할 수 있으며, 아동은 자신을 통제하는 행동 규칙을 지키지 않게 된다. 품행장애를 보이는 아동의 부모는 자녀에게 구체적인 행동 규

칙을 제시하고 이를 관리 및 감독하는 것을 소홀히 하는 경향이 크다.

- 부모의 정신병리: 부모가 정신병리를 가지고 있거나 과도한 음주를 하는 경우도 이 때문에 앞서 언급한 자녀와의 부정적 상호작용을 초래하거나 관리 및 관여의 부족으로 아동의 품행장애를 유발하기도 한다.
- 부부간 불화 및 갈등: 가정 내 부부간의 불화도 자녀의 품행장애에 영향을 미친다. 부부간의 불화로 가족 내 적대적 분위기가 형성되고 가정이 제 기능을 하지 못함으로써 자녀의 비행행동에 영향을 미치게 된다. 부부간의 불화는 언어 및 신체폭력을 유발하며, 가정폭력의 경우 자녀가 직접적인 폭력의 피해자가 아니더라도 부부간의 폭력 행위를 목격하는 것만으로도 부정적 영향을 받게 된다. 부부간 불화가 심각한 폭력과 함께 나타날 때 아동의 품행장애 가능성은 더 높아진다.

이외에도 부모의 언어 및 신체적 폭력, 성적 또는 심리적 학대도 공격적인 품행 문제를 일으킬 수 있는 요인이다. 그러나 아동기에 신체 및 언어 학대를 경험하였다 하더라도 부모가 자녀에 대해 지속적인 관심과 지지를 제공하는 양육행동에 따라 청소년기의 품행장애 가능성을 약화시킬 수도 있다.

가족 요인도 여러 요인이 상호작용하여 품행장애에 영향을 미친다. 또한 가족 내 하나의 위험 요인이 다른 긍정적 요인에 상쇄되어 품행장애의 발생 가능성을 감소시킬 수 있으므로 가족 내 긍정적 요인인 보호 요인(〈표 9-3〉 참조)을 증가시키는 것이 품행장애를 예방할 수 있을 것이다.

(2) 학교

학교는 다양한 사람과의 상호작용을 통해 바람직하거나 바람직하지 않은 행동을 학습할 수 있는 환경이다. 비행과 관련 있는 학교 요인으로는 학교 성적, 학교에 대한 애착, 공부에 대한 압력, 교사의 학생 수용 정도, 교사의 학생에 대한 태도, 학생의 교사에 대한 애착, 비행 또래 여부 등을 들 수 있다. 여기서는 교사의 영향과 또래의 영향으로 구분하여 살펴보고자 한다.

- 교사의 영향: 교사 및 학교와의 유대감이 약한 경우 학생의 공격행동 가능성이 크고, 이러한 유대감은 교사의 평가 방식, 학급운영 기술, 수업 전략으로부터 영향을 받는다(엄명용, 2000). 또한 학생에 대한 교사의 수용 정도가 낮거나, 차별대우, 폭력, 무관심, 몰이해 등의 표현을 통한 교사의 부정적 태도가 교사에 대한 학생의 적개심을 일으켜 비행 가능성을 증대시킨다(백은순, 1990).
- 또래의 영향: 초기 아동기에는 놀이와 학습 활동에서 매우 공격적이고 방해를 하는 또래를 거부하는 경향이 있다(Guevremont & Dumas, 1994). 이 시기에 또래로부터의 거부를 경험하면 이후에 품행장애를 보일 가능성이 높다. 남학생은 남에게 해를 끼치려는 의도로 때리기, 밀기, 위협하기 등과 같은 신체적 또는 언어적 공격성을 보이는 반면에, 여학생은 다른 학생의 감정이나 또래관계에 해를 입히려는 의도로 관계적 공격성을 보인다. 관계적 공격성의 예로는, 특정 또래를 놀이나 활동에서 의도적으로 따돌리기, 또래 집단에서 배제시키기, 특정 또래에 대해 거짓말을 하거나 악의적인 말을 하여 다른 또래들이 그 또래를 싫어하게 만들기 등을 들 수 있다. 공격성을 나타내 또래로부터 거부를 경험한 학생 중에는 아동 후기 및 청소년기에 공격적인 반사회적 행동을 보이는 또래와 쉽게 관계를 형성하고 심지어는 반항 또래 집단의 일원이 되기도 한다(Laird et al., 2001). 이러한 일탈된 또래와의 지속적인 관계는 학생의 공격 및 반사회적 행동을 증가시키고 품행장애를 심화시킨다.

(3) 지역사회

학생의 가정과 학교가 속해 있는 지역사회의 빈곤, 높은 범죄 수준, 사회적 응집력의 부족, 비효과적인 건강 및 복지 서비스, 지역사회 지원 프로그램의 부족, 성공적인 교육 수행 및 취업 기회의 부족, 방과후 활동 및 여가 활동 프로그램의 부족, 폭력 · 음주 · 약물 사용에 대한 지역사회의 허용적 분위기 등이 품행장애와 관련이 있다(Downing, 2007).

TV를 포함한 대중매체 또한 학생의 공격성에 영향을 미친다. 폭력적인 프로그램을 많이 본 학생은 공격성이 높고 적대적인 방법으로 문제를 해결하려 하며 폭력에 무감각해져서 폭력을 잘 견디기도 한다. 또한 매체에서 나타나는 폭력과 자신의 삶을 분리시키지 못하여 사회 현실에 대해 부정적 태도를 갖기도 한다(방명애, 이효신 역, 2013). 청소년이 쉽게 접하는 비디오 게임도 학생의 폭력과 관련이 있을 수 있다.

(4) 약물 관련 요인

약물은 아동 및 청소년이 장기적으로 점차 강도를 높여 가며 복용하는 데 중요한 역할을 하여 지속적이고 심각한 문제행동을 유발한다(Cambor & Millman, 1996). 마라화나, 코카인, 엑스터시, 헤로인과 같은 불법적인 약물뿐 아니라 알코올, 니코틴, 각성제 또는 진정제와 같은 향정신성 약물, 신나 또는 본드와 같은 흡입제 등 약물의 남용은 품행장애 청소년의 반사회적이고 규칙 위반적인 행동과 관련이 있다(정명숙 외 역, 2011). 특히, 청소년이 손쉽게 접할 수 있는 음주와 흡연의 경험은 매우 심각한 수준이라 할 수 있다. 가정생활과 부모의 양육태도에 대한 불만족, 부모의 무관심, 학교생활에 대한 불만족, 일탈행위를 하는 주변의 친구, 유흥업소에서의 아르바이트 경험 등이 청소년의 음주 및 흡연을 더욱 자극할 수 있다. 비행청소년의 대부분이 음주 및 흡연 경험을 가지고 있으며 최초 음주 및 흡연 시기가 중학생, 초등학교 고학년, 고등학생, 초등학교 저학년 순으로 나타났으며, 심지어는 초등학교 입학 이전에 음주 및 흡연 경험을 한 경우도 있다(이영란, 2002).

이와 같이 품행장애의 원인을 구분하여 설명하였지만 대부분의 경우 여러 요인이 품행장애의 출현에 상호 영향을 미친다. 청소년 비행과 관련된 음주 및 흡연 문제도 단일 요인으로 비행과 깊은 관련이 있다고 볼 수는 없다. 부모 및 또래 관련 요인, 대중매체, 개인의 대처 기술 및 의사소통 기술 등의 요인이 상호 관련된다. 한부모가정, 부모의 불안정한 고용 상태, 부모의 긍정적 관심을 적게 받은 경우, 음주 및 흡연 또래와의 잦은 접촉을 하는 경우에 쉽게 음주 및 흡연을 하게 되고, 이는 비행이라는 일탈행위로 연결되는 경우가 많다(김용석, 2004; 이영란, 2002). 또한 약물을 사용하는 또래와의 관계, 새로운 경험 및 자극의 추구, 부모의 불법 약물 사용이 청소년 시기에 약물 사용에 대해 보다 수용적인 반응을 유발하여 알코올, 담배 등의 약물을 사용할 가능성이 높아진다.

3) 문제행동의 발달 경로

다른 정서행동장애와 마찬가지로 하나의 단일 요인이 품행장애에 영향을 미치는 것이 아니라 여러 요인이 상호 영향을 미치며, 행동 유발 요인의 지속 및 추가에 따라 나타나는 품행장애의 형태 및 정도 또한 매우 다양하다. 품행장애의 발달 유형도 전 생애에 걸쳐서 나타나거나 한정된 기간에만 나타나거나 생의 후반부에 나타나는 등 다양하다.

Loeber와 Stouthamer-Loeber(1998)는 파괴적 행동, 반사회적 행동, 비행 등을 포함한 문제행동을 초래하는 세 가지 발달 경로를 판별하여 [그림 9-1]과 같이 제시하고 있다.

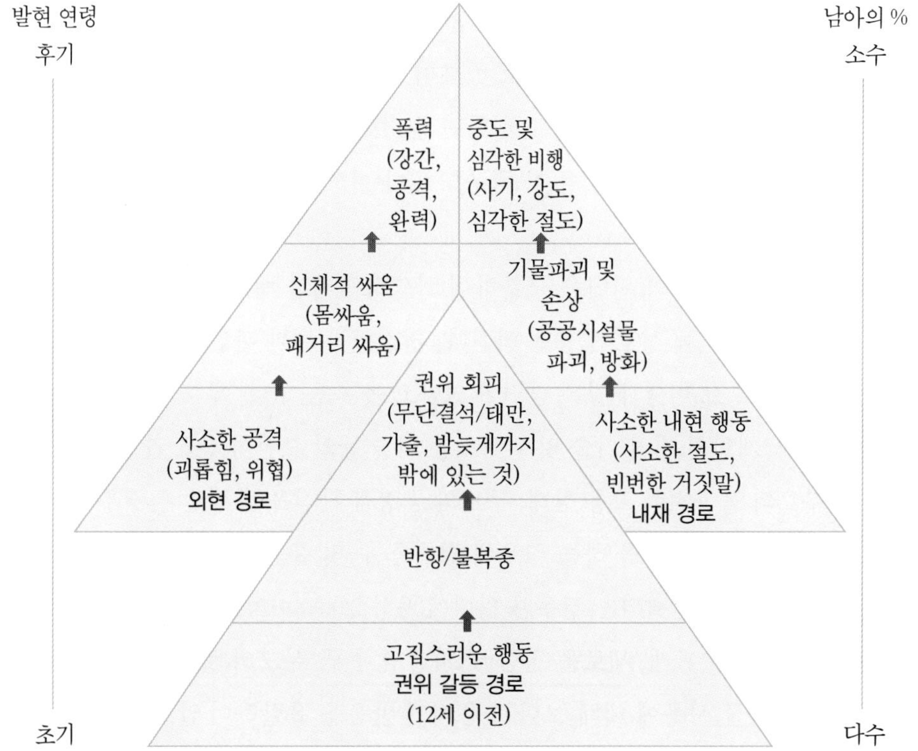

[그림 9-1] 문제행동의 발달 경로

출처: Loeber & Stouthamer-Loeber (1998), p. 103.

- 외현 경로(overt pathway): 사소한 공격에서 시작하여 신체적 싸움과 폭력으로 발전하는 경로
- 내재 경로(covert pathway): 사소한 내재화 행동에서 시작하여 기물 파괴 및 손상과 심각한 비행으로 발전하는 경로
- 권위 갈등 경로(authority conflict pathway): 고집스러운 행동에서 시작하여 반항 및 불순종, 그리고 권위 회피 행동으로 발전하는 경로

권위 갈등 경로에 따라 나타나는 행동은 외현 및 내재 경로를 따르는 행동에 비해 조기(12세 이전)에 시작된다. 다양한 요인이 문제행동의 지속 및 중단에 영향을 미치므로, 이들 세 가지 경로의 초기 행동을 보였다고 해서 반드시 이후의 문제행동으로 발전되는 것은 아니다.

4) 위험 및 보호 요인

개인의 내외적 환경에서 살펴보면, 공격 및 품행 문제에 영향을 미치는 객관적 요인을 의미하는 위험 요인(risk factors)과 이러한 위험 요인에 직면했을 때 부정적 영향력을 완화시켜 문제행동의 발생 가능성을 낮추는 보호 요인(protective factors)이 있다(〈표 9-3〉 참조). 보호 요인은 적응유연성(resilience)과 관련이 깊다. 적응유연성은 문제행동을 일으킬 수 있는 위험을 극복하고 자신을 보호하여 긍정적인 결과를 이끌어 낼 수 있는 능력을 의미한다(정명숙 외 역, 2011). 보호 요인은 이러한 적응유연성을 증가시키고 위험 요인에 대한 대처능력을 향상시킨다(Kirby & Fraser, 1997). 따라서 품행장애 아동을 지도할 때는 이들의 행동에 대한 직접적인 중재를 적용하기 이전에 우선적으로 아동의 행동에 영향을 미치는 다양한 요인, 특히 위험 요인과 보호 요인을 우선적으로 살펴보고 이에 근거하여 위험 요인을 줄이고 보호 요인을 강화시킬 수 있는 방향으로 중재를 계획해야 한다.

표 9-3 **생활 영역에 따른 위험 및 보호 요인**

<table>
<tr><th colspan="2">구분</th><th>공격 및 품행 문제와 관련 있는 위험 요인</th><th>적응유연성과 관련 있는 보호 요인</th></tr>
<tr><td colspan="2">아동 요인</td><td>• 미성숙
• 장애
• 뇌 손상
• 낮은 지능
• 까다로운 기질
• 만성적 질병
• 불안정 애착
• 문제해결 능력의 부족
• 공격성에 대한 신뢰
• 탈억제(disinhibition)
• 낮은 사회적 기술
• 공감의 결여
• 낮은 자아존중감
• 정신적 질환
• ADHD의 동반
• 불안 및 기분장애, 학대 등의 동반
• 학업 문제(읽기)의 동반</td><td>• 사회적 능력
• 사회적 기술
• 평균 이상의 지능
• 가족에 대한 애착
• 공감능력
• 문제해결 능력
• 학업 기술과 성공
• 다루기 쉬운 기질
• 내부 통제소재(locus of control)
• 도덕적 신념
• 가치
• 자기조절 능력 및 기술
• 높은 자존감과 자기효능감
• 대처 기술
• 낙천주의</td></tr>
<tr><td rowspan="2">가족 요인</td><td>부모 특성</td><td>• 10대 부모
• 한부모
• 정신적 질환(특히, 우울증)
• 물질 남용
• 범죄
• 반사회적 행동의 모델</td><td rowspan="2">• 기능적인 부모
• 부모와 친밀한 관계
• 지원적이고 권위적인 부모 양육
• 적응적 부모-자녀 간의 상호작용
• 2년 이상 차이 나는 형제자매
• 가사에 대한 책임 분담
• 안전하고 안정적인 가정
• 지원적인 가족관계
• 기능적인 가족관계
• 핵가족
• 분명한 가족 규칙 및 준거
• 도덕성</td></tr>
<tr><td>가정 환경</td><td>• 가정 폭력 및 불화
• 부부간 의견 불일치
• 비조직적
• 부정적 상호작용
• 사회적 고립
• 대가족
• 부(父)의 부재
• 부모의 장기 실업</td></tr>
</table>

	양육 방식	• 자녀에 대한 낮은 관리 감독 • 강압적이거나 비일관된 양육방식 • 자녀에 대한 거부 • 학대 • 온정과 애착의 결여 • 자녀의 활동에의 낮은 참여 • 거부	
학교 요인		• 사회적 기술의 결함 • 비전형적인 정서 과정 • 사회적 정보처리 과정의 결함 및 왜곡 • 일탈 또래와의 우호관계 • 학교생활 실패 • 공격성에 대한 규범적 신념 • 괴롭힘 • 또래 거부 • 학교에 대한 애착의 부재 • 부적절한 행동 관리	• 긍정적인 학교 분위기 • 친사회적 또래와의 교제 • 분명한 책임과 도움 강조 • 자신의 것과 남의 것에 대한 분명한 기준 제공 • 학교생활 성공 기회 • 학업성취에 대한 인정 • 폭력에 대한 적절한 학교 규준 • 구성원이 동의한 학교 내 적절한 규칙
지역사회 및 문화 요인		• 사회경제적 불이익 • 인구 밀도와 주거 조건 • 도시 영역 • 이웃의 폭력과 범죄 문제 • 폭력에 대해 적절하게 반응하지 못하는 지역사회 문화적 규준 • 지원 서비스의 부족 • 지역사회 내 빈번한 사건 발생 • 폭력적인 매체 • 총과 같은 무기류의 접근 용이성 • 사회 및 문화적 차별	• 지원 서비스의 접근 용이성 • 활발한 지역사회 네트워크 • 지역사회에 대한 애착 • 종교 및 기타 지역사회 단체 참여: 학교 및 지역사회 내 친사회적 활동 참여 기회 • 폭력에 대한 적절한 지역사회 및 문화적 규준 • 분명한 문화적 정체성 • 도덕적 자부심 • 학교와 지역사회 기관과의 연계 • 안전하고 조직화된 이웃 • 효과적인 지역사회 서비스(정신건강, 사회적 서비스 등)에의 접근성 • 친사회적 매체

3. 품행장애의 진단 및 평가

품행장애학생을 대상으로 중재 및 교육을 실시할 때 가장 먼저 해야 하는 것은 학생이 보이는 문제행동의 원인을 밝혀내는 것이다. 이때 학생 개인뿐 아니라 제7장에서 기술된 학생이 생활하는 환경 전반에 대한 생태학적 사정이 필요하다. 품행장애를 사정할 때는 다음을 고려해야 한다(Kazdin, 2001).

- 품행장애학생이 품행장애 외에 다른 문제도 가지고 있을 수 있으므로 다양한 영역을 포함하고 있는 평가척도를 사용한다.
- 학생이 보이는 품행장애 관련 행동문제뿐 아니라 현재 가지고 있는 적절한 친사회성 기술도 알아본다.
- 학생의 연령과 성별에 따른 규준과 비교한다.
- 가정, 학교, 지역사회를 포함한 사회적 맥락을 사정한다.
- 중재의 효과 및 진보를 측정하기 위해 정기적으로 재평가를 한다.

앞서 언급하였듯이, 품행장애를 적절하게 사정하기 위해 평가자는 학생이 속한 환경에서 어떻게 행동하는지를 조사해야 한다. 이를 위해 일반적으로 각 환경에서 학생과 많은 시간을 보내는 성인(예: 교사, 부모 등)을 대상으로 조사를 한다. 그러나 성인의 현재 정서 상태나 과거의 경험이 학생의 행동에 대한 지각에 영향을 미칠 수 있으므로(Eddy, 2006), 관련 성인의 보고에만 의지하여 사정 및 평가를 해서는 안 되며, 반드시 학생의 행동에 대한 직접 관찰과 표준화된 도구를 활용한 검사를 병행하는 것이 바람직하다. 이러한 다양한 접근을 통해 가능한 한 편견이 배제되고 신뢰할 수 있는 사정이 이루어질 수 있다.

신뢰할 수 있고 타당한 사정 전략은 다음과 같은 요소를 가지고 있다(Patterson et al., 1992).

- 다양한 측정 양식(예: 관찰, 면담, 자기보고 등의 척도)
- 다양한 정보 출처(예: 부모, 교사, 또래, 관찰자)

- 다양한 상황에서의 행동 관찰(예: 가정, 학교, 지역사회)
- 다양한 시점에서 수집된 자료

평가자는 다음과 같은 절차에 따라 합리적인 사정 전략을 시행할 수 있다(Eddy, 2006).

- 부모, 학생, 교사를 대상으로 행동평가척도를 활용한 검사를 실시한다.
- 부모, 학생, 교사를 대상으로 면담을 실시한다(필요한 경우 또래면담도 실시).
- 가정, 학교, 임상에서 가족의 상호작용을 관찰한다.
- 보충 자료를 얻기 위해 부모와 지속적으로 간단한 전화 면담을 한다.
- 학생의 양육사를 조사한다.

제3장에서 기술된 진단 및 평가도구를 품행장애에 적용할 수 있다. 이 장에서는 품행장애의 진단 및 평가를 위한 도구를 상세히 다루지 않고 현재 국내에서 품행장애 진단 및 평가를 위해 적용할 수 있는 도구들을 중심으로 살펴보고자 한다.

- K-CBCL: Achenbach와 Edelbrock이 1983년에 처음 개발한 아동 · 청소년 행동평가척도(Child Behavior Checklist: CBCL)는 개정을 거쳐 ASEBA(Achenbach System of Empirically Based Assessment)라는 종합평가체계로 발전되었다. 만 6~18세의 아동 및 청소년을 대상으로 한 부모보고형, 교사보고형, 자기보고형이 있다.
- MMPI-A(청소년용): 미네소타 다면적 인성검사(Minnesota Multiphasic Personality Inventory-Adolescent: MMPI-A)는 1992년에 만 13~18세의 청소년용으로 개발되었다(김계현 외, 2012). 기존의 MMPI는 청소년에게 부적절한 문항(예: 결혼생활 등)이 많이 포함되어 있을 뿐 아니라 청소년들에게 특징적으로 나타날 수 있는 가족이나 학교에서의 문제, 또래 집단과의 문제 등을 다루는 문항이 전혀 포함되어 있지 않다. 이러한 문제점들을 고려하여 청소년에게 적용할 수 있는 문항 중심으로 새로운 척도를 개발하여 청소년 규준을 적용하도록 하는 총 478개 문항으로 구성된 도구다.

- 청소년비행행동측정도구(Scale for Measuring Delinquent Behavior: SMDB): 청소년 비행행동을 조기에 평가하기 위해 김헌수와 김현실(2000)이 개발한 도구로, 반사회적 행동, 공격적 비행행동, 정신병질적 비행행동의 3개 요인, 총 31개 문항으로 구성되어 있다.
- 주제통각검사: 투사검사의 일종인 주제통각검사(Thematic Apperception Test: TAT)는 Morgan과 Murray가 1935년에 처음 개발한 도구로 현재 사용되는 것은 세 번째 개정판이다. 그림을 보고 그림에 대해 이야기를 하여 대인관계 및 환경에 대한 개인의 통각(심리상태)을 알아보는 것이다. 품행장애학생의 경우, 자신의 심리상태를 처음부터 솔직하게 표현하지 않으므로 이러한 투사검사를 통해 학생 내면의 심리상태를 파악하는 데 도움이 된다. TAT에 비해 신뢰도와 타당도는 낮지만 아동을 대상으로 한 아동용 검사(Children's Apperception Test: CAT)도 있다.
- 로르샤흐 검사: 1921년 Hermann Rorschach가 소개한 로르샤흐 검사(Rorschach ink blot Test)는 추상적이고 비구성적인 잉크반점을 무엇으로 지각하는가에 따라 개인의 심리적 기능의 기본 측면을 파악하고자 하는 것이다. 이 또한 투사검사의 한 종류로, 잉크반점에 대한 반응이 개인의 경험, 성질, 문제 접근 방식 등을 반영한다고 본다. 로샤 검사는 비행청소년의 행동 특성을 판별하는 데 도움이 될 뿐만 아니라 청소년의 비행 성향을 예측할 수 있어서 비행성향이 있는 청소년의 조기 발견에 도움이 된다(오가혜 외, 2005).
- HTP 검사: 일명 HTP 검사라고 하는 집-나무-사람 검사(House-Tree-Person Test) 또한 TAT 및 로르샤흐 검사와 더불어 투사검사의 한 종류다. 자신의 무의식에 대한 정보가 그림을 통해 투사되므로 그림 그리기 과정에서 개인의 정서상태, 대인관계, 자아개념, 환경과의 관련 경험 등을 파악하는 데 도움이 되는 검사다. 투사검사는 품행장애 아동의 내면 도출에 적합하지만 다른 객관적인 도구와 함께 사용하여 검사자의 주관적 판단에 따른 오류를 방지해야 한다.

관찰을 통해 평가자는 학생의 반사회적 행동과 친사회적 행동의 빈도, 정도, 질을 평가할 수 있다. 또한 학생의 행동에 대한 부모, 형제, 교사, 또래의 반응도 평가할 수 있으며, 이는 학생의 긍정적 행동과 부정적 행동에 대한 강화 및 처벌의 역할을 한 후속자극을 판별하는 데 도움이 된다(Eddy, 2006). 관찰 시 연령이 낮은 학생은 놀이 과제에, 연령이 높은 학생은 문제해결 과제에 중점을 두고 관찰하도록 한다.

4. 품행장애의 중재

Sprague와 Walker(2000)는 품행장애 아동의 교육 및 중재를 위한 연구에 기반한 지침을 다음과 같이 제시하고 있다.

- 가능한 한 빠른 시기에 중재를 한다.
- 행동적 위험 요인은 물론 강점(보호 요인)도 파악하여 이를 중재에 활용한다.
- 가족구성원을 중재 파트너로 참여시킨다.
- 반사회적 행동에 효과적인 중재의 특성에 중점을 둔다.

또한 Walker, Colvin과 Rasmey(1995)는 공격행동을 보이는 학생을 다루는 열두 가지의 중재 기법으로 ① 규칙, ② 교사의 칭찬, ③ 정적 강화, ④ 언어적 피드백, ⑤ 자극 변화, ⑥ 유관 계약, ⑦ 모방에 대한 강화와 시범, ⑧ 행동 형성, ⑨ 체계적인 사회성 기술 훈련, ⑩ 자기 점검 및 조절 훈련, ⑪ 타임아웃, ⑫ 반응 대가를 제시하고 있다. 이러한 기법은 품행장애를 위한 효과적인 중재를 이해하는 데 출발점이 될 수 있을 것이다.

품행장애에서 나타나는 반사회적 행동에 대한 학교 중심의 중재에는 소위 만병통치의 접근이 없다. 즉, 모든 사례에 적용하여 동일한 긍정적 성과를 얻을 수 있는 중재는 없다. 그러나 체계적이고 실질적인 연구를 통해 중재의 효과가 지속적으로 입증되어 중재 성과를 높이는 데 주된 영향을 미치는 요인으로 중재의 포괄성, 강도, 길이, 충실성과 관련된 요인이 [그림 9-2]에 제시되어 있다. 교사 및 학교 관련인들은 이와 같은 요인을 고려하여 중재를 계획 및 실행할 필요가 있다.

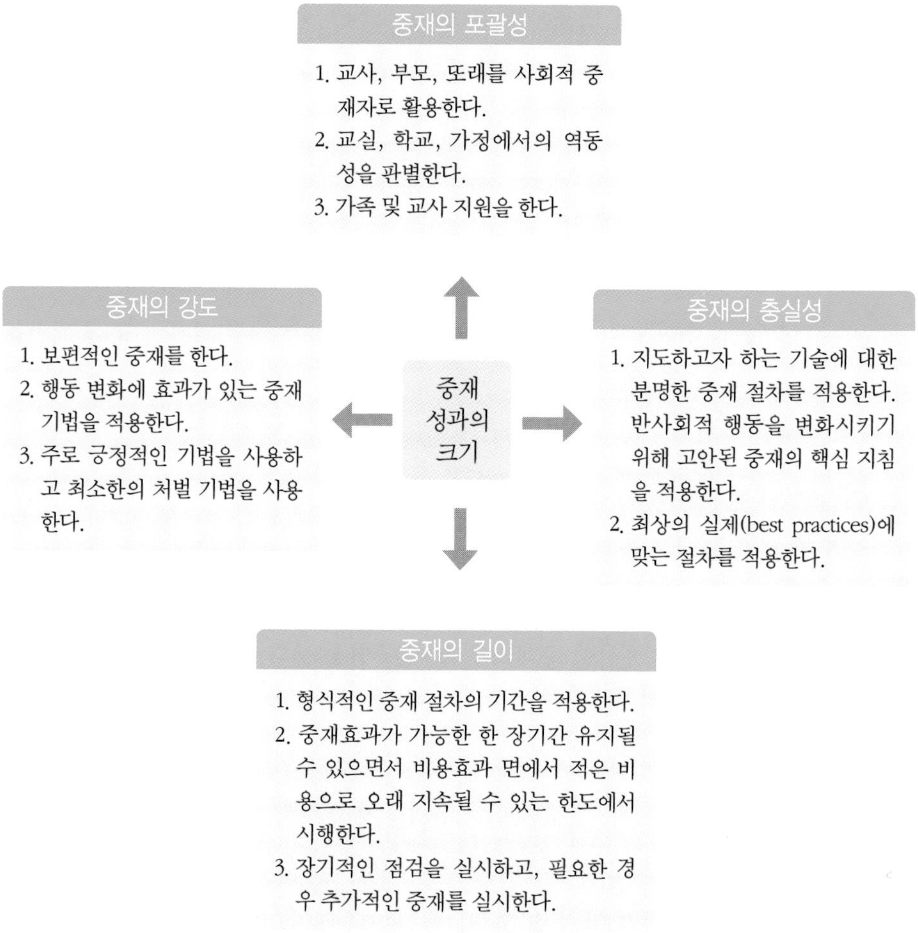

[그림 9-2] 반사회적 행동 중재 성과의 크기에 영향을 미치는 요인

출처: Walker et al. (2004), p. 53.

다음에서는 Walker 등(1995)이 기술한 기본적인 기법을 포함하여 품행장애 아동에게 적용되고 있는 효과적인 교육 및 중재 방법을 간략히 살펴본다.

1) 부모훈련

환경적 요인인 부모와의 관계 문제로 인해 품행장애가 나타나는 경우가 많으므로 이를 위한 중재는 아동뿐 아니라 부모를 대상으로도 이루어져야 한다(Sprague & Walker, 2000). 효과적인 부모훈련 프로그램은 다음과 같은 특징을 가지고 있다(Kazdin, 1997).

- 부모에게 자녀와의 상호작용 방법을 지도한다.
- 문제행동을 판별하고 정의하며 관찰하는 방법을 지도한다.
- 사회적 강화, 토큰 강화, 타임아웃 등 사회학습의 원리와 절차를 지도한다.
- 부모로 하여금 획득한 기법을 연습할 수 있는 기회를 제공한다.
- 부모가 적용하는 강화 프로그램이 학교에서의 행동 지도 프로그램에 통합될 수 있도록 한다. 교사는 학교에서 이루어지는 행동 지도의 결과를 부모에게 정기적으로 알려 준다.

부모훈련 프로그램은 부모가 중재의 직접적인 대상이 될 뿐 아니라 아동의 행동을 지도할 수 있는 기술을 획득하고 적용하는 것을 목표로 한다(Patterson et al., 1982). 부모훈련 프로그램에서는 부모가 아동과 자신의 문제를 판별하고, 아동의 행동과 환경을 관찰하여 자료를 수집하며, 적절한 행동의 증가와 부적절한 행동의 감소를 위한 전략을 사용하도록 지도한다. 중재자와 부모는 정기적인 만남을 통해 피드백을 주고받는다. 부모가 중재자의 지원 없이도 아동과 긍정적인 관계를 형성하고 행동지원을 할 수 있다고 판단되면 중재자는 프로그램을 종료한다.

국내에서는 오경자 등(1999)이 매사추세츠 대학교의 Russell Barkley가 개발한 부모교육 프로그램에 근거하여 이를 국내의 상황에 맞게 수정 및 보완한 부모훈련 프로그램을 개발하였다. 이 프로그램에서는 부모가 아동의 문제행동의 원인을 파악하고 문제행동이 유지되는 기제를 이해하며 아동의 문제행동을 다루는 능력을 향상시키는 것을 목표로 한다.

부모훈련의 예

자녀의 행동에 대해 부부간에 일치된 태도를 보이고 일관된 태도를 보일 수 있도록 부모를 훈련한다. 이를 위해 먼저 가족 내 구성원의 협의를 통해 구성원들이 지켜야 하는 적절한 규칙을 정한다. 부모는 가족구성원의 합의에 따라 정해진 규칙을 간결하고 명료하게 지시하고 같은 말을 여러 번 반복하지 않으며 단 한 번만 반복하도록 하였다. 또한 지시를 하는 동안(즉, 규칙을 지키도록 지시를 하는 동안) 다른 어떠한 잔소리, 비판, 질문을 하지 않도록 하였다.

2) 기능적 가족중재

Alexander, Holtzworth-Munroe와 Jameson(1994)이 개발한 기능적 가족중재(functional family therapy: FFT)의 일차적 목적은 가족 내 구성원 간 의사소통을 향상시키고 최적화하는 것이다. 이러한 의사소통 기술 증진을 통해 가족구성원 간의 인식, 기대, 태도, 정서적 반응을 수정하여 가족기능의 향상을 도모한다. 가족구성원들은 ① 자신의 생각과 느낌을 정확하고 분명하게 전달하는 방법, ② 문제에 대한 해결책을 효과적으로 조정하는 방법, ③ 자녀를 위한 일관된 가정환경을 제공하기 위해 행동 기법을 활용하는 방법을 배운다.

FFT는 특히 아동 후기 또는 청소년기 자녀가 포함된 가족을 위해 개발된 프로그램으로, 가족의 모든 구성원이 중재 회기 동안 함께 참여한다. 중재 회기는 주 1회 이루어지고 회기당 60분 정도 소요되며, 가족구성원들과 중재자 모두가 중재가 적절하게 이루어졌다고 판단할 때 종료한다. 중재자는 지속적인 문제해결 토론과정에서 가족이 필요로 하는 의사소통 기술의 시범을 보이고, 구성원이 그러한 기술을 획득할 수 있도록 행동을 형성시키며, 가족구성원들이 연습할 수 있는 기회를 제공하고, 바람직한 변화에 대한 정적 강화를 제공하면서 지도한다. 일반적으로 다음의 단계를 거쳐서 중재가 시행된다(Eddy, 2006).

① 중재자는 사회학습 원리를 쉽게 설명하는 읽기 과제를 가족구성원들에게 제공한다.

② 중재자는 가족 관찰 및 면담을 통해 아동의 품행장애 행동과 관련 있는 가족 상호작용이 무엇인지를 판별한다. 이는 가족의 문제적 상호작용을 보다 생산적이고 다정한 상호작용으로 만드는 데 도움이 된다.

③ 첫 회기부터 가족구성원들은 아동의 품행장애 행동과 관련하여 중재자가 제시하는 가상의 가족 문제를 해결하는 과정에 참여한다. 중재자는 분명하고 효율적이며 적응적인 의사소통 기술을 적극적으로 시범 보이며 문제해결 조정을 하면서 가족구성원들이 이러한 기술을 사용하도록 촉진하고 강화한다. 조정 활동 동안에 중재자는 가족구성원들이 사용하는 다양한 언어 및 비언어적 의사소통의 수단과 목적에 대한 가정을 자주 진술해 준다. 가족구성원들은 이

러한 해석을 수정하고 명확하게 한다.

④ 지속적으로 문제해결 조정 기회를 가지면서, 중재자는 가족구성원들에게 구성원 간의 의사소통의 기능 및 명확성을 향상시키는 다양한 방법을 지도한다.

FFT는 대상 아동의 행동 상습성 감소와 중재에 참여한 형제들의 비행 예방에 효과적이며, 중재효과도 다른 중재에 비해 오래 유지된다(Gordon et al., 1988).

의사소통 기술 훈련의 예

가족구성원들 간에 서로 다른 사람의 말을 들어주고 적절하게 말을 하는 방법을 익힐 수 있도록 구성원들끼리 서로 험담하지 않기 등의 기본 규칙을 정한다. 그리고 구성원들의 말에 경청하고 자신이 들은 것을 자신의 말로 표현하는 훈련을 통해 주의력과 경청하는 기술을 증가시킨다. 특히, 저녁식사 시간에 의사소통 기술 연습을 시도하여 그 효과를 서로 확인한다.

3) 다중체계중재

다중체계중재(multisystemic treatment: MST)는 아동의 품행장애 행동을 유지시키는 가족, 학교, 또래, 지역사회와 같은 체계를 수정하는 것에 주안점을 두고 있다(Henggeler, 1990). 중재의 주된 목적은 자녀가 보이는 문제에 역점을 두고 이를 다루는 데 필요한 기술과 자료를 부모에게 제공하는 것이다. MST는 본래 청소년과 가족을 위해 개발된 것이지만 대가족, 핵가족, 또래, 교사, 이웃, 지역사회 관련인 등 아동의 생활과 관련이 있는 모든 사람이 참여할 수 있다. 중재는 회기당 대략 15~90분 소요되며, 아동과 부모가 합리적인 수준으로 기능수행을 할 때까지 지속된다. 중재는 평균 4개월 정도에 걸쳐 시행된다.

중재 과정은 다음과 같다(Eddy, 2006).

① 중재자가 대상자의 집을 방문하여 첫 만남을 갖는다. 모든 가족구성원이 관련 문제에 관해 토론하며, 중재자는 가족이 문제를 명확히 알고 합리적인 장단기 목표를 설정하는 것을 돕고 문제를 감소시키는 데 도움이 되는 가족의 장점을 파악한다. 분명하고 합리적이며 일상적인 과제 중심으로 단기 목표를 설정한다. 단기 목표 달성을 위해 활동 중심의 계획을 세운다.
② 가족구성원들이 계획을 실행하는 동안 중재자는 아동의 학교 교사와 또래 등 관련인을 만나 아동의 추가적인 문제가 있는지 살펴보고 문제해결을 위해 활용할 수 있는 방안을 모색한다.
③ 기본적인 요구가 판별되면, 중재자는 부모훈련, 아동의 문제해결 기술 훈련, 지역사회 및 학교 기반 중재 등 적절한 심리적 중재를 적용한다. MST의 일차적 목적은 가족의 현재 문제에 초점을 두는 것이지만, 과거 사건과 관련된 문제도 필요한 경우 다룰 수 있다.
④ 가족구성원들이 함께 만나는 시간을 중재 기간 중 정기적으로 갖는다. 중재자는 회기마다 가족구성원들이 할당 과제를 수행하려 노력했는지를 평가하고 과제를 수행했으면 충분한 칭찬이나 보상을 제공한다.
⑤ 중재자는 각 체계(예: 가정, 학교, 또래) 내 그리고 체계 간의 적절한 중재를 개발하고 각 체계 내에서 아동의 행동을 지속적으로 사정 및 점검한다.

심각한 비행을 보인 청소년들을 대상으로 MST와 절충적인 개별치료(내담자 중심의 행동적이고 사이코드라마 요소를 포함)의 효과를 비교한 결과(Henggeler et al., 1992), MST에 참여한 청소년의 22%가 5년 후에 동일한 범죄를 저지른 반면에, 개별치료를 받은 청소년의 71%가 동일한 범죄로 체포되었다. MST는 품행 문제 감소에 효과적이며, 이 중재를 받은 가족의 응집력을 높이는 데도 효과적이었다.

4) 학교 중심 프로그램: 학교 차원의 긍정적 행동지원

학생은 많은 시간을 학교에서 보내고, 학교는 이들의 사회화에 중요한 역할을 한다. 따라서 품행장애학생을 위한 중재에 학교 요인이 주된 역할을 해야 한다. 품행장애를 보이는 아동에게 적절한 중재를 하는 것 못지않게 중요한 것이 예방이다. 대표적인 예방적 접근인 학교 차원의 긍정적 행동지원(school-wide positive behavioral interventions & supports: SW-PBIS)의 구성 요소와 특성에 관한 설명은 이 책의 제7장(생태학 모델)을 참고하기 바란다.

Walker, Ramsey와 Gresham(2004)은 연속적 행동지원 체계로 1차 예방, 2차 예방, 3차 예방으로 3단계 예방 모델을 제시하고 있다([그림 9-3] 참조). 1차 예방은 반사회적 행동이 나타나는 것을 예방하는 것으로 모든 학생을 대상으로 하는 보편적 중재이고, 2차 예방은 나타난 반사회적 행동을 조기에 판별하여 중재하거나 개선하는 표적 집단 중재이며, 3차 예방은 변화 가능성이 낮은 만성적 반사회적 행동의 부정적 효과를 조정하거나 저하시키는 것으로 집중적이고 개별화된 중재를 적용하는 것이다.

행동은 환경과 밀접한 관련이 있으므로 문제행동을 보이는 학생만을 처벌 중심

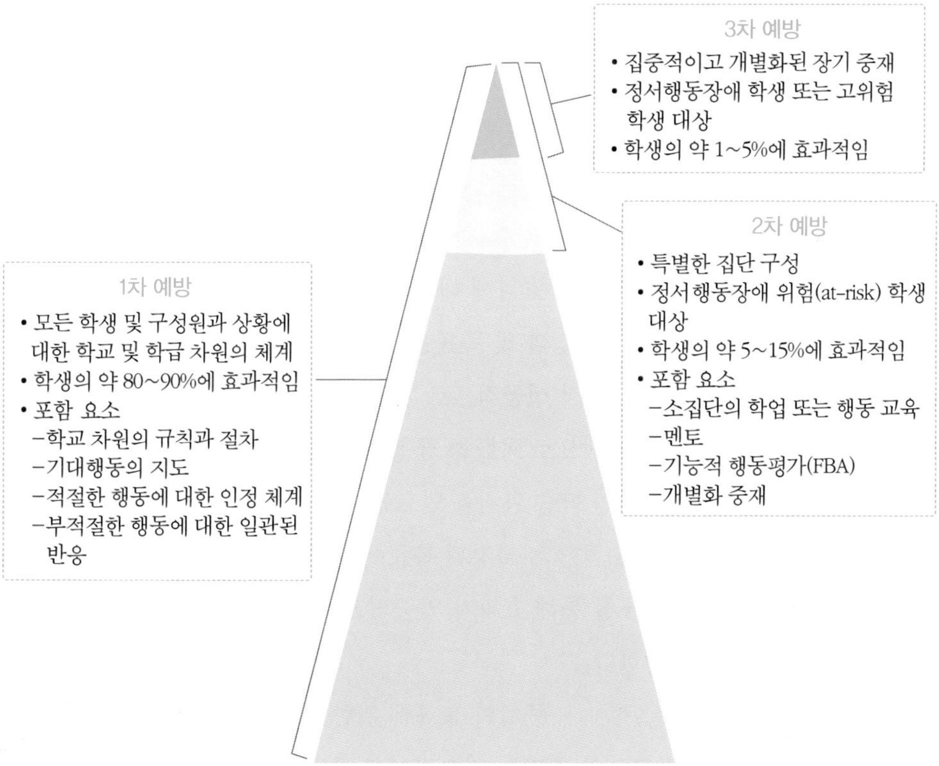

[그림 9-3] 3단계 예방 모델

출처: 김진호 외 역(2017a), p. 18.

으로 훈육해서는 문제행동을 감소시킬 수 없다. 학생이 속한 학교 환경의 변화가 병행될 때 현재 문제행동을 보이는 품행장애학생뿐 아니라 앞으로 문제를 보일 가능성이 있는 학생을 포함한 모든 학생의 행동상의 문제 발생을 예방할 수 있다. 이러한 점에서 학교 차원의 긍정적 행동지원은 학교 환경 체계의 변화를 요구한다. Bloomquist와 Schnell(2002)은 학생의 학교 내 긍정적 행동을 촉진하기 위한 학교 차원의 긍정적 행동지원의 효과적 실행을 위한 아홉 가지 단계를 다음과 같이 제시하고 있다.

① 학교 차원의 팀을 구성한다: 효과적인 프로그램을 시행할 수 있는 학교 내의 협력팀을 구성한다. 팀은 다양하게 구성될 수 있으나, 일반적으로 다양한 학년의 교사, 학교 행정가(예: 교감), 학부모로 구성된다. 필요의 경우 지역사회 관련인이 포함될 수 있다. 팀은 학교 내 협력적인 분위기를 만들고 의사결정의 절차를 개발한다.

② 학교의 요구를 파악한다: 구성된 팀은 현재 학교 내 문제행동의 정도를 파악하고 긍정적 행동을 촉진하기 위해 학교에서 현재 시행하고 있는 접근의 효과성을 평가한다. 학생들을 대상으로 관련 설문 조사를 할 수 있다. 또한 교사와 학부모를 대상으로 학생의 행동에 대한 관심의 정도, 현재의 규칙 및 절차에 대한 인식, 그리고 현재 절차의 효과에 대한 견해를 알아본다.

③ 목표를 설정한다: 바람직한 성과 및 목표를 결정한다. 목표는 학교 내 모든 학생이 달성할 수 있고 사회에서 성공적으로 기능 수행하는 데 필요한 기술의 개발에 주안점을 둔다. 일반적으로 목표는 긍정적인 행동을 증가시키고, 문제행동을 감소시키며, 협력적인 학습 환경을 만드는 것과 관련이 있다.

④ 중재의 요소를 선정 및 고안한다: 설정된 목표에 부합하며, 주도적이고 긍정적인 전략을 강조하며, 연구를 통해 효과가 입증되고 목표 달성을 위한 강점을 가지고 있는 요소를 선정한다.

⑤ 중재를 위한 지원을 설정한다: 중재의 효과를 위한 광범위한 지원체계를 설정한다. 학교 차원 프로그램의 효과는 지속적이고 광범위하며 정확한 시행에 달려 있다. 이를 위해 교직원, 학생, 학부모, 지역사회 관계자를 포함한 모든 관련인의 행정 및 재정적 지원이 필요하다. 특히, 학교장의 강력하고 가시적인 지원

이 무엇보다도 중요하다. 프로그램의 시행을 위해 학교 정책의 변화 및 재정 지원이 요구될 수 있으므로 학교장의 실제적이고 심리적인 지원이 중요하다.

⑥ 학교 요원을 훈련한다: 프로그램에 참여하는 교사 및 직원에게 중재의 원리, 절차, 시행 방법에 관한 정보를 제공하고, 이들이 시행하는 것을 관찰하고 피드백을 제공하며 지속적인 지원 및 평가를 한다.

⑦ 적절한 시행을 위해 협력하고 점검한다: 프로그램의 시행을 점검하고 문제를 수정하기 위한 절차를 개발하며 중재 시행을 위한 적절한 지원을 제공한다.

⑧ 중재의 효과를 평가한다: 중재의 효과를 평가하거나, 중재를 수정 및 보완하기 위한 자료를 수집한다.

⑨ 프로그램을 지속적으로 유지한다: 프로그램의 지원, 실행, 효과를 유지할 수 있는 구조와 절차를 개발한다. 또한 지속적인 훈련을 하고 프로그램의 결과를 교직원, 학부모, 지역사회 관련인에게 정기적으로 제공한다.

학교 중심의 프로그램은 품행장애 발생 후의 치료적 접근이라기보다는 예방적 접근이라 할 수 있다(Bloomquist & Schnell, 2002; Lewis & Sugai, 1999). 학교 차원의 프로그램은 긍정적인 학교 분위기를 만들고 모든 학교 구성원이 수행해야 하는 학교 차원의 일반적인 행동적 기대와 학교 내 다양한 환경에서 수행해야 하는 구체적인 행동적 기대를 몇 가지(일반적으로 4~5개) 설정하여 이를 분명하게 명시한다. 그리고 긍정적 행동지원을 하며 문제행동에 대해 일관되고 효과적인 절차를 적용한다. SW-PBIS에서 학교의 행동적 기대인 규칙의 예가 〈표 9-4〉에 제시되어 있다. 〈표 9-4〉에서 보는 바와 같이, 해당 학교의 규칙은 학교구성원들이 중요하다고 동의한 것으로 구성원 모두가 기대된 행동의 구체적인 예를 인지하고 실천하는 것이 일차원 예방에서 무엇보다도 중요하다.

이차원 예방에서는 보다 집중적인 중재가 요구되므로 기능적 행동평가(functional behavior assessment: FBA)를 통해 공격행동의 패턴을 파악하고 중재 전략을 개발해야 한다. 기능평가 과정에서 다음의 질문에 근거하여 학생의 행동을 판별할 수 있다.

- 주도적인 행동 대 반응적인 행동: 아동이 공격을 먼저 주도하는지, 아니면 다른 사람의 공격행위에 반응하는지를 판별

표 9-4 미국 파크웨이 초등학교의 규칙과 세부 규칙 일부의 예

상황 \ 규칙	나 자신을 존중한다	다른 사람을 존중한다	물건(기물)을 아낀다
모든 장소	• 과제에 참여한다. • 항상 최선을 다한다. • 협력하여 작업한다.	• 어른의 지시를 따른다. • 친절하게 행동한다. • 다른 사람의 몸 또는 물건에 손과 발을 대지 않는다. • 다른 사람을 돕는다(다른 사람과 함께 나눈다). • 목소리를 낮춘다.	• 재활용한다(분리수거를 한다). • 활동 후에는 청소를 한다. • 자신에게 속한 것을 잘 간수한다.
복도	• 조용히 걷는다. • 다른 사람과 일정한 간격을 두고 걷는다.	• 우측통행을 한다. • 떠들지 않고 다닌다.	• 복도를 깨끗이 한다. • 쓰레기를 줍는다.
운동장	• 학교 기구를 가지고 할 수 있는 게임과 활동을 선택한다.	• 안전하게 놀이를 한다. • 활동에 다른 사람들도 참여할 수 있게 한다. • 다른 사람들과 함께 학교 기구를 사용한다. • 차례를 지킨다. • 다른 사람들을 격려한다.	• 쓰레기를 줍는다. • 학교 기구를 적절하게 사용한다. • 운동 기구를 사용한 후 보관 장소에 갖다 둔다.

출처: 김진호 외 역(2009), p. 536.

- 감정적인 행동 대 계산된 행동: 아동이 순간적인 감정에 영향을 받고 행동을 한 것인지, 아니면 사전에 계획하여 행동한 것인지를 판별
- 적대적 행동 대 도구적 행동: 행동의 의도가 감정 및 신체적 상처를 내기 위한 것인지, 아니면 원하는 것을 얻기 위한 것인지를 판별
- 직접적 행동 대 간접적 행동: 공격행동이 대상자를 직접적으로 공격한 것인지, 아니면 간접적인 수단(예: 또래로부터 따돌림을 당하도록 나쁜 헛소문을 퍼뜨리기)으로 가해를 한 것인지를 판별
- 공공연한 행동 대 은밀한 행동: 공격행동이 관찰되는지(예: 교사 앞에서 또래를 폭행하는 것), 아니면 비밀리에 이루어지는지(예: 다른 사람의 지갑에서 돈을 훔치고 거짓말하는 것)를 판별

기능적 행동평가(FBA)에 대한 보다 상세한 설명은 『교사를 위한 응용행동분석』(이효신 역, 2014)의 제6장 또는 『행동수정 이론에 기초한 행동지원』(양명희, 2012)의 제2장을 참고하기 바란다.

Olweus(1993)와 Walker 등(2004)은 2차 예방으로 괴롭힘을 예방하는 효과적인 학교의 특성을 다음과 같이 제시하고 있다.

- 학교의 분위기가 따뜻하고 긍정적이며 지원적이다. 교직원은 수용 불가능한 행동에 대한 제한을 분명히 하고 이를 확고히 지킨다.
- 기대되는 행동에 대한 위반이 나타나면 즉시 그리고 지속적으로 제재를 한다. 시행되는 제재는 적대적이지 않으며 어떤 신체적인 가해도 하지 않는다.
- 학교 내외에서 학생의 행동에 대한 지속적인 점검과 감독이 이루어진다.
- 괴롭힘을 멈추기 위해 학생 상호작용에 대한 성인 중재가 시행된다.
- 학교의 가치, 기대, 절차, 후속결과를 분명히 하기 위해 괴롭힘의 피해자와 가해자, 학부모, 중립적인 학생이 함께 괴롭힘의 문제에 관해 토론한다.

3차 예방으로서 정서행동장애학생을 위한 행동지원은 선행 및 배경 사건 중재, 대체행동 교수, 문제행동에 대한 반응, 장기적 지원의 다요소 접근을 통해 이루어진다. 행동지원 계획의 구체적인 내용은 〈표 9-5〉와 같다. 각 요소별로 보다 상세한 설명은 『장애 학생을 위한 개별화 행동지원: 긍정적 행동지원의 계획 및 실행』(이소

표 9-5 **개별 차원의 긍정적 행동지원 구성 요소**

선행 및 배경 사건 중재	대체행동 교수	문제행동에 대한 반응	장기적 지원
• 문제를 유발하는 선행 및 배경 사건을 수정 또는 제거 • 바람직한 행동을 유발할 수 있는 긍정적인 선행 및 배경 사건 적용	• 문제행동과 동일한 기능을 수행하는 대체행동을 지도 • 어려운 상황에 대처할 수 있는 기술 • 전반적인 능력 신장을 위한 일반적인 기술 지도	• 문제행동으로 인한 성과 감수 • 교육적 피드백 제공 또는 논리적인 후속결과 제시 • 위기관리 계획 개발	• 삶의 양식을 변화 • 지속적인 지원을 위한 전략 수행

출처: 이소현 외 역(2008), p. 98.

현 외 역, 2008)을 참고하기 바란다. 특별히 여기서는 문제행동에 대한 반응 중에서 '위기관리 계획 개발'에 관한 내용을 간략히 살펴본다. 품행장애학생들의 경우 화를 참지 못하여 다른 학생들에게 신체적 공격을 하거나 학급 내 기물을 파손하여 위기 상황을 유발할 가능성이 높다.

후속결과 중재라고도 하는 문제행동에 대한 반응은 주로 대상학생의 문제행동을 유지 및 지속시킨 후속결과로 작용한 타인(예: 교사, 부모, 또래 등)의 반응을 조절하여 문제행동을 감소시키는 것이다. 그러나 위기관리(crisis management)는 문제행동을 감소시키는 것이 주목적이 아니고 문제행동이 대상학생과 다른 사람에게 심각한 해가 되는 위험한 상황에서 대상학생과 다른 사람을 보호하는 것에 주안점을 두는 것이다. 즉, 대상학생의 문제행동으로 인한 위기 및 응급 상황에 대비한 절차를 수립하는 것이다. 가능한 한 위기 상황이 발생되지 않도록 앞서 언급한 다요소 중재를 시행하지만, 위기에 도달한 문제행동에 대해서는 위기관리가 실행되어야 하는 것이다.

위기관리 계획이 필요하다고 정해지면, 먼저 위기를 유발하는 문제행동의 전조, 즉 위기를 예상할 수 있는 신호를 파악한다. 학생 및 타인의 안전을 위해 대상학생의 행동을 완화시킬 수 있는 절차 및 방법을 강구한다. 대상학생과 함께 산책하기, 심호흡하기, 음악실에 가서 음악 듣기 등이 그 예가 될 수 있다. 더불어 대상학생이 안정을 회복할 때까지 거할 수 있는 장소 확보, 도움을 줄 수 있는 실행 지원 인력 확보, 위기 상황이 끝났음을 확신할 수 있는 사인 점검, 빠른 회복을 위한 필요한 지원의 정도, 위기관리 절차 계획 및 실행에 관한 문서화 등이 고려되어야 한다(이소현 외 역, 2008). 무엇보다도 위기관리 실행으로 인해 유발될 수 있는 교실 내 방해 정도를 최소화하는 것이 중요하다. 교실에서 위기 발생 시 회복기까지 해당 교실에서 대상학생의 문제행동에 집중적으로 대처하고 다른 학생들은 교실에서 자습을 하게 하는 것은 교실에 있는 학생들의 안전에 해가 될 수 있으므로 적절하지 않다. 대상학생을 다른 조용한 장소로 데리고 가는 것이 대상학생과 학급 학생 모두에게 보다 안전한 조치가 될 뿐 아니라 학급 학생들의 학업 방해도 최소화할 수 있다. 이러한 위기관리 절차는 과도하게 사용해서는 안 된다. 위기관리는 위기 상황을 통제하기 위해 사용되는 일시적인 절차일 뿐이다. 긍정적 행동지원이 체계적으로 적용된다면 이러한 위기관리 실행 상황은 점차 줄어들거나 없어지게 될 것이다.

5) 지역사회 기반 프로그램

비행 및 반사회적 행동을 보이는 학생을 별도의 수용시설이 아닌 학생의 지역사회 기반 프로그램에 참여시킴으로써 수용시설에서의 또 다른 비행행동의 학습을 예방하고 지역사회 내 적응을 높일 수 있다. 비행청소년을 가정과 유사한 상황에 배치하고 자연스러운 개입이 이루어질 수 있도록 개발된 대표적인 지역사회 기반 프로그램으로 가족교수 모델(teaching family model: TFM)과 치료적 위탁보호(treatment foster care: TFC)가 있다. TFM에서는 가정과 유사한 거주 형태에서 훈련된 교사역할의 부모가 비행청소년과 살면서 학생에게 적절한 행동을 중재한다. 교사역할 부모는 대상자의 부모에게 자신이 수행하는 중재 절차를 훈련시켜 청소년들이 가정에 가서도 중재의 효과가 유지 및 전이될 수 있도록 돕는다(Kirigin et al., 1982). TFC에서는 위탁부모가 한두 명의 청소년과 함께 가정 주거형태에서 생활하면서 이들의 행동을 체계적인 행동중재 프로그램에 따라 관리한다(Spregelmeyer & Chambelin, 2001). 위탁부모는 프로그램 요원의 지원 및 감독을 받고, 프로그램 요원은 청소년의 친부모와 정기적인 만남을 가지며 친부모와 청소년의 만남을 준비시키거나 대안을 함께 모색한다.

6) 인지행동중재

인지행동중재(cognitive behavioral intervention: CBI)는 학생에게 자신의 행동을 점검하고 평가하며 관리하는 것을 가르치거나 특정한 인지적 단계에 따라 자극에 반응하도록 교수하는 절차로, 교사는 강화 등과 같은 다양한 행동 원리를 사용하여 학생에게 인지적 전략을 지도한다. 인지행동중재의 기본 가정은 ① 행동은 사고 및 신념 등과 같은 인지적 사상에 따라 수정되고, ② 인지적 사상의 변화는 행동의 변화를 가져 오며, ③ 모든 사람은 학습에 능동적인 참여자가 된다는 것이다(유재연 외 역, 2008). 정서행동장애학생을 대상으로 자기조절 능력의 향상에 주안점을 두어 적용 가능한 인지적 전략을 지도하는 중재로는 문제해결 훈련, 분노조절 훈련, 자기관리 훈련(자기점검, 자기평가, 자기강화), 자기교수, 대안반응 훈련, 귀인 재훈련, 합리적 정서행동치료 등이 있다. 이를 간략히 살펴보면 다음과 같다.

(1) 문제해결 훈련

문제해결 훈련(problem solving training)은 갈등, 선택, 문제 상황에 직면했을 때 효과적으로 대처하고 해결하는 능력을 지도하는 것이다. 학생들은 필요한 문제를 인식하고, 문제를 정의하며, 문제를 해결할 방안을 만들고, 우선적으로 적용할 방안을 선정하며, 실행 계획을 세우고, 해결 방안의 결과를 점검하는 문제해결 전략을 학습한다. 문제해결 훈련의 단계는 〈표 9-6〉과 같다. 학생이 학습해야 할 문제해결 전략(〈표 9-6〉의 2단계 내 제시)을 학생들이 숙달할 수 있도록 하는 것이 매우 중요하다. 학생은 문제에 대한 해결책을 배우는 것이 아니라 문제해결 과정에서 필요한 전략인 ① 문제 인식하기, ② 문제 정의하기, ③ 문제해결 방안 만들기, ④ 해결 방안 검토하기, ⑤ 해결 방안 실행하기, ⑥ 결과 점검하기를 학습하는 것이다. 문제해결 능력이 미흡한 대부분의 정서행동장애학생들은 문제가 무엇인지를 인식하고 판별하는 데 어려움이 많다. 문제 상황을 파악하는 데 도움이 되는 것으로 [그림 9-4]와 같은 문제 일지(problem log)를 활용해 볼 수 있다.

표 9-6 **문제해결 훈련 단계**

1단계	문제해결 훈련의 중요성을 설명한다.	교사는 문제를 해결하는 방법을 학습하는 것이 왜 중요한지를 학생에게 설명한다. 학생은 문제해결 전략을 학습해야 하는 이유를 이해하고 최선을 다할 것을 다짐한다.
2단계	효과적인 문제해결 전략을 지도한다.	교사는 학생에게 문제해결 전략(예: 문제 인식하기, 문제 정의하기, 가능한 해결 방안 만들기, 해결 방안 검토하기, 해결 방안 실행하기, 결과 점검하기)을 설명한다.
3단계	문제해결 전략의 시범을 보인다.	교사는 문제해결 전략을 사용할 수 있는 상황과 구체적인 전략을 설명하고, 보조원 또는 또래 학생과 함께 문제해결 전략의 시범을 보인다.
4단계	문제해결 전략을 사용할 수 있는 역할놀이 기회를 제공한다.	교사는 실생활에서 접할 수 있는 문제해결 전략 적용 상황을 준비하고, 학생들이 문제해결 전략을 사용할 수 있는 역할놀이에 참여할 수 있도록 한다. 교사는 학생들의 역할놀이에 대한 피드백을 제공한다.
5단계	문제해결 관련 숙제를 제공한다.	교사는 학생들에게 실생활 상황에서 문제해결 전략을 연습할 수 있는 숙제를 내준다.
6단계	피드백과 강화제를 제공한다.	교사는 학생이 사용한 문제해결 전략에 대한 피드백을 제공하고 적절한 강화제를 제공한다.

문제 일지

1. 문제가 무엇인가? 문제를 적어 보세요.

2. 문제를 해결하기 위해 무엇을 했습니까?

3. 당신이 선택한 방법으로 문제가 해결되었나요?

4. 당신의 해결 방법에 대해 점수를 준다면? (○표)

   좋지 않다 보통이다 좋다 매우 좋다

5. 만약 문제가 다시 발생한다면 어떻게 다루겠습니까?

[그림 9-4] 문제 일지(problem log)의 예

(2) 분노조절 훈련

분노조절 훈련(anger control training)은 학생에게 자기교수를 통해 분노와 공격행동을 자제하거나 조절하는 것을 지도하는 것으로, 분노조절중재는 ① 인지 준비 단계, ② 기술 습득 단계, ③ 적용 훈련 단계로 구성된다. 인지 준비 단계에서 학생은 분노 각성과 분노 결정 요인, 분노를 유발하는 상황의 판별, 분노의 긍정 및 부정적 기능, 그리고 대처 전략으로 분노조절 기법에 관해 학습한다. 기술 습득 단계에서 학생은 인지 및 행동 대처 기술을 학습한다. 학생은 분노를 인식하고 대안적인 대처 전략을 사용하는 것을 배운다. 이 단계에서 자기교수 요소의 훈련이 강조된다. 마지막 단계인 적용 훈련 단계에서 학생은 역할놀이와 숙제를 통해 기술을 연습한다. 분노조절 훈련은 시범, 역할놀이, 수행 피드백으로 구성되며, 특히 역할놀이에서는 학생이 자신의 분노가 언제 일어났고 어떤 일이 벌어졌으며 그 상황에 어떤 사람들이 있었고 그 사람들은 무엇을 했으며 자신의 감정을 어떻게 다루었는지 등에 관한 분노 일지를 활용한다. 분노조절 훈련에는 이완훈련을 함께 적용한다. 깊은 숨 쉬기, 기분 좋은 상상하기, 거꾸로 숫자 세기, 생각 멈추기 등과 같은 이완 방법(박윤아, 박지연, 2008)을 습득할 수 있도록 지도한다. [그림 9-5]는 통합학급 초등학생을 대상으로 한 분노조절 프로그램의 예다.

분노 및 분노 상황에 대한 자각	• 감정 이해하기: 감정의 의미와 중요성 이야기 나누기, 다양한 감정 표현하기, 감정곡선 그리기 • 나의 감정 이해하기: 나의 감정 그래프 그리기, 나의 분노 감정 확인하기, 나의 분노 유형 찾고 이야기 나누기 • 타인의 감정 이해하기: 타인의 감정 인식하기, 친구와의 대화 역할극하기, 친구의 마음 이해하기 • 분노 상황 이해하기: 분노 상황의 원인 및 신체 변화 이야기 나누기, 나의 분노 상황 찾기, 분노 상황 토의하기 • 분노조절의 필요성 알기: 분노 및 분노 표현의 긍정적 또는 부정적 예시 확인하기, 분노 조절의 필요성 토의하기, 분노 경험 이야기 나누기
분노 감정 대처 기술 훈련	• 감정이완 훈련하기: 심호흡하기, 숫자 세기, 화난 상황 피해 있기, 기분이 좋아지는 상상하기, 분노 상황에서 모델링하기 • 자기교수, 자기통제하기: 혼잣말하기, 분노 일지 쓰기, 마음속으로 생각하기, 분노 상황에서 모델링하기
분노 관련 사고 변화	• 합리적 사고하기 1: 분노의 A-B-C 찾기(분노의 원인과 결과 찾기), 비합리적 생각 찾기, 나의 A-B-C 찾기 • 합리적 사고하기 2: 또래, 가족 관련 분노 유발 상황 브레인스토밍하기, 분노 유발 상황에서 문제해결 방법 찾기
분노 유발 상황 해결을 위한 훈련	• 자기주장: 자기주장의 필요성 알기, 주장적 대사와 행동 찾기, 분노 유발 상황에서 역할극하기 • 나-전달법 연습하기: 나-전달법의 장점 알기, 너-전달법 대화를 찾고 나-전달법으로 바꾸기, 분노 유발 상황에서 역할극하기 • 적극적인 청자 되기: 듣기 검목표 확인하기, 경청 및 공감 기술 찾기, 친구와의 대화 상황에서 경청 및 공감 기술 모델링하기 • 문제해결하기: 문제 확인하기, 대안 적어 보기, 결과 확인하기, 적절한 대안 선택하기, 솔루션위원회 열기 • 분노조절 전략 정리 및 평가하기: 분노조절 전략 토의하기, 나의 분노조절 실천 전략 목록 만들기, 적절한 분노조절 전략 사용 다짐하기

[그림 9-5] 분노조절 프로그램 지도의 예

출처: 천한나, 박지연(2013).

(3) 자기관리 훈련

자기관리 훈련(self-management training)은 학생이 자신의 행동을 관리하도록 가르치는 것으로, 자주 사용되는 절차로는 자기점검, 자기평가, 자기강화가 있다. 자기기록이라고도 하는 자기점검은 학생이 자신의 특정한 행동의 빈도 등을 기록하는 것으로 자기점검을 통해 학생은 자신의 수행과 외적 준거 간의 차이를 알고 행동의 변화를 보인다. 자기평가는 학생이 자신의 수행을 특정 기준과 비교하여 이에 부합하는지를 결정하는 것이다. 자기강화는 학생이 강화물을 선정하고 자신의 적절한 행동에 대해 직접 강화를 제공하는 것이다.

(4) 자기교수

과잉 및 충동 행동을 보이는 품행장애학생은 내적 언어와 언어조절 능력의 결함 때문에 자신의 행동을 조절하기 위해 자신에게 말하는 방법을 사용하지 않는다. 이들이 자신의 행동을 조절할 수 있도록 하기 위해 사용되는 자기교수(self-instruction) 훈련은 다양한 상황에서 학생에게 적용할 수 있으며 자신에게 내적으로 말을 하는 언어적 진술문의 학습을 지도하는 것이다. 자기교수 훈련 단계가 〈표 9-7〉에 제시되어 있다. 자기교수의 단계는 연구 및 교수자마다 단계 수에서 다소 차이가 있지만, 기본적으로 〈표 9-7〉에 제시된 인지적 모델링, 외적 안내, 외적 자기교수, 자기교수 용암, 내적 자기교수의 단계가 포함된다. 이 책의 제6장(인지 모델)에 제시된 자기교수 지도 단계는 이 장에서 제시된 단계보다 많은 8단계로 구성되어 있지만 앞서 언급한 바와 같이 기본적인 단계가 포함되어 있다.

표 9-7 **자기교수 훈련 단계**

1단계	인지적 모델링	교사는 과제 수행의 시범을 보인다. 이 단계에서 교사는 큰 소리로 과제 수행의 단계를 말하면서 시범을 보이고 학생은 이를 관찰한다.
2단계	외적 안내	학생은 교사의 지시에 따라 같은 과제를 수행한다. 교사는 학생이 과제를 수행하는 동안 큰 소리로 과제 수행 단계를 말한다.
3단계	외적 자기교수	학생은 큰 소리로 과제 수행 단계를 말하면서 같은 과제를 수행한다. 교사는 관찰하며 피드백을 제공한다.
4단계	자기교수 용암	학생은 작은 목소리로 과제 수행 단계를 속삭이면서 과제를 수행한다. 교사는 관찰하고 피드백을 제공한다.
5단계	내적 자기교수	학생은 소리 내지 않고 내적 언어를 사용하며 과제를 수행한다.

(5) 대안반응 훈련

대안반응 훈련(alternate response training)은 바람직하지 않은 반응을 보일 수 있는 기회를 차단하는 대안적 반응을 지도하는 것이다. 대안반응 훈련의 하나로서 활용되는 이완훈련 절차는 갈등 및 스트레스 상황에서 자신의 근육을 점진적으로 이완시키는 것으로 이는 방해 및 공격 행동을 감소시키고 사회성 기술과 학업수행을 향상시킨다. 이완 방법으로는 심호흡하기, 숫자 세기, 화난 상황 피해 있기, 기분 좋아지는 상상하기, 음악 듣기 등 개별 학생들의 특성에 맞는 이완 방법을 교사가 함께 찾아 연습해 보도록 한다.

(6) 귀인 재훈련

귀인 이론에 근거한 귀인 재훈련(attribution retraining)은 긍정적 귀인을 가진 학생은 성공이 자신의 노력과 능력에 따른 것이며 실패는 노력이 부족했기 때문이라고 여긴다고 보고, 부정적 귀인을 긍정적 귀인(자신의 성공과 실패에 대한 노력 중심의 진술)으로 대체하여 과제 수행의 지속성을 높이고자 하는 것이다. 귀인 재훈련에 관한 보다 자세한 설명은 이 책의 제6장을 참고하기 바란다.

(7) 합리적 정서행동치료

합리적 정서행동치료(rational emotive behavior therapy: REBT)는 정서행동장애 학생들이 보이는 문제행동과 부정적 정서 반응의 원인을 왜곡된 비합리적 신념으로 본다. 그래서 정서행동장애학생의 비합리적인 신념을 논박하여 이를 합리적으로 신념으로 바꾸어 인지적 재구조화를 이루게 되면 바람직한 정서 및 행동 반응이 나타나게 된다는 것이다(박경애 외 역, 2011). 비합리적 신념과 합리적 신념의 예는 이 책의 제6장 〈표 6-4〉에서 찾아볼 수 있다. 비합리적 신념을 논박하여 인지적 재구조화를 통해 합리적 신념으로 변화를 이루어 바람직한 정서 및 행동결과를 가져 온 예가 [그림 9-6]에 제시되어 있다.

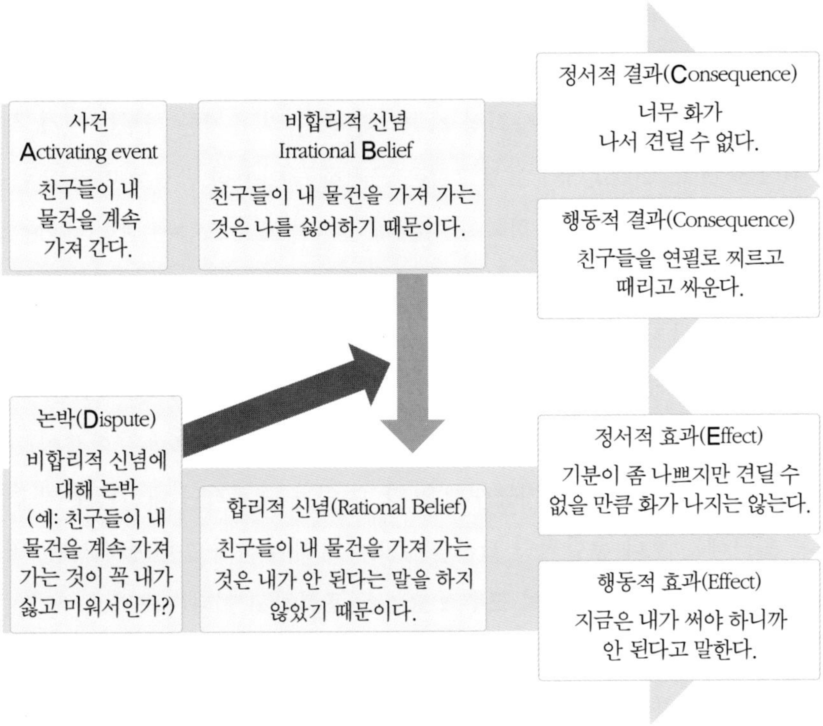

[그림 9-6] 합리적 정서행동치료의 예

이러한 인지행동중재를 통해 학생은 다양한 환경(예: 학교, 가정, 지역사회 등)에서 적절하게 상호작용할 수 있는 기술을 획득하고(Robinson, 2008), 교사의 지속적인 관리 감독 없이도 적절한 행동을 하며, 중재가 종료된 후에도 학습된 행동을 지속적으로 보일 수 있다.

7) 사회성 기술 훈련

품행장애학생은 부정적인 사회성 기술을 보이고 심각한 사회적 능력의 결함을 보인다(Kauffman & Landrum, 2008). 이들은 또래 및 성인과 긍정적인 상호관계를 만들거나 유지하는 데 어려움이 있다(Walker et al., 2004). 이러한 사회 및 행동적 어려움은 교육, 심리사회, 직업 영역에서의 장단기 적응의 문제를 유발할 수 있다. 따라서 품행장애학생을 대상으로 사회성 기술 훈련(social skill training: SST)이 이루어져야 한다.

SST 프로그램은 품행장애학생의 사회적 발달을 향상시키고, 문제행동을 감소시킬 수 있는 구체적인 사회성 기술의 획득을 증진시키고 기술 수행을 향상시키며, 문제행동을 감소 또는 제거하고 사회성 기술의 일반화 및 유지를 이루는 것을 목적으로 한다(Cook et al., 2008). SST 프로그램은 근거하는 이론적 관점에 따라 훈련을 구성하는 요소들이 상이하다. 사회학습 이론에 근거한 프로그램은 시범(modeling)과 코칭(coaching)을 강조한다. 조작적 학습 이론에 근거한 프로그램은 정적 강화의 사용을 강조한다. 인지적 이론에 근거한 프로그램은 학생이 사회적 환경에서 문제를 접할 때 적용할 수 있는 인지적 문제해결 스크립이나 해결 기술을 지도한다. 이렇듯 이론적 근거에 따라 차이가 있지만, 공통적으로 SST 프로그램은 학생이 자신의 사회적 환경에서 성공적으로 기능수행을 할 수 있는 구체적인 대인관계 기술을 지도한다. 최근에는 보다 통합적인 접근을 강조하며 대부분의 훈련에서 시범, 역할놀이, 코칭, 피드백, 일반화 전략의 교수적 요소를 포함하고 있다(Yell et al., 2009).

자폐스펙트럼장애학생을 대상으로 사회성 기술을 지도하고 적절한 행동을 지원하는 데 효과적인 중재로 확인된 상황이야기(social stories)를 사회성 기술이 부족한 만 5~9세의 문제행동을 보이는 학생들에게 적용할 수 있다(Delano & Stone, 2009). 특히 교수-학습 활동에 참여하기를 거부하거나 방해행동을 보이는 학생에게 효과적일 수 있다. 교사는 아동에 관한 정보를 수집하고 문제행동을 보이는 상황을 사정하며 문제행동의 기능을 판별한다. 이러한 기능평가에 근거하여 문제행동의 기능을 대체할 수 있는 바람직한 행동을 정의하고 이에 대한 상황 이야기를 개발한다. 교사는 중재를 실시하면서 지속적으로 학생의 수행에 대한 자료를 수집하고 점검해야 한다.

5. 요약 및 결론

「장애인 등에 대한 특수교육법 시행령」[별표]에서 규정하고 있는 정서행동장애 정의 중에서 (나) 항의 '또래나 교사와의 대인관계에 어려움이 있어 학습에 어려움을 겪는 사람'과 (다) 항의 '일반적인 상황에서 부적절한 행동이나 감정을 나타내어 학습에 어려움이 있는 사람'에 품행장애가 포함될 수 있을 것이다. 이전의 「특수교육진흥법」에서는 자폐성 장애가 정서장애에 포함되어 특수교육지원을 받는 대표적인 정서장애 영역이었으나, 개정된 「특수교육법」에서는 자폐성 장애가 정서행동장애와 분리되고 대상 기술 용어도 정서장애에서 정서행동장애로 바뀌었다. 이는 품행장애가 정서행동장애 영역에서 특수교육을 요구하는 대표적인 대상이 될 수 있음을 시사한다. 따라서 이들에게 필요한 구체적인 지원을 파악하는 것이 필요하다. 이는 기존의 비효과적인 징계, 제적 등 처벌 중심의 훈육에서 보다 긍정적이고 예방적이며 지원적인 훈육을 제공해야 함을 의미한다. 이러한 훈육을 적용하여 그 효과를 검증해야 하며, 그 이전에 먼저 품행장애에 대한 일반교사와 특수교사의 올바른 인식이 선행되어야 할 것이다.

품행장애는 단일한 요인이 아닌 학생 개인 요인과 가족 및 학교 요인 등 다양한 요인이 연계하여 나타나므로 다양한 중재의 요소와 협력적 접근을 하나의 포괄적인 중재 프로그램으로 통합시켜 그 효과를 검증하는 것이 필요하다. 품행장애를 위한 다중 요인 및 협력적 서비스 프로그램은 학생과 가족뿐 아니라 학교 및 지역사회 생활에서 품행장애 위험 요인을 감소시키고 보호 요인은 증가시킬 수 있을 것이다.

현재 학교 현장에서 이루어지고 있는 프로그램(교내봉사, 사회봉사, 특별교육 이수, 퇴학 등)은 주로 처벌 중심이다. 또한 학교와 가정은 책임을 지고 학생을 위한 프로그램에 참여하고자 하는 태도보다는 책임 전가에 급급하고 있는 것이 현실이다. 형식적 교육기관인 학교에서부터 우선적으로 품행장애 행동중재에 효과적인 프로그램을 개발 및 적용해야 한다. 선행연구를 통해 품행장애에 효과적인 것으로 확인된 협력적 서비스 프로그램의 최상의 실제로 Bloomquist과 Schnell(2002)은 ① 가정과 기관의 협력, ② 개별적 사정 및 서비스 계획의 개발, ③ 사례관리의 시행, ④ 가정과 지역사회 중심 서비스의 활용, ⑤ 연구 기반의 중재, ⑥ 표준화된 맞춤형 서비스를 들고 있다. 품행장애학생과 가정이 직면하게 되는 다양한 문제해결을 위해 필요한 많은 서비스를 효과적으로 함께 제공하기 위해서는 이러한 최상의 실제를 실행할 필요가 있다.

제10장

불안장애 및 관련 장애

개요

모든 인간은 살아가면서 부정적인 생활사건을 경험할 때 걱정과 근심을 하며 불안감이나 두려움을 느낀다. 정상적으로 발달하는 아동들도 일시적으로 불안감이나 두려움을 경험하게 되는데, 이때 불안이나 두려움의 대상은 그들의 인지적 · 사회적 · 정서적 발달 단계를 반영한다. 아동기에는 상상의 괴물이나 어두움을 두려워하며, 청소년기에는 사회적 두려움이나 실패에 대한 불안을 느낀다. 일반적으로 두려움은 현재 경험하고 있는 위협에 대한 반응이고, 불안은 미래에 관련된 걱정이 고조되어 통제하기 어려운 정서를 수반하는 것이다. 아동기나 청소년기에 지속적으로 과도한 두려움이나 불안을 경험하면 일상생활 기능에 치명적인 결함이 초래되므로 효과적인 중재가 필요하다. 이 장에서는 불안장애, 외상 및 스트레스 장애, 강박-충동 및 관련 장애의 출현율, 원인, 진단 및 평가, 그리고 효과적인 중재 방법에 대해 살펴본다.

KEY WORDS

- 강박–충동장애obsessive–compulsive disorder: OCD
- 공황장애panic disorder
- 광장공포증agoraphobia
- 급성 스트레스 장애acute stresss disorder
- 범불안장애generalized anxiety disorder: GAD
- 분리불안장애separation anxiety disorder: SAD
- 불안장애anxiety disorder
- 사회적 불안장애social anxiety disorder
- 선택적 함묵증selective mutism
- 신체추형장애body dysmorphic disorder
- 외상후 스트레스 장애post–traumatic stress disorder: PTSD
- 반응성 애착장애reactive attachment disorder
- 저장강박장애hoarding disorder
- 적응장애adjustment disorders
- 털뽑기장애hair–pulling disorder
- 특정 공포증specific phobia
- 피부뜯기장애skin–picking disorder

사례 1 ••• 6학년인 영수는 엄마와 헤어져 학교에 가는 것을 매우 두려워한다. 엄마가 없는 동안 누군가 자신을 납치하거나, 자신이 학교에 가 있는 동안 엄마에게 나쁜 일이 일어날 것 같은 불안감이 떠나지 않는다. 매일 영수가 등교할 때 엄마도 함께 등교하여 엄마가 하루 종일 교실 밖 복도에 서 있는 걸 눈으로 확인해야 영수는 안심을 한다. 밤에도 엄마와 함께 같은 방에서 자지 않으면 엄마와 헤어지는 악몽을 계속 꾸며, 밤중에 깨어 엄마가 옆에 없으면 소리를 지르고 어지럽다며 토하기도 한다.

사례 2 ••• 지희는 지난 몇 개월 동안 학교폭력을 당했던 장소를 지나칠 때마다 갑자기 심장박동 수가 빨라져서 심장이 두근거림을 느끼고, 온몸에 땀이 나며 질식할 것 같은 느낌이 들고, 자기가 자신으로부터 분리되어 제3자가 되어 자신을 바라보는 느낌이 강하게 들 뿐만 아니라, 자신이 죽어가고 있다는 두려움과 공포가 엄습하는 반복적인 경험을 하고 있다. 이러한 경험이 재발할까 봐 불안하여 늘 긴장하고 있으며 밤잠도 설친다.

최근까지도 영수와 지희의 사례와 같은 불안장애는 특수교육 분야에서 큰 관심을 받지 못하였다. 그러나 많은 연구자와 전문가는 아동기와 청소년기에 나타나는 불안장애와 관련 장애가 일상생활 기능에 결함을 초래할 뿐만 아니라, 우울장애 등 다른 장애들과 중복되어 나타나고 성인기의 다양한 유형의 정서장애와 연관되므로 즉각적인 치료를 요하는 임상적 증후군으로 간주한다. 불안은 모든 인종과 문화 집단에서 유사하게 출현하고 있으나, 문화적 특성에 따라 불안장애의 하위 유형들의 출현율에서 차이가 있다. 예를 들어, 개인주의적인 문화의 영향을 받으며 사는 백인 아동들에 비해 가족 간 상호의존적 유대를 중시하는 문화의 영향을 받으며 사는 라틴계 아동들에게서 분리불안장애와 그와 관련된 생리적 증상들이 더 많이 나타난다(Varela et al., 2019).

우리나라도 아동과 청소년의 정신건강 문제가 사회적 이슈로 제기되고 있다. 교육부, 보건복지부 및 질병관리청(2021)이 실시한 제16차 청소년 건강행태조사 통계에 따르면, 청소년의 34.2%가 스트레스를 '대단히 많이' 또는 '많이' 느끼고 있다. 2016년에서 2019년 사이에 10대의 정신질환은 42% 증가하였으며, 우울장애(70%), 공황장애(49%), 불안장애(29%) 순으로 급격히 증가하였고, 초 · 중 · 고 학생의 자살 위험군은 2.5배 증가하였다(한국교육신문, 2020. 10. 7.).

이 장에서는 불안장애, 외상 및 스트레스 관련 장애, 강박-충동 및 관련 장애의 유형, 원인, 진단 및 평가에 대해 살펴보고, 효과적인 중재 방법에 대해 알아보고자 한다.

1. 불안장애 및 관련 장애의 유형

1) 불안장애

불안장애와 두려움은 사람이 지각하는 위협에 대한 세 가지 유형의 반응을 포함한다(방명애 외, 2020). 첫 번째 유형의 반응인 행동적 요소는 두려움의 대상으로부터 도망가거나, 눈을 감거나, 소리를 지르는 것 등이다. 두 번째 유형의 반응인 생리적 요소는 심장박동이 빨라지고, 호흡이 가빠지며, 근육이 긴장되고, 손에 땀이 나는 것 등을 포함한다. 세 번째 유형의 반응인 인지적 요소는 위협의 대상으로부터 상해를 입을 거라는 생각과 부정적인 일이 일어날 거라는 생각 등을 포함한다(Barlow, 2002). 불안장애와 다른 정신장애가 공존하는 비율은 상당히 높은 편이다(Grenier et al., 2011).

일반적으로 아동들은 나이가 들면서 자신의 불안이나 두려움을 표현하지 않기 때문에 정확한 출현율을 추정하기 어렵다(Gullone, 2000). 또한 모든 나라와 문화에서 여자의 불안장애 출현율이 남자의 불안장애 출현율보다 높으며, 우리나라도 남자의 불안장애 유병률은 6.7%인 데 비해 여자의 불안장애 유병률은 11.7%인 것으로 나타났다(보건복지부, 삼성서울병원, 2017). 그러나 출현율을 추정할 때 표본을 임상적인 문제가 있는 사람들의 모집단에서 추출했는지, 또는 지역사회에 사는 사람들의 모집단으로부터 추출했는지에 따라 출현율에 차이가 있다. 또한 어떤 진단기준을 사용하여 불안장애를 진단했는지에 따라서도 출현율에 큰 차이를 보인다. 아직도 전문가 간 불안장애의 정의와 범주에 이견이 있으나, 현재로서는 미국정신의학회(2013)에서 제시하고 있는 DSM-5의 진단기준을 따르는 것이 가장 타당하다. DSM-5는 불안장애의 하위 유형으로 분리불안장애, 범불안장애, 공황장애, 특정 공포증, 사회적 불안장애, 선택적 함묵증, 광장공포증 등을 포함하고 있다. 외상 및 스트레스 관련 장애와 강박충동 관련 장애는 불안장애의 하위 유형이 아닌 별도의 장애 범주로 다루고 있다. 이 장에서는 불안장애의 하위 유형 중 분리불안장애, 범불안장애, 공황장애, 광장공포증, 특정 공포증, 사회적 불안장애, 선택적 함묵증을 살펴보았다.

(1) 분리불안장애

정상적으로 발달하는 영유아들도 주요 애착대상과 애착관계가 안정적으로 형성된 경우에 분리불안을 느끼므로 분리불안 자체는 정상 발달과정의 한 부분이라고 할 수 있다. 분리불안장애(separation anxiety disorder: SAD)의 중요한 특성은 부모나 특정 애착대상, 또는 집으로부터의 분리에 대해 나이에 적절하지 않게 지속적으로 과도한 불안을 느끼며 비현실적인 걱정을 하는 것이다.

미국정신의학회(2013)가 DSM-5에서 제시하는 분리불안장애의 진단기준은 〈표 10-1〉과 같으며, 진단기준 여덟 가지 중 최소한 세 가지 특성이 아동과 청소년은 4주 이상 지속해서 나타나야 하며, 성인의 경우에는 6개월 이상 나타나야 한다.

분리불안장애는 아동기에 가장 흔하게 나타나는 불안장애 유형이며, 출현율은 지역사회에서 표본을 추출한 경우는 3~12%로 추정되며, 임상적으로 문제가 있는 아동들로부터 표본을 추출한 경우는 12~67%에 이른다(Albano et al., 2003; Canino et al., 2004; Silverman & Dick-Niederhauser, 2004). 대부분의 분리불안장애를 나타내는 아동들은 다른 장애를 수반한다. 여아가 남아에 비해 분리불안장애가 더 높게 나타난다는 연구들이 있는 반면에, 성별 간 출현율 차이가 없다는 연구 결과도 있다(Albano et al., 2003; Ford et al., 2003). 대부분의 아동은 청소년기에 접어들면서 분리불안장애를 극복한다(Kearney et al., 2003). 아동기에 분리불안장애를 경험한 경우, 청소년기에 더 심한 정서장애를 나타낼 수도 있고, 성인기에는 공황장애(Manicavasagar et al., 2000) 등 다른 유형의 불안장애를 나타낼 가능성이 높다. 또한, 아동기에 분리불안장애를 경험한 경우에 성인기에 공황장애를 경험할 위험성이 상

표 10-1 **DSM-5의 분리불안장애 진단기준**

A. 집이나 애착대상으로부터의 분리에 대해 발달적으로 부적절하게 과도한 불안을 느끼는 것으로 다음 여덟 가지 특성 중 세 가지 이상을 나타내야 한다.
1. 집이나 주요 애착대상으로부터 분리되거나 분리를 예측할 때 극도의 불안을 반복적으로 나타낸다.
2. 주요 애착대상을 잃거나 주요 애착대상이 해를 입을 거라는 걱정을 과도하게 지속적으로 한다.
3. 곧 다가올 사건이 주요 애착대상으로부터 분리를 초래할 것이라는 걱정을 과도하게 지속적으로 한다.
4. 분리불안 때문에 학교나 다른 곳에 가기를 지속적으로 꺼려 하거나 거부한다.
5. 집에 혼자 있거나 주요 애착대상 없이 집이나 다른 환경에 있는 것을 꺼려 하며, 그에 대해 지속적으로 과도하게 두려움을 느낀다.
6. 주요 애착대상 없이 잠을 자거나 집 이외의 장소에서 잠을 자는 것에 대해 지속적으로 꺼려 하거나 거부한다.
7. 주요 애착대상으로부터 분리되는 악몽을 반복해서 꾼다.
8. 주요 애착대상으로부터 분리되거나 분리를 예측하는 경우에 신체적 증상들(예: 두통, 복통, 구역질, 구토 등)을 반복해서 나타낸다.

B. 두려움, 불안, 또는 회피가 아동이나 청소년은 최소 4주 이상, 성인은 6개월 이상 지속되어야 한다.

C. 이 장애가 사회적, 학업적, 직업적 및 다른 중요한 기능 영역에 임상적으로 중요한 손상 또는 결함을 초래한다.

D. 이러한 증상들이 자폐스펙트럼장애의 집 떠나기를 거부하는 저항, 정신장애의 분리에 대한 망상이나 환각, 광장 공포증의 신뢰하는 사람을 동반하지 않는 외출 거부, 범불안장애의 건강에 대한 염려, 질병불안장애의 질병에 대한 걱정 등 다른 정신장애로 더 잘 설명되지 않는다.

당히 증가한다(Kossowsky et al., 2013).

분리불안장애와 관련하여 자주 언급되는 것이 학교 등교 거부다. 그러나 등교를 거부하는 모든 아동이 분리불안장애를 가지고 있는 것은 아니다. 주요 애착대상으로부터 분리되는 것이 두려워서 등교를 거부할 수도 있고, 학교 환경의 특정 요소에 대한 두려움인 학교공포증 때문에 등교를 거부할 수도 있다. 따라서 최근 많은 연구자와 임상가는 등교를 거부하는 아동을 분리불안장애를 가지고 있는 아동과 학교공포증을 가지고 있는 아동으로 구분하고 있다. 학교공포증을 가지고 있는 아동은 등교를 거부함으로써 자신이 두려워하는 학교 환경의 특정 요소(예: 또래관계, 시험 불안, 체벌)로부터 회피할 수 있고(부적 강화), 등교하지 않고 집에 있음으로써 부모의 관심을 더 많이 받을 수 있으며(사회적 강화), 텔레비전을 시청하고 맛있는 음식을 먹게 되어(물질적 강화) 등교 거부의 행동은 증가하게 된다(방명애 외, 2018; 이효신, 방명애 역, 2019).

(2) 범불안장애

범불안장애(generalized anxiety disorder: GAD)는 특정 사물이나 상황에 초점이 맞추어지지 않은 불안으로서 통제할 수 없는 만성적 과도 불안을 의미하며, DSM-III까지는 아동기나 청소년기에 나타나는 과도불안장애(overanuxious disorder: OAD)로 분류되었다. 그러나 DSM-IV부터 성인 분류체계인 범불안장애로 분류하기 시작하였다. 미국정신의학회(2013)가 DSM-5에서 제시하는 범불안장애의 진단기준은 〈표 10-2〉와 같다. 범불안장애로 진단되기 위해서 성인은 〈표 10-2〉에 제시된 진단기준 여섯 가지 중 세 가지 이상의 특성을 나타내야 한다. 그리고 아동이나 청소년은 최소한 한 가지 특성을 6개월 이상 지속해서 나타내야 하며, 이러한 특성들로 말미암아 중요한 생활기능에 결함을 초래하여야 한다.

범불안장애를 가지고 있는 아동은 두통이나 복통을 자주 호소하고(Albano et al., 2003), 스스로에게 비현실적인 목표를 설정하는 경향이 있으며, 불안할 때마다 나타나는 신경성 습관(예: 손톱을 물어뜯는 것)이 있고, 학업성취나 또래관계는 물론 자연재해나 가정의 경제형편 등에 대해서 걱정하며 불안해하기도 한다(정명숙 외 역, 2011).

아동기와 청소년기의 범불안장애의 출현율은 2~14%(Canino et al., 2004)로 추정되고, 평균 발병 연령은 10세로 남아에 비해 여아에게서 출현율이 높다(Haller et al., 2014). 불안장애로 진단된 청소년의 대부분이 범불안장애로 진단될 만큼 가장 보편적으로 나타나는 불안장애이며, 아동기에는 분리불안장애가 공존하여 나타나고 청소년기에는 우울장애나 사회적 공포증 등이 공존하여 나타나며, 범불안장애를 가지고 있는 성인의 대부분이 동반장애를 가지고 있다는 연구보고도 있다(Wittchen & Hoyer, 2001). 그러나 범불안장애를 별개의 장애로 간주해야 하는지, 또는 다른 불안장애에 걸릴 위험 요인으로 간주해야 하는지에 대해 의문이 지속적으로 제기되고 있다.

표 10-2 DSM-5의 범불안장애의 진단기준

A. 최소한 6개월 이상 몇 개의 사건이나 활동에 대해 과도하게 불안해하며 걱정한다(예: 학교 수행평가).
B. 자신이 걱정하는 것을 통제할 수 없다.
C. 불안이나 걱정은 다음 여섯 가지 중 세 가지(아동의 경우 한 가지) 이상이 최소한 6개월 동안 나타난다.
    1. 안절부절못하거나 벼랑 끝에 서 있는 느낌이 든다.
    2. 쉽게 피곤해진다.
    3. 집중하기 어렵다.
    4. 과민하다.
    5. 근육이 긴장되어 있다.
    6. 수면장애가 있다.
D. 불안, 걱정, 또는 신체적 증상들이 사회적, 학업적, 직업적 및 다른 중요한 기능 영역에 임상적으로 중요한 손상 또는 결함을 초래한다.
E. 이 증상들은 약물이나 다른 의학적 상태의 생리적인 효과에 기인한 것이 아니다.
F. 이 증상들은 공황장애의 공황발작에 대한 불안과 염려, 사회적 불안장애의 부정적 평가, 강박-충동장애의 강박, 분리불안장애의 애착대상으로부터의 분리, 외상후 스트레스 장애의 외상성 사건의 회상, 거식증의 체중 증가에 대한 염려, 신체증상장애의 신체적 고통 호소, 신체변형장애의 자각된 외모 결함, 질병 불안장애의 심각한 질병에 대한 걱정, 또는 정신분열증이나 망상장애의 망상적 신념 등 다른 정신장애로 더 잘 설명되지 않는다.

(3) 공황장애

공황장애는 갑작스러운 불안발작과 함께 두통, 현기증, 발한, 오한, 손발 저림 등과 같은 증세가 복합적으로 나타나는 것이다. 또한 공황발작을 예기치 못하게 반복적으로 경험함으로써 공황발작이 재발할 것에 대해 불안해하는 것이다. 공황발작은 강도 높은 두려움과 공포가 갑자기 발작적으로 나타나 10분 이내에 없어지므로 그 자체가 장애는 아니지만, 여러 유형의 불안장애와 관련하여 나타난다. 미국정신의학회(2013)가 DSM-5에서 제시하는 공황발작의 진단기준은 〈표 10-3〉과 같다. 공황발작으로 진단되기 위해서는 〈표 10-3〉에 제시되어 있는 진단기준 열세 가지 중 네 가지 이상의 특성을 나타내야 한다.

공황발작은 세 가지 유형으로 분류된다(정명숙 외 역, 2011). 첫 번째 유형은 예기

표 10-3 DSM-5의 공황발작의 진단기준

주의: 다음 증상들은 공황발작을 규명하기 위해 제시되기는 하지만, 공황발작은 정신장애가 아니므로 분류될 수 없다. 공황발작은 불안장애의 어떤 하위 유형에서도 발생할 수 있으며, 다른 정신장애(우울장애, 외상후 스트레스 장애, 약물사용장애)의 증상으로 나타날 수도 있다. 공황발작이 다른 장애와 공존하여 발생할 경우에 진단명에 명시하여야 한다(예: 공황발작을 동반하는 외상후 스트레스 장애). 그러나 공황장애의 경우에 진단기준에 공황발작이 포함되므로 진단명에 명시할 필요가 없다. 몇 분 내에 두려움이나 불쾌감이 급등하여 절정에 달하는 동안에 다음 증상들 중 네 가지 이상이 나타난다.
주의: 두려움이나 불쾌감의 급등은 차분한 상태에서 나타날 수도 있고 걱정하는 상태에서 나타날 수도 있다.
1. 심장박동 수가 빨라지고 심장이 두근거린다.
2. 땀이 많이 난다.
3. 몸이 심하게 떨린다.
4. 숨이 가빠지고 숨을 못 쉴 것 같은 느낌이 든다.
5. 질식할 것 같은 느낌이 든다.
6. 가슴에 통증이 있거나 압박감이 있다.
7. 구토증이 나고 배 속이 불편하다.
8. 어지럽거나 기절할 것 같은 느낌이 든다.
9. 오한이 오거나 몸에서 열이 오른다.
10. 마비된 것 같거나 따끔거리는 느낌이 드는 등 지각에 이상이 있다.
11. 비현실감이나 이인증(자신으로부터 분리된 느낌)이 나타난다.
12. 통제력을 잃어버리거나 미쳐 버릴지도 모른다는 두려움이 있다.
13. 죽어 가고 있다는 두려움이 엄습한다.
주의: 귀 울림, 목의 통증, 두통, 통제할 수 없는 비명, 또는 울음 등의 증상들이 나타날 수도 있다. 그러나 이러한 증상들을 네 가지 진단기준의 한 가지로 간주해서는 안 된다.

치 못한 공황발작(unexpected panic attacks)으로 아무런 이유 없이 예기치 못하게 발작한다. 두 번째 유형은 단서에 근거한 공황발작(cued panic attacks)으로 두려움의 대상인 사물이나 상황의 특정 단서에 노출되면 언제나 공황발작이 일어난다. 세 번째 유형은 상황적으로 내재된 공황발작(situationally predisposed panic attacks)으로 두려움의 대상인 사물이나 상황의 특정 단서에 노출되더라도 언제나 공황발작이 일어나는 것은 아니며, 일어나더라도 시간이 지연된 후에 일어날 수 있다.

앞서 언급했듯이, 공황장애는 예기치 못한 공황발작이 반복적으로 일어나며 공황발작이 재발할 것에 대해 불안해하는 것이다. 따라서 공황장애로 행동이나 생활 패턴이 심각하게 변하는 광장공포증(agoraphobia)이 수반될 수도 있다. 미국정신의학회(2013)가 DSM-5에서 제시하는 공황장애의 진단기준은 〈표 10-4〉와 같다. 공

표 10-4 **DSM-5의 공황장애 진단기준**

A. 예기치 않은 공황발작이 반복된다. 몇 분 내에 두려움이나 불쾌감이 급등하여 절정에 달하는 동안에 다음 증상들 중 네 가지 이상이 나타난다.

주의: 두려움이나 불쾌감의 급등은 차분한 상태에서 나타날 수도 있고 걱정하는 상태에서 나타날 수도 있다.

1. 심장박동 수가 빨라지고 심장이 두근거린다.
2. 땀이 많이 난다.
3. 몸이 심하게 떨린다.
4. 숨이 가빠지고 숨을 못 쉴 것 같은 느낌이 든다.
5. 질식할 것 같은 느낌이 든다.
6. 가슴에 통증이 있거나 압박감이 있다.
7. 구토증이 나고 배 속이 불편하다.
8. 어지럽거나 기절할 것 같은 느낌이 든다.
9. 오한이 오거나 몸에서 열이 오른다.
10. 마비된 것 같거나 따끔거리는 느낌이 드는 등 지각에 이상이 있다.
11. 비현실감이나 이인증(자신으로부터 분리된 느낌)이 나타난다.
12. 통제력을 잃어버리거나 미쳐 버릴지도 모른다는 두려움이 있다.
13. 죽어 가고 있다는 두려움이 엄습한다.

주의: 귀 울림, 목의 통증, 두통, 통제할 수 없는 비명, 또는 울음 등의 증상들이 나타날 수도 있다. 그러나 이러한 증상들을 네 가지 진단기준의 한 가지로 간주해서는 안 된다.

B. 최소한 한 번 이상의 공황발작 후 한 달 이상 다음 두 가지 중 한 가지 또는 둘 다 발생한다.

1. 공황발작과 결과(예: 통제력 상실, 심장마비, 정신이상)에 대해 지속적으로 걱정하고 염려한다.
2. 공황발작과 관련하여 심각한 부적응적인 행동의 변화가 있다(예: 공황발작을 피하기 위하여 운동이나 친숙하지 않는 상황을 회피하는 행동).

C. 이 증상들은 약물이나 다른 의학적 상태의 생리적인 효과에 기인한 것이 아니다.

D. 이 증상들은 사회적 불안장애처럼 두려운 사회적 상황, 특정 공포증처럼 공포를 유발하는 물건이나 상황, 강박-충동장애의 강박, 분리불안장애의 애착대상으로부터의 분리, 외상후 스트레스 장애의 외상성 사건의 회상 등의 다른 정신장애에 의해 더 잘 설명되지 않는다.

황장애로 진단되기 위해서는 〈표 10-4〉에 제시되어 있는 진단기준 열세 가지 중 네 가지 이상의 특성을 나타내야 한다.

많은 연구가 청소년기에도 공황발작이나 공황장애가 나타나며 남성보다 여성에게서 출현율이 높다고 보고한다(Ollendick et al., 2004). 미국 지역사회 모집단으로부터 표본을 추출한 경우에 일반 성인의 공황장애 출현율은 0.6~1.0%이고 청소년기 공황장애의 출현율은 0.5%이고(Canino et al., 2004), 영국의 일반인들을 대상으로 한 Skapinakis 등(2011)의 연구 결과에 따르면, 공황장애의 유병률은 1.70%이며, 남성보다 여성이 공황발작을 더 많이 나타냈고, 공황장애와 우울장애가 동반하여 나타나는 경우가 많았으며, 이러한 증상들은 경제적으로 활동을 하지 않는 것과 연관되어 있다. 보건복지부와 삼성서울병원(2017)이 보고한 공황장애의 유병률은 남자 0.4%이고 여자 0.6%이다.

아동기 공황장애에 대해서는 알려진 것이 거의 없다. 아동기에도 공황발작이 나타난다고 보고하는 연구들(Bernstein et al., 1996)이 있으나, 아동들은 자신의 공황증세를 외부적인 원인에 돌리는 경향이 있고 미래의 공황발작에 대한 염려를 하지 않는다. 따라서 공황장애에 대한 DSM-5의 진단기준을 충족하지 못하게 되므로 아동기 공황장애를 진단하는 것은 매우 어렵다(이효신, 방명애 역, 2019).

(4) 광장공포증

광장공포증은 불안 증상이 발생할 경우에 도움을 받기 어렵거나 빠져나가기 어렵다고 인지되는 상황이나 환경(예: 엘리베이터, 영화관, 사람들이 밀집한 백화점 등)을 심하게 두려워하거나 회피하게 되고, 자신의 활동 폭을 제한하게 되며, 심할 경우에 집 밖에 나가려고 하지 않을 수도 있다. 보건복지부와 삼성서울병원(2017)의 정신질환 실태조사에 따르면, 광장공포증의 유병률은 남자가 0.8%이고 여자가 0.6%이다. Inoue 등(2016)에 따르면, 광장공포증과 공황장애가 동반하여 나타내는 비율이 남자보다 여자에게서 통계적으로 유의미하게 높게 나타나며, 광장공포증을 동반할 경우에 공황장애가 더 심하게 나타난다. 광장공포증을 동반한 공황장애에 대한 인지행동중재(Gloster et al., 2013)의 효과와 광장공포증에 대한 가상현실 노출치료(virtual reality exposure therapy)의 효과가 보고되었다(Malbos et al., 2012). 미국정신의학회(2013)가 DSM-5에서 제시하는 광장공포증의 진단기준은 〈표 10-5〉와 같다.

표 10-5 **DSM-5의 광장공포증 진단기준**

A. 다음 다섯 가지 상황 중 두 가지 이상의 경우에서 극심한 공포 또는 불안을 느낀다.
  1. 대중교통을 이용하는 것(예: 자동차, 버스, 기차, 배 비행기)
  2. 열린 공간에 있는 것(예: 주차장, 시장, 다리)
  3. 밀폐된 공간에 있는 것(예: 상점, 공연장, 영화관)
  4. 줄을 서 있거나 군중 속에 있는 것
  5. 집 밖에 혼자 있는 것

B. 공황 유사 증상이나 무력하거나 당혹스럽게 만드는 다른 증상(예: 노인에게 나타나는 낙상이나 실금에 대한 공포)이 발생했을 때 도움을 받기 어렵거나 그 상황에서 벗어나기 어려울 것이라는 생각 때문에 그런 상황을 두려워하고 피한다.

C. 광장공포증 상황은 거의 대부분 공포와 불안을 야기한다.

D. 광장공포증 상황을 능동적으로 회피하거나, 동반자를 필요로 하거나, 극도의 공포와 불안 속에서 견딘다.

E. 광장공포증 상황과 그것의 사회문화적 배경을 고려할 때 실제로 주어지는 위험에 비해 공포와 불안의 정도가 극심하다.

F. 공포, 불안, 회피반응은 전형적으로 6개월 이상 지속된다.

G. 공포, 불안, 회피가 사회적, 직업적, 또는 다른 중요한 기능 영역에서 임상적으로 현저한 고통이나 손상을 초래한다.

H. 만약 다른 의학적 상태(예: 염증성 장 질환, 파킨슨병)가 동반된다면 공포, 불안, 회피 반응이 명백히 지나쳐야 한다.

I. 공포, 불안, 회피가 다른 정신질환으로 더 잘 설명되지 않는다. 예를 들어, 광장공포증의 증상이 특정공포증의 경우처럼 상황 유형에만 국한되어서는 안 되며, 사회불안장애의 경우처럼 사회적 상황에서만 나타나서는 안 된다. 또한, 광장공포증의 증상이 강박장애의 경우처럼 강박사고에만 연관되거나, 신체추형장애의 경우처럼 신체 외형의 손상이나 훼손에만 연관되거나, 외상후 스트레스 장애의 경우처럼 외상 사건을 기억하게 할 만한 사건에만 국한되거나, 분리불안장애의 경우처럼 분리에 대한 공포에만 국한되어서는 안 된다.

  주의: 광장공포증은 공황장애 유무와 관계없이 진단된다. 만약 공황장애와 광장공포증의 진단기준을 모두 만족한다면 두 가지 진단이 모두 내려져야 한다.

(5) 특정 공포증

특정 공포증은 특정 상황이나 사물에 대해 만성적으로 심한 두려움을 느끼며 주요 생활기능에 결함을 초래하는 것이다. 아동들의 두려움의 대상은 그들의 인지적 발달과 현실에 대한 지식을 반영한다(방명애 외 역, 2020). 아동기 초기에는 두려움의 대상이 내부적이고 일반적이며 상상적인 대상(예: 귀신, 괴물, 어두움 등)이었다가, 시간이 경과하면서 두려움의 대상이 외부적이고 특정적이며 현실에 기초한 대상(예: 학교 수행평가, 또래관계 등)으로 변한다(이효신, 방명애 역, 2019).

특정 공포증은 불안의 세 가지 영역인 행동적, 인지적 및 생리적 영역에서 특성이 나타난다(정명숙 외 역, 2011). 행동적 측면에서 살펴보면, 특정 공포증을 가지고 있는 사람은 두려움의 대상이나 사물, 상황을 회피한다. 예를 들어, 비행기 여행에 대한 강한 두려움과 공포증을 가지고 있는 사람은 아무리 바빠도 상대적으로 시간이 오래 걸리는 기차, 버스, 자동차 등을 이용한다. 인지적 측면에서 살펴보면, 특정 공포증을 가지고 있는 사람은 부정적이며 파국적인 사건이 일어날 것이라는 생각에 사로잡혀 있다. 예를 들어, 비행기 여행에 대한 공포증이 있는 경우에 자신이 비행기를 타면 비행기 사고가 나거나 테러리스트가 비행기를 점거할 수도 있다는 생각에 두려워하고 불안해한다. 생리학적 측면에서 살펴보면, 특정 공포증을 가지고 있는 사람은 두려움의 대상인 사물이나 상황에 노출되면 심장박동이 빨라지고 호흡이 곤란해지며 구토를 하는 등 불안반응을 나타낸다. 예를 들어, 비행기 여행에 공포증이 있으면 비행기 탑승 시간이 다가오면서 손발에 땀이 나고 호흡하기 어려워지며 심장박동이 빨라지는 경우다.

미국정신의학회(2013)가 DSM-5에 제시하는 특정 공포증의 진단기준은 〈표 10-6〉과 같다. 특정 공포증으로 진단되기 위해서는 아동이나 청소년이 〈표 10-6〉에 제시된 증상들을 6개월 이상 지속적으로 나타내며 학업 기능, 사회적 기능 등의 주요 생활 기능에 부정적인 결함을 초래해야 한다.

특정 공포증은 아동기와 청소년기의 불안장애 중 흔한 유형이다(King et al., 2004). 특정 공포증의 대상이 되는 사물이나 상황은 동물, 자연환경(예: 물, 높은 곳), 피-주사-상해, 상황(예: 비행기, 폐쇄된 공간), 기타(예: 큰 소리, 분장한 극중 인물들) 등이다. LeBeau 등(2010)의 연구에 따르면, 특정 공포증을 가지고 있는 경우의 50%가 동물에 대한 공포증이거나 고소공포증이며, 동물에 대한 공포증의 출현율이 3.3~7.0%로서 아동, 청소년, 성인 모두에게서 가장 많이 나타내는 공포증의 유형이다. 보건복지부와 삼성서울병원(2017)의 정신질환 실태조사에 따르면, 특정 공포증의 유병률은 남자가 3.6%이고 여자가 7.5%이다. 특정 공포증을 가지고 있는 아동이나 청소년의 반 정도는 다른 유형의 불안장애, 우울장애, 품행장애 등을 함께

표 10-6 **DSM-5의 특정 공포증의 진단기준**

A. 특정 사물이나 상황(예: 비행기 여행, 동물, 주사)이 존재하거나 예상될 때 상황에 맞지 않을 만큼의 심한 두려움이나 불안을 지속적으로 나타낸다.
주의: 아동의 경우 울거나, 심술을 부리거나, 성인에게 달라붙는 반응을 보일 수도 있다.
B. 공포의 대상인 사물이나 상황에 노출될 때마다 거의 매번 즉각적으로 두려움이나 불안을 나타낸다.
C. 특정 공포증을 가지고 있는 사람은 공포 대상인 사물이나 상황을 회피하거나 또는 과도한 불안과 두려움을 느끼면서도 견딘다.
D. 두려움이나 불안은 공포 대상인 특정 사물이나 상황이 야기하는 실제적인 위험이나 사회문화적 상황에 맞지 않을 정도로 심하게 나타난다.
E. 두려움, 불안, 또는 회피가 최소 6개월 이상 지속된다.
F. 두려움, 불안, 또는 회피가 사회적, 학업적, 직업적 및 다른 중요한 기능 영역에 임상적으로 중요한 손상 또는 결함을 초래한다.
G. 이러한 두려움, 불안, 또는 회피 증상들은 공황장애와 연관된 두려움, 불안, 또는 회피, 광장공포증의 무능력 상태, 강박-충동장애와 연관된 사물이나 상황, 분리불안장애의 애착 대상으로부터의 분리, 외상후 스트레스 장애의 외상성 사건의 회상, 사회적 불안장애의 사회적 상황 등의 다른 정신장애에 의해 더 잘 설명되지 않는다.

나타낸다(Essau et al., 2000). 일반적으로 특정 공포증은 특별히 치료를 받지 않아도 시간이 경과하면서 호전되지만, 일부 아동과 청소년은 성인이 되어도 지속적으로 특정 공포증을 나타낸다.

(6) 사회적 불안장애

사회적 불안장애는 사회적 상황에서 자신이 당황스럽고 수치스럽게 행동할 것에 대한 강한 두려움을 지속적으로 나타내는 것이 특징이며, 사회공포증이라고도 하고, 공포증의 유형 중 가장 흔하게 나타난다(Bener et al., 2011). 사회적 불안장애를 가지고 있는 아동이나 청소년들은 사람들 앞에서 말하거나 글씨를 쓰거나 글을 읽는 것, 대화를 시작하고 유지하는 것, 권위적 인물 앞에서 이야기하는 것 및 사회적 상호작용을 해야 하는 상황에 대해 두려움을 느낀다.

사회적 불안장애는 불안의 세 가지 영역인 행동적, 인지적 및 생리적 영역에서 특성이 나타난다. 행동적 측면에서 살펴보면, 공포증을 일으키는 사회적 상호작용이나 수행평가를 받는 상황을 회피한다. 심한 경우, 여자 청소년이 공포증을 일으키는 학교 식당을 피하기 위해 매일 혼자 화장실에서 점심을 먹은 사례도 보고되었다(Albano et al., 2003). 인지적 측면에서 살펴보면, 사회적 불안장애를 가지고 있는 사람은 자신의 부정적 특성에 초점을 맞추며 다른 사람의 반응을 부적절하고 비합리적으로 해석하는 경향이 있다. 생리적 측면에서 살펴보면, 사회적 불안장애를 가지고 있는 사람은 두통, 복통, 현기증 등의 다양한 생리적 증상들을 나타낸다. Hoyer 등(2013)에 따르면, 사회적 불안장애를 가지고 있는 사람이 급성 사회적 스트레스를 받으면 이인성 증상이 나타나고 현실감을 상실할 수도 있다.

미국정신의학회(2013)가 DSM-5에 제시하는 사회적 불안장애의 진단기준은 〈표 10-7〉과 같다. 사회적 불안장애로 진단되기 위해서는 진단기준에 부합하는 증상들이 6개월 이상 지속되어야 하며, 이러한 증상들이 아동이나 청소년의 학업기능이나 사회적 기능에 심각한 결함을 초래하여야 한다.

사회적 불안장애는 다른 사람이 자신의 외모와 행동을 평가한다는 것을 인식하기 시작하는 시기인 아동기 후기나 청소년기에 주로 나타나기 시작하고(Neal & Edelmann, 2003), 미국에서 사회적 불안장애의 출현율은 1%로 알려져 있으며(Canino et al., 2004), 보건복지부와 삼성서울병원(2017)의 정신질환 실태조사에 따르면, 사회공포증의 유병률은 남자가 1.2%이고 여자가 2.0%이다. 그러나 사회적 불안장애를 가지고 있는 청소년은 다른 사람으로부터 부정적인 평가를 받지 않기 위하여 자신의 문제를 숨기거나 축소시키므로 출현율이 과소평가될 가능성이 높다. 사회적 불안장애를 가지고 있는 청소년은 다른 유형의 불안장애와 주요우울장애를 동반하여 가지고 있을 수 있으며, 아동기 초기에 걱정이 많고 위축된 아동들이 청소년기와 성인기 초기에 사회적 불안장애를 나타낼 가능성이 많은 것으로 보고되고 있다(Goodwin et al., 2004). 오언과 방명애(2012)의 연구 결과에 따르면, 사회적 불안장애를 나타낼 위험이 높은 청소년의 경우, 사회적 불안 정서와 부정적 자동사고는 정적 상관관계가 있고, 사회적 불안정서와 긍정적 자동사고는 부적 상관관계가 있다. 이는 사회적 불안장애를 중재하기 위한 프로그램을 구성할 때 긍정적 자동사고를 향상시키고 부정적 자동사고를 감소시킬 필요성이 있음을 시사한다.

표 10-7 DSM-5의 사회적 불안장애의 진단기준

A. 사회적 상황(예: 대화 또는 친숙하지 않은 사람과의 만남), 관찰되는 상황(예: 먹거나 마시는 것), 다른 사람 앞에서의 수행(예: 발표) 등 타인으로부터 세심하게 관찰당할 가능성이 있는 한 가지 이상의 사회적 상황에 대해 현저한 두려움이나 불안을 나타낸다.
주의: 아동의 경우, 사회적 불안장애로 진단받기 위해서는 성인과의 상호작용뿐만 아니라, 또래와의 상호작용에서도 불안반응을 나타내야 한다.
B. 자신이 불안 증상을 보임으로써 부정적인 평가(예: 굴욕을 당하거나 당황스럽게 되거나 거절당하거나 다른 사람을 기분 상하게 하는 등)를 받게 될 것을 두려워한다.
C. 두려워하는 사회적 상황에 노출되는 거의 예외 없이 두려움이나 불안반응을 일으킨다.
주의: 아동의 경우, 낯선 사람과의 사회적 상황에 노출될 때 울거나, 심술을 내거나, 몸을 움직이지 못하거나 위축되거나 말을 못하는 것으로 두려움이나 불안을 나타날 수도 있다.
D. 두려워하는 사회적 상황을 회피하거나, 또는 심한 불안이나 두려움을 느끼면서도 인내한다.
E. 두려움이나 불안은 사회적 상황이 야기하는 실제적인 위협이나 사회문화적 상황에 맞지 않을 정도로 심하게 나타난다.
F. 두려움, 불안, 또는 회피가 최소한 6개월 이상 지속된다.
G. 두려움, 불안, 또는 회피가 사회적, 학업적, 직업적 및 다른 중요한 기능 영역에 임상적으로 중요한 손상 또는 결함을 초래한다.
H. 이 증상들은 약물이나 다른 의학적 상태의 생리적인 효과에 기인한 것이 아니다.
I. 이러한 두려움, 불안, 또는 회피 증상들은 공황장애, 신체변형장애, 또는 자폐스펙트럼장애 등의 다른 정신장애에 의해 더 잘 설명되지 않는다.
J. 다른 의학적 상태(예: 파킨슨병, 비만, 화상이나 상해에 의한 손상)가 있는 경우에 두려움, 불안, 또는 회피가 이러한 의학적 상태와 관련된 것이 아니어야 사회적 불안장애로 진단받을 수 있다.

(7) 선택적 함묵증

선택적 함묵증은 드물게 나타나는 불안장애의 유형이지만, 아동의 일상생활 기능을 방해하는 장애로서 핵심적인 특징은 다른 상황에서는 자유롭게 말을 하는 아동이 한 개 이상의 특정 사회적 상황에서 거의 말을 하지 않거나 전혀 말을 하지 않는 것이며, 이러한 양상은 최소한 1개월 이상 나타나고 예측 가능할 수 있어야 한다(Johnson & Wintgens, 2017). 선택적 함묵증을 가지고 있는 아동들은 특정 사회적 상황에 대해 상당한 두려움과 불안을 느끼며, 사회불안장애를 동반할 가능성이 높

표 10-8 DSM-5의 선택적 함묵증 진단기준

A. 다른 상황에서는 말을 할 수 있음에도 불구하고 말을 해야 하는 특정 사회적 상황(예: 학교)에서 일관되게 말을 하지 않는다.
B. 장애가 학습이나 직업상의 성취 혹은 사회적 소통을 방해한다.
C. 이러한 증상이 최소 1개월 이상 지속된다(학교생활의 첫 1개월에만 국한되지 않는 경우).
D. 사회적 상황에서 필요한 말에 대한 지식이 부족하거나, 언어가 익숙하지 않아서 말을 하지 않는 것이 아니다.
E. 장애가 의사소통장애(예: 아동기 유창성장애)로 더 잘 설명되지 않고, 자폐성장애, 조현병, 또는 다른 정신질환적 장애의 경과 중에만 발생하지 않는다.

다(Hua & Major, 2016). Levin-Decanini 등(2013)의 연구에 따르면, 선택적 함묵증의 가장 많이 나타나는 동반장애는 사회불안장애(74.28%), 범불안장애(11.42%) 순이고, 선택적 함묵증을 가지고 있는 아동의 41%는 불안장애를 동반하지 않았다. 이중언어를 사용해야 하는 이주 가정 아동에게서 선택적 함묵증의 출현율이 높다고 보고되고 있으나, 이중언어의 사용 자체가 선택적 함묵증을 유발하는 원인은 아니고, 제2 언어를 학습하는 과정이 중요한 변인이며 주류사회에 대해 부모의 태도가 부정적일수록 자녀가 함묵증을 나타낼 가능성이 높다(Starke, 2018). Zakszeski와 DuPaul(2016)이 2005~2015년에 발표된 선택적 함묵증의 중재방법과 관련된 21편의 논문을 분석한 결과, 행동형성, 행동계약, 용암, 체계적 둔감법 등의 행동전략과 심리교육과 자문 등의 시스템 전략(systems strategies)이 가장 많이 적용되고 있다. 미국정신의학회(2013)가 DSM-5에서 제시하는 선택적 함묵증의 진단기준은 〈표 10-8〉과 같다.

2) 외상 및 스트레스 관련 장애

DSM-IV-TR에서 불안장애의 하위 유형으로 포함되었던 외상후 스트레스 장애가 DSM-5에서는 외상 및 스트레스 관련 장애(traumatic-and stressor-related disorders)라는 범주하에 외상후 스트레스 장애(post-traumatic stress disorder: PTSD), 반응성 애착장애(reactive attachment disorder), 탈억제 사회적 관여 장애(disinhibited social engagement disorder), 급성 스트레스 장애(acute stress disorder), 적응장애(adjustment disorder) 등을 포함하고 있다. 이 장에서는 외상후 스트레스 장애, 반응성 애착장애, 급성 스트레스 장애, 적응장애에 대해 살펴보았다.

(1) 외상후 스트레스 장애

외상후 스트레스 장애는 한 번 경험한 또는 반복된 치명적인 사건을 재경험하며(reexperiencing) 지속적으로 강한 불안 증상을 나타내는 것이다. 치명적인 사건이란 인간의 정상적인 경험의 범주에서 벗어난 것들로서 신체 폭력, 지진이나 해일 등 자연재해 경험, 사랑하는 사람의 갑작스러운 죽음, 성폭력, 전쟁 및 테러로 희생되는 장면의 목격 등을 포함한다. 외상후 스트레스 장애의 주요한 특성은 충격적 사건에 대한 회상과 악몽 등을 재경험하며, 충격적 사건과 관련된 장소나 대상을 회피하고 충격적 사건에 대한 각성 상태가 지나치게 높다는 것이다(보건복지부, 삼성서울병원, 2017). 치명적 사건을 경험한 아동이나 청소년의 신경생물학적 반응은 성인과 다르다(Lipschitz et al., 2003). 청소년기의 외상후 스트레스 장애 증후군은 아직 명확히 밝혀지지 않았다(이효신, 방명애 역, 2019). 정신적 충격을 일으키는 사건에 대해 청소년들은 경도의 증세들을 나타낼 수도 있고, 분리불안, 수면 문제, 우울감, 흥미 상실, 초조감, 분노, 죄책감 등 심한 병리적 증상들을 나타낼 수도 있다. 또는 자아정체감이 손상되거나, 과잉행동을 보이거나, 약물중독자가 되거나, 일탈된 성적 행동들을 보일 수도 있다.

미국정신의학회(2013)가 DSM-5에서 제시하는 외상후 스트레스 장애의 진단기준은 DSM-IV-TR과는 달리 만 6세를 기준으로 나뉘어 있으며, 연령에 따른 진단기준을 〈표 10-9〉와 〈표 10-10〉에 제시하였다.

표 10-9 **DSM-5의 외상후 스트레스 장애의 진단기준**(성인, 청소년, 6세 초과 아동)

〈성인, 청소년, 6세 초과 아동의 진단기준〉

A. 다음 중 한 가지 이상의 죽음, 심각한 상해, 또는 성폭행에 실제 노출되었거나 위협을 당한 적이 있다.

1. 외상성 사건을 직접 경험한 경우
2. 다른 사람에게 일어난 외상성 사건을 목격한 경우
3. 가까운 가족이나 친구에게 외상성 사건이나 일어난 것을 알게 된 경우, 가까운 가족이나 친구에게 일어난 실제 죽음이나 죽음에 대한 위협을 알게 된 경우
4. 외상성 사건의 혐오적인 세부 사항들의 반복적이거나 극단적인 노출을 경험하는 경우 (예: 죽은 사람의 시체를 처리하는 최초의 대처자, 아동학대의 세부 사항에 반복적으로 노출되는 경찰)

주의: 진단기준 A4는 전자 매체, 텔레비전, 영화, 또는 사진 등에 대한 노출을 의미하지는 않는다.

B. 외상성 사건이 발생한 이후에 외상성 사건과 관련된 다음 중 한 가지 이상의 증상이 나타난다.

1. 외상성 사건에 대한 반복적이고 무의식적이며 집요하게 떠오르는 고통스러운 회상

주의: 6세 초과 아동은 외상성 사건과 관련된 주제의 놀이를 반복할 수도 있다.

2. 외상성 사건의 내용과 정서에 대한 반복적이고 괴로운 꿈

주의: 아동의 경우, 내용이 인지되지 않는 무서운 꿈

3. 마치 외상성 사건이 재발하고 있는 것 같은 행동이나 느낌을 가지게 되는 분열적 반응 (예: 갑자기 너무 생생하게 떠오르는 회상)이 연속체상에서 나타나는데, 가장 극심한 경우에는 현실에 대한 자각 상실

주의: 아동의 경우, 외상성 사건의 특유한 재연이 놀이를 통해 재경험된다.

4. 외상성 사건과 유사하거나 상징적인 내적 또는 외적 단서에 노출되었을 때 심각한 심리적 고통
5. 외상성 사건과 유사하거나 상징적인 내적 또는 외적 단서에 노출되었을 때 심각한 현저한 생리적 고통

C. 외상성 사건의 발생 후 다음 중 한 가지 이상 외상성 사건과 관련된 자극을 지속적으로 회피한다.

1. 외상성 사건과 밀접하게 관련된 고통스러운 기억, 생각, 또는 느낌을 회피하거나 회피하려고 노력
2. 외상성 사건과 밀접하게 관련된 고통스러운 기억, 생각, 또는 느낌을 상기시키는 외부적인 자극(예: 사람, 장소, 대화, 활동, 사물, 상황)을 회피하거나 회피하려고 노력

D. 외상성 사건이 발생한 후, 사건과 관련된 인지와 기분이 부정적으로 변화되기 시작하거나 악화되며 다음 중 두 가지 이상이 나타난다.

1. 뇌손상, 알코올, 또는 약물과 같은 요인에 기인한 것이 아니고, 분열성 기억상실에 기인하여 외상성 사건의 중요한 측면을 기억하지 못함
2. 자신과 타인 및 세상에 대한 부정적인 생각과 기대가 과장되어 지속됨(예: "내가 나빠.", "아무도 믿을 수 없어.", "세상은 정말 위험해.", "내 몸의 신경계가 영원히 망가졌어.").
3. 외상성 사건의 원인이나 결과에 대해 왜곡된 인지를 지속적으로 가지게 됨으로써 자기 자신이나 타인을 비난한다.
4. 지속적인 부정적 감정상태(예: 두려움, 공포, 분노, 죄책감, 또는 수치심)
5. 중요한 활동에 대한 흥미와 참여가 현저히 감소
6. 사람들로부터 멀어지고 소외된 느낌
7. 지속적으로 긍정적 정서를 경험할 수 없음(예: 행복, 만족, 사랑을 경험하지 못함)

E. 외상성 사건의 발생 후 사건과 관련된 각성 반응이 현저하게 변화되며, 다음 증상 중 두 가지 이상이 나타난다.

1. 사람이나 사물에 대해 언어적 또는 신체적 공격성이 (자극이 전혀 없거나 거의 없어도) 과민한 행동이나 분노 폭발로 표출
2. 난폭하거나 자기파괴적 행동
3. 지나친 경계
4. 과장된 놀람 반응
5. 집중의 어려움
6. 수면장애(예: 잠들기 어렵거나 지속적으로 자기 어렵거나 숙면하기 어려움)

F. 진단기준 B, C, D, E의 증상들은 최소한 1개월 이상 지속되어야 한다.

G. 이러한 증상들이 사회적, 학업적, 직업적 및 다른 중요한 기능 영역에 임상적으로 중요한 손상 또는 결함을 초래한다.

H. 이 증상들은 약물(예: 투약, 알코올)이나 다른 의학적 상태의 생리적인 효과에 기인한 것이 아니다.

표 10-10 DSM-5의 외상후 스트레스 장애의 진단기준(6세 이하 아동)

〈6세 이하 아동의 진단기준〉

A. 다음 중 한 가지 이상의 죽음, 심각한 상해, 또는 성폭행에 실제 노출되었거나 위협을 당한 적이 있다.

1. 외상성 사건을 직접 경험한 경우
2. 다른 사람에게 일어난 외상성 사건을 목격한 경우

주의: 목격은 전자 매체, 텔레비전, 영화, 또는 사진 등에서만 목격된 사건은 포함하지는 않는다.

3. 가까운 가족이나 양육자에게 외상성 사건이 일어난 것을 알게 된 경우

B. 외상성 사건이 발생한 이후에 외상성 사건과 관련된 다음 중 한 가지 이상의 증상이 나타난다.

1. 외상성 사건에 대한 반복적이고 무의식적이며 집요하게 떠오르는 고통스러운 회상

주의: 자발적인 회상이 반드시 고통스러워 보이지 않을 수도 있고 놀이에서 재연될 수도 있다.

2. 외상성 사건의 내용과 정서에 대한 반복적이고 괴로운 꿈

주의: 무서운 꿈이 외상성 사건과 연관이 있다는 확신이 안 들 수도 있다.

3. 마치 외상성 사건이 재발하고 있는 것 같은 행동이나 느낌을 가지게 되는 분열적 반응(예: 갑자기 너무 생생하게 떠오르는 회상)이 연속체상에서 나타나는데, 가장 극심한 경우에는 현실에 대한 자각 상실

4. 외상성 사건과 유사하거나 상징적인 내적 또는 외적 단서에 노출되었을 때 심각한 심리적 고통

5. 외상성 사건과 유사하거나 상징적인 내적 또는 외적 단서에 노출되었을 때 심각한 현저한 생리적 반응

C. 외상성 사건의 발생 후 다음 중 한 가지 이상 외상성 사건과 관련된 자극을 지속적으로 회피하거나 사건과 관련된 인지와 기분이 부정적으로 변화되기 시작하거나 악화된다.

자극의 지속적 회피

1. 외상성 사건을 상기시키는 활동, 장소, 사물을 회피하거나 회피하려고 노력
2. 외상성 사건을 상기시키는 사람, 대화, 대인 간 상황을 회피하거나 회피하려고 노력

인지의 부정적 왜곡

3. 증가된 부정적 감정상태(예: 두려움, 죄책감, 슬픔, 수치심, 또는 혼동)
4. 중요한 활동에 대한 흥미와 참여가 현저히 감소
5. 사회적으로 위축된 행동
6. 긍정적 감정 표현의 감소

D. 외상성 사건의 발생 후 사건과 관련된 각성 반응이 현저하게 변화되며, 다음 증상 중 두 가지 이상이 나타난다.

1. 사람이나 사물에 대한 언어적 또는 신체적 공격성이 (자극이 전혀 없거나 거의 없어도) 과민한 행동이나 분노 폭발로 표출
2. 지나친 각성
3. 과장된 놀람 반응
4. 집중의 어려움
5. 수면장애(예: 잠들기 어렵거나 지속적으로 자기 어렵거나 숙면하기 어려움)

E. 진단기준 B, C, D의 증상들은 최소한 1개월 이상 지속되어야 한다.

F. 이러한 증상들이 부모, 형제자매, 또래 및 다른 양육자와의 관계와 학교에서의 행동에 임상적으로 중요한 손상 또는 결함을 초래한다.
G. 이 증상들은 약물(예: 투약, 알코올)이나 다른 의학적 상태의 생리적인 효과에 기인한 것이 아니다.

Costello 등(2002)의 연구에 따르면, 아동과 청소년의 25% 정도가 16세 이전에 치명적인 사건을 경험하며, 이들의 33% 정도가 외상후 스트레스 장애를 경험한다. 미국 캘리포니아의 한 학교에서 총기 난사 사건이 발생한 지 14개월 후 실시된 연구에 따르면, 사건 현장을 목격한 학생들의 74%가 외상후 스트레스 장애를 경험한 반면에, 사건이 일어나는 현장을 목격하지 않은 학생들의 19%만이 스트레스 장애를 경험하였다(Nader et al., 1991). 또한 사건 현장을 목격하지 않은 학생들 중에서도 죽은 학생들과 친구인 경우와 사건의 위협을 어느 정도 부정적으로 해석하는가에 따라 스트레스 증세의 정도가 달랐다. 즉, 똑같은 치명적인 사건을 경험한 경우에도 부정적인 대처 양상을 가지고 있는 경우, 부모 등 주변인이 외상후 스트레스 장애를 가지고 있는 경우, 또는 회복하는 데 필요한 지원과 감정을 표현할 의사소통 체계가 제공되지 않은 경우에 외상후 스트레스 장애의 증세를 더 심하게 나타낸다(La Greca et al., 1996).

미국 뉴욕에서 발생한 9 · 11 테러의 현장을 텔레비전으로 시청한 많은 아동이나 청소년은 안전에 관련된 걱정을 하거나 스트레스와 관련된 증세들을 경험하였으며, 테러와 관련된 텔레비전을 시청한 시간이 길수록 외상후 스트레스 장애의 증세를 더 많이 나타냈다(Schuster et al., 2001). 이 증세들은 사람들이 구조되고 건물이 다시 지어지는 긍정적인 시청 자료를 제시한 후에도 지속되었다(Saylor et al., 2003).

(2) 반응성 애착장애

반응성 애착장애(reactive attachment disorder)는 유아기 또는 초기 아동기에 발달적으로 부적절한 애착행동 양상을 나타내는 것으로서 아동은 위안, 지원, 보호, 돌봄과 배려를 얻기 위해 애착대상에게 거의 가지 않는다. 즉, 선택적인 애착관계를 발달시킬 능력이 있다고 간주되는 아동과 주 양육자로 추정되는 성인과의 애착관

표 10-11 DSM-5의 반응성 애착장애의 진단기준

A. 성인 양육자에 대해 정서적으로 억제되고 위축된 행동을 일관성 있는 양상으로 보이며 다음 두 가지로 나타난다.
  1. 괴로울 때도 거의 위안을 구하지 않는다.
  2. 괴로울 때 제공되는 위안에 거의 반응하지 않는다.

B. 지속적인 사회적 및 정서적 장해를 다음 중 두 가지 이상에서 나타난다.
  1. 다른 사람에 대한 최소의 사회적 및 정서적 반응
  2. 제한된 긍정적 정서
  3. 성인 양육자와 비위협적인 상호작용을 할 때에도 나타나는 설명할 수 없는 과민함, 슬픔, 또는 두려움의 삽화

C. 아동이 다음 중 한 가지 이상의 극단적으로 불충분한 양육 양상을 경험하였다.
  1. 성인 양육자에 의해 제공되어야 하는 위안, 자극, 사랑 등 기본적인 정서적 필요가 지속적으로 제공되지 않는 사회적 방치 또는 사회적 박탈
  2. 주 양육자가 반복적으로 교체됨으로써 안정적인 애착관계를 형성할 기회 제한(예: 대리부모의 빈번한 교체)
  3. 선택적 애착관계를 형성할 기회가 극도로 제한적인 비정상적 양육 환경(예: 아동 대 양육자 비율이 높은 시설)

D. 진단기준 C에 제시된 바와 같이 적절한 돌봄과 배려를 받지 못한 채 양육되어 진단기준 A에 제시된 행동양상을 보인다.

E. 진단기준이 자폐스펙트럼장애에 맞지 않는다.

F. 이 증상들이 만 5세 이전에 나타난다.

G. 아동의 발달연령이 9개월 이상이어야 한다.

계가 형성되지 않았다는 것이다. 아동은 발달기에 선택적 애착을 행동으로 나타낼 기회가 제한적이었기 때문에 양육자로부터 위안, 지원, 보호, 돌봄과 배려를 얻기 위한 일관성 있는 노력을 하지 않는 것이다. 미국정신의학회(2013)가 DSM-5에서 제시하는 반응성 애착장애의 진단기준은 〈표 10-11〉과 같다.

(3) 급성 스트레스 장애

급성 스트레스 장애는 외상성 사건을 경험한 직후 3~30일 내에 외상성 사건을 반복적으로 기억하는 것을 통제하지 못하고, 외상성 사건의 특정 부분을 기억하지 못하거나 부정적 사고와 슬픔 등 부정적 기분을 느끼고, 외상성 사건과 관련된 장

소나 사람을 의도적으로 회피하는 등의 증상들을 일시적으로 보인다(Bryant, 2017). 이러한 증상들과 함께 집중 저하, 불면증, 언어 및 신체적 공격성, 긴장 등이 수반되어 나타날 수도 있는데, 한 달 이상 지속하여 나타날 경우에는 외상후 스트레스 장애의 진단을 받을 필요가 있다. 현재까지의 연구를 종합하여 보면, 급성 스트레스 장애에 대해서는 약물치료보다 인지행동중재가 더 효과적인 것으로 보고되고 있다(Gallagher, 2017). 미국정신의학회(2013)가 DSM-5에서 제시하는 급성 스트레스 장애의 진단기준은 〈표 10-12〉와 같다(권준수 역, 2018).

표 10-12 DSM-5의 급성 스트레스 장애 진단기준

A. 실제적이거나 위협적인 죽음, 심각한 부상, 또는 성폭력에의 노출이 다음과 같은 방식 가운데 한 가지 이상에서 나타난다.
 1. 외상성 사건(들)에 대한 직접적인 경험
 2. 그 사건(들)이 다른 사람들에게 일어난 것을 생생하게 목격함
 3. 외상성 사건(들)이 가족, 가까운 친척 또는 친한 친구에게 일어난 것을 알게 됨
 주의: 가족, 친척 또는 친구에게 생긴 실제적이거나 위협적인 죽음의 경우에는 그 사건(들)이 폭력적이거나 돌발적으로 발생한 것이어야만 한다.
 4. 외상성 사건(들)의 혐오스러운 세부 사항에 대한 반복적이거나 지난친 노출의 경험(예: 변사체 처리의 최초 대처자, 아동 학대의 세부 사항에 반복적으로 노출된 경찰관)
 주의: 진단기준 A4는 사건과 관계된 노출이 아닌 한, 전자미디어, 텔레비전, 영화 또는 사진을 통해 노출된 경우는 적용되지 않는다.

B. 외상성 사건이 일어난 후에 시작되거나 악화된 침습, 부정적 기분, 해리, 회피, 각성의 5개 범주에 해당하는 총 14가지 증상 중 9가지 이상이 나타난다.

 침습증상
 1. 외상성 사건의 반복적, 불수의적, 침습적인 고통스러운 기억
 주의: 아동에게서는 외상성 사건의 주제 또는 양상이 표현되는 반복적인 놀이로 나타날 수 있다.
 2. 꿈의 내용과 정동이 외상성 사건(들)과 관련되어 반복적으로 나타나는 고통스러운 꿈
  주의: 아동에게서는 내용을 알 수 없는 악몽으로 나타날 수 있다.
 3. 외상성 사건이 재생되는 것처럼 그 개인이 느끼고 행동하게 되는 해리성 반응(예: 플래시백-갑자기 너무 생생하게 떠오르는 회상)
  주의: 아동에게서는 외상의 특정한 재현이 놀이로 나타날 수 있다.

4. 외상성 사건을 상징하거나 닮은 내부 또는 외부의 단서에 노출되었을 때 나타나는 극심하거나 장기적인 심리적 고통 또는 현저한 생리적 반응)

부정적 기분

5. 긍정적 감정을 경험할 수 없는 지속적인 무능력(예: 행복, 만족, 또는 사랑의 느낌을 경험할 수 없는 무능력)

해리증상

6. 주위 환경 또는 자기 자신에의 현실에 대한 변화된 감각(예: 자기 자신을 다른 사람의 시각에서 관찰, 혼란스러운 상태에 있는 것, 시간이 느리게 가는 것)
7. 외상성 사건의 중요한 부분들을 기억하는 데의 장애(이는 두부 외상, 알코올 또는 약물 등에 기인한 것이 아니며, 전형적으로 해리성 기억상실에 기인)

회피증상

8. 외상성 사건에 대한 또는 밀접한 관련이 있는 고통스러운 기억, 생각 또는 감정을 회피하려는 노력
9. 외상성 사건에 대한 또는 밀접한 관련이 있는 고통스러운 기억, 생각 또는 감정을 불러일으키는 외부적 암시(사람, 장소, 대화, 행동, 사물, 상황)를 회피하려는 노력

각성증상

10. 수면 교란(예: 수면을 취하거나 유지하는 데 어려움 또는 불안한 수면)
11. 자극이 없는데도 사람 또는 사물에 대한 언어적 또는 신체적 공격이나 분노 폭발
12. 지나친 각성
13. 집중력의 문제
14. 과장된 놀람 반응

C. 진단기준 B의 증상이 나타나는 기간은 외상 노출 후 3일에서 1개월까지다.
주의: 증상은 전형적으로 외상 후 즉시 시작하지만, 장애 진단기준을 충족하려면 최소 3일에서 1개월까지 증상이 지속되어야 한다.

D. 장애가 사회적, 직업적, 또는 다른 중요한 기능 영역에서 임상적으로 현저한 고통이나 손상을 초래한다.

E. 장애가 물질(예: 치료약물이나 알코올)의 생리적인 효과나 다른 의학적 상태(예: 경도 외상성 뇌손상)로 인한 것이 아니며, 단기 정신병적 장애로 인해 더 잘 설명되지 않는다.

(4) 적응장애

적응장애의 특징은 심리사회적 스트레스 요인에 대해 정서적 또는 행동적으로 부적응적 반응을 보이는 것인데, 부적응의 정도가 스트레스를 유발한 사건에 비해 심하게 나타난다(O'Donnell et al., 2019). 적응장애의 출현율은 모집단, 표집방법, 검사도구 등의 변인에 따라 다양하게 나타난다. Glaesmer 등(2015)의 일반인을 대상으로 한 연구에서 적응장애의 유병률은 2%였으나, 실직자를 대상으로 한 Perkonigg 등(2018)의 연구에서는 적응장애의 유병률이 27%이었고, 가족과의 사별 경험자를 대상으로 한 Killikelly 등(2019)의 연구에서는 적응장애의 유병률은 18%

표 10-13 **DSM-5의 적응장애 진단기준**

A. 인식 가능한 스트레스 요인에 대한 반응으로 감정적 또는 행동적 증상이 스트레스 요인이 시작된 지 3개월 이내에 발달

B. 이러한 증상 또는 행동은 임상적으로 현저하며, 다음 중 한 가지 이상에서 명백하게 나타난다.

1. 증상의 심각도의 발현에 영향을 미치는 외적 맥락과 문화적 요인을 고려할 때 스트레스 요인의 심각도 또는 강도와 균형이 맞지 않는 현저한 고통
2. 사회적, 직업적, 또는 다른 중요한 기능 영역에서 현저한 손상

C. 스트레스와 관련된 장애는 다른 정신질환의 기준을 만족하지 않으며 이미 존재하는 정신질환의 단순한 악화가 아니다.

D. 증상은 정상적인 애도 반응을 나타내는 것이 아니다.

E. 스트레스 요인 또는 그 결과가 종료된 후에 증상이 추가 6개월 이상 지속하지 않는다.

다음 중 하나를 명시할 것:

우울 동반: 저하된 기분, 눈물이 나거나 절망감이 두드러진다.

불안 동반: 신경과민, 걱정, 안절부절못하거나 분리불안이 두드러진다.

불안 및 우울 동반: 우울과 불안이 함께 두드러진다.

품행장애 동반: 품행장애가 두드러진다.

정서 및 품행장애 동반: 내재화 증상(예: 우울, 불안)과 품행장애가 함께 두드러진다.

명시되지 않는 경우: 적응장애의 특정 하위 유형으로 분류할 수 없는 부적응 반응이 있는 것

다음의 해당하는 경우를 명시할 것:

급성: 장애가 6개월 미만 지속되는 경우

지속성(만성): 장애가 6개월 이상 지속되는 경우

로 나타났다. 미국정신의학회(2013)가 DSM−5에서 제시하는 적응장애의 진단기준은 〈표 10−13〉과 같다(권준수 역, 2018).

3) 강박−충동 및 관련 장애

DSM−IV−TR에서 불안장애의 하위 유형으로 포함되었던 강박−충동장애가 DSM−5에서는 강박−충동 및 관련 장애(obsessive-compulsive and related disorders)라는 범주하에 강박−충동장애(obsessive-compulsive disorder: OCD), 신체추형장애(body dysmorphic disorder), 저장강박장애(hoarding disorder), 털뽑기장애(trichotillomania or hair-pulling disorder), 피부뜯기장애(excoriation or skin-picking disorder) 등을 포함한다. 여기서는 강박−충동장애, 신체추형장애, 저장강박장애, 털뽑기장애, 피부뜯기장애를 살펴보았다.

(1) 강박−충동장애

강박−충동장애(obsessive-compulsive disorder)는 강박적 증상과 충동적 증상으로 구성되며, 일반적으로 이 두 증상이 함께 나타난다(March & Mulle, 1998). 강박은 비합리적인 생각을 반복하는 것이고, 충동은 특정 의식이나 행동을 반복하는 것이다. 아동이나 청소년에게 가장 일반적인 강박적 증상들은 환경적 오염이 자신에게 해를 끼칠지도 모른다는 생각, 자신이나 주변의 중요한 사람들이 죽거나 병에 걸릴지도 모른다는 생각, 모든 사물은 대칭으로 배치되어야 한다는 생각, 폭력이나 공격을 받을지도 모른다는 생각 등을 반복적으로 하는 것이다. 성인은 자신의 생각이 비이성적이고 비합리적인 것이라는 것을 인식하는 반면에, 대부분의 아동은 자신의 생각이 비합리적이라는 것을 깨닫지 못하거나 깨닫더라도 비합리적인 생각을 반복해서 해야 할 필요성을 강하게 느낀다(Riddle et al., 2001). 충동적 증상의 가장 전형적인 행동들은 씻는 행동(예: 씻은 손을 반복하여 씻기), 점검(예: 전기 기구가 모두 꺼졌는지 반복하여 확인하기), 순서(예: 침대 위에 있는 인형들의 순서가 정확한지 반복하여 확인하기), 반복(예: 완벽해 보일 때까지 글씨를 다시 쓰기) 및 정리정돈(예: 방 안의 모든 물건을 정확한 위치에 배치하기) 등이다. 미국정신의학회(2013)가 DSM−5에 제시하는 강박−충동장애의 진단기준은 〈표 10−14〉와 같다.

표 10-14 DSM-5의 강박-충동장애의 진단기준

A. 강박사고나 강박행동이 나타나거나 혹은 둘 다 존재한다. 강박, 충동, 또는 둘 다 나타난다.
강박사고는 다음 두 가지 증상에 의해 정의된다.
1. 대부분의 사람에게 불안이나 고통을 일으킬 만한 생각, 충동, 또는 영상을 지속적으로 반복하여 경험
2. 본인 스스로 강박적인 생각, 충동, 또는 영상을 무시하고 억누르려고 하거나 다른 생각이나 행동으로 중화시키려고 시도

충동(강박행동)은 다음 두 가지 증상에 의해 정의된다.
1. 강박 또는 규칙을 철저하게 지켜야 한다는 생각으로 인해 수행되는 반복적인 행동(예: 손 씻기, 순서적 배열하기, 점검하기) 또는 정신적 활동(예: 기도하기, 수 세기, 조용히 단어 반복하기)
2. 이러한 행동이나 정신적 활동은 불안이나 고통을 예방하거나 감소시키기 위해서 또는 두려운 시간이나 상황을 예방하기 위해서 수행되지만, 현실에서 이러한 행동이나 정신적 활동은 예방하려는 사건이나 상황과는 무관

주의: 아동의 경우에 자신의 행동과 정신적 활동의 목적을 말하지 못할 수도 있다.

B. 강박사고와 강박행동은 시간 소모적이며(예: 하루에 한 시간 이상 소요), 사회적, 학업적, 직업적 및 다른 중요한 기능 영역에 임상적으로 중요한 손상 또는 결함을 초래한다.

C. 강박-충동 증상들은 물질(예: 약물, 알코올)이나 다른 의학적 상태의 생리적인 효과에 기인한 것이 아니다.

D. 이러한 강박 또는 충동 증상들은 다른 정신장애에 의해 더 잘 설명되지 않는다(범불안장애, 신체추형장애, 저장강박장애, 털뽑기장애, 피부뜯기장애, 섭식장애, 질병에 대한 불안장애, 중독장애, 품행장애, 주요우울장애, 망상장애, 정신분열 스펙트럼장애, 또는 자폐스펙트럼장애 등).

강박-충동장애로 진단되기 위해서는 자신의 생각이나 행동이 비합리적이라는 것을 스스로 인식하고 있어야 하고, 증상들이 매우 시간 소모적이며, 아동이나 청소년의 학업기능 또는 사회적 기능에 심각한 결함을 초래하여야 한다(Piacentini et al., 2003). 지역사회로부터 표본을 추출한 경우에 강박-충동장애의 출현율은 1% 정도이며, 청소년의 1.9%가 한 번쯤은 강박-충동을 경험해 본 적이 있다고 보고한다(Rapoport & Inhoff-Germain, 2000). 강박-충동장애의 증세가 나타나는 평균 연령은 10세이며, 청소년기 이전에는 남아에게서 더 많이 나타나지만 청소년기부터는 성별 간 출현율의 차이가 없다(March et al., 2004). 강박-충동장애를 가지고 있

는 청소년들의 대부분은 최소한 한 가지 이상의 다른 장애를 가지고 있다(Geller et al., 2003). 강박-충동장애와 가장 흔하게 공존하는 장애는 다른 유형의 불안장애, 주의집중장애, 발달장애, 품행장애, 약물남용, 우울장애, 투렛증후군 및 틱장애다(Rapoport & Inhoff-Germain, 2000). 증상이나 치료에 대한 반응으로 미루어 틱장애가 강박-충동장애의 하위 유형일 수도 있다고 추정된다(Geller et al., 2003).

(2) 신체추형장애

신체추형장애 또는 신체이형장애(body dysmorphic disorder)는 다른 사람들이 관찰할 수 없거나 대수롭지 않은 자신의 외모에서 한 가지 이상의 결함에 집착하여 외모에 대한 걱정 때문에 반복적 행동(예: 계속 거울 보기, 지나치게 머리 빗기, 피부 벗기기, 지속적으로 재확인하기) 또는 정신적 활동(예: 자신의 외모와 다른 사람의 외모 비교하기)을 한다. 이러한 증상들은 섭식장애의 피하지방이나 체중에 대한 염려로는 설명될 수 없다. 신체추형장애의 일종인 근육추형(muscle dysmorphia)은 자신의 체형이 너무 작고 근육이 불충분하다고 믿는 것인데 주로 남성에게서 나타난다. 신체추형장애를 가지고 있는 성인, 청소년, 아동은 자살 관념화와 자살 시도율이 높으며, 특히 청소년의 경우에 자살의 위험이 높게 나타난다. 또한 신체추형장애를 가지고 있는 사람은 자신이 추하고 기형이라고 믿기도 하며, 주요우울장애와 공존할 가능성이 높다. 미국정신의학회(2013)가 DSM-5에 제시하는 신체추형장애의 진단기준은 〈표 10-15〉와 같다.

표 10-15 DSM-5의 신체추형장애의 진단기준

A. 다른 사람들이 관찰할 수 없거나 대수롭지 않은 자신의 외모에서 한 가지 이상의 결함에 집착한다.

B. 장애가 진행되는 어떤 시점에 자신의 외모에 대한 걱정 때문에 반복적 행동(예: 계속 거울 보기, 지나치게 머리 빗기, 피부 벗기기, 지속적으로 재확인하기) 또는 정신적 활동(예: 자신의 외모와 다른 사람의 외모 비교하기)을 한다.

C. 이러한 외모에 대한 집착은 사회적, 학업적, 직업적 및 다른 중요한 기능 영역에 임상적으로 중요한 손상 또는 결함을 초래한다.

D. 이러한 외모에 대한 집착은 섭식장애를 가지고 있는 사람의 피하지방이나 체중에 대한 염려로는 설명될 수 없다.

(3) 저장강박장애

저장강박장애 또는 수집광(hoarding disorder)의 특징은 불필요한 잡동사니 같은 물건들을 수집하고 버리는 것이 어려워하는 것으로, 심한 경우에 수집한 물건들이 가정의 생활공간을 침해하고 박테리아와 썩은 음식 등 유독성 물질로 인해 생활환경이 위태롭게 되며, 일상생활 기능에도 문제가 발생할 수 있다(Storch et al., 2011). 네덜란드에서 15~97세 일반인으로부터 자료를 수집하여 분석한 Cath 등(2017)의 연구 결과에 따르면, 저장강박장애의 유병률은 남자는 2.3%이고 여자는 2.0%이며 연령이 증가할수록 유병률도 증가한다. 미국정신의학회(2013)가 DSM-5에 제시한 저장강박

표 10-16 **DSM-5의 저장강박장애 진단기준**

A. 실제 가치와는 상관없이 소지품을 버리거나 분리되는 것을 지속적으로 어려워한다.
B. 이런 어려움은 소지품에 대한 보관 욕구와 이를 버리는 데 따르는 고통 때문에 생긴다.
C. 소지품을 버리기 어려워서 결국 물품들이 모여 쌓이게 되고, 이는 소지품의 원래 용도를 심각하게 저해하며 일상생활을 어지럽히게 된다. 생활이 어지럽혀지지 않는 경우는 가족구성원, 청소부, 다른 권위자 등 제3자의 개입이 있을 때뿐이다.
D. 저장강박장애 증상은 자신과 타인의 안전한 환경을 위협할 뿐만 아니라, 사회적, 직업적, 또는 다른 중요한 기능 영역에서 임상적으로 현저한 고통이나 손상을 초래한다.
E. 저장강박장애 증상은 뇌손상이나 뇌혈관 질환, 프래더-윌리 증후군과 같은 다른 의학적 상태에 기인한 것이 아니다.
F. 저장강박장애 증상은 다른 정신장애로 더 잘 설명되지 않는다(예: 강박장애의 강박적 사고, 주요우울장애의 에너지 저하, 조현병이나 다른 정신병적 장애의 망상, 주요신경인지장애의 인지능력 결함, 자폐성장애의 제한된 흥미).

다음의 경우에 해당하면 명시할 것:

과도한 습득 동반: 소지품을 버리는 데 어려움이 있으면서 동시에 필요가 없거나 보관이 가능한 공간이 없음에도 불구하고 과도하게 소지품을 습득하는 행위가 동반되는 경우

다음의 해당하는 경우에 명시할 것:

좋거나 양호한 병식: 저장강박장애와 관계된 믿음과 행동(소지품을 버리는 데 어려움, 소지품을 채우거나 과도하게 습득)에 문제가 있다고 스스로 인식한다.

좋지 않은 병식: 저장강박장애와 관계된 믿음과 행동들이 반론의 증거에도 불구하고 대체로 문제가 없다고 스스로 확신한다.

병식 없음/망상적 믿음: 저장강박장애와 관계된 믿음과 행동들이 반론의 증거에도 불구하고 전혀 문제가 없다고 스스로 확신한다.

장애의 진단기준은 〈표 10-16〉과 같다(권준수 역, 2018).

(4) 털뽑기장애

털뽑기장애 또는 발모광(hair-pulling disorder)은 자신의 머리카락을 반복적으로 뽑아서 탈모가 생기고, 심한 경우에는 신체적, 사회적 및 심리적 결함을 초래할 수도 있어서 피부뜯기장애와 함께 신체에 집중된 반복행동장애로 분류된다(Grant, 2021). Jones 등(2018)이 제안한 털뽑기장애의 중재 방법인 습관 반전훈련(habit reversal training)은 인식훈련, 대안적 반응훈련, 사회적 지원으로 구성된다. 인식훈련은 자신의 머리카락 뽑는 행동을 인식하도록 훈련하는 것이다. 대안적 반응훈련은 머리카락을 뽑는 행동과 동시에 발생할 수 없는 대안적인 상반행동(예: 두 주먹을 쥐고 60초 버티기)을 훈련하는 것이다. 대안적 상반행동을 촉진하고 강화할 수 있는 사회적 지원이 필요하다. 미국정신의학회(2013)가 DSM-5에 제시하는 털뽑기장애의 진단기준은 〈표 10-17〉과 같다(권준수 역, 2018).

표 10-17 DSM-5의 털뽑기장애 진단기준

A. 반복적으로 스스로 털을 뽑아 탈모로 이어진다.
B. 털 뽑는 행위를 줄이거나 멈추려는 시도를 반복적으로 한다.
C. 털 뽑기가 사회적, 직업적, 또는 다른 중요한 기능 영역에서 임상적으로 현저한 고통이나 손상을 초래한다.
D. 이런 털 뽑기는 (피부과적 질환과 같은) 다른 의학적 상태에 기인한 것이 아니다.
E. 이런 털 뽑기는 (신체추형장애 환자가 자신이 인식하는 외모 결함을 개선시키려는 시도처럼) 다른 정신장애로 더 잘 설명되지 않는다.

(5) 피부뜯기장애

피부뜯기장애 또는 피부벗기기장애(skin-picking disorder)는 반복적이고 충동적으로 피부를 긁고 뜯어서 피부조직에 손상을 초래할 뿐만 아니라, 심한 경우에 상처가 난 피부에 감염이 되어 사회적 고립을 야기할 수도 있다(Jafferany & Patel, 2019). Grant(2021)에 따르면, 피부뜯기장애의 하위 유형 I(정서적/강화 유형)은 부정적 정서를 느낄 때 또는 자동적으로 자주 심하게 뜯고 싶은 충동을 통제하기 어려우며, 과잉

표 10-18 DSM-5의 피부뜯기장애 진단기준

A. 반복적으로 피부를 뜯어서 피부 병변으로 이어진다.
B. 피부뜯기 행위를 줄이거나 멈추려는 시도를 반복적으로 한다.
C. 피부뜯기는 사회적, 직업적, 또는 다른 중요한 기능 영역에서 임상적으로 현저한 고통이나 손상을 초래한다.
D. 피부뜯기는 물질(예: 코카인)의 생리적 효과나 다른 의학적 상태(예: 옴)에 기인한 것이 아니다.
E. 이런 피부 뜯기는 (신체추형장애 환자가 자신이 인식하는 외모 결함을 개선시키려는 시도처럼) 다른 정신장애로 더 잘 설명되지 않는다.

행동 주의집중장애 및 완벽주의와 공존하여 나타나는 비율이 높다. 하위 유형 II(기능적 유형)는 피부를 뜯고 싶은 충동이 경도로 나타나는데, 이 유형의 피부뜯기장애를 가지고 있는 사람들은 감각적으로 예민하고 고통에 대한 저항력이 부족한 경우가 많다. Grant와 Chamberlain(2020)의 연구 결과에 따르면, 미국에서 18~69세 일반인을 대상으로 자료를 수집하여 분석한 결과, 일생 동안 한 번이라도 피부뜯기장애를 경험한 비율이 3.1%이었으며, 피부뜯기장애와 가장 많이 공존하여 나타나는 장애는 범불안장애(63.4%), 우울(53.1%), 공황장애(27.7%) 순으로 나타났다. 미국정신의학회(2013)가 DSM-5에 제시하는 피부뜯기장애의 진단기준은 〈표 10-18〉과 같다(권준수 역, 2018).

2. 불안장애 및 관련 장애의 원인

아동기나 청소년기의 불안장애는 여러 가지 유전적인 위험 요소들과 환경적인 위험 요소들이 복잡한 방법으로 상호작용하여 발생한다고 추정되나, 위험 요소들의 상호작용 기제는 명확히 밝혀지지 않았다(Barlow, 2002). 불안장애를 신체생리학적, 행동주의적, 인지적 및 생태학적 측면에서 설명하면 다음과 같다.

첫째, 불안장애의 원인을 설명하는 신체생리 모델은 유전적 요인, 신경생물학적 요인 그리고 기질적 요인을 포함한다. 가족 연구와 쌍생아 연구를 통해서 불안장애는 가계를 따라 나타나는 경향이 있음이 밝혀졌다(Gregory & Eley, 2007). 부모가 불안장애를 경험하고 있는 경우에 유전적 및 환경적 영향을 미치므로 자녀가 불안장애를 경험할 가능성이 높으며(Hudson et al., 2011), 불안장애의 하위 유형 중 강박-충동장애의 경우에 유전적 가능성이 높은 것으로 추정된다(Grados & Riddle, 2001). 그러나 불안장애 자체가 유전된다기보다는 특정 자극에 대해 정서적으로 또는 행동적으로 어떻게 반응하는지에 관련된 일반적인 성향이 유전된다고 간주되며, 환경적 요인의 역할도 매우 중요하다고 간주되므로 유전적 요인과 환경적 요인의 상호작용에 대한 후속연구가 필요하다(Lichtenstein & Annas, 2000). 불안장애를 신경생물학적으로 설명하는 연구에 따르면, 불안 수준이 높은 사람은 자율신경계의 반응도가 높고, 세로토닌과 같은 뇌의 신경전달물질에 관련된 생화학적 기능에 결함이 있으며(Neumeister et al., 2004), 친숙하지 않은 사람이나 상황에 대해 지나치게 예민하고 위축된 반응을 보이는 기질을 가지고 있다(Lonigan et al., 2004). 즉, 두려움과 불안 등 정서에 관련된 뇌의 기능체계 중 행동억제 체계(behavioral inhibition system: BIS)가 새롭고 두려운 상황에서 행동을 억제한다는 것이다.

둘째, 행동주의적 이론 중 수동적 조건화, 조작적 조건화 및 사회학습의 원리가 불안장애의 원인을 설명하는 데 사용되기도 한다(이효신, 방명애 역, 2019). 개를 두려워하는 아동의 예를 각 원리에 따라 설명하면 다음과 같다. 수동적 조건화 원리에 따르면, 개에 물려 본 아동은 개와 신체적 고통이 조건화되어 있어서 개를 보기만 해도 두려움을 느끼게 되어 소리를 지르고 땀을 흘린다. 조작적 조건화 원리에 따르면, 개를 두려워하는 행동을 보일 때마다 사람들의 사랑과 관심을 받거나 싫어하는 과제로부터 회피할 수 있다면 아동의 개를 두려워하는 행동은 그러한 후속결과들에 따라 강화된다. 사회학습의 원리에 따르면, 개를 보고 두려워하는 어른이나 또래의 행동을 보고 개를 두려워하는 행동을 모델링하여 학습한다는 것이다(Bandura, 1977).

셋째, 인지적 모델에 따르면, 병리적인 불안은 위험에 대한 비현실적인 지각으로부터 초래되며, 비현실적인 지각은 인지적 오류와 관련되어 있다(Beck, 1976). 인지적 오류 때문에 불안장애 아동이나 청소년은 두려움의 대상이 되는 사물이나 사건의 가능성과 강도를 과장하여 생각한다. 예를 들어, 불안장애가 있는 아동은 10미터 앞에 있는 강아지가 갑자기 자신에게 달려들어 물면 자신은 곧 죽게 될 거라고 생각할 수도 있다. 다른 인지적 오류는 자신에게 두려움의 대상이 되는 사물이나 사건이 일어날 때 아무도 자신을 도와줄 수 없을 거라고 생각하는 것이다. 예를 들어, 강아지가 갑자기 달려들어 자신을 물려고 할 때 함께 걸어가는 부모도 도망을 칠 것이고 결국 자신은 강아지에게 물려서 치료받지 못한 채 죽게 될 것이라고 비현실적인 지각을 한다.

넷째, 생태학적인 원인론적 요인은 부정적 생활사건 등과 같은 환경적 스트레스 요인을 의미하며, 가족 요인이 가장 중요한 요인 중의 하나다. 불안장애의 부모 요인에 대한 연구(Dadds et al., 1996)에 따르면, 불안장애를 가지고 있는 아동이나 청소년의 부모는 자녀의 말에 잘 귀 기울이지 않고, 자녀의 적응행동에 정적 강화를 적절하게 제공하지 못하며, 자녀의 회피행동을 부적절하게 강화하고, 자녀에게 지나치게 간섭하는 것으로 나타났다. 즉, 부모는 자녀에게 두려움의 대상이 되는 사물이나 사건에 대한 불안반응을 모델링하기도 하고, 자녀의 불안행동을 촉진하거나 강화한다는 것이다. 또한 부모는 두려움의 대상이 되는 사물이나 사건을 적대적이고 위협적으로 인식하도록 자녀에게 인지적 오류를 전수하기도 한다. Bernstein 등(1996)은 모자간 불안전한 애착관계가 불안장애의 위험 요인이라고 강조한다. 그러나 불안장애를 가지고 있는 자녀가 일방적으로 부모로부터 영향을 받는 것은 아니며, 부모와 자녀가 서로에게 영향을 미친다. 즉, 자녀의 불안 기질이 자녀를 과잉보호하고 지나치게 간섭하도록 부모에게 영향을 미칠 수도 있다는 것이다(Hudson & Rapee, 2002).

요약하면, 모든 불안장애를 한 가지 원인으로 설명할 수는 없으며, 유전이나 기질과 같은 신체생리학적 요인, 행동적 요인, 인지적 요인 및 환경적 스트레스 요인들이 매우 복잡하고 다차원적인 과정을 통해 아동기와 청소년기 불안장애의 증상이 나타나는 데 중요한 역할을 하는 것으로 보인다. 이러한 다차원적인 과정에 기초하여 신체생리적 관점과 행동주의적 관점 및 인지적 관점을 통합하여 강박충동장애의 원인을 분석하는 연구(Taylor & Jang, 2011)가 보고되기도 하였다.

3. 불안장애 및 관련 장애의 진단 및 평가

아동기와 청소년기 불안장애의 진단은 포괄적이고 종합적이어야 한다. 무엇보다도 정상적으로 성장하고 발달하는 아동이나 청소년들도 불안이나 두려움을 나타내므로, 진단 대상인 아동이나 청소년이 나타내는 두려움이나 불안이 발달 단계 또는 연령을 고려할 때 적절한지 살펴보아야 하며, 진단 대상의 환경도 신중하게 진단평가하여야 한다(Kendall et al., 2000). 일반적으로 불안장애의 진단평가는 주관적, 행동적 및 생리적 측면에서 실시된다(Greco & Morris, 2004).

첫째, 진단 대상인 아동이나 청소년에게 인터뷰나 자기보고식 설문지를 사용하여 불안과 공포에 관련된 자신의 주관적 생각이나 감정에 대한 정보를 수집한다. 임상적 진단을 위해서는 구조화된 진단 인터뷰와 반구조화된 인터뷰가 사용될 수 있다. 예를 들어, 아동용 불안장애 인터뷰 목록(Anxiety Disorders Interview Schedule for Children)은 불안장애 특성을 보이는 아동과 부모를 위한 반구조화된 인터뷰 도구로서 DSM의 진단기준에 부합한지를 결정하는 데 도움이 된다(Silverman et al., 2001). 자기보고식 설문지는 각 문항(예: '나는 많은 것이 두렵다.')에 대해 진단 대상이 얼마나 불안하고 두려운지를 표시하도록 하는 것으로 부정적 정서와 관련된 인지적 내용을 측정하는 부정적 정서 자기보고 설문지(Negative Affect Self-Statement Questionnaire; Ronan et al., 1994)가 사용된다. 아동이 어리거나 인지적 수준이 낮아서 자기보고식 설문지를 읽고 답하기 어려운 경우는 시각적 자료를 이용하여 아동 자신이 지각하는 두려움이나 불안 수준을 측정하기도 한다. 예를 들어, Gimpel과 Holland는 사람 그림을 이용하여 아동이 현재의 불안 수준을 자기평가하도록 하는데, 발바닥까지의 두려움은 두려움이 없음, 무릎까지의 두려움은 약간 두려움, 허리까지의 두려움은 반 정도의 두려움, 목까지의 두려움은 많이 두려움, 머리까지의 두려움은 자신이 두려움으로 가득 차 있음을 의미한다(이효신, 방명애 역, 2019).

둘째, 두려움이나 불안의 행동적 측면은 진단 대상인 아동이나 청소년을 자연적 또는 임상적 상황에서 직접 관찰하여 두려움이나 불안을 진단할 수도 있고, 진단 대상이 스스로 기록한 자기점검표나 일지에서 자료를 수집하여 진단할 수도 있다(Dadds et al., 1994; 정명숙 외 역, 2011).

셋째, 불안장애의 생리적 측면의 진단은 심장박동 수, 피부 전도, 손바닥의 땀 등을 측정하는 것이다. 휴대하기 편하고 비싸지 않은 측정도구들이 개발되었으나 자주 사용되지는 않는 편이다(Barrios & Hartmann, 1997). 우리나라에서 중·고등학생을 대상으로 개발된 청소년 성격평가 질문지(김영환 외, 2006)는 임상척도에 신체적인 호소척도, 불안척도, 불안관련 장애척도, 우울척도, 조증척도 및 망상척도를 포함하고 있다. 최진숙과 조수철(1990)은 Reynolds와 Richmond(1979)가 개발한 소아청소년불안척도(Revised Children's Manifest Anxiety Scale: RCMAS)를 서울시에 거주하는 811명을 대상으로 신뢰도와 타당도를 검증하였다. 초등학생용인 한국아동성격검사(홍상황 외, 2007)는 임상척도에 언어발달척도, 운동발달척도, 불안척도, 우울척도, 신체화척도, 비행척도, 과잉행동척도, 가족관계척도, 사회관계척도 및 정신증척도를 포함하고 있다.

4. 불안장애 및 관련 장애의 중재

성인기 불안장애에 비해 아동기와 청소년기의 불안장애에 관한 연구는 미흡한 상황이며, 불안장애 증상을 감소시키기 위한 효과적 중재와 예방적 중재는 최근에 들어서야 관심을 받기 시작했다. 아동기와 청소년기 불안장애의 가장 효과적인 중재는 인지행동중재와 약물치료다(Taylor et al., 2012). 어떤 연구는 인지행동중재가 약물치료에 비해 효과적이라고 보고하고 있는 반면에, 그 반대의 결과를 보고하는 연구도 있다. 또 다른 연구는 인지행동중재와 약물치료를 통합한 치료법이 가장 효과적이라고 보고하기도 한다. 그러나 이러한 연구들은 대부분 불안장애를 가지고 있는 성인을 대상으로 연구한 것이므로 아동기와 청소년기 불안장애의 중재효과에 대한 체계적인 연구가 시급하다.

1) 인지행동중재

인지행동중재는 다양한 행동적 또는 인지행동적 전략들을 사용하여 아동이나 청소년의 불안장애를 감소시키는 것으로, 모델링, 체계적 둔감법, 정동홍수법, 재노출요법, 인지적 재구조화, 자기통제 기술, 이완훈련 등을 포함한다(방명애 외 역, 2020). 각 중재 방법에 대해 살펴보면 다음과 같다.

첫째, 모델링은 두려움을 야기하는 사물이나 상황에서 다른 사람들이 불안해하거나 두려워하지 않고 바람직하게 행동하는 것을 보여 주는 것으로, 아동과 청소년의 과도한 불안과 공포를 감소시키는 데 폭넓게 사용되고 있다. 예를 들어, 개를 두려워하는 아동에게 다른 아동이 개를 두려워하지 않고 친숙하게 노는 장면을 비디오나 실제 상황을 통해 역할 모델로 보여 줌으로써 아동의 두려움을 감소시키는 것이다.

둘째, 체계적 둔감법은 두려움을 야기하는 사물이나 상황에 점진적으로 노출하는 방법으로서, 불안을 일으키는 정도가 가장 약한 자극부터 강한 자극까지 차례로 노출시키는 것이며, 분리불안장애를 가지고 있는 아동이나 공포증을 가지고 있는 아동에게 사용될 수 있다. 예를 들어, 엄마와 분리되는 것에 두려움을 나타내는 아동으로 하여금 처음에는 엄마가 있는 방이 아닌 다른 방에서 놀도록 한 후 엄마가 집에 있는 동안 놀이터에서 놀도록 하는 것이다. 그다음 단계는 엄마가 시장에 간 동안 이웃집에서 놀도록 한 후 주말에 친척 집에서 엄마 없이 자도록 하는 것이다.

셋째, 정동홍수법은 중재 초기에 불안을 일으키는 정도가 가장 심한 자극에 아동을 오랫동안 노출시키는 절차로, 체계적 둔감법의 점진적인 접근 방법과는 대조된다(이효신, 방명애 역, 2019). 이는 불안을 일으키는 정도가 가장 심한 자극에 노출되더라도 사람은 계속 높은 각성상태를 유지할 수 없으므로 결국 불안 반응은 약화된다는 이론에 근거한다. 예를 들어, 학교공포증을 가지고 있는 아동으로 하여금 중재 초기에 학교에 하루 종일 있게 하는 것이다.

넷째, 재노출요법은 아동으로 하여금 중재자와 함께 안전하고 지원적인 환경에서 아동에게 정신적 충격을 일으킨 사건을 재검토하고 재생하는 것이다(Cohen et al., 2004). 예를 들어, 집에 불이 나서 가족과 집을 잃은 경험으로 외상후 스트레스장애의 증상을 보이는 아동과 함께 불이 났던 상황에 재노출하여 재검토하며 아동으로 하여금 자신의 생각과 감정을 표현하게 한다. 그리고 아동이 주어진 상황에서 바람직하게 대처하며 자신의 스트레스를 관리할 수 있도록 돕는다.

다섯째, 인지적 재구조화는 아동이나 청소년의 불안 또는 공포가 비현실적이고 비합리적인 인지적 왜곡에 근거한 것이므로 아동으로 하여금 현실적이고 합리적인 사고를 할 수 있도록 돕는 것이다(Beck, 1976). 앞서 언급한 개 공포증의 예에 대해 다시 생각해 보자. 개에 대한 공포증을 가지고 있는 아동은 쇠사슬에 묶여 있는 개를 보더라도 자신에게 갑자기 달려들고 함께 걸어가는 부모는 도망을 칠 것이며 결국 자신은 개에게 물려서 치료받지 못한 채 죽게 될 것이라는 왜곡된 생각을 하면서 불안해한다고 가정하자. 이때 아동으로 하여금 개는 쇠사슬을 풀 수 없으므로 아동에게 달려들지 않고, 개가 갑자기 달려들더라도 함께 있는 부모가 도와줄 것이며, 개에게 물리더라도 즉시 병원에 가서 치료받으면 죽지 않는다는 것을 인식하도록 돕는 것이다.

여섯째, 자기통제 기술은 병리적인 불안이나 두려움을 가지고 있는 아동으로 하여금 스스로 자기점검법, 자기강화법, 자기교수법, 긍정적 자기 말, 거울기법, 문제해결 기술, 사회성 기술 등을 적용하여 불안이나 두려움을 감소시키도록 하는 것이다(Wolitzky-Taylor et al., 2015). 예를 들어, 분리불안장애로 학교에 가기를 거부하는 아동으로 하여금 "내가 학교에 가 있는 동안 엄마는 안전할 거야." 또는 "나는 용감해서 학교에 혼자 갈 수 있어." 등의 긍정적인 자기 말을 자주 연습시키는 것이다. 처음에는 아동이 큰 소리로 말하도록 연습시키다가 목소리를 점차 줄여 나가고, 실제 사회적 상황에서는 자신만 들을 수 있는 작은 소리나 머릿속으로 자기 말을 하도록 훈련하는 것이 필요하다.

일곱째, 이완훈련은 깊고 느린 호흡기법, 근육이완, 심상(mental image)을 통해 불안장애를 가지고 있는 아동이나 청소년의 긴장 수준을 낮추는 것이다(이효신, 방명애 역, 2019). 사람은 스트레스를 받을 때 숨을 적게 쉴 뿐만 아니라 짧고 얕은 호흡을 하는 경향이 있다. 아동이나 청소년에게 바닥에 편안한 자세로 눕게 하고 한 손은 배 위에 얹고 한 손은 가슴 위에 놓도록 한다. 깊은 호흡인 복식호흡을 바르게 하면 배 위의 손은 아래위로 움직이지만 가슴 위의 손은 움직이지 않아야 한다. 또한 호흡을 느리게 하기 위하여 들숨을 쉬면서 열까지 세고, 숨을 참으면서 열까지 세고, 다시 날숨을 쉬면서 열까지 세고, 숨을 참으면서 열까지 세는 것이다. 아동이 어릴 경우는 넷이나 다섯까지만 세면서 느린 호흡을 연습해도 된다. 교사는 아동이 깊고 느리게 호흡하는 방법을 습득할 수 있도록 시범을 보이고 아동과 함께 연습한다. 사람은 스트레스를 받아서 긴장되거나 염려스러울 때 근육이 단단해지고 두통 등의 신체적인 증세가 나타난다. 따라서 깊고 느린 호흡을 연습한 후 신체의 각 부분을 이완시키는 것이 필요하다. 예를 들어, 손을 있는 힘껏 세게 쥐어 8~10초 동안 있다가 풀게 하면 손가락과 손에 열이 나면서 긴장이 풀어지고 편안한 느낌을 받게 한다. 이러한 방법으로 얼굴, 어깨, 팔, 배, 다리, 발 등을 차례로 이완시킨다.

앞에서 제시한 중재 전략 외에도 임상 현장에서는 행동계약, 정적 강화, 행동형성법 등이 사용되고 있으며, 불안장애를 가지고 있는 각 사례에 따라 다양한 중재 전략을 적용하여 통합적인 중재 프로그램을 구성하는 것이 중요하다. 개인중재보다 집단 인지행동중재가 더 효과적이라고 보고하는 연구(Silverman et al., 1999)와 중재 프로그램에 부모가 참여하도록 권장하는 연구들이 최근에 관심을 받고 있다(Barrett & Shortt, 2003).

2) 약물치료

아동기와 청소년기 불안장애를 치료하기 위해 삼환계 항우울제(tricyclic antidepressants: TCAs), 선택적 세로토닌 재흡수 억제제(selective serotonin reuptake inhibitors: SSRIs), 항불안제(anxiolytics)가 사용되고 있으나, 아동이나 청소년을 대상으로 한 약물치료의 효과와 부작용에 대한 연구는 미흡한 실정이다(Stock et al., 2001). 선택적 세로토닌 재흡수 억제제가 사회적 공포증, 분리불안장애, 강박-충동장애 및 범불안장애를 치료하는 데 효과적이라고 보고되고 있으나(Geller et al., 2003; McClellan & Werry, 2003; Riddle et al., 2001), 인지행동치료의 효과와 비교한 연구들은 드물다. 불안장애를 가지고 있는 아동이나 청소년들에게 약물치료를 하는 것은 매우 신중해야 하며, 약물치료를 하더라도 인지행동중재를 병행하는 것이 바람직하다(Stein & Seedat, 2004; Velosa & Riddle, 2000).

5. 요약 및 결론

이 장에서는 불안장애, 외상 및 스트레스 관련 장애, 강박-충동 및 관련 장애에 대해 살펴보았다. 불안장애의 하위 유형은 분리불안장애, 범불안장애, 공황장애, 특정 공포증, 사회적 불안장애, 선택적 함묵증, 광장공포증 등이다. 외상 및 스트레스 관련 장애의 하위 유형은 외상후 스트레스 장애, 반응성 애착장애, 탈억제 사회적 관여 장애, 급성 스트레스 장애, 적응장애 등이다. 강박-충동 및 관련 장애의 하위 유형은 강박-충동장애, 신체추형장애, 저장강박장애, 털뽑기장애, 피부뜯기장애 등이다. 불안장애, 외상 및 스트레스 관련 장애, 강박-충동 및 관련 장애의 신체생리학적, 행동주의적, 인지적 및 생태학적 원인을 살펴보았고, 효과적인 중재 방법으로 인지행동중재와 약물치료를 제시하였다.

불안장애와 관련 장애의 효과적인 중재 전략과 프로그램을 개발하기 위해서 다음과 같은 연구들이 실시될 필요가 있다. 유전적 요인과 환경적 요인이 어떻게 상호작용하여 불안장애를 유발하는지에 대한 원인 규명의 연구가 필요하며, 아동과 청소년의 불안장애를 선별하고 진단할 도구의 개발과 더불어 체계적이고 포괄적인 출현율 조사가 있어야 한다. 아동기와 청소년기의 불안장애를 감소시키기 위한 약물치료가 보편적인데도 불구하고 약물의 체계적인 위약 통제 집단 연구는 미흡한 실정이다. 따라서 아동과 청소년을 대상으로 하는 약물치료의 효과와 부작용에 대한 연구가 많이 진행되어야 한다. 불안장애를 가지고 있는 아동의 인지적 재구조화, 자기통제 기술, 사회성 기술, 스트레스 대처 기술 등을 향상시키기 위한 인지행동중재 프로그램의 개발이 필요하다. 또한 부모교육과 교사교육을 통해 아동을 적절하게 지원하는 것도 중요하다.

제11장

우울장애와 양극성장애

개요

우울장애는 마음의 감기라고 불리며 많은 사람이 일생을 살면서 한 번쯤은 겪을 만큼 흔한 장애다. 대부분의 연구자들은 아동기와 청소년기 우울장애가 성인기 우울장애와 많은 편에서 유사하나, 발달 단계에 따라 독특하게 표출된다는 것에 동의한다. 아동기와 청소년기 우울장애와 성인기 우울장애의 공통적인 특성은 우울한 기분과 생산적인 활동에 관심을 잃는 것이다. 성인의 경우, 우울장애로 인해 결혼생활과 직장생활에 문제를 나타내는 반면에, 아동과 청소년의 경우 우울장애로 인해 학업 문제와 행동 문제를 나타낸다. 이 장에서는 우울장애의 정의, 출현율, 원인, 특성, 진단 및 평가, 중재 방법을 살펴보고, 양극성장애와 자살에 대해 살펴본다.

KEY WORDS

- 발달적 견해developmental perspective
- 우울장애depression
- 조증mania
- 양극성장애bipolar disorder
- 자살행동suicide behavior
- 절망감hopelessness
- 귀인attribution
- 인지적 왜곡cognitive distortion
- 예방적 중재preventive intervention
- 약물중재medical intervention
- 인지행동중재cognitive–behavioral intervention
- 가족중재family intervention

사례 1 ••• 5학년인 진수는 부모님이 2년 전에 이혼하고 각각 재혼하였기 때문에 할머니와 함께 살고 있다. 가끔 부모님을 만나기는 하지만 매우 어색하며 안정감을 느낄 수 없다. 진수는 늘 초조하고 조금만 화가 나도 어디서든 소리를 지르고 크게 울며 물건을 집어던진다. 학교에서는 학업에 집중하기 어렵고 늘 피곤을 느낀다. 부모님이 이혼한 것은 자신이 공부를 못했기 때문이라는 죄책감에 시달리며 자기가 태어나지 않았으면 좋았을 거라고 말하곤 한다. 즐겨 하던 축구도 그만두었고 친구들과도 어울리지 않는다. 밤마다 과식을 하여 체중이 급격히 늘었고, 악몽에 시달리곤 한다.

사례 2 ••• 수민이는 성적이 우수한 고 3 학생이다. 부모님의 기대를 저버릴 수 없다는 생각에 공부를 하지만 집중하기가 어렵다. 성적이 조금만 떨어져도 자신이 무가치하다고 느끼며 잠을 자는 자신을 미워하여 책상에 엎드려 자곤 해서 늘 피곤하다. 식욕이 없어서 먹지 못하다 보니 3개월 동안 체중이 5kg이나 줄었고, 자신은 부모님이 원하는 대학에 결코 진학할 수 없을 거라는 불안감에 시달린다. 고층 아파트 창문을 내려다보며 뛰어내리거나 지나가는 차에 뛰어들고 싶다는 생각을 한다. 자살을 하는 사람들의 용기가 부럽다고 말하곤 한다.

최근까지도 진수의 우울장애와 수민이의 자살 충동과 같은 내재화 장애에 대한 연구는 특수교육 분야에서 배제되어 왔다. 전통적으로 심리역동 모델에 근거하여 아동기에는 심리적 자기표상(self-representation)이 충분히 발달하지 않아서 우울장애가 발생할 수 없다고 간주해 왔다. 즉, 우울장애는 초자아가 자아를 처벌할 때 발생하는데, 아동기에는 초자아가 발달하지 않기 때문에 우울장애가 나타날 수 없다는 것이다(Kessler, 1988). 또한 아동기나 청소년기의 우울장애는 과잉행동이나 학습장애 등으로 가려져 있어서 진단하기도 어려웠다. 그러나 많은 연구를 통해서 아동기나 청소년기에도 우울장애가 나타날 수 있고 우울장애가 다른 장애나 자살과 상관관계가 있으며 학업과 일상생활에서 심각한 문제를 초래할 수 있다는 것이 인식됨에 따라 특수교육 분야에서도 우울장애에 관심을 기울이게 되었다. 뿐만 아니라,

성인기 우울장애를 진단평가하고 치료하는 데 있어서의 놀라운 진보가 아동기와 청소년기의 우울장애에 대한 연구에 박차를 가했다.

이 장에서는 우울장애의 정의, 출현율, 원인, 특성, 진단 및 평가, 중재 방법에 대해 살펴보고, 양극성장애와 자살에 대해 알아보고자 한다.

1. 우울장애

1) 우울장애의 정의

우울장애 관련 임상 현장과 연구에서 전문가들이 사용하고 있는 우울장애의 정의와 진단평가 방법이 다양하기 때문에 어떠한 정의와 진단도구를 사용하느냐에 따라 아동이 우울장애를 가지고 있다고 진단될 수도 있고 그렇지 않을 수도 있다. 우울장애에 대해 모든 학자와 임상가가 동의하는 정의는 없지만, 현재로서는 미국정신의학회(APA, 2013)에서 제시하고 있는 DSM-5를 따르는 것이 가장 타당하다. DSM-5는 성인기 우울장애의 진단기준은 매우 상세하게 제시하고 있는 반면에, 아동기와 청소년기 우울장애의 진단기준에 대한 설명은 불충분하게 제시하고 있다. 아동기와 청소년기 우울장애와 성인기 우울장애를 동일한 현상으로 취급하는 것도 바람직하지 않다(방명애 외 역, 2020). 왜냐하면 아동이나 청소년은 성인에 비하여 인지적 능력이 미성숙하고 경험이 제한되어 있으므로 동일한 장애도 다른 양상으로 표출할 수 있기 때문이다. 따라서 아동기와 청소년기 우울장애의 양상이 발달단계에 따라 성인기 우울장애 특성과는 다르게 나타난다는 발달적 견해가 받아들여지고 있다(Cicchetti & Toth, 1998). 아동기와 청소년기 우울장애는 다른 장애나 부적응 행동을 동반할 수도 있는데, 우울장애 자체만으로도 위험하고 심각한 장애다(Hammen & Rudolph, 2003).

미국정신의학회(2000)의 DSM-IV-TR에서는 우울장애와 조증이 기분장애로 묶여 있었으나, 미국정신의학회(2013)의 DSM-5에서는 두 장애가 분리되었다. DSM-5의 우울장애(depressive disorders)는 파괴적 기분조절부전장애(disruptive mood dysregulation disorder), 주요우울장애(major depressive disorder), 기분부전장애로 명명되었던 지속적 우울장애(persistent depressive disorder), 월경 전 불쾌장애(premenstrual dysphoric disorder), 약물에 기인한 우울장애(substance/ medicine-induced depressive disorder), 다른 의학적 조건에 기인한 우울장애(depressive disorder due to another medical condition), 다른 특정 우울장애(other specified depressive disorder), 달리 분류되지 않는 우울장애(unspecified depressive disorder)를 포함한다.

표 11-1 DSM-5의 파괴적 기분조절부전장애의 진단기준

A. 상황이나 화낼 이유에 대해 심한 울화 폭발을 부적절한 강도 또는 기간 동안 언어적으로(예: 언어적 분노) 그리고/또는 행동적으로(예: 사람이나 사물에 대한 신체적 공격) 반복해서 나타낸다.
B. 울화 폭발이 발달 단계와 일관성이 없다.
C. 울화 폭발을 일주일 평균 세 번 이상 나타낸다.
D. 울화 폭발이 나타나지 않는 기간의 기분도 거의 매일, 하루 종일 지속적으로 짜증을 내거나 화가 나 있으며, 그러한 기분이 부모, 교사, 또래에 의해 관찰될 수 있다.
E. 진단기준 A~D가 12개월 이상 지속되었으며, 진단기준 A~D의 증상 없이 3개월 이상 지속된 기간이 없다.
F. 진단기준 A와 D가 가정, 학교, 또래와 있는 상황 중 최소한 두 가지 상황에서 나타나며, 이 중 한 가지 이상의 상황에서 심하게 나타난다.
G. 만 6세 이전이나 18세 이후에 첫 번째 진단을 받아서는 안 된다.
H. 진단기준 A~E가 만 10세 이전에 나타난다.
I. 조증 삽화나 경조증 삽화의 진단기준(기간 제외)에 맞는 기간이 하루 이상 지속되지 않는다.
주의: 행복한 일이 있거나 기대하는 상황에서 일어나는 발달적으로 적절한 기분 상승을 조증 삽화나 경조증 삽화로 간주해서는 안 된다.
J. 진단기준에 맞는 행동들이 주요우울장애 삽화 기간에만 일어나는 것이 아니며, 자폐스펙트럼장애, 외상후 스트레스 장애, 분리불안장애, 지속적 우울장애 등의 다른 정신장애에 의해 더 잘 설명되지 않는다.
주의: 파괴적 기분조절부전장애의 진단이 적대적 반항장애, 간헐적 폭발성 장애의 진단과 공존할 수 없으나, 주요우울장애, 주의집중결핍과잉행동장애, 품행장애, 약물사용장애 등의 진단과는 공존할 수 있다. 파괴적 기분조절부전장애와 적대적 반항장애의 진단기준을 둘 다 충족하는 사람은 파괴적 기분조절부전장애로 진단되어야 한다. 조증 삽화나 경도 조증 삽화를 경험한 사람은 파괴적 기분조절부전장애로 진단되어서는 안 된다.
K. 진단기준에 제시된 증상들이 약물이나 다른 의학적 또는 신경학적 상태의 생리학적 효과에 기인한 경우는 제외한다.

새로이 추가된 진단 분류인 파괴적 기분조절부전장애는 12세 이전의 아동이 지속적으로 초조해하거나 극단적으로 행동을 조절하지 못하는 삽화(episode)를 자주 나타내는 것이다. 파괴적 기분조절부전장애라는 진단 분류가 추가됨으로써 청소년기 이전의 아동들을 과다하게 양극성장애로 진단하는 것을 예방할 수 있을 것으로 기대된다. 파괴적 기분조절부전장애의 증상 유형을 나타내는 아동들은 청소년기와 성인기에 양극성장애를 나타내기보다는 단극성 우울장애 또는 불안장애를 나타내게 된다. DSM-5의 파괴적 기분조절부전장애의 진단기준을 〈표 11-1〉에 제시하였다.

우울장애에 포함되는 모든 하위 유형의 공통적 특징은 슬픔, 공허함, 초조함이며 개인의 기능할 수 있는 능력에 영향을 미칠 수 있는 신체적 및 인지적 변화를 수반한다. 각 하위 유형은 우울 정서가 얼마나 지속되는가, 우울 정서가 언제 나타나는가, 또는 우울 정서의 원인이 무엇인가에 따라 차이가 있다. 이 장에서는 주요 우울장애를 중심으로 살펴보았다. DSM-5의 주요우울장애의 진단기준을 〈표 11-2〉에 제시하였다.

표 11-2 DSM-5의 주요우울장애의 진단기준

A. 다음 증상 가운데 다섯 가지 (또는 그 이상) 증상이 연속 2주 기간 동안 지속되며, 이러한 상태가 이전 기능으로부터의 변화를 나타내는 경우; 위의 증상 가운데 적어도 하나는 (1) 우울 기분이거나, (2) 흥미나 즐거움의 상실이어야 한다.
주의: 분명히 다른 의학적 상태에 기인한 증상들은 포함되지 않는다.

1. 하루의 대부분, 그리고 거의 매일 지속되는 우울한 기분이 주관적인 보고(예: 슬프거나 공허하게 느낀다)나 객관적인 관찰(예: 울 것처럼 보인다)에서 드러난다.
   주의: 소아와 청소년의 경우는 초조하거나 과민한 기분으로 나타나기도 한다.
2. 모든 또는 거의 모든 일상 활동에 대한 흥미나 즐거움이 하루의 대부분 또는 거의 매일 같이 뚜렷하게 저하되어 있을 경우(주관적인 설명이나 타인에 의한 관찰에서 드러난다)
3. 체중 조절을 하고 있지 않은 상태(예: 1개월 동안 체중 5% 이상의 변화)에서 의미 있는 체중 감소나 체중 증가, 거의 매일 나타나는 식욕 감소나 증가가 있을 때
   주의: 소아의 경우 체중 증가가 기대치에 미달되는 경우 주의할 것
4. 거의 매일 나타나는 불면이나 과다 수면
5. 거의 매일 나타나는 정신 운동성 초조나 지체(주관적인 좌불안석 또는 처진 느낌이 타인에 의해서도 관찰 가능하다)
6. 거의 매일 피로나 활력 상실

7. 거의 매일 무가치감 또는 과도하거나 부적절한 죄책감을 느낌(망상적일 수도 있으며, 단순히 병이 있다는 데 대한 자책이나 죄책감이 아님)
8. 거의 매일 나타나는 사고력이나 집중력의 감소, 또는 우유부단함(주관적인 호소나 관찰에서)
9. 반복되는 죽음에 대한 생각(단지 죽음에 대한 두려움뿐만 아니라), 특정한 계획 없이 반복되는 자살 생각 또는 자살 기도나 자살 수행에 대한 특정 계획

B. 이러한 증상들이 사회적, 직업적 및 다른 중요한 기능 영역에서 임상적으로 심각한 고통이나 손상을 초래한다.

C. 우울증 삽화가 어떤 약물이나 다른 의학적 상태의 생리적 효과에 기인하지 않는다.

주의: 진단기준 A~C가 주요우울증 삽화를 나타낸다.

주의: 중대한 상실(예: 가족의 사망, 재정적 파산, 자연재해, 심각한 질병이나 장애)에 대한 반응은 우울 삽화의 진단기준 A에 기술된 강렬한 슬픔, 상실에 대한 반추증, 불면증, 식욕부진, 체중 감소 등을 포함한다. 이러한 증상들을 보이는 것을 이해할 수 있고 상실에 대해 적절하다고 간주되지만, 중대한 상실에 대한 이러한 증상들과 주요 우울증 삽화가 동시에 존재할 경우에 주의를 요한다. 이 경우에 개인사와 상실에 대한 고통의 표현에 대한 문화적 규준에 근거하여 임상적인 판단을 내려야 한다.

D. 주요 우울증 삽화는 분열정동장애(schizoaffective disorder), 조현병(schizophrenia), 정신분열형 장애(schizophreniform disorder), 망상장애, 또는 다른 정신분열 스펙트럼과 정신장애에 의해 더 잘 설명되지 않는다.

E. 조증 삽화나 경조증 삽화가 없었다.

주의: 만약 조증이나 경조증 같은 삽화 모두가 약물이나 다른 의학적 상태의 생리적 효과에 기인한 경우는 제외한다.

주요우울장애는 우울장애 중 가장 고전적인 유형이다. 증상 발현 또는 삽화(episode)가 2주 이상 지속되고, 인지, 정서, 자율신경계에 확실한 변화를 나타내며, 삽화 간 완화 상태(inter-episode remissions)가 유지된다. 대부분의 경우에 재발하는 장애이지만 한 번의 삽화에 근거해 진단할 수도 있다. 주요우울장애와 정상적인 슬픔을 구분하기 위하여 주의 깊게 관찰할 필요가 있다. 가족의 사망이 커다란 고통을 야기하기는 하지만 일반적으로 주요우울장애의 삽화를 초래하지는 않는다. 그러나 가족의 사망과 주요우울장애가 동시에 발생하는 경우에 우울 증상과 기능적 손상은 더 심해지며, 가족의 사망만 발생한 경우에 비해 예후도 더 좋지 않다. 가족 사망과 관련된 우울장애는 일반적으로 우울장애에 취약한 사람들에게서 주로 나타나

며, 항우울제를 처방할 경우에 회복이 촉진된다. 우울 증상은 사회적, 직업적, 기타 중요한 기능 영역에서 임상적으로 심각한 고통이나 장해를 일으킨다. 이러한 증상들은 약물(예: 약물남용, 투약)이나 일반적인 의학적 상태(예: 갑상선 기능 저하증)의 직접적인 생리적 효과로 인한 것이 아니다. 주요우울장애의 진단기준 A의 2~9번 항목은 아동기, 청소년기 및 성인기에 공통적으로 나타나지만, 첫 번째 특성의 경우에 성인기 우울장애는 주로 우울한 기분을 동반하고, 아동기와 청소년기 우울장애는 주로 초조한 기분을 동반한다. 주요우울장애로 진단되기 위해 충족되어야 하는 조

표 11-3 DSM-5의 지속적 우울장애의 진단기준

지속적 우울장애는 DSM-IV의 만성적 주요우울장애와 기분부전장애를 통합한 것이다.

A. 본인의 주관적 설명이나 다른 사람의 관찰에 따르면, 최소한 2년 동안 우울한 기분이 하루의 대부분 지속된다.
   주의: 아동이나 청소년의 경우, 최소한 1년 동안 짜증을 내는 것으로 나타날 수도 있다.
B. 우울할 때 다음 여섯 가지 중 두 가지 이상의 증상을 나타낸다.
   1. 식욕 저하 또는 과식
   2. 불면 증 또는 수면 과다
   3. 활기 저하와 피곤
   4. 낮은 자존감
   5. 집중력과 의사결정 능력 저하
   6. 절망감
C. 우울장애를 나타낸 2년(아동과 청소년은 1년) 동안 한 번에 2개월 이상 진단기준 A와 B의 증상을 나타내지 않은 기간이 없다.
D. 주요우울장애의 진단기준을 2년 동안 지속적으로 나타낸다.
E. 조증이나 경조증 삽화가 나타난 적이 없으며, 순환성 기질장애(cyclothymic disorder)의 진단기준에 부합하지 않는다.
F. 이러한 증상들은 분열정동장애(schizoaffective disorder), 조현병(schizophrenia), 정신분열형 장애(schizophreniform disorder), 망상장애, 또는 다른 정신분열 스펙트럼과 정신장애에 의해 더 잘 설명되지 않는다.
G. 이러한 증상들이 어떤 약물이나 다른 의학적 상태(예: 갑상선 기능 저하증)의 생리적 효과에 기인하지 않는다.
H. 이러한 증상들이 사회적, 직업적 및 다른 중요한 기능 영역에서 임상적으로 심각한 고통이나 손상을 초래한다.

건은 다음과 같다(APA, 2013). 첫째, DSM-5가 제시하는 우울장애의 진단기준 아홉 가지 중 다섯 가지 이상의 특성이 나타나야 한다. 둘째, 〈표 11-2〉에 제시된 첫 번째 진단기준인 우울한 기분 또는 초조한 기분이나 두 번째 진단기준인 흥미와 즐거움의 상실 중 하나는 반드시 나타나야 한다. 셋째, 우울장애 증세들이 2주 이상 지속되어야 한다. 넷째, 우울장애의 증상들이 임상적으로 의미가 있는 기능 손상을 초래해야 한다.

DSM-IV-TR(2000)의 만성적 주요우울장애와 기분부전장애를 통합한 DSM-5(2013)의 지속적 우울장애(persistent depressive disorder)는 최소한 2년(아동이나 청소년의 경우 최소한 1년) 동안 우울한 기분이 하루의 대부분 지속되는 것이다. 주요우울장애 삽화가 지속적 우울장애보다 앞서 나타날 수도 있고 동시에 나타날 수도 있다. 주요우울장애에 비해 지속적 우울장애는 불안장애와 약물사용장애 등과 공존할 위험성이 크다. 지속적 우울장애가 어린 시기에 발생한 경우에 인격장애와 연관된다. 주요우울장애의 진단기준을 2년 이상 나타낸 사람은 주요우울장애와 지속적 우울장애의 두 가지 진단명이 부여되어야 한다. DSM-5의 지속적 우울장애의 진단기준을 〈표 11-3〉에 제시하였다.

2) 우울장애의 출현율

우울장애의 출현율은 어떤 정의에 근거하는지, 어떤 진단도구를 사용하는지, 어떤 발달 단계에 속하는지에 따라 매우 다르게 나타나기 때문에 측정하기 어렵다. 세계보건기구(WHO, 2017)에 따르면, 전 세계에 우울장애를 가지고 있는 인구는 3억 2,200만 명으로 2015년 인구 기준 4.4%로 추정하였으며, 일반적으로 우울장애는 아동기보다 청소년기에 많이 나타난다(Ford et al., 2003). Birmaher 등(1996)은 전체 인구를 기준으로 아동기에 우울장애를 경험하는 비율이 1.0~4.2%이고, 청소년기에 우울장애를 경험하는 비율이 2.0~16.3%에 이른다고 보고하였다. Lewinsohn 등(1998)은 19세가 되기까지 4명 중 1명이 아동기나 청소년기에 우울장애를 경험한다고 보고하였다. 성별도 우울장애의 출현율과 상관관계가 있다(Harrington, 2001). 15세 이전까지는 우울장애의 성별 간 출현율 차이가 거의 나타나지 않지만, 15세 이후에는 여성이 남성의 2배의 출현율을 보이고 성인기까지 이러한 비율이 지속되며,

사회경제적 수준이 낮을수록 우울장애의 발생률이 높다고 보고되고 있다(Hammen & Rudolph, 2003; Wight et al., 2004). 이는 사회경제적 수준이 낮으면 가정 수입이 적고 부모의 학력이 낮으며 만성적인 스트레스나 가정불화가 있을 가능성이 커서 우울장애를 초래할 부정적 환경 요인이 많기 때문으로 해석된다. 교육부, 보건복지부, 질병관리청(2020)이 발표한 제16차(2020년) 청소년건강행태조사 통계에 따르면, 청소년의 우울감 경험률은 전체 25.2%이었으며, 남학생은 20.1%에 비해 여학생은 30.7%로 높게 나타났다. 청소년의 스트레스 인지율은 전체 34.2%이었으며, 남학생은 28.1%에 비해 여학생은 40.7%로 높게 나타났다.

주요우울장애를 가지고 있는 아동이나 청소년의 40~70%가 다른 장애도 가지고 있으며, 공존하는 장애로는 불안장애, 품행장애, 약물남용이 가장 많다. 우울장애의 유형 중 주요우울장애가 가장 두드러지며, 아동기, 청소년기 및 성인기 등 모든 발달 단계에서 계속 증가하는 추세다(Kessler et al., 2001). 일반적으로 아동기와 청소년기 우울장애의 경우, 주요우울장애는 80%, 기분부전장애는 10%, 주요우울장애와 기분부전장애를 함께 가지고 있는 이중우울장애가 10%로 보고되고 있다(Lewinsohn et al., 1998).

3) 우울장애의 원인

대부분의 경우 우울장애의 정확한 원인은 알 수 없다. 우울장애의 원인에 대한 최근 견해는 생물학적 요인, 사회-심리적 요인, 가족 요인, 또래 요인 등 다중 결정요인(multiple determinants)을 고려하는 통합 모델에 초점이 맞추어져 있다. 여기서는 신체생리 모델, 인지 모델 및 생태학 모델에 기초하여 우울장애의 원인을 살펴보면 다음과 같다.

(1) 신체생리 모델

신체생리 모델은 유전적 요인, 기질적 요인 및 생화학적 요인이 우울장애에 영향을 미친다고 간주한다. 유전적 요인을 밝히기 위해 쌍둥이 연구, 가족력에 관한 연구 및 입양아 연구가 활발히 진행되고 있다. 양극성장애는 유전 가능성을 높게 추정하므로 어떤 유전자가 결정적인 역할을 하는지에 대한 연구가 진행 중이다. 우울장애도 양극성장애의 경우보다는 영향이 작긴 하지만 유전적 요인이 중요하다. 아동기나 청소년기 우울장애를 가지고 있는 경우에 친척 성인 중 우울장애를 가지고 있는 비율이 평균보다 높게 나타남으로써 우울장애가 가족력과 연관이 있다고 추정된다(Rice et al., 2002). Rende 등(1993)은 707쌍의 성별이 같은 청소년 형제자매의 우울장애에 관한 자료를 수집하여 분석한 결과, 전체 표본에서는 우울장애에 유전적 영향이 나타났으나 심한 우울장애 집단은 유전적 연관이 없었으며, 같은 환경에서 극단의 스트레스를 함께 경험하고 자란 형제자매가 같은 우울장애 증세를 나타냈다. 이러한 연구 결과는 우울장애의 증상 발현에는 유전적 요인의 영향이 크지만, 환경적 영향도 매우 주요하다는 것을 시사한다.

최근에 많은 연구자가 아동기와 청소년기 우울장애에서 기질적 요인의 중요성에 관심을 기울이고 있다(Compas et al., 2004). 예를 들어, 유전적으로 우울장애를 나타낼 요인을 가지고 있는 아동의 성격이나 기질이 매우 수줍고 사회적으로 위축된 내성적 기질이라면 사회적 상호작용을 소극적으로 하고 대인관계에 어려움을 나타낼 가능성이 높아진다. 만약 그 아동이나 청소년에게 대인관계 문제가 야기되고 스트레스가 많은 상황이 일어났을 때(예: 왕따, 은따), 상황에 대처하는 능력과 기술이 부족한 경우 우울장애를 나타낸다는 것이다. 즉, 우울장애의 유전적 요인을 가지고 있는 아동이나 청소년이라도 적극적이고 명랑한 기질을 가지고 있고 사회성 기술과 스트레스 대처 기술이 있으면 스트레스가 많은 상황에 덜 처하게 될 수 있으며, 스트레스가 많은 상황에 처하더라도 자신의 기질과 기술로 위기 상황에 잘 대처해 나감으로써 우울장애를 나타내지 않는다는 것이다.

우울장애의 생화학적 연구의 중심이 되는 것은 노르에피네프린, 세로토닌, 아세틸콜린 등의 신경전달물질에 대한 연구들이다. 예를 들어, 노르에피네프린을 방출해야 하는 뉴런(neuron)이 노르에피네프린을 너무 많이 흡수해 버리거나 특정 효소가 노르에피네프린을 너무 많이 분해해 버려서 노르에피네프린의 양이 적어지면 다음 신경에 전달할 수가 없다는 것이다. 그러나 최근의 연구들은 단순히 신경전달물질의 부족이 우울장애를 일으킨다기보다는 신경전달물질 체계와 수용기(receptors) 간의 복잡한 상호작용이 우울장애에 영향을 미친다고 본다(정명숙 외 역, 2011). 또한 이러한 신경전달물질 체계와 신경조절 체계가 발달 단계별로 매우 다르다는 것도 강조되고 있다(Kauffman et al., 2001; Sokolov & Kutcher, 2001). 예를 들어,

주요우울장애를 가지고 있는 성인은 스트레스 호르몬인 코르티솔을 과다하게 생산하지만, 주요우울장애를 가지고 있는 아동들은 코르티솔을 과다하게 생산하지 않는다(Brooks-Gunn et al., 2001). 성인기 우울장애에서 나타나는 뇌파의 양상(예: 빠른 눈동자의 움직임이 있는 수면의 REM 단계의 이상)이 청소년기 주요우울장애에서는 유사하게 나타나는 반면에, 아동기 주요우울장애에서는 나타나지 않는다. 즉, 뇌 신경계의 기능과 생화학적 기제는 발달 단계별로 다름을 알 수 있다. 따라서 아직도 뇌 신경계와 생화학적 기제의 문제가 어떠한 복잡한 과정을 거쳐 우울장애에 영향을 미치는지는 확실하게 밝혀지지 않았을 뿐만 아니라(Hammen & Rudolph, 2003), 같은 우울장애라도 나이에 따라 뇌신경계와 생화학적 기제가 다르므로 성인기 우울장애의 연구 결과를 아동기나 청소년기 우울장애에 그대로 적용해서는 안 된다는 것을 시사한다.

(2) 인지 모델

아동기와 청소년기 우울장애에 대한 인지 모델은 인지적 왜곡, 귀인, 학습된 무기력 등에 초점을 맞추어 접근을 한다. 인지 모델을 제시한 Beck(1967)에 따르면, 자기 자신을 평가절하하고, 주변 환경에 대해 부정적 견해를 가지며, 미래에 희망이 없다고 생각하는 사람이 우울장애를 나타내기 쉽다. 인지 모델의 세 가지 개념은 부정적 인지(negative cognitive traid), 부정적 도식(negative schemata), 인지적 왜곡(cognitive distortion)이다. 부정적 인지는 우울장애가 있는 사람이 자신과 세상과 미래에 대해 부정적인 생각, 태도, 관점을 가지는 것을 의미한다. 부정적 도식은 우울장애가 있는 사람이 자신과 세상 및 미래에 대해 부정적 사고 유형을 확고하게 가지고 있다는 것을 의미한다. 도식은 과거의 경험을 조직화하고 현재 상황에 관련된 정보를 지각하고 기억하며 회상하는 양상을 결정한다. 인지적 왜곡은 우울장애가 있는 사람이 부정적 자기도식과 일치하지 않는 정보를 처리하는 데 실패하고, 새로운 정보나 경험에 부정적인 논리를 적용하여 해석함으로써 부정적 도식을 계속 유지한다는 것이다. 즉, 정보처리에서의 체계적인 편견이 부정적 지각을 강화시키고 우울장애를 가지고 있는 사람의 사고에 스며든다는 것이다. 이러한 인지적 오류는 새로운 경험이나 정보를 지나치게 일반화하거나 확대 해석 또는 축소 해석하거나, 지나치게 자신과 관련시키거나 임의적으로 추론하거나 선택적으로 추상화하는 것 등을 포함한다.

우울장애를 가지고 있는 아동과 청소년은 자존감이 낮고, 자기비난과 비관주의에 빠져 있으며, 슬픔을 확대하는 경향이 있다. 또한 부정적인 생활사건을 정보처리하는 데서도 지나치게 자기 자신과 관련시켜 일반화하고 절망적으로 인식하며 부정적인 측면에만 선택적으로 주의를 기울인다(Gencöz et al., 2001). 예를 들어, 교사 임용고시에 떨어지는 부정적인 생활사건(A: accident)이 일어났다고 가정하자. 합리적인 생각(B: belief system)을 가지고 있는 사람은 단기간 동안 실망하고 괴로워할 수는 있지만, 실패를 통해 얻은 것이 많다고 생각하며 다시 공부에 몰입하거나 기간제 교사를 뽑는 곳에 지원하는 등의 바람직한 행동결과(C: consequences)를 나타낸다. 반면에, 똑같은 상황(A)에 처하더라도 비합리적인 생각(B)을 가지고 있는 사람은 임용고시의 실패가 모두 자신의 나쁜 머리와 게으름 때문이라고 비난하고 자신은 살 가치조차 없다고 생각하며 슬픔에 잠겨 식음을 전폐한다(C). 즉, 부정적인 생활사건 자체가 부정적인 결과를 초래한다기보다는 부정적인 생활사건에 대해 어떻게 생각하는가에 따라 결과가 달라진다. 그러나 부정적 인지가 우울장애의 원인인지 결과인지, 또는 우울장애와 부정적 인지가 어떻게 지속적으로 상호작용하는지에 대해서는 더 많은 연구가 필요하다(Hammen & Rudolph, 2003).

또한 한 개인이 통제할 수 없는 사건이 왜 일어났는지에 대한 원인론적 귀인(attribution)에 따라 우울장애가 나타날 수 있다. 우울장애를 가지고 있는 사람은 모든 부정적인 사건에 대해 항상 자기 자신을 비난하고(내인성), 시간이 지나도 같은 양상을 보이며(안정성), 모든 상황에서 자기비난을 나타내는(보편성) 경향이 있다(Conley et al., 2001). 즉, 스트레스를 일으키는 부정적인 생활사건이 일어난 경우에 다른 사람이나 환경에 원인이 있다고 생각하는 긍정적인 외인성 경향을 지닌 사람에 비해 모든 것이 자기 탓이라고 자기비난을 하는 부정적인 내인성 경향을 가진 사람이 우울장애를 나타낼 가능성이 높다는 것이다(Abramson et al., 1989). Weisz 등(1993b)의 연구에 따르면, 우울장애를 가지고 있는 아동은 자신의 수행능력을 낮게 인식하였고, 특정 행동과 그 결과 간의 관계를 지각하는 수준도 낮았다. 방명애와 김봉현(2010a, 2010b)의 연구 결과에 따르면, 불안정서와 부정적 자동사고는 청소년 우울정서에 부정적인 영향을 미치고 자기효능감은 우울정서에 긍정적인 영향을 미친다. 이는 청소년 우울정서를 감소시키기 위한 프로그램을 개발할 때 불안정서와 부정적 자동사고는 감소시키고 자기효능감은 향상시킬 수 있는 전략을 포함해야 함을 시사한다.

어떤 사람들은 과거의 경험을 통한 학습으로 인해 자기 자신은 환경을 통제할 수 있는 능력이 없다고 생각하는 학습된 무기력을 가진다. 이러한 학습된 무기력은 우울장애의 감정적 특성이나 행동적 특성과 연관된다. 학습된 무기력을 가지고 있는 아동이나 청소년은 자기 자신은 아무것도 할 수 없다는 부정적 생각을 가지고 있으므로 다른 사람들과 긍정적인 관계를 형성하지 못하여 사회적 기능에 결함을 나타내고, 사회적으로 위축되거나 자신의 감정을 사회적으로 수용될 수 있는 방법으로 표현하지 못하여 상황에 맞지 않게 화를 내거나 공격행동을 보이기도 하며, 누구를 만나도 부정적인 대인관계를 기대한다(Hammen & Rudolph, 2003). 일반적으로 학습된 무기력을 가지고 있는 아동이나 청소년은 스트레스를 일으키는 문제에 적극적으로 대처하기보다는 회피하려는 경향을 보인다(Compas et al., 2004).

(3) 생태학 모델

우울장애를 설명하는 생태학 모델에서 가장 중요하게 간주하는 생태환경은 가정과 학교다. 아동기와 청소년기 우울장애에 부정적인 영향을 미칠 수 있는 가정환경은 부모의 심리병리, 가정불화, 아동 학대, 가족 해체 등이다. 많은 연구가 부모의 우울장애와 자녀의 병리적 증세 간의 높은 상관관계를 보고하고 있다. Silberg 등(2010)은 부모의 우울장애가 자녀의 우울장애 및 품행장애에 어떠한 영향을 미치는지를 밝히기 위하여 2,674쌍의 쌍생아를 대상으로부터 수집한 자료를 분석한 결과, 부모-자녀 간 공유하는 유전인자뿐만 아니라, 부모의 우울장애가 자녀의 우울장애와 품행장애에 부정적 영향을 미치는 가족의 환경적 위험요인이라고 보고하였다. 따라서 이 연구자들은 자녀의 우울장애와 품행장애의 위험을 낮추기 위해서는 부모의 우울장애를 중재해야 할 필요성이 있다고 주장하였다. 구조화된 진단 면접법을 사용하여 10년 동안 우울장애에 대한 종단적 연구를 한 Weissman 등(1997)에 따르면, 우울장애를 가지고 있는 부모의 자녀는 청소년기 전에 주요우울장애를 나타낼 가능성이 높고, 불안장애, 공포증 및 알코올 중독에 걸릴 확률도 높으며, 우울장애를 나타내더라도 치료를 받지 않을 가능성이 높다. 일반적으로 만성적인 질병을 가지고 있는 부모의 자녀들은 우울장애를 나타낼 위험이 건강한 부모의 자녀

보다 높으며, 우울장애를 가지고 있는 부모의 자녀들은 다른 신체적 질병을 가지고 있는 부모의 자녀들에 비해 심리병리적 장애를 나타낼 확률이 높다(Beardslee et al., 1998).

부모가 다른 만성적인 질병이 아닌 우울장애를 가지고 있는 경우에 자녀가 심리병리적 장애를 나타낼 가능성이 높은 이유는 다음과 같다. 첫째, 우울장애를 가지고 있는 부모와 그 자녀는 유전적 인자를 공유하고 있다(Cummings et al., 2000). 둘째, 우울장애를 가지고 있는 부모는 자녀에게 부정적인 사고를 모델링할 가능성이 높다. 초등학교 6학년생을 대상으로 3년 동안 종단적 연구를 한 Garber과 Flynn(2001)에 따르면, 우울장애를 가지고 있는 어머니와 함께 살고 있는 자녀는 자기비하, 부정적 귀인, 절망감 등을 많이 보이는 것으로 나타났다. 셋째, 부모가 우울장애를 가지고 있는 경우에 가정에 사회경제적인 문제가 생길 가능성이 높아지고, 부정적 생활사건(예: 이혼)이 일어날 확률이 높아지며, 가족의 사회적 지원망이 제한되기 때문에 자녀에게 부정적인 결과를 초래할 확률이 높아진다(Hammen & Brennan, 2001). 넷째, 부모의 역할에서 가장 중요한 것 중 하나가 자녀의 행동을 감독하는 것인데, 우울장애를 가지고 있는 부모는 자녀의 학업이나 생활기술을 교수하고 지도하는 능력이 제한되며, 자녀의 문제행동에 주의를 덜 기울일 가능성이 높다(Kauffman & Landrum, 2008). 다섯째, 우울장애를 가지고 있는 부모는 양육 기술이 미흡할 가능성이 높다(Cummings et al., 2000). 우울장애를 가지고 있는 부모는 자녀의 행동에 따라 제공해야 하는 강화와 벌에서 일관성을 잃기 쉽고, 지나치게 통제하거나 방관하여 부모와 자녀 간의 상호작용은 부정적이 되기 쉽다. 여섯째, 부모가 우울장애를 가지고 있는 경우에 자녀에게 정서적인 지원을 제공하지 못하여 부모와 자녀 간의 애착관계가 불안정해진다. 부모와의 불안정한 애착관계를 가지고 있는 자녀는 감정조절이 미숙하고 자아개념이 부정적이며 사회적 환경에 적절하게 반응하지 못한다(Elgar et al., 2004).

그러나 우울장애를 가지고 있는 부모의 자녀들 모두가 심리병리적 장애를 경험하는 것은 아니다. 부모가 우울장애를 가지고 있다 할지라도 자녀의 정서 변화에 민감하게 반응하고 적절하게 정서적 지원을 함으로써 자녀와 안정된 애착관계를 형성하고 긍정적 상호작용의 경험을 제공하면, 자녀는 장애를 나타내지 않고 언어발달이 원활하며 문제행동도 적게 보인다. 이는 우울장애를 가지고 있는 부모의 양육

기술을 향상시키기 위한 노력이 필요함을 시사한다.

학교 환경도 아동기와 청소년기의 우울장애에 중요한 영향을 미친다. 아동기와 청소년기 우울장애와 학업 실패는 상호 간 부정적 영향을 미치며 악순환이 지속된다. 즉, 학업 실패를 경험한 아동이나 청소년은 부정적인 학업적 자아상을 지니게 되며, 자아존중감이 낮아지고 자기비난과 자기혐오로 극도로 우울해져서 우울장애를 나타낼 수 있다. 우울장애는 인지적 과제수행, 자기조절 능력, 문제해결 능력 등에 부정적인 영향을 미쳐 학업적 능력과 사회적 능력에 결함을 초래한다. 학업적 또는 사회적으로 실패감을 경험하면 아동과 청소년은 더욱 우울감을 느끼게 된다.

아동기와 청소년기 우울장애에 결정적인 역할을 하는 환경 요인 중 하나가 또래관계다(Goodyer, 2001). 아동기나 청소년기에 또래들에게 인기가 없으면 친구관계의 양과 질에서 결함이 나타나 외로워지고 결국 우울장애가 생길 수 있다(Nangle et al., 2003). 우울장애를 가지고 있는 아동이나 청소년은 또래들이 자신을 싫어하고 자신에게 비판적이라는 부정적 인식을 가지게 되어 또래들이 싫어하는 행동을 더 많이 하게 되고, 그래서 친구들이 떠나면 외로워서 우울장애가 더 심해질 수 있다는 것이다. 초등학교 2~4학년 아동들을 대상으로 또래평가를 하여 자료를 수집하여 분석한 Kupersmidt와 Pattersono(1991)의 연구 결과에 따르면, 또래들로부터 무시되거나 배척되는 아동들은 우울장애를 비롯한 적응문제를 많이 나타내며 여아들이 우울장애에 더 많이 노출된다. 우울장애를 가지고 있는 아동이나 청소년은 자기 자신을 대인관계에 미숙하다고 지각하고, 또래에 대해 부정적 견해를 가지고 있으며, 사회적 문제해결에서 결함을 보이고, 사회적 정보를 처리하는 데 왜곡된 경향을 보인다(Rudolph & Asher, 2000).

4) 우울장애의 특성

우울장애는 전반적인 슬픔의 감정이 지속되는 정서적인 특성 외에도 인지적 특성, 동기적 특성 및 신체적 특성 등을 수반한다(Kauffman & Landrum, 2008). 우울장애의 정서적 특성은 전반적으로 우울한 기분이나 초조한 기분을 느끼고, 거의 모든 활동에 흥미를 잃고 무가치함, 죄책감, 좌절감 등을 느끼는 것이다. 우울장애의 인지적 특성은 자기혐오, 자기비난, 무력감, 절망감 및 자살에 대한 생각이 지배적이다. 우울장애의 동기적 특성은 사회적으로 위축되어 다른 사람과의 상호작용을 회피하며, 생각하고 집중하며 결정하는 능력에 결함이 생김으로써 학업에 열중할 동기를 상실하여 학업수행이 저조해진다. 뿐만 아니라, 자살에 관련된 동기가 극대화되어 자살을 관념화하여 자살을 시도하거나 자살에 대한 반복적인 생각을 한다. 우울장애의 신체적 특성은 식욕이 급격히 변하여 체중이 증가하거나 감소하는 것, 불면증이나 과다수면 등의 수면 문제를 나타내는 것, 에너지를 상실하여 만성적으

표 11-4 **아동기 우울장애의 특성**

정서적 특성	• 전반적으로 우울한 기분이나 초조감을 느낀다. • 거의 모든 활동에 즐거움을 상실한다. • 지나치게 슬퍼하거나 외로워한다. • 주어지는 자극에 무감각하다. • 상황에 맞지 않게 쉽게 울고 지나치게 운다. • 긍정적인 정서가 결여되어 있다. • 분노를 적절하게 표현하지 못한다.
인지적 특성	• 모든 실패를 자신의 탓으로 돌리며 자기혐오와 자기비난에 몰두한다. • 부적절한 죄책감, 무가치함, 절망감 등을 가지고 있다. • 부정적 자기평가로 자아존중감이 낮다. • 주의집중이 어렵고 사고력과 의사결정 능력을 상실한다. • 비관적 사고가 지배적이다. • 수행해야 하는 과제를 잊거나 과제를 시도해도 실패한다. • 다른 사람의 말을 부정적으로 해석하는 경향이 있다.
동기적 특성	• 학업에 관심이 없다. • 힘든 과제나 사회적 경험을 회피한다. • 교사나 또래와의 사회적 관계 형성이 어렵다. • 고조된 자의식으로 집단활동에 참여하기 어렵다. • 일상생활에 무관심하다. • 특별한 후속결과가 주어져도 학습이나 행동이 동기화되지 않는다. • 자살을 관념화하고 자살에 대한 반복적인 생각을 한다.
신체적 특성	• 급격한 식욕 변화로 체중이 증가하거나 감소한다. • 불면증이나 과다수면 등의 수면 문제를 나타낸다. • 에너지 수준이 낮고 만성적으로 피곤해한다. • 심리운동적으로 지나치게 흥분되어 있거나 지체되어 있다.

로 피곤한 것, 심리운동적으로 지나치게 흥분되어 있거나 지체되어 있는 것 등을 포함한다. 아동기와 청소년기 우울장애가 장기간 지속될 경우에 다른 심각한 장애를 초래하며, 불안감이 커지고 자아존중감이 낮아지며 과다행동을 보일 가능성이 많다. 또한 스트레스가 적은 상황이나 뚜렷한 이유가 없는데도 아동이나 청소년이 우울장애의 특성을 보임으로써 또래로부터 거부당하는 결과를 초래하기도 한다. Webber과 Plotts(이효신, 방명애 역, 2019), Kauffman과 Landrum(방명애 외 역, 2020), 그리고 Wicks-Nelson과 Israel(정명숙 외 역, 2011)이 제시하는 아동기 우울장애의 특성을 종합하여 제시하면 〈표 11-4〉와 같다.

우울장애의 특성은 발달 단계별로 다르게 나타난다(정명숙 외 역, 2011). 영유아기는 언어발달과 인지발달이 미흡하여 자신의 우울한 기분이나 생각을 인식하고 표현할 능력이 없으므로, 영유아가 지나치게 울거나 슬픈 얼굴표정을 짓거나 식욕이나 수면에 문제를 보이거나 주어지는 자극에 반응을 잘 하지 않는 것 등에 주의를 기울여 관찰해야 한다. 아동기 초기에는 언어와 인지의 발달이 충분하지 않아서 자신의 기분이나 생각에 대한 정보를 충분히 제공하지 못하고 일관성이 있는 특성을 관찰하기 어렵지만, 아동기 후기(6~12세)가 되면 절망감이나 낮은 자존감을 언급하기도 하며 우울장애와 불안장애가 혼재된 특성들을 나타내기도 한다(Achenbach & Rescorla, 2001). 청소년기에 접어들면 초기에는 아동기 우울장애의 특성을 유사하게 보이다가 점차 생물학적, 인지적 및 사회적 발달과 더불어 성인기 우울장애의 특성과 출현율을 유사하게 보이기 시작한다(Cyranowski et al., 2000; Wight et al., 2004). 청소년기 우울장애는 주요우울장애의 증상 발현 지속기간의 중앙값이 8주였으며, 15세 이전에 주요우울장애를 나타내기 시작한 경우에는 증상 발현 지속기간이 길었다(Klein et al., 2001).

아동기에 주요우울장애를 경험한 경우는 청소년기나 성인기에 양극성장애로 발전할 가능성이 높다. 또한 청소년기에 양극성장애로 진단받지는 않았지만 양극성장애의 특성을 나타낸 경우는 성인기에 주요우울장애를 나타낼 확률이 높았으며, 청소년기에 양극성장애로 진단받은 경우는 성인기에도 양극성장애로 진단받을 확률이 높았다(Lewinsohn et al., 2003). 청소년기에 양극성장애를 경험한 경우 중 60~70%는 치료를 받고 회복되었으나, 회복된 청소년의 반 정도는 다시 양극성장애의 재발을 경험하거나 다른 장애의 특성을 보였다(Geller et al., 2003). 즉, 청소년기에 양극성장애를 경험하면 성인기에 정서장애나 다른 장애 특성을 보일 가능성이 높다.

5) 우울장애의 진단 및 평가

교사는 자신이 가르치는 아동이나 청소년이 몇 주에 걸쳐 우울장애의 정서적, 인지적, 동기적 및 신체생리적 특성을 자주 보이면 전문가에게 진단평가를 의뢰해야 한다. 일반적으로 우울장애를 포함한 기분장애의 진단평가는 심리학자나 정신과 의사가 하지만, 교사들은 아동의 행동에 대한 평정척도, 면접, 직접 관찰 등을 통해 중요한 정보를 제공할 수 있다. 우울장애의 정확한 진단평가를 위해서는 아동이나 청소년의 자기보고, 부모면접, 또래면접, 관찰 등 다양한 정보 제공자로부터 다양한 정보를 수집할 필요가 있다. 한 명의 아동이나 청소년이 여러 유형의 기분장애를 가지는 경우도 있으며, 품행장애나 주의집중장애를 가지고 있는 아동이나 청소년의 기분장애가 다른 장애의 뚜렷한 특성들에 가려져 진단되지 못하는 경우도 있다. 또한 우울장애의 증상 발현이 끝난 후에 진단을 하기도 하며, 정도가 심하지 않은 우울장애는 진단평가에서 간과되기 쉽다.

우울장애의 주요 특징인 우울, 초조, 슬픔, 무가치함, 절망감 등은 주관적인 감정이므로 자기보고식 측정도구가 보편적으로 사용되고 있다. 아동기와 청소년기 우울장애를 진단하기 위해 전 세계적으로 가장 많이 사용되고 있는 도구 중의 하나인 아동용 우울장애 검사도구(Children's Depression Inventory: CDI)는 Kovacs(1992)가 만 7~17세 아동과 청소년을 대상으로 개발한 것이다. CDI는 부정적 기분, 부정적 자아존중감, 대인관계 문제 등 우울장애의 정서적, 행동적 및 인지적 특성에 관한 27개 문항으로 구성되어 있으며, 3점 척도(예: 0: 나는 외롭지 않다, 1: 나는 외로울 때가 많다, 2: 나는 항상 외롭다)로 지난 2주 동안 자신을 묘사하기에 가장 적절한 표현에 표시하는데, 점수가 높을수록 우울 증세가 현저한 것이다.

Reynolds(1987)가 청소년기 우울장애를 진단하기 위해 개발한 레이놀즈 청소년 우울장애척도(Reynolds Adolescent Depression Scale: RADS)와 아동기 우울장애를 진단하기 위해 개발한 레이놀즈 아동용 우울장애척도(Reynolds Child Depression Scale: RCDS)도 신뢰도나 타당도가 높아서 많이 사용되는 도구들이다. RADS는 만

13~18세의 청소년들을 대상으로 개발된 것이며, 청소년들은 현재 자신의 감정이나 상태를 묻는 30개 문항(예: 나는 화가 난다)에 대해 4점 척도(1: 전혀, 2: 아주 가끔, 3: 때때로, 4: 항상)에 표시한다. RCDS는 만 8~12세 아동들을 대상으로 개발된 것이며, 아동들이 지난 2주 동안 느꼈던 감정이나 생각(예: 나는 슬프다)에 대해 4점 척도에 표시한다.

구조화된 면접이나 행동평정척도를 이용하여 부모, 교사, 또래로부터 자료를 수집하는 것도 매우 중요하다. 일반적으로 우울장애를 진단하기 위한 자기보고식 도구로부터 얻은 자료와 부모의 평정척도로부터 얻은 평가 간 상관관계가 낮다고 보고되고 있다(정명숙 외 역, 2011). 이는 우울장애 특성을 보이는 아동이나 청소년 본인뿐만 아니라 부모, 교사, 임상가, 또래들로부터의 평가가 다양한 측면의 행동 특성을 밝혀 주기 때문으로 간주된다. Lefkowitz와 Tesiny(1980)는 또래지명 우울장애 선별도구(Peer Nomination Inventory of Depression: PNID)를 개발하였다. PNID는 우울장애지수 문항(예: 우리 반에서 외로워 보이는 친구는 누구인가?) 14개와 행복지수 문항(예: 우리 반에서 행복해 보이는 친구는 누구인가?) 4개와 인기지수 문항(예: 우리 반에서 옆에 앉고 싶은 친구는 누구인가?) 2개를 포함하여 20개의 문항으로 구성되어 있다. PNID는 우울장애를 나타낼 가능성이 있는 아동이나 청소년을 선별하기 위해 또래들로부터 자료를 수집하는 데 유용한 측정도구다.

우리나라에서 중·고등학생을 대상으로 개발된 청소년 성격평가 질문지(김영환 외, 2006)는 임상척도에 신체적인 호소척도, 불안척도, 불안 관련 장애척도, 우울척도, 조증척도 및 망상척도를 포함하고 있다. 초등학생용인 한국아동성격검사(홍상황 외, 2007)는 임상척도에 언어발달척도, 운동발달척도, 불안척도, 우울척도, 신체화척도, 비행척도, 과잉행동척도, 가족관계척도, 사회관계척도 및 정신증척도를 포함하고 있다. 조맹제와 김계희(1993)는 20개 문항으로 구성된 자기보고형 질문지인 우울척도(Center for Epidemiological Studies-Depression Scale: CES-D)를 번안하여 주요우울장애 환자를 대상으로 진단적 타당성을 검증하였다.

우울장애의 특성을 직접 진단하기도 하지만, 우울장애와 관련이 있다고 간주되는 다른 심리적 구인들인 인지적 왜곡(Leitenberg et al., 1986), 귀인(Seligman & Peterson, 1986), 절망감(Kazdin et al., 1986), 자기통제감(Connell, 1985), 자아존중감(Harter, 1985)을 측정하여 정보를 수집하기도 한다.

직접관찰법은 임상 현장에서는 생태학적 타당성이 문제될 수 있으므로 많이 사용하고 있지 않으나, 아동이나 청소년과 학교에서 많은 시간을 보내는 교사가 아동이나 청소년의 사회적 상호작용을 〈표 11-5〉에 제시되어 있는 우울장애와 관련된 행동범주에 기초하여 관찰하면 유용한 정보를 수집할 수 있다.

표 11-5 교사가 관찰할 수 있는 우울장애와 관련된 행동범주

정서/감정	• 자주 우울해 보이는가? • 자주 초조해 보이는가? • 자주 얼굴을 찡그리는가? • 자주 슬퍼 보이는가? • 자주 이유 없이 우는가? • 자주 화가 나 보이는가? • 자주 두려워 보이는가?
감정조절	• 감정을 잘 조절하여 사회적으로 수용될 수 있게 표현하는가?
문제해결	• 문제를 파악하고 해결책을 제안하는가?
비언어적 행동	• 눈맞춤이나 자세가 사회적 상호작용에 적절한가?
갈등	• 상대방을 무시하거나 불순종하는가? • 상대방과 타협하지 못하고 지나친 요구를 하는가?
말의 인지적 내용	• 말의 내용이 자주 비판적인가? • 말의 내용이 자기비하와 자기비난을 자주 포함하는가?
말	• 말의 속도나 목소리의 크기가 사회적 상호작용에 적절한가? • 목소리의 억양, 강도, 높이 등이 사회적 상호작용에 적절한가? • 사회적 상호작용을 개시하기 위한 말을 적절하게 하는가?
활동 참여	• 집단활동에 지속적으로 열정적인 참여를 하는가?
과제 수행	• 과제 수행 시 집중하지 못하고 산만한가?
신체적 접촉	• 신체적으로 다른 사람을 위협하거나 때리는가? • 애정 표현을 위한 신체적 접촉이 사회적으로 수용될 수준인가?
기타 증세	• 자주 피곤해 보이는가? • 심리운동적으로 지체되어 보이거나 흥분되어 보이는가?

출처: Garber & Kaminski (2000).

6) 우울장애의 중재

성인기 우울장애의 중재에 대한 연구에 비하면 아직 미흡하지만, 최근 아동기와 청소년기 우울장애의 중재에 대한 관심이 증가되고 있으며 성인기 우울장애의 성공적인 중재 방법들을 수정하여 적용해 보는 단계에 들어서고 있다(Asarnow et al., 2001; Wolraich, 2003). 현재까지의 연구들을 분석하고 종합하여 본 결과, 아동기 및 청소년기 우울장애의 가장 효과적인 중재는 약물치료와 인지행동치료다. 사회성 기술, 자기조절 기술, 문제해결 기술, 대인관계 기술 및 이완 등을 향상시키기 위한 다양한 중재 프로그램들이 우울장애의 증세를 감소시키기 위하여 적용되고 있다.

또한 최근에는 예방적 중재의 중요성이 강조되고 있다(김진호 외 역, 2017a). 1차적 예방은 모든 아동이나 청소년에게 스트레스를 일으키는 생활사건을 최대한 감소시켜 주고, 아동 학대 등 스트레스를 경험한 아동들의 스트레스를 감소시키도록 노력하며, 우울장애를 가지고 있는 부모를 위한 부모교육을 실시하여 자녀양육을 효과적으로 하도록 돕는 것이다. 2차 및 3차 예방은 이미 우울장애를 가지고 있는 아동과 청소년에게 어려움을 극복하는 대처능력과 기술을 훈련하기 위해 인지행동 프로그램을 실시하여 우울장애가 악화되지 않고, 장기적으로 부정적인 결과를 초래하지 않으며, 재발하지 않도록 중재하는 것이다.

(1) 약물치료

약물치료는 병원, 정신치료센터 및 수용시설에서 우울장애를 치료하기 위해 가장 많이 사용되는 중재 방법이다. 그러나 아동기나 청소년기 우울장애를 치료하기 위한 약물의 효과, 안전 및 부작용 등에 관해서는 충분히 연구되지 않았기 때문에 지속적으로 논쟁이 되고 있다. 대부분의 약물치료효과에 대한 임상연구는 주로 성인으로 구성된 소집단을 대상으로 하므로(McClellan & Werry, 2003), 성인기 우울장애에 효과적인 약물이 아동기나 청소년기 우울장애에도 효과적인지에 대해서는 충분한 연구의 뒷받침이 없는 실정이다(Wagner & Ambrosini, 2001). 또한 삼환계 항우울제(tricyclic antidepressants: TCAs)가 아동기와 청소년기 우울장애에 가장 많이 사용되고 있으나 부작용이 많이 나타나고 있다. 최근에는 부작용이 적고 효능이 우수한 선택적 세로토닌 재흡수 억제제(selective serotonin reuptake inhibitors: SSRIs)가 개발되어 사용되고 있다(정명숙 외 역, 2011).

아동기나 청소년기의 우울장애 치료는 약물에만 의존해서는 안 되며 개인 또는 집단으로 실시되는 인지적 재구조화, 사회성 기술 훈련, 이완훈련, 분노 대처, 문제해결 기술, 자기교수 훈련, 부모훈련, 가족치료 등과 함께 다차원적 복합중재를 실시하는 것이 가장 바람직하다.

(2) 인지행동중재

우울장애를 가지고 있는 아동과 청소년을 위한 심리사회적 중재는 인지행동적 관점에 근거한다(방명애 외 역, 2020). 인지적 측면은 아동이나 청소년으로 하여금 부적응적 인지(예: 부정적 자기인식, 자기비난, 지나치게 높은 목표 등)를 수정하도록 돕는 것이다. 행동적 측면은 아동이나 청소년으로 하여금 즐거운 활동에 참여하여 긍정적인 경험을 증가시키도록 하고, 사회성 기술, 의사소통 기술, 문제해결 기술, 갈등해결 기술 등을 교수하는 것이다. Michael과 Crowley(2002)가 아동기와 청소년기 우울장애에 대한 인지행동중재를 사용한 연구들을 메타분석한 결과 인지행동중재가 아동기와 청소년기 우울장애에 긍정적인 효과가 있다고 보고하였다. 그러나 다차원적인 복합중재를 사용하는 경우에 어떤 중재가 효과적인지를 알 수 없다는 것이 제한점이다.

가장 대표적인 우울장애의 인지치료(Cognitive Therapy: CT)는 Beck(1976)이 제시하는 부정적 인지, 부정적 도식 및 인지적 왜곡의 연관된 개념에 근거한다. 즉, 중재를 통해 우울장애를 가지고 있는 아동이나 청소년의 부정적이고 비합리적인 사고를 긍정적이고 합리적인 사고로 전환시키는 것을 목표로 한다.

우울장애의 행동중재는 우울장애의 일차적인 특성들의 출현 빈도를 감소시키는 것이다. Lewinsohn 등(1998)은 우울장애를 가지고 있는 사람과 환경 간의 상호작용의 질과 양을 향상시키기 위한 구조화된 행동 프로그램을 개발하였다. 중재 프로그램은 이완훈련, 인지적 재구조화, 즐거운 활동 참여 및 사회적 상호작용의 향상 등 네 영역에 초점을 맞추었으며, 우울장애의 특성을 감소시키는 데 효과가 있다고 보고하였다.

우울장애를 가지고 있는 사람은 상황에 대처하는 기술이나 사회성 기술이 부족하고 다른 사람과의 사회적 상호작용이 비효과적이므로, 우울장애를 나타내는 사람의 사회적 상호작용의 질과 양을 향상시키기 위하여 사회성 기술 프로그램에 의사소통 기술, 사회적 상호작용, 자기주장, 의사결정 기술, 문제해결 기술, 인지적 자기통제, 생산적인 행동 등을 포함한 프로그램을 개발하여 교수하여야 할 필요성이 강조되고 있다.

우울장애를 가지고 있는 사람은 자기점검, 자기평가, 자기강화 등의 자기조절 기술에 결함을 가지고 있다고 간주하여 자기조절 기술 또는 자기통제 기술의 교수가 강조되고 있다. 교사는 우울장애를 가지고 있는 아동과 청소년의 자기조절 기술을 향상시키기 위하여 아동이나 청소년들로 하여금 긍정적인 경험과 그와 관련된 기분을 매일 기록하게 하고, 긍정적 활동에 대해 관찰 가능하고 측정 가능하며 성취할 수 있는 목표를 정하도록 하며, 목표를 성취하였을 경우에 스스로에게 강화를 제공하도록 구조화된 프로그램을 적용할 수 있다.

스트레스를 유발하는 크고 작은 생활사건에 대처하여 문제를 해결하는 기술이 부족한 아동이나 청소년은 우울장애를 가지게 된다. 즉, 문제해결 기술과 우울장애는 부적 상관관계가 있으며, 스트레스를 많이 받는 상황에서도 문제해결 기술이 발달되어 있으면 문제해결 기술이 조정자 역할을 하여 우울장애가 나타나지 않는다. 역기능적인 문제해결은 다음 문제해결 기술의 하위 영역에 문제가 있는 것이다.

- 문제의 인식: 생활 영역의 기능에 부정적인 영향을 미칠 수 있는 문제를 인식하는 능력
- 문제의 정의: 문제의 성격, 목표성취에 대한 장애물 인식, 현실적 목표의 설정, 행동과 그 결과 간 인과관계를 지각할 수 있는 능력
- 대안적 해결 방법: 다양한 대안적 해결 방법을 생각할 수 있는 능력
- 의사결정: 각 대안의 잠재적 결과를 예상하고 최선을 선택할 수 있는 능력
- 문제해결 및 평가: 선택한 문제해결 방법을 시도하고 그 효과를 점검하여 효과가 없을 경우는 다른 대안으로 대체하고 효과가 있을 경우는 스스로에게 강화를 제공하는 능력

우울장애가 대인관계와 연관되어 있다고 가정하고, 대인 간 논쟁과 역할 전이 등을 포함한 대인 간 심리치료(interpersonal psychotherapy: IPT) 프로그램을 적용하여

우울장애의 증세를 호전시키고, 우울장애를 가지고 있는 청소년의 사회적 기능과 문제해결 기술을 향상시키려는 중재도 실시되고 있다. 대인관계를 중시하는 라틴 아메리카계 우울장애 청소년에게는 대인 간 심리치료가 인지행동치료보다 효과적이라고 보므로 특정 중재의 효과는 사회문화적으로 다른 집단에게 다르게 나타날 수 있음을 시사한다(Rosselló & Bernal, 1999).

이완훈련은 깊고 느린 호흡과 근육이완을 포함한다(이효신, 방명애 역, 2019). 사람은 스트레스를 받을 때 숨을 적게 쉴 뿐만 아니라 짧고 얕은 호흡을 하는 경향이 있다. 구체적인 느린 호흡과 근육이완 방법은 제8장을 참고하기 바란다.

Kraus와 Karaman(2014)은 교육이 우울장애의 진행 과정에 긍정적인 영향을 미치는 매개변수라는 것을 강조하였다. 이아름과 송원영(2018)은 고위험 문제행동을 보이는 초등학생을 위한 구조화된 인지행동 중재 프로그램을 적용하여 학생이 비합리적 신념을 합리적 신념으로 전환하고, 부정적 자동사고가 실생활에 어떤 방식으로 작동하는지 인식하는 훈련을 함으로써 우울감과 불안감이 유의미하게 감소하였다고 보고하였다. Weisz와 Kazdin(2003)은 인지행동중재 프로그램인 일차적 및 이차적 통제강화 훈련(Primary and Secondary Control Enhanced Training)을 개발하여 우울장애를 가지고 있는 초등학교 3~6학년 아동들에게 적용하였다. 이 프로그램은 아동이 자신을 가치 있게 느낄 수 있게 하는 활동, 아동의 기분을 좋아지게 하는 활동과 인지적 전략, 부적응적인 생각을 수정하는 활동, 이완활동, 긍정적 상상하기 등을 포함하였다. 이 프로그램에 참여한 아동들의 우울장애 증세는 감소하였고, 9개월 후 실시된 추적연구에서도 그 효과가 유지되었다. Clarke 등(2003)도 인지행동중재 프로그램인 청소년용 우울대처 프로그램(Adolescent Coping Depression Program)을 개발하여 14~18세 청소년들에게 8주 동안 16회기를 적용하였다. 이 프로그램은 다차원적인 중재로서 이완훈련, 즐거운 생활사건 늘리기, 초조하거나 부정적인 생각 통제하기, 사회성 기술, 의사소통 기술, 문제해결 기술 및 갈등해결 기술 등을 포함하였다. 세 집단으로 나누어 실험연구를 하였는데, 집단 1은 청소년들만 프로그램에 참여하고, 집단 2는 청소년과 부모가 함께 프로그램에 참여하며, 집단 3은 프로그램에 참여하지 않은 통제 집단이었다. 연구 결과, 프로그램에 참여한 집단 1과 집단 2의 청소년들의 우울 증세가 프로그램에 참여하지 않은 통제 집단인 집단 3에 비해 호전되었고, 부모가 함께 중재 프로그램에 참여한 집단 2의 프로그램의 효과가 청소년만 참여한 집단 1과 유사하게 나타났다. Brent 등(1997)은 주요우울장애 청소년들을 위한 인지행동중재 집단, 행동중심 가족중재 집단 및 프로그램을 적용하지 않은 통제 집단을 비교하였다. 약 4개월 동안 16회기의 프로그램을 실시한 결과, 인지행동중재가 가장 효과적이었고 그다음이 행동중심 가족중재, 통제 집단 순이었다. 그러나 2년 후 추적연구를 한 결과 세 집단 간 프로그램 효과의 차이가 나타나지 않았다(Weersing & Brent, 2003). 이는 중재 효과를 장기간 지속시킬 수 있는 체계적인 중재 프로그램의 개발이 시급함을 시사한다.

2. 양극성장애

미국정신의학회(2013)의 DSM-5에 따르면, 양극성 관련 장애(bipolar and related disorders)는 양극성 I 장애, 양극성 II 장애, 순환기질장애(cyclothymic disorder), 약물에 기인한 양극성 관련 장애, 다른 의학적 상태에 기인한 양극성 관련 장애, 다른 특정 양극성장애, 달리 분류되지 않는 양극성 관련 장애를 포함한다. 양극성 I 장애는 최소한 한 번의 조증 삽화가 〈표 11-6〉에 제시된 조증의 진단기준 A~D에 부합하며 주요우울장애를 경험한 것이 필수 조건이다.

표 11-6 **DSM-5의 조증 삽화의 진단기준**

A. 비정상적으로 고조되거나 과대하거나 과민한 기분과 비정상적으로 증가된 목표지향적 활동이나 에너지가 최소한 일주일 이상 거의 매일, 하루 종일 지속되는 기간이 분명하다(입원이 필요한 정도의 증상이 나타날 경우에는 기간에 상관없다).

B. 기분장애와 증가된 에너지와 활동이 나타나는 기간 동안 다음 증상들 중 세 가지(기분이 과민한 상태인 경우에는 네 가지)가 심각할 정도로 나타나며, 평상시의 행동과는 눈에 띄게 다른 행동이 나타난다.

1. 고조된 자존감과 과장
2. 수면에 대한 욕구 감소(예: 3시간의 수면으로 충분한 휴식을 취했다고 느낌)
3. 평소보다 말을 많이 하거나 계속 말을 해야 할 것 같은 압박감
4. 사고의 비약 또는 사고가 연달아 일어나는 주관적인 경험

5. 보고되거나 관찰된 주의산만(예: 중요하지 않거나 관계없는 외적 자극에 너무 쉽게 주의를 기울임)
6. 목표지향적 활동의 증가(직장이나 학교에서의 사회적 활동 또는 성적인 활동) 또는 정신운동성 초조(예: 목적 없는 활동)
7. 고통스러운 결과를 초래할 가능성이 높은 활동에 지나치게 몰두(예: 흥청망청 물건 사기, 무분별한 성행위, 또는 어리석은 사업 투자)

C. 사회적 또는 직업적 기능에 현저한 손상을 초래하거나 자신이나 타인에게 해를 입히는 것을 방지하기 위해 입원을 시켜야 할 만큼 기분장애가 충분히 심각하거나 정신증적 양상이 동반된다.

D. 이러한 삽화가 어떤 약물(예: 약물남용, 투약, 기타 치료)이나 다른 의학적 상태의 생리적 효과에 기인하지 않는다.

주의: 조증 삽화로 진단되기 위해서는 진단기준 A~D를 충족해야 하며, 양극성 I 장애로 진단되기 위해서는 최소한 한 번 이상의 조증 삽화가 있어야 한다.

양극성 II 장애는 최소한 한 번 이상 발생한 경조증 삽화가 〈표 11-7〉에 제시된 경조증의 진단기준 A~F에 부합하고, 최소한 한 번 이상 발생한 주요우울장애가 〈표 11-2〉의 주요우울장애 진단기준 A~C에 부합해야 하며 조증 삽화를 경험한 적이 없어야 한다. 순환기질장애는 최소한 2년(아동과 청소년은 1년) 중 반 이상의 기간 동안 경조증의 진단기준에 부합하지 않는 경조증의 증상들과 주요우울장애의 진단기준에 부합하지 않는 우울장애의 증상들을 여러 번 나타내야 하며, 한번에 2개월 이상 경조증과 우울장애 증상을 나타내지 않은 기간이 없다. 양극성 I 장애, 양극성 II 장애, 순환기질장애로 진단하기 위해서 각각의 증상들이 분열정동장애(schizoaffective disorder), 조현병(schizophrenia), 정신분열형 장애(schizophreniform disorder), 망상장애, 또는 다른 정신분열 스펙트럼과 정신장애에 의해 더 잘 설명되지 않아야 한다. 또한 이러한 증상들이 어떤 약물이나 다른 의학적 상태의 생리적 효과에 기인하지 않아야 하며, 사회적, 직업적 및 다른 중요한 기능 영역에서 임상적으로 심각한 고통이나 손상을 초래한다.

표 11-7 DSM-5의 경조증 삽화의 진단기준

A. 비정상적으로 고조되거나 과대하거나 과민한 기분과 비정상적으로 증가된 활동이나 에너지가 최소한 4일 연속 거의 매일, 하루 종일 지속되는 기간이 분명하다.
B. 기분장해와 증가된 에너지와 활동이 나타나는 기간 동안 다음 증상들 중 세 가지(기분이 과민한 상태인 경우에는 네 가지)가 심각할 정도로 나타나며, 평상시의 행동과는 눈에 띄게 다른 행동이 나타난다.
   1. 고조된 자존감과 과장
   2. 수면에 대한 욕구 감소(예: 3시간의 수면으로 충분한 휴식을 취했다고 느낌)
   3. 평소보다 말을 많이 하거나 계속 말을 해야 할 것 같은 압박감
   4. 사고의 비약 또는 사고가 연달아 일어나는 주관적인 경험
   5. 보고되거나 관찰된 주의산만(예: 중요하지 않거나 관계없는 외적 자극에 너무 쉽게 주의를 기울임)
   6. 목표지향적 활동의 증가(직장이나 학교에서의 사회적 활동 또는 성적인 활동) 또는 정신운동성 초조(예: 목적 없는 활동)
   7. 고통스러운 결과를 초래할 가능성이 높은 활동에 지나치게 몰두(예: 흥청망청 물건 사기, 무분별한 성행위, 또는 어리석은 사업 투자)
C. 삽화는 증상이 없을 때의 개인의 특성과는 명백히 다른 기능 변화를 동반한다.
D. 기분의 장애와 기능의 변화가 타인들에 의해 관찰될 수 있다.
E. 삽화가 사회적 · 직업적 기능에 현저한 장애를 일으키거나 입원이 필요할 정도로 심각하지 않고 정신증적 양상도 동반되지 않는다.
F. 이러한 삽화가 어떤 약물(예: 약물남용, 투약, 기타 치료)이나 다른 의학적 상태의 생리적 효과에 기인하지 않는다.

주의: 경조증 삽화로 진단되기 위해서는 진단기준 A~F를 충족해야 한다. 경조증 삽화가 양극성 I 장애에서도 나타나지만, 양극성 I 장애의 진단기준은 아니다.

조증은 비정상적으로 들뜬 기분이나 민감한 기분을 느끼고 자존감이 고조되며, 활동과 말과 생각이 많아지고 쉽게 산만해지며, 자신의 신체적 또는 정신적 건강을 과장하여 표현한다. 그러나 이러한 성인기 조증의 진단기준을 아동기와 청소년기 조증에 적용하여 진단하기는 매우 어렵다. 아동기 조증의 경우는 과다행동이나 주의집중장애와 함께 나타나기도 하고, 아동의 상상놀이나 난기질을 조증의 특성으로 오해하여 진단하기도 한다(Carlson & Kelly, 1998). 청소년기 조증은 반사회적 행동, 무단결석, 학업 실패, 약물남용 등을 수반하며 정신병리적 특성을 보이기 때문

에 조현병으로 오진되기도 한다(James & Javaloyes, 2001). Geller 등(2003)은 아동기 조증의 예를 다음과 같이 제시하고 있다.

- 만 7세 남아가 상점에서 물건을 훔치면서 경찰이 와서 자기와 잡기놀이를 해 줄 것을 기대하며 이상한 행동을 보인다.
- 만 8세 여아가 자신이 높은 산 위에 올라와 있다고 생각하며 계속 춤을 추고, 상황에 맞지 않게 킬킬거리고 웃으며 고조된 기분을 표현한다.
- 만 9세 남아가 공공장소에서 미래 자기 아내의 나체를 그림으로 그린다며 나이에 맞지 않는 성적 행동을 보인다.

아동기와 청소년기 양극성장애에 대해서는 알려진 것이 많지 않으나(Youngstrom, et al., 2004), 최근에 활발하게 연구가 진행되고 있다. 성인기 양극성장애와 소아청소년기 양극성장애를 비교하여 연구한 김현미 등(2020)에 따르면, 소아청소년군이 성인군에 비해 잠재지능과 언어이해 영역이 유의미하게 낮아서 심각한 정서적 · 사회적 · 학업적 기능의 손상으로 이어질 가능성이 높다. 즉, 상식, 어휘 등의 언어이해 영역은 의미기억(semantic memory)과 같은 장기 기억과 연관성이 있으므로, 아동과 청소년의 양극성장애가 상식과 어휘 등의 학습에 손상을 초래할 수 있다는 것이다. 양극성장애를 가지고 있는 사람이 최초의 기분 삽화를 나타내기 이전에 언어 기억, 주의력 및 실행기능(executive function)의 손상이 시작되는 것으로 나타났다(Martino et al., 2011).

아동기와 청소년기 특유의 발달적 특성이 있으므로 아동기와 청소년기 양극성장애는 진단하기 매우 어려우므로 아동기와 청소년기 양극성장애를 진단할 때는 다음과 같은 측면을 고려해야 한다(정명숙 외 역, 2011). 첫째, 초조한 기분은 우울장애의 특성이기도 하고 조증 삽화의 특징이기도 하므로 아동이 초조한 기분을 보이는 것을 우울장애, 조증 삽화, 양극성장애 중 어느 장애의 특성으로 간주해야 할 것인지 매우 신중하게 살펴야 한다. 둘째, 성인기 양극성장애와 청소년기 양극성장애 간에 차이가 있음을 간과해서는 안 된다. 예를 들어, 성인기 양극성장애는 비연속적으로 증상 발현을 보이는 것이 특징이며, 증상 발현을 보이지 않을 때는 비교적 양호한 생활기능을 수행할 수 있다. 반면에, 청소년기 양극성장애는 만성적으로 나타나며, 매우 급격히 기분이 바뀌는 것이 특징이다(James & Javaloyes, 2001). 셋째, 청소년은 성인에 비해 양극성장애와 다른 장애를 동시에 나타내는 경우가 많아서 청소년기 양극성장애는 주요 정신건강 문제로 다루어져야 한다(Tillman et al., 2003). 양극성장애를 가지고 있는 청소년이 품행장애나 과잉행동 주의집중장애를 함께 가지고 있는 경우도 있고, 자폐성장애를 포함한 전반적 발달장애를 가지고 있는 청소년이 양극성장애를 나타내기도 한다(방명애 외, 2018). 아동과 청소년의 행동을 진단할 때 행동이 나이와 상황에 적절한지와 기능수행을 방해하는 손상의 정도가 어느 정도인지를 신중히 고려할 필요가 있다.

양극성장애 역시 다양한 정의와 진단기준이 사용되고 있어 출현율을 측정하기 매우 어렵기 때문에 아동기와 청소년기 양극성장애의 출현율은 실제보다 과소 추정되고 있다(Youngstrom et al., 2004). 보건복지부와 삼성서울병원(2017)은 2016년도 정신질환실태 조사 결과에서 양극성장애의 유병률이 0.1%라고 보고하였다. 아동기보다 청소년기에 양극성장애를 경험하는 비율이 높으며, 14~18세 청소년의 1%가 양극성장애를 가지고 있다고 보고되었다(Lewinsohn et al., 1995). 그러나 많은 청소년의 경우에 그들의 특성이 양극성장애의 진단기준에는 미치지 못하지만, 학업이나 일상생활 기능에 결함을 초래하므로(Kessler et al., 2001), 양극성장애를 뚜렷한 진단기준을 가지는 장애 범주로 구분하기보다는 경도부터 중도에 이르기까지 다양한 특성으로 나타날 수 있는 스펙트럼으로 간주해야 한다는 견해가 제시되고 있다(Lewinsohn et al., 2003). 아동기 및 청소년기에서의 조증이나 양극성장애를 진단하기 위한 도구는 없다(Youngstrom et al., 2004). 따라서 현재 임상 현장에서는 성인을 진단하기 위해 개발된 Young의 조증평정척도(Young Mania Rating Scale; Young et al., 1978)와 포괄적 행동 검사도구(General Behavior Inventory; Depue et al., 1989)를 수정하여 사용하고 있다.

아동기나 청소년기 양극성장애는 비교적 드물기 때문에 치료 방법에 대한 정보도 많지 않다(McClellan & Werry, 2003). 약물치료가 양극성장애의 치료에 가장 많이 사용되고 있으나(Kowatch et al., 2005), 양극성장애를 가지고 있는 아동이나 청소년들에 대한 약물치료의 부작용에 대한 연구가 미흡하다(Gracious et al., 2004). 양극성장애는 다른 장애와 중복하여 나타나기 쉽고 가족생활에 미치는 영향이 크므로 다차원적인 중재 접근이 필요하다(James & Javaloyes, 2001). 특히, 어린 아동이 양극성장애를 나타내는 경우는 가족중재가 필수적이다. Heelander 등(2003)은 양극성장애를 가지고 있는 아동의 부모들에게 인터넷을 통해 가족이 필요로 하는 지원을 효과적이고 효율적으로 제공하였다. 아동이나 청소년의 양극성장애의 증세가 심하거나, 자기 자신 또는 타인에게 위험을 초래할 가능성이 많거나, 가족이 적절한 지원을 제공하지 못하거나, 약물치료의 의학적인 감독이 필요한 경우는 입원치료를 하는 것이 바람직하다.

3. 자살

보건복지부(2020)가 발표한 '2018년 사망원인 통계' 자료에 따르면, 한국 성인 연간 자살자는 13,679명으로 전년 대비 9.7% 증가하였으며, 심각한 자살 생각이나 자살계획을 해 본 사람이 약 700만 명에 이르는 것으로 나타나서 우리나라의 자살 문제가 매우 심각한 수준임을 보여 주고 있다. 또한, 자살 생각이나 자살 시도를 한 사람들의 60% 이상이 1개 이상의 정신질환을 경험하였고, 그중에 우울장애가 높은 비율을 차지하였다. 통계청(2020)이 보도한 '2019년 사망원인통계 결과'에 따르면, 경제협력개발기구(Organization for Economic Cooperation and Development: OECD) 국가의 평균 자살률은 10만 명당 11.3명인 데 비해, 한국은 10만 명당 26.9명으로 자살률 1위이다. 교육부, 보건복지부, 질병관리청(2020)이 발표한 제16차(2020년) 청소년건강행태조사 통계에 따르면, 청소년의 자살 생각률이 10.9%이었으며, 남학생은 8.1%에 비해 여학생은 13.9%로 높게 나타났다. 자살 시도율은 전체 청소년의 2.0%이었으며, 남학생은 1.4%인 데 비해 여학생은 2.7%로 높게 나타났다.

우울장애는 자살의 가장 중요한 위험 요인이다. 그러나 우울장애와 자살은 별개의 것이며, 우울장애가 자살의 필요조건도 아니며 충분조건도 아니다. 즉, 우울장애를 가지고 있는 모든 사람이 자살하는 것도 아니고 자살한 모든 사람이 우울장애를 가진 것도 아니다. 자살 예방의 중요성에 대한 인식이 향상됨에 따라 정부는 자살예방사업을 위해 2006년에 3억 원을 지원한 반면에 2013년에 32억 원의 예산을 지원하였고, 2019년 예산은 218억 원으로 증가하였고 2020년 보건복지부의 자살 예방 및 생명존중 문화조성 예산은 291억 원으로 증가하였다(문화일보, 2019. 12. 24.). 그러나 외국과 비교하면 턱없이 적은 액수다. 일본은 세계 최초로 자살 예방법을 제정하였으며, 자살 예방 프로그램과 유가족 지원 프로그램 등의 정책을 통해 자살률을 감소시키고 있고, 일본의 자살예방 예산은 우리나라의 160배다(연합뉴스, 2021. 07. 06.). 미국과 영국도 자살방지 대책을 아예 법으로 정해 관리하고 있으며, 미국은 일반인에게 자살방지 응급대처법을 교육하고 있다. 우리나라도 최후의 끈이 될 수도 있는 자살방지 상담 핫라인을 늘리고 일반인들에게 자살시도자를 도울 수 있는 응급처치법을 교육할 필요가 있다. 어떠한 경우에라도 자살은 미화되거나 합리화되어서는 안 된다.

교육부가 국회 본회의에서 통과한 「학교보건법」 일부 개정 법률(2021. 03. 23. 시행일)을 공포하였다. 「학교보건법」 개정은 정부의 국정과제 중 하나인 '학교폭력 및 학생위험 제로 환경 조성'을 실효성 있게 지원하기 위해 필요한 법적 근거를 마련한 것이다. 동 개정안에서는 교육감에게 학생의 건강증진을 위한 학생건강증진계획을 수립하고 시행하도록 함으로써 교육감의 학생건강증진을 위한 책무성을 강화하고 그간 교육청 차원에서 개별적으로 지원됐던 학생 정신건강 관련 검사비, 치료비 등 필요한 비용을 지원할 수 있는 법적 근거를 마련했다. 학교의 장에게는 매년 실시하는 학생 정서행동특성검사 결과 정서적으로 어려움을 겪는 학생을 효과적으로 지원하기 위해 필요한 학생에 대한 상담 및 관리, 전문상담기관 또는 의료기관 연계 조치를 의무화했다. 또한 학생과 교직원의 심폐소생술 수행능력을 강화해 응급상황 시 학교 구성원은 물론 국민의 건강과 안전을 확보하고자 보건교육에 심폐소생술 등 응급처치에 관한 내용을 포함하고 교직원에게도 심폐소생술을 포함한 응급처치 교육을 실시하도록 했다. 교육부는 「학교보건법」 개정으로 교육감과 학교의 장에게 학생건강증진을 위한 책무성이 강화될 것으로 기대했다.

전 세계적으로 지난 수십 년 동안 아동과 청소년의 자살이 급증하였다. 일반적으로 자살행동은 고의적으로 자신을 죽이는 것(completed suicide)뿐만 아니라, 자살을 시도하였다가 실패한 경우(attempted suicide)와 자살생각(suicidal thought)도 포함한다(정명숙 외 역, 2011). 자살에 대한 정의와 측정 방법이 다르고 보고되지 않은 자살시도가 많을 뿐만 아니라, 사고로 간주되는 자살이 많아서 자살행동의 실제적 출현율을 측정하기는 매우 어렵다.

다양한 위험 요인이 자살의 위험을 증가시키는데, 위험 요인이란 부정적 발달과 관계되는 유전적 요인 및 기질 등의 개인적 변인이나 스트레스가 큰 외상성 사건이나 빈곤 등 환경적 변인을 의미한다. 아동이나 청소년이 학업 실패, 대인관계 문제, 신체적 질병, 심리적 장애, 가족 문제(예: 가정불화, 자살의 가족력, 아동 학대) 등을 경험하면서 스트레스 상황에 처하였을 때 적절한 문제해결 기술, 자기조절 기술, 스트레스 대처 기술 등을 가지고 있지 않으면 우울장애, 절망감, 알코올중독, 품행장애 등을 나타내게 되고, 결국 자살생각을 하고 자살을 시도할 수 있다(유창민, 강상경, 2015). 유명인의 자살이 대중매체에서 보도된 후에는 모방 자살이 증가하며, 약물이나 알코올에 중독된 경우나 정서행동장애를 가지고 있는 경우에 자살행동의 위험이 높다고 보고되고 있다(방명애 외 역, 2020). 자살의 가장 중요한 예견자는 외로움과 절망감이다(Spirito & Overholser, 2003). 절망은 우울장애의 마지막 단계이며 자살의 전 단계다. 절망감을 느끼는 모든 사람은 우울하지만, 모든 우울장애를 가지고 있는 사람이 절망감을 느끼지는 않는다. 절망감을 느끼는 사람은 상황이 조금도 나아지지 않을 것이라고 확신하며 모든 희망을 포기한다.

다음과 같은 경우에 아동이나 청소년이 자살할 가능성이 있을 수 있으므로 주의하여 관찰하여야 한다(보건복지부, 중앙자살예방센터, 2020).

- 아동과 청소년의 행동이나 정서가 평상시와 다르게 급변한 경우
- 학교에서 심각한 학업적, 사회적 또는 체벌 문제를 야기한 경우
- 부모의 별거나 이혼, 아동 학대 등 가족 문제가 발생한 경우
- 또래로부터 거부당하여 사회적으로 고립되거나 사랑하는 사람과 결별한 경우
- 수면이나 식욕에 문제가 있는 경우
- 약물이나 알코올을 남용한 경우
- 가족이나 친구가 사망하거나 임신하는 등 위기 상황에 처한 경우
- 자살에 대해 자주 언급하거나 자살계획이 있음을 말하는 경우
- 자신의 소지품을 나누어 주거나 미래에는 자신이 존재하지 않을 거라고 말하는 경우

자살생각 또는 자살시도를 하는 아동이나 청소년을 중재하기 위해서는 다각적인 노력이 필요하다. 보호 요인(protective factor)이란 위험하지 않은 상황 또는 위험 상

황에서도 부정적인 영향은 감소시키고 긍정적인 영향을 증가시킴으로써 적응을 돕는 내적 자산이나 외적 자산을 의미하는데, 자살에 있어서의 보호 요인은 자기효능감, 가족자원, 학교자원, 지역사회자원 등이다(유창민, 강상경, 2015). 자살을 시도하는 아동이나 청소년은 가족이나 또래들과 긍정적인 상호작용을 많이 해야 하며, 자기파괴적인 행동이 문제를 해결할 수 없음을 인식해야 한다. 교사는 자살행동을 시도했거나 시도할 가능성이 있는 아동이나 청소년들을 파악하여 전문가에게 의뢰하여야 하며, 위기 상황에 처해 있는 아동이나 청소년이 긍정적인 인지를 가지고 스트레스에 적절하게 대처할 수 있도록 도와야 한다. 학교에서 실시할 수 있는 자살인식 및 예방 프로그램은 학교정책을 반영한 행정적 지침, 교사연수 프로그램을 통한 자살 관련 정보제공과 대처기술 훈련, 학생들을 위한 자살예방 프로그램, 긴급 상담서비스, 또래 상담 및 스트레스 대처 프로그램 등을 포함해야 한다. 아동이나 청소년의 주변 사람들은 자살시도를 심각하게 받아들여야 하며, 효과적인 의사소통 방법을 강구하여 그들의 소외감과 절망감을 완화시킬 수 있도록 정서적 지원을 제공해야 한다.

한국생명의전화(2007)의 라이프라인 자살예방센터는 세계보건기구(WHO)가 권장하는 자살예방 지침서에 기초하여 교사와 교직원에게 다음과 같은 자살예방 지침을 제시하고 있다.

- 성격적 어려움이 있는 학생들을 찾아내어 심리적 지원을 제공하기
- 대화를 통해 청소년들과 긴밀한 유대관계를 형성하여 도움을 주기
- 정신적 고통을 완화시키기
- 언어나 행동의 변화를 통해 자살행동의 초기 증상을 인식하기
- 학업성취가 낮은 학생을 돕기
- 무단결석을 하는 학생들을 주의 깊게 관찰하기
- 정신질환에 대한 편견 버리기
- 술과 약물의 남용을 금지하도록 돕기
- 정신질환, 술과 약물남용의 치료를 전문가에게 의뢰하기
- 자살수단(예: 독성 물질, 약물 등)에 대한 학생의 접근 제한하기
- 교직원 스스로 자신의 업무 스트레스 감소시키기

4. 요약 및 결론

이 장에서는 우울장애, 양극성장애, 자살에 대해 살펴보았다. 우울장애는 파괴적 기분조절부전장애, 주요우울장애, 지속적 우울장애를 포함하고, 조증은 조증 삽화와 경조증 삽화를 포함하며, 양극성장애는 양극성 I 장애, 양극성 II 장애 및 순환기질장애 등을 포함한다. 아동기와 청소년기의 조증과 양극성장애에 대한 연구 결과가 미흡하므로 이 장에서는 우울장애를 중심으로 신체생리학적 · 인지적 · 생태학적 원인을 제시하였다. 우울장애를 진단평가하기 위해서 자기보고식 설문지, 구조화된 면접, 부모나 또래의 행동평정척도 등이 사용되고 있으며, 교사가 학급에서 학생의 행동을 직접 관찰하는 것도 유용한 정보를 제공할 수 있다. 현재까지 우울장애의 중재는 약물치료와 인지행동중재가 가장 효과적이라고 보고되고 있다. 그러나 모든 사례에 만병통치로 효과가 있는 중재 방법은 아직 없다. 우울장애는 자살의 가장 중요한 위험 요인이다. 우울장애와 자살은 별개의 것이며 우울장애가 자살의 필요조건도 아니며 충분조건도 아니다. 어떠한 경우라도 자살은 미화되거나 합리화되어서는 안 된다. 최후의 끈이 될 수 있는 자살방지 상담 핫라인과 예방 프로그램을 늘리고 일반인에게 자살 시도자를 도울 수 있는 응급처치법을 교육할 필요가 있다.

우울장애의 효과적인 중재 전략과 프로그램을 개발하기 위해서 다음과 같은 연구들이 실시될 필요가 있다. 아동기와 청소년기의 우울장애는 성인기 부적응 행동이나 자살과 연관되어 있으므로 예방이 매우 중요한데, 아직 예방에 초점을 맞춘 연구가 미흡하다. 따라서 1차 예방뿐만 아니라 2차와 3차 예방 프로그램을 개발하고 그 효과를 검증하는 연구가 필요하다. 또한 많은 연구를 통해 다차원적인 복합중재가 효과적이라고 밝혀졌으므로 우울장애와 양극성장애의 중재를 약물에만 의존하지 말고, 사회성 기술, 문제해결 기술, 자기통제 기술 등을 포함하는 인지행동중재의 프로그램도 개발하여 약물중재와 함께 적용하여야 한다. 최근까지도 우울장애는 정신과 의사나 심리학자의 영역이라고 간주하여 특수교육 분야에서는 큰 관심을 기울이지 않았다. 그러나 장애를 가지고 있지 않은 비장애아동들에게서도 우울장애의 특성이 빈번히 나타나는 만큼 교사양성 프로그램이나 교사연수 프로그램을 통해 교사들에게 우울장애 특성의 관찰과 학급에서의 선별과 중재 등에 관한 정보를 제공하여야 한다. 학교 전체 예방 프로그램, 또래중재, 멘토 프로그램, 상담 프로그램 및 지원 그룹을 통한 집단중재도 효과적인 예라 할 수 있다.

제12장

기초신체기능장애

개요

아동기와 청소년기에 나타나는 기초신체기능장애는 일상생활 기능에 결함을 초래할 뿐 아니라 우울장애와 불안장애 등 다른 장애와 공존장애로 나타날 수 있으며 성인기의 다양한 유형의 정서장애와 연관되므로 즉각적인 치료를 요하는 임상적 증후군으로 간주된다. 이 장에서는 기초신체기능장애 중 급식 및 섭식장애, 배설장애, 수면-각성 장애를 중심으로 정의, 출현율, 원인, 진단 및 중재에 대해 살펴본다.

KEY WORDS

- 급식 및 섭식장애feeding and eatingdisorder
- 신경성 식욕부진증anorexia nervosa
- 신경성 폭식증bulimia nervosa
- 폭식장애binge eating disorder
- 이식증pica
- 반추장애rumination disorder
- 회피적/제한적 음식섭취장애avoidant/restrictive food intake disorder
- 배설장애elimination problems
- 유뇨증enuresis
- 유분증encopresis
- 수면-각성 장애sleep-wake disorders
- 불면장애insomnia disorder
- 비렘수면 각성장애NREM sleep arousal disorders
- 수면보행증sleepwalking
- 야경증sleep terrors
- 악몽장애nightmare disorder
- 약물치료pharmacological therapy
- 행동중재behavioral intervention
- 인지행동중재cognitive behavioral intervention

사례 1 ••• 여고생인 민지는 자신의 몸매에 대해 부정적인 생각으로 가득 차 있다. 방의 모든 벽에는 자신의 이상형인 마른 연예인들의 사진을 붙여 놓았다. 체중을 감소시키기 위해 저녁을 굶지만, 자정이 가까워지면서 허기를 견디지 못하고 라면을 여러 개 끓여 한꺼번에 먹어 치우며, 낮 동안 먹고 싶었던 간식을 쉬지 않고 먹는다. 배가 터질 만큼 먹고 나면 죄책감과 체중이 증가할 것에 대한 염려와 불안으로 손가락을 입에 넣어 억지로 토하곤 하며, 과다하게 섭취된 칼로리를 배출할 목적으로 설사약을 정기적으로 먹는다.

사례 2 ••• 초등 4학년생인 아라는 불안 증상이 심하고 구토하는 것이 두려워서 음식 먹기를 거부한다. 아라가 5세 때 죽을 먹고 배가 아파서 구토를 한 이후부터 극소량의 음식만 먹는다. 급식 시간에도 음식을 거의 먹지 않으며 체중은 또래에 비해 매우 적게 나간다. 아라는 자신의 외모나 체중에 대해 염려하지는 않는다. 배가 아프고 토할 수 있다는 불안 때문에 다른 사람들과 함께 식사하는 것을 두려워한다. 학교에서 공부도 잘하고 친구들과도 잘 지내던 아라는 최근 들어 집에 와야 배가 편해진다며 친구들과 어울리지 않고 바로 집으로 온다.

1. 기초신체기능장애 정의 및 출현율

1) 급식 및 섭식장애 정의 및 출현율

섭식은 우리 인간이 삶을 영위하는 데 있어 기본이 된다. 우리는 섭식을 통해 몸에 필요한 영향을 섭취하여 에너지를 얻고 일상생활을 수행해 나갈 수 있다. 그런데 이러한 섭식의 문제가 아동기에 나타나면 이후의 발달 제한을 초래할 수 있고, 섭식의 문제가 신체건강 문제뿐 아니라 심리사회적 문제로까지 발전될 수 있다.

미국정신의학회의 『정신질환의 진단 및 통계 편람(DSM-5)』에서 급식 및 섭식장애(feeding and eating disorder)에는 신경성 식욕부진증(anorexia nervosa: AN), 신경성 폭식증(bulimia nervosa: BN), 폭식장애(binge eating disorder: BED), 이식증(pica), 반추장애(rumination disorder), 회피적/제한적 음식섭취장애(avoidant/restrictive food intake disorder) 등이 포함되어 있다(APA, 2013). 이 중에서 섭식행동에 심각한 문제를 보이는 신경성 식욕부진증과 신경성 폭식증은 정신과적 질환으로 섭식장애라 할 수 있다. 반면에 식사 거부나 편식 등 아동이 잘 먹지 않거나 먹어서는 안 되는 것을 먹는 등의 이식증과 반추장애 등은 아동기의 먹는 행위에 관한 행동장애인 급식장애라 할 수 있다. 거식증이라고도 하는 식욕부진증과 폭식증이라고도 하는 신경성 폭식증 국내 환자 수는 건강보험심사평가원(2021)의 '보건의료 빅데이터 개방시스템'에 따르면 2016년부터 2020년까지 점진적으로 증가 추세를 보인다. 거식증과 폭식증의 섭식장애 아동 및 청소년 중 만 10~19세 여자 청소년이 남자 청소년에 비해 6~10배 많다(건강보험심사평가원, 2021). 급식장애는 정상적으로 발달하는 아동들에게서도 흔하게 나타나며, 어린 아동을 양육하는 부모의 50%가 자녀에게 한 가지 이상의 급식 문제가 있다고 보고한다(Crist & Napier-Phillips, 2001).

(1) 신경성 식욕부진증

신경성 식욕부진증은 거식증(anorexia)으로 줄여서 말하기도 한다. 신경성 식욕부진증은 체중과 체형(몸매)에 대한 강박적 관심과 체중 증가에 대한 지나친 불안 때문에 음식을 거부하는 것이며, 미국정신의학회(2013)가 제시하는 거식증의 진단기준은 〈표 12-1〉과 같다. 신경성 식욕부진증은 3개월 동안 지속적인 음식 섭취 제한, 체중 증가에 대한 극심한 두려움, 체중과 체형에 대한 왜곡된 자기인식이라는 세 가지 핵심 증상을 보인다. 신경성 식욕부진증을 가진 사람들은 자신의 체중과 체형에 대한 경험과 심각성의 왜곡을 가지고 있다. 그래서 체중 측정을 빈번하게 하고 특정 신체 부위를 강박적으로 측정하며 자신이 뚱뚱하다고 지각하는 신체 부위를 거울을 통해 지속적으로 확인한다. 신경성 식욕부진증에는 폭식 행위나 제거 행위(구토, 약물을 오용한 설사 등)을 반복적으로 보이지 않고 극도로 음식을 제한하거나 과도한 운동을 하는 제한형(restricting type)과 폭식행위와 제거 행위를 반복적으로 보이는 폭식/제거형(binge-eating/purging type)이 있다(APA, 2013).

표 12-1 DSM-5의 신경성 식욕부진증 진단기준

A. 필요한 에너지 섭취를 제한하여 나이, 성별, 발달궤적 및 신체 건강 수준에 비해 현저한 저체중이다. 현저한 저체중은 최소 정상 체중보다 적거나, 아동과 청소년의 경우 해당 발달단계의 최소 예상 체중보다 적은 체중으로 정의된다.
B. 심각할 정도로 저체중임에도 불구하고 체중이 증가하고 살이 찌는 것애 대해 강한 두려움을 가지고 있거나 또는 체중이 증가되는 것을 막기 위한 지속적인 행동을 한다.
C. 체중이나 체형을 경험하는 방식에서 장해가 있고 자기평가에서 체중이나 체형이 과도하게 영향을 미치며 현재 저체중의 심각성을 지속적으로 인식하지 못한다.

신경성 식욕부진증은 만 14~18세의 젊은 여성에게서 가장 많이 나타나고, 여성의 출현율은 0.4~0.5%이며 남성에 비해 대략 10배 정도 높다(APA, 2013; Steinhausen, 2002; Thompson & Smolak, 2001). 그러나 신경성 식욕부진증을 가지고 있는 사람들은 출현율 연구에 협조하지 않는다는 점을 감안하면 실제 출현율은 보고된 출현율보다 더 높을 것으로 추정된다(Wilson & Fairburn, 2002). 국민건강보험공단이 2020년 정기국회 국정감사에 제출한 자료에 따르면, 신경성 식욕부진증으로 진료를 받은 사람이 2015년에 1,590명에서 2019년 1,845명으로 16% 증가했고 여성이 3배 이상 많았으며, 특히 10~20대 여성이 많았다(메디컬업저버, 2020년 10월 12일 보도자료). 2020년 국내 만 10~19세 거식증 남성이 34명이고 여성이 381명으로 여성이 10배 높게 나타났다(건강보험심사평가원, 2021). 신경성 식욕부진증과 관련이 있는 증상은 우울장애, 불안장애, 약물남용, 인격장애, 낮은 자존감, 부정적 정서, 완벽주의 등이다(Ricciardelli & McCabe, 2004; Wilson & Fairburn, 2002). 신경성 식욕부진증은 의학적 합병증을 초래하여 10%는 사망에 이른다(APA, 2013).

(2) 신경성 폭식증

신경성 폭식증은 폭식증(bulimia)으로 줄여서 말하기도 한다. 체중과 체형에 관해 지나치게 걱정하며 반복적으로 폭식과 자기유발 구토나 설사 등의 부적절한 보상행동을 하지만, 신경성 식욕부진증인 거식증과는 달리 저체중이 아닌 경우는 신경성 폭식증으로 진단된다. 미국정신의학회(2013)가 제시하는 신경성 폭식증의 진단기준은 〈표 12-2〉와 같다. 신경성 폭식증은 반복된 폭식 삽화, 체중 증가에 대한

표 12-2 DSM-5의 신경성 폭식증 진단기준

A. 폭식 삽화가 반복적으로 나타난다. 폭식 삽화는 두 가지로 특징지어진다.
   1. 대부분의 사람들이 유사한 상황에서 동일한 시간 동안 먹는 것보다 훨씬 많은 양의 음식을 일정 시간(예: 2시간 내) 동안 섭취
   2. 폭식 삽화가 발생하는 동안 자신의 음식 섭취에 대한 통제력 상실(예: 음식 섭취를 멈출 수 없고 섭취하는 음식의 양을 조절할 수 없다)

B. 체중 증가를 방지하기 위하여 자기유도 구토, 설사제나 이뇨제 등의 약물남용, 금식, 과도한 운동 등 부적절한 보상행동을 반복적으로 한다.

C. 폭식과 부적절한 보상행동이 적어도 3개월 동안 주당 최소한 한 번 이상 발생한다.

D. 자기평가에서 체형과 체중이 과도하게 영향을 미친다.

E. 이 증상들이 신경성 식욕부진증 삽화가 발생하는 기간 동안에만 발생하는 것은 아니다.

염려로 반복되는 부적절한 보상행동, 자기평가에 체중과 체형이 미치는 과도한 영향이라는 세 가지 핵심 증상을 보인다(APA, 2013). 신경성 폭식증에서 나타나는 폭식 삽화는 반드시 통제력의 상실감이 동반되어야 한다. 음식 섭취 자제를 도저히 할 수 없다거나 일단 음식을 먹기 시작하면 멈출 수 없게 되는 통제력의 상실이 존재해야 폭식 삽화로 간주된다.

신경성 폭식증은 신경성 식욕부진증과 마찬가지로 주로 여성에게서 나타나고 청소년기에 발병한다(Steinhausen, 2002). 여성의 출현율은 1~1.5%(APA, 2013) 또는 1~3%로 추정된다(Wilson et al., 2003). 신경성 식욕부진증과 마찬가지로 여성의 출현율이 남성에 비해 대략 10배 정도 높다(APA, 2013). 2020년 국내 만 10~19세 폭식증 남성이 28명이고, 여성이 284명으로 여성이 10배 높게 나타났다(건강보험심사평가원, 2021). 신경성 폭식증은 청소년기부터 성인기 초기에 걸쳐 나타나고, 자신의 체중과 몸매에 만족하지 못하여 음식 섭취를 극도로 제한하는 도중에 나타나기도 하며, 음식 섭취를 극도로 제한한 이후에 나타나기도 한다. 신경성 폭식증은 만성적으로 나타날 수도 있고 간헐적으로 나타날 수도 있다. 신경성 폭식증은 주요우울장애나 치아의 에나멜 상실에 따른 치과 문제를 초래할 수도 있다.

(3) 폭식장애

폭식장애는 반복적인 폭식 삽화를 보이지만은 신경성 폭식증과는 달리 자기유발

표 12-3 **DSM-5의 폭식장애 진단기준**

A. 폭식 삽화가 반복적으로 나타난다. 폭식 삽화는 다음의 두 가지로 특징지어진다.
  1. 대부분의 사람들이 유사한 상황에서 동일한 시간 동안 먹는 것보다 훨씬 많은 양의 음식을 일정 시간(예: 2시간 내) 동안 섭취
  2. 폭식 삽화가 발생하는 동안 자신의 음식 섭취에 대한 통제력 상실(예: 음식 섭취를 멈출 수 없고 섭취하는 음식의 양을 조절할 수 없다)

B. 폭식 삽화는 다음 중 세 가지(또는 그 이상)와 관련이 있다.
  1. 평소 보다 훨씬 더 빨리 먹는다.
  2. 불편할 정도로 포만감이 들 때까지 먹는다.
  3. 배가 고프지 않은데도 많은 양의 음식을 먹는다.
  4. 먹는 양이 너무 많은 것을 부끄러워하여 혼자서 먹는다.
  5. 폭식 후에 자신에 대해 협오감을 느끼거나 우울하거나 죄책감을 느낀다.

C. 폭식에 대한 현저한 고통이 있다.

D. 폭식은 적어도 3개월 동안 주당 최소한 한 번 이상 발생한다.

E. 폭식은 신경성 폭식증에서 나타나는 반복적인 부적절한 보상행동과 연계되지 않으며 신경성 식욕부진증이나 신경성 폭식증이 발생하는 기간 동안에만 발생하는 것은 아니다.

구토나 설사 등의 음식 제거를 위한 보상행동을 하지 않는다. 그래서 폭식장애를 가진 사람들은 과체중이거나 비만인 경우가 많다. 미국정신의학회(2013)가 제시하는 폭식장애의 진단기준은 〈표 12-3〉과 같다. 폭식장애를 가진 사람들은 자신의 섭식 문제를 부끄러워하여 숨기려 혼자 먹는 경향이 있다. 폭식장애도 신경성 폭식증과 같이 폭식 삽화와 함께 통제력의 상실감이 동반된다(APA, 2013). 그러나 신경성 폭식증에서 보이는 체중에 대한 현저한 왜곡은 나타나지 않는다.

폭식장애는 앞서 살펴본 신경성 식욕부진증이나 신경성 폭식증과 달리 남성과 여성의 출현율의 차이가 크지 않다. 여성의 폭식장애 출현율은 3.5%이고 남성의 출현율은 2%로 추정된다. 폭식장애는 주로 체중 감소 프로그램에 참여하는 사람들에게서 주로 나타난다(APA, 2013).

(4) 이식증

이식증은 먹을 수 없는 종이, 머리카락, 벌레, 먼지, 지우개, 크레용, 모래, 페인트 등과 같이 비영양성·비음식 물질을 섭취하는 것으로 발달적으로 부적절하며 먹는

행위가 사회적 관습이나 문화적 지지를 받지 못하는 경우에 해당한다(APA, 2013). 이식증은 감염, 장 폐색, 중독 등 다양한 손상을 초래한다. 정상적으로 발달하는 아동들은 일반적으로 만 3세가 지나면서 인지적으로 먹을 수 있는 것과 먹을 수 없는 것을 분별하므로 자연스럽게 이식증의 특성들은 더 이상 나타나지 않는다. 이식증의 출현율은 불분명하며 지적장애인의 장애 정도가 심각할수록 이식증의 출현율이 증가될 수 있으며, 이식증으로 진단되기 위해서는 증상이 1개월 이상 지속되어야 한다. 또한 비영양성 · 비음식 물질을 먹는 행동이 지적장애, 자폐성장애, 조현병 등과 같은 다른 장애나 질환이나 의학적 상태 기간 중에만 나타나면 별도의 임상적 관심을 받은 만큼 이 행동이 심각해야 한다(APA, 2013; Nicholls, 2004).

(5) 반추장애

반추장애는 소화된 음식을 의도적으로 입으로 역류시켜서 토해 버리거나 다시 씹는 것으로, 반추장애로 진단되기 위해서는 증상을 1개월 이상 보여야 한다(APA, 2013). 미국정신의학회(2013)가 제시하는 반추장애의 진단기준은 〈표 12-4〉와 같다. 반추장애의 출현율은 만 1세 이전의 유아와 발달장애인에게서 높게 나타나고, 지적장애의 정도가 심할수록 높게 나타나며, 여성보다 남성에게서 높게 나타난다(APA, 2013; Kerwin & Berkowitz, 1996).

표 12-4 **DSM-5의 반추장애 진단기준**

A. 최소한 1개월 동안 반복적인 음식물의 역류를 보인다. 역류된 음식을 다시 씹거나, 삼키거나, 뱉을 수 있다.
B. 반복적인 역류는 관련 위장 상태 또는 기타 의학적 상태(예: 식도 역류, 유문협착증)에 기인하지 않는다.
C. 증상이 신경성 식욕부진증, 신경성 폭식증, 폭식장애, 또는 회피적/제한적 음식섭취장애가 발생하는 기간 동안에만 발생하는 것은 아니다.
D. 증상이 다른 정신질환이나 신경발달장애와 관련하여 발생하는 경우, 이 증상이 별도로 임상적 관심을 받을 수 있을 정도로 충분히 심각해야 한다.

(6) 회피적/제한적 음식섭취장애

회피적/제한적 음식섭취장애는 DSM-IV-TR에서 유아기 또는 초기 아동기 급식 장애의 명칭이 바뀐것이며 진단기준 또한 확장된 것이다. 미국정신의학회(2013)가 제시하는 회피적/제한적 음식섭취장애의 진단기준은 〈표 12-5〉와 같다. 회피적/제한적 음식섭취장애의 핵심 증상은 음식 섭취의 회피 또는 제한이다. 유아 및 아동은 체중 감소 보다 성장 발달 단계에 맞는 체중과 키의 증가에서 제한을 보일 수 있다. 이 장의 앞에 제시된 사례 2가 회피적/제한적 음식섭취장애로 진단된 사례다. 심각한 영양 결핍은 생명에 위협이 될 수도 있으며, 적절한 음식 섭취를 유지하기 위해 의학적 기저 질환이 없는 상태에서 보충 급식이 필요하게 된다. 이러한 섭식장애로 인해 다른 사람과 관계를 유지의 제한으로 심리사회적 기능 수행의 제한을 겪게 될 수 있다(APA, 2013).

표 12-5 **회피적/제한적 음식섭취장애 진단기준**

A. 섭식 또는 급식 장애(예: 음식 섭취에 대한 명백한 관심 부족, 음식의 감각적 특성에 근거한 회피, 섭식의 부정적 결과에 대한 걱정)가 지속적으로 나타나 다음 중 하나(또는 그 이상)와 연계된 적절한 영양 및 또는 에너지의 부족이 나타난다.
1. 현저한 체중 감소(또는 발달적으로 예상되는 체중에 미치지 못하거나 성장 저하)
2. 심각한 영양 결핍
3. 위장관 급식 또는 경구 영양 보충제에 의존
4. 심리사회적 기능수행에 대한 현저한 방해

B. 증상이 음식이 부족하거나 문화적으로 허용되는 관행으로 인한 것으로 설명되지 않는다.

C. 신경성 식욕부진증이나 신경성 폭식증의 경과 중 나타나는 것이 아니며, 체중이나 체형에 대한 과도한 걱정에 기인하지 않는다.

D. 동반되는 의학적 상태에 기인하지 않거나 다른 정신장애로 더 잘 설명되지 않는다. 다른 상태나 장애의 맥락에서 발생하는 경우, 심각 정도는 일반적으로 나타나는 것 보다 심하거나 추가적인 임상적 주의를 요할 만큼 심각해야 한다.

2) 배설장애 정의 및 출현율

배변을 통제할 수 있는 것은 아동에게 중요한 발달적 초석이며, 일반적으로 배변

통제는 야간 대변통제, 주간 대변통제, 주간 소변통제, 야간 소변통제 순서로 습득된다(방명애, 이효신 역, 2019). 배설에 대한 태도는 문화 및 사회 집단마다 다르고 다양하다. 그러나 대부분의 문화와 관련 전문가들은 공통적으로 배변 훈련의 중요성을 강조한다. 대부분의 아동들이 16~18개월 정도가 되면 배변 훈련을 받고 아동이 5~6세가 지나도 대소변 실수를 하면 중재 및 치료가 필요하다고 여긴다(방명애 외 역, 2020). 배변장애의 주요 유형은 유뇨증과 유분증이다.

(1) 유뇨증

유뇨증(enuresis)은 옷이나 침구에 소변을 반복하여 배설하는 것으로 깨어 있는 동안 소변을 가리지 못하는 주간형(diurnal enuresis)과 자는 동안 소변을 보는 야간형(nocturnal enuresis)으로 구분된다. 유뇨증으로 진단되기 위해서는 적어도 3개월 동안 최소한 일주일에 2회 이상 옷이나 침구에 소변을 배설해야 하며, 이러한 반복적인 소변 배설이 아동의 주요 생활기능에 손상을 초래하여야 한다(APA, 2013). 또한 유뇨증으로 진단되기 위해서는 아동이 5세 이상이어야 한다. 일차적 유뇨증은 방광 조절을 습득한 적이 없는 경우를 의미하며, 이차적 유뇨증은 방광 조절을 습득하여 소변을 통제한 경험이 있으나 후에 유뇨증이 나타나는 경우다. 유뇨증의 85%는 일차적 유뇨증이며, 여아에 비해 남아에게서 출현율이 높다(Walker, 2003). 5세 남아의 유뇨증 출현율이 7%인 반면에, 5세 여아는 3%다. 10세 남아의 유뇨증 출현율이 3%인 반면에, 여아는 2%다. 18세 남자 청소년의 유뇨증 출현율이 1%인 반면에, 여자 청소년은 1% 미만이다.

(2) 유분증

유분증(encopresis)은 최소한 3개월 동안 한 달에 최소한 한 번씩 옷 등 부적절한 곳에 대변을 보는 것이다(APA, 2013). 유분증으로 진단되기 위해서는 아동은 만 4세 이상이어야 한다. 유분증은 심한 변비에 따른 보유성 유분증과 배변 훈련을 완전히 받지 않았거나 배변에 관련된 공포를 가지고 있거나 과민성 장증후군을 가진 경우를 포함한다(정명숙 외 역, 2011). 유뇨증에 비해 유분증에 대한 연구는 미흡하나, 일반적으로 아동의 1.5~7.5%가 유분증을 가지고 있으며 여아보다 남아에게서 출현율이 높고 나이가 들면서 출현율이 감소한다(Walker, 2003). 유분증을 보이는 대부분의 아동들은 심각한 다른 다양한 문제들을 함께 보일 수 있다. 특히, 학교에서 나타날 수 있는 주간형 유뇨증과 유분증은 교사가 다루기 매우 어려운 문제이고, 이러한 증상은 또래 거부를 초래할 수 있다(Walker & Rankin, 1983).

3) 수면-각성 장애 정의 및 출현율

아동기와 청소년 시기의 수면은 신체 및 정신건강 발달과 면역력 유지에 매우 중요하다. 수면은 신체와 뇌의 기능을 회복시켜 기억, 주의력, 학업수행 등에 영향을 미친다(Sadeh et al., 2002). 수면은 렘수면(rapid eye movement: REM)과 비렘수면(NRAM)으로 이루어진다. 렘수면에서는 단백질 합성 증가를 통해 뇌 기능이 회복되고 비렘수면에서는 각성 상태에서 손상된 신체와 근육의 기능이 회복된다. 특히 뇌 기능의 발달과 회복에 중요한 기능을 하는 렘수면은 학습과 기억에 중요한 영향을 미친다(채규영, 2007). 수면이 부족하면 아동이나 청소년은 주의집중과 창의력이 결여되어 학업에 문제를 나타내거나 과잉행동 등의 행동 문제와 우울 및 불안장애를 초래하기도 한다(손광국 외, 2009; 차병호, 2007). 그렇기에 학령기 아동의 신체와 정신건강 발달을 위해 건강한 수면은 필수적이다.

여기에서는 아동이나 청소년이 보이는 수면장애 중에서 불면장애(insomnia disorder), 비렘수면 각성장애(NREM sleep arousal disorders), 악몽장애(nightmare disorder)를 중심으로 살펴보고자 한다.

(1) 불면장애

아동이나 청소년이 경험하는 불면장애 관련 증상은 수면 개시의 어려움, 즉 잠들기 어려운 문제와 수면 유지의 어려움, 즉 자주 깨는 것이다. 불면장애를 가진 아동이나 청소년은 잠자리에 들기를 거부하거나 잠자리에 들어서도 오래도록 자지 못하거나 밤에 깰 경우에 다시 자는 데 어려움을 보인다. 미국정신의학회(2013)가 제시하는 불면장애의 진단기준은 〈표 12-6〉과 같다. 불면장애는 수면의 시작인 잠들기 어려워하는 수면 개시 불면증, 잠든 후에 자주 깨거나 다시 잠들기 어려워하는 수면 유지 불면증, 이른 아침에 깨서 다시 잠들기 어려워하는 후기 불면증 중 한 가지 이상의 수면 문제를 보인다(APA, 2013). 아동 · 청소년들이 보이는 수면장애 중

표 12-6 **불면장애 진단기준**

A. 다음의 증상 중 한 가지 이상과 연관하여 수면의 양 또는 질의 현저한 불만족감을 보인다.
  1. 수면 개시의 어려움(아동의 경우 보호자의 개입 없이는 수면을 시작하는 데 어려울 수 있음)
  2. 빈번하게 깨거나 다시 잠들기 어려워하는 수면 유지의 어려움(아동의 경우 보호자의 개입 없이는 다시 잠들기 어려울 수 있음)
  3. 이른 아침에 깨어서 다시 잠들기 어려움
B. 수면장애가 사회적, 직업적, 교육적, 학업적, 행동적 또는 다른 중요한 기능수행 영역에서 임상적으로 현저한 고통이나 손상을 초래한다.
C. 수면의 어려움이 적어도 일주일에 3회 이상 발생한다.
D. 수면의 어려움이 적어도 3개월 이상 지속된다.
E. 적절한 수면 기회에도 불구하고 수면의 어려움이 발생한다.
F. 불면증은 다른 수면-각성 장애(예: 기면증, 호흡 관련 수면장애, 일주기리듬 수면-각성장애, 사건수면)로 더 잘 설명되지 않고 이러한 다른 장애들의 경과 중에만 발생하지 않는다.
G. 불면증은 물질(예: 남용약물, 치료약물)의 생리적 영향에 기인하지 않는다.
H. 공존하는 정신질환과 의학적 상태가 현저한 불면증의 고통을 충분히 설명하지 못한다.

에서 만 3세 미만의 아동들에게서는 수면 개시의 어려움을 포함한 불면장애가 주로 나타날 수 있다.

(2) 비렘수면 각성장애

비렘수면 각성장애는 수면보행증(sleepwalking)과 야경증(sleep terrors)을 포함한다. 미국정신의학회(2013)가 제시하는 비렘수면 각성장애의 진단기준은 〈표 12-7〉과 같다. 비렘수면 각성장애는 아동에게서 흔히 발생하며 연령이 증가하면서 감소한다.

몽유병이라고도 하는 수면보행증은 아동이 잠든 후 1~3시간 후에 일어나 집 주위를 걸어다니는 것으로, 눈은 떴으나 사물을 보는 것 같지 않고 나중에 이 일에 대해 기억하지 못한다. 일반적으로 수면 중 보행은 몇 초일 수도 있고 30분 이상 지속될 수도 있다. 아동의 2~3%가 수면 보행 증상을 보이며, 5~12세에 많이 경험하며, 몇 년간 지속될 수 있고, 일반적으로 청소년기에 접어들면 없어진다(APA, 2013).

수면 공포라고도 하는 야경증은 아동이 잠든 후 1~3시간 후에 갑자기 공포에 질

표 12-7 **비렘수면 각성장애 진단기준**

A. 불완전하게 깨는 반복적인 삽화가 수면 삽화에서 초기 1/3 동안에 발생하며 다음 중 한 가지 이상을 동반한다.
  1. 수면보행증: 잠자는 동안 침대에서 일어나 걸어 다니는 반복적인 삽화다. 수면중 보행 동안에 개인은 무표정한 멍한 얼굴을 하며 의사소통을 하려는 다른 사람들의 노력에 비교적 반응을 보이지 않는다. 깨우기가 매우 어렵다.
  2. 야경증: 공포에 질린 비명소리를 지르면서 시작되는 수면 중 갑작스러운 공포로 잠에서 깨는 반복적인 삽화다. 각 삽화에서 극심한 공포와 함께 동공확장, 빈맥, 빠른 호흡, 발한과 같은 자율신경계 각성의 징후가 있다. 삽화 동안 안심시키려는 다른 사람들의 노력에 비교적 반응하지 않는다.

B. 꿈 이미지를 거의(예: 단 하나의 시각적 한 장면만 회상) 또는 전혀 회상하지 못한다.

C. 삽화를 기억하지 못한다.

D. 삽화가 사회적, 직업적 또는 다른 중요한 기능수행 영역에서 임상적으로 현저한 고통이나 손상을 초래한다.

E. 증상이 물질(예: 남용약물, 치료약물)의 생리적 영향에 기인하지 않는다.

F. 공존하는 정신질환과 의학적 상태가 수면보행증이나 야경증 삽화를 충분히 설명하지 못한다.

려 비명을 지르거나 울면서 소리를 지르는 수면 중 각성이 반복적으로 나타나며, 부모가 달래더라도 반응하지 않고, 아동을 깨우려고 시도하면 더 심해진다. 일반적으로 아동은 수면 중 경악을 보인 후 5분 내에 다시 잠들고, 나중에 이 일에 대해 기억하지 못한다. 수면 중 경악은 4~12세에 주로 나타나고, 아동기에는 3%의 출현율을 보이지만 청소년기에 접어들면 사라진다(Mindell & Owens, 2003).

(3) 악몽장애

악몽은 아동을 잠에서 깨게 하는 무서운 꿈이다. 악몽장애에서는 극도로 불쾌하며 생생하게 기억나는 꿈들이 반복적으로 발생한다. 일반적으로 수면의 후반부에 발생하며 아동이 꿈을 기억하는 경우가 많다. 이러한 증상으로 인해 사회적 기능수행을 비롯하여 일상에서 중요한 기능수행 영역에서 현저한 고통이나 결함을 초래한다. 3~6세 아동이 많이 경험하지만 후기 청소년기나 초기 성인기에 출현율이 가장 높게 나타난다(APA, 2013). 악몽장애의 출현율은 10~50%다(American Sleep Disorders Association, 1997). 비렘수면 각성장애와 달리 악몽장애는 보통 불쾌한 꿈에서 깨어나면 빠르게 각성하며 삽화에 수반되는 꿈 같은 생생한 이야기를 기억하고 말할 수 있다. 비렘수면 각성장애는 비렘수면 중에 발생하는 반면, 악몽장애는 보통 렘수면 중에 발생한다(APA, 2013). 앞서 언급한 야경증을 동반한 비렘수면 각성장애를 가진 아동의 부모 중에서는 아동이 단편적으로 회상하는 하나의 이미지만을 듣고 악몽장애로 잘못 해석할 수도 있다.

2. 기초신체기능장애의 원인

1) 급식 및 섭식장애의 원인

아동기의 이식증, 편식, 반추장애 등이 청소년기나 성인기의 섭식장애의 전조일 수 있다(Kotler et al., 2001). 이식증은 여러 가지 이유에서 발생할 수 있다. 아동이 배가 고프거나 적절한 자극이 결핍되어 있는 경우와 부모가 아동이 무엇을 먹는지에 대해 무관심하거나 감독을 소홀히 하는 경우에 아동은 먹을 수 없는 것을 먹게 된다. 반추장애는 아동이 엄마와 긍정적인 관계를 형성하지 못한 경우(Mayes, 1992)나 심한 스트레스를 경험한 경우에 형성되는 습관으로 간주된다. 반추행동에 따른 자극이 아동에게 즐거움을 주기 때문에 아동이 반추행동을 지속할 수도 있고(감각적 강화), 반추행동을 보임으로써 다른 사람들의 관심을 끌 수 있으므로(사회적 강화) 지속할 수도 있다(Linscheid & Rasnake, 2001).

신경성 식욕부진증과 신경성 폭식증과 같은 섭식장애의 원인은 유전 및 생물학적, 사회적 및 심리학적 요인이 복합적으로 작용한다(Wilson et al., 2003). 섭식장애를 가지고 있는 사람들에게서 시상하부-뇌하수체의 이상, 세로토닌과 같은 뇌 신경전달물질의 이상, 랩틴 등의 호른몬 이상 등이 나타나기도 한다(김율리, 2013; Ferguson & Pigott, 2000; Gorwood et al., 2003). 신경성 폭식증을 가진 사람들의 25~30%가 신경성 식욕부진증의 경험을 갖고 있으며, 가족 내 섭식장애의 계연성이 높다. 쌍생아 연구를 통해 유전적 영향이 보고되기도 하였다(Bulik, 2004; Klump et al., 2001). 그러나 섭식행동 조절에 생물학적 과정이 관여되기도 하는데, 유전인자가 섭식장애에 어떻게 작용하는지는 아직 밝혀지지 않았다(Bulik et al., 2001).

사회적 요인으로 가족, 또래, 대중매체를 통하여 날씬해야만 사회적 또는 경제적 기회가 주어진다는 문화적 메시지가 지속적으로 전달되는 것이 섭식장애를 유발할 수 있다(Thompson & Smolak, 2001). 특히, 대중매체에서 나타나는 마른 체형의 연예인들의 모습에 과도한 가치를 두게 되면 섭식을 제한할 수 있다(Girard et al., 2018). 가족의 체중 문제, 가족의 지나친 기대, 가족의 정서 문제, 가정불화, 알코올이나 약물 중독 등의 가족 요인이 섭식장애의 원인일 수도 있다(Steinberg & Phares, 2001). 또한 섭식장애는 발달적 변화와 관련된 스트레스에 대한 반응일 수도 있다(정명숙 외 역, 2011). 청소년기에 접어들면서 성적 특징의 발달과 더불어 자율성에 대한 사회적 요구가 커진다. 이때 대인관계 기술이 부족하고 정서조절 능력이 결여된 청소년은 생활사건에서 쉽게 부정적 정서를 경험하게 되고 이에 대한 해결책으로 폭식 행위와 제거 행위를 하기도 한다. 폭식장애의 경우, 사회경제적 수준이 높아지면서 고칼로리 음식, 활동량 감소, 식사 패턴의 문제 등으로 인한 칼로리 섭취와 에너지 소비 간의 불균형으로 인해 지방 축적으로 비만이 되기 쉽다. 아동과 청소년 비만은 심각한 건강상의 위험을 동반하며, 부정적인 자아상을 초래하고 빈약한 대인관계를 갖게 하여 대인관계의 문제가 비만을 악화시키는 악순화이 지속될 수 있다(Christakis & Fowler, 2007; Wilson et al., 2003).

심리적 요인으로는 외모에 대한 지나친 관심, 부정적 신체상, 완벽주의, 불안감, 우울감, 스트레스 등 다양한 요인이 복합적으로 작용한다. 섭식장애는 체중을 조절하기 위한 부적응적인 시도로서 음식을 거부하거나 폭식을 하거나 제거하기 위한 구토를 하는 등의 섭식행동에 문제를 나타낸다. 섭식장애를 가지고 있는 아동이나 청소년은 자신의 체중과 몸매에 대해 비정상적으로 부정적인 태도를 가지고 있고(Thompson & Smolak, 2001) 자신의 신체에 대한 높은 불만족을 가지고 있다(Dakanalis et al., 2017; Mash & Barkley, 2003; Stice et al., 2017). 섭식장애는 낮은 자존감, 우울감, 자신의 신체에 대한 불만족과 관련이 깊고 자신에 대해 과도하게 높은 기준을 설정하고 자신의 행동을 엄격하게 평가하는 자기지향적 완벽주의와도 밀접한 관련이 있다(문소현, 2008).

2) 배설장애의 원인

유뇨증과 유분증의 원인은 아직 정확히 밝혀지지 않았지만 배변 훈련의 문제, 정서적 문제, 수면 문제, 가족력, 학습 실패 등 요인이 배설장애와 관련이 있을 수 있다. 유뇨증에 영향을 미칠 수 있는 원인으로 다음의 요인들을 고려해 볼 수 있다(김승수 외, 2005; Mikkelsen, 2001). 첫째, 열악한 가정환경으로 인해 아동이 적절한 시기에 배변 훈련을 받지 못하거나 아직 준비되지 않은 유아에게 강압적인 배변 훈련을 시켰기 때문일 수 있다. 둘째, 사회심리적인 스트레스가 원인이 될 수도 있다. 동생의 출산, 유치원이나 학교 입학, 이사로 인한 전학, 부모와의 분리 등의 이유로 심각한 스트레스를 받아 유뇨증이 발생할 수도 있다. 셋째, 아동의 수면장애로 인해 유뇨증이 초래될 수 있다. 유뇨증이 수면 시간의 전반 1/3에서 주로 나타나고 일반 아동에 비해 유뇨증을 보이는 아동에게서 수면 중 항이뇨호르몬 분비의 감소가 나타난다는 점에서 전문가들은 수면장애와 관련 있다고 보기도 한다. 또한 넷째, 야간 소변 생산을 억제하는 호르몬이 부족하여 소변을 계속 생산함으로써 유뇨증이 초래될 수 있다. 또한 방광의 부분적인 기능장애도 유뇨증과 관련이 있을 수 있다. 다섯째, 중추신경계의 미성숙이 관련이 있을 수 있다. 유뇨증이 뇌의 성숙 및 발달과 관련이 있어서 유뇨증을 보이는 아동들이 다른 발달상의 문제를 보다 많이 보일 수 있다. 여섯째, 부모의 가족력을 포함하여 일란성 쌍생아에게서 유뇨증의 동시 출현율이 높은 만큼 유뇨증이 유전될 가능성도 있다.

유분증의 원인에 대한 의학적 설명에 따르면, 대변을 통제하는 데 필요한 생리학적 및 해부학적 기제의 발달과 기능이 아동에게 미흡하기 때문이다(Christophersen & Mortweet, 2001). 유분증의 원인에 대한 행동주의적 설명에 따르면, 아동이 배변 훈련을 잘못 받았거나, 고통이나 두려움을 회피하기 위한 방법으로 대변을 참거나, 대변 실수를 하면 부적절한 강화가 제공되기 때문이다(Doleys, 1989). 또한 유뇨증과 마찬가지로 강압적이고 너무 이른 배변 훈련이 유분증을 유발시킬 수 있다. 배변 훈련을 위해서는 배변 훈련을 받을 수 있는 신경과 근육 발달이 이루어진 생리적 준비와 더불어 인지 수준과 동기와 같은 심리적 준비도 되어야 한다. 이러한 준비가 부족한 상태에서의 배변 훈련은 유분증을 유발할 수 있다(이양희 외, 2001).

흔하지는 않지만 아동의 유분증이 사람들의 관심을 끄는 사회적 강화 기능이나 자신이 싫어하는 것을 회피하고자 하는 부적 강화 기능을 가질 수도 있다. 예를 들어, 학급에서 교사의 충분한 사랑과 관심을 받을 때는 신변처리에 문제가 전혀 없는 중복장애 아동이 자신에게 충분한 관심이 기울여지지 않는 기숙사에서는 사람들의 관심을 끌기 위하여 옷에 대변을 보는 경우도 있다. 아동의 스트레스와 질병은 장과 방광의 통제에 영향을 미칠 수 있다. 유아 시기에 가정을 포함한 환경적 스트레스는 대소변 실수의 문제를 유발할 수 있고 단순히 실수의 정도를 넘어서 대소변을 통제하는 데 어려움을 보일 수 있다(Peterson et al., 2003).

3) 수면-각성 장애의 원인

수면-각성 장애의 원인적 요인은 중추신경계의 미성숙, 심리적 요인, 환경적 스트레스, 유전적 요소 등을 포함한다(방명애, 이효신 역, 2019). 수면보행증 또는 야경증을 동반한 비렘수면 각성장애를 가진 사람들의 80%가 가족력을 보인다(APA, 2013). 수면 개시 불면증이라고 하는 잠들기 문제는 아동 자신뿐 아니라 부모 및 환경적 요인들이 상호작용하기 때문으로 간주된다. 아동이나 청소년의 신경생리적 발달이 덜 되어 나이에 맞는 수면 양상을 발달시키지 못할 수도 있고, 특별한 걱정이나 불안 때문에 잠드는 데 문제를 나타낼 수도 있다. 또는 밤에 깰 경우에 부모가 관심을 기울이기 때문일 수도 있다.

수면장애를 가지고 있는 아동과 청소년들의 29.4%가 불안장애의 증상을, 47.1%가 우울장애의 증상을 보인다(손광국 외, 2009). 수면을 통해 불안이나 우울의 정서가 정화될 수 있다. 그런데 수면장애 아동과 청소년들은 건강한 수면을 취하지 못하여 우울이나 불안의 정서가 심화되고 이러한 불안과 우울이 수면의 양과 질에 부정적인 영향을 미치는 악순환이 반복될 수 있다(방명애 외 역, 2020). 과다수면증과 불면증의 수면 문제는 우울과 불안의 증상이면서 동시에 수면장애나 수면 부족의 결과가 우울 또는 불안장애를 악화시킨다(Meltzer & Mindell, 2006).

수면장애는 만성질환이나 자폐성장애(ASD), 주의력결핍과잉행동장애(ADHD), 불안장애, 우울장애를 동반하는 경우에 그 출현율이 더 높아진다(Kotagal & Pianosi, 2006). 편도의 비대로 인한 폐쇄성 수면 무호흡이나 수면호흡장애를 가진 대략 30%의 아동들이 주의집중의 어려움과 과잉행동 및 충동성을 보이며 실행기능과 관련 있는 전두엽 기능 저하를 보인다는 점은 수면장애와 ADHD의 계연성을 보여 준다(O'Brien et al., 2003). 수면 문제와 ADHD의 관계도 앞서 언급한 우울 및 불안과의 관계와 마찬가지로 복잡하고 상호 관련되어 있다. 수면호흡장애 아동들의 수면 문제가 ADHD 증상을 악화시키기도 하고 ADHD 아동들이 수면 문제를 많이 보이기도 한다(Meltzer & Mindell, 2006). ADHD 아동들의 28.5%가 경도의 수면 문제를, 44.8%가 중등도 및 중도의 수면 문제를 보인다(Sung et al., 2008). 즉, 증상의 정도의 차이는 있지만 ADHD 아동들의 대략 73.3%가 수면 문제를 가지고 있다. ADHD 아동들은 수면호흡장애, 수면 개시 불면증, 심한 주간졸림증을 주로 보인다. 불안장애나 우울장애를 공존장애로 가진 ADHD 아동과 청소년이 그렇지 않은 경우 보다 더 수면 문제를 보일 가능성이 높다(박은진, 2011; Meltzer & Mindell, 2006).

ASD 아동들이 보이는 핵심 증상인 사회적 의사소통 및 상호작용의 결함과 제한적이고 반복적인 행동이나 흥미가 수면 문제에 영향을 미칠 수 있다. 사회적 상황의 단서를 인지하고 이해하는 데 어려움이 있는 ASD 아동들은 잠잘 시간이 되었다는 단서나 잠잘 준비를 어떻게 해야 하는지 등에 대해 직접적인 지도를 받지 않으면 알 수가 없고 수행하기가 어렵다(Kotagal & Broomall, 2012). 실제로 많은 ASD 아동들이 수면 문제를 보인다. ASD 아동의 44~83%가 수면 문제를 보인다(Meltzer & Mindell, 2006). 부모 보고에 따르면 ASD 아동들은 불면증 관련 수면 문제를 주로 보인다(Malow et al., 2006). 수면을 시작하는 잠들기 어려운 수면 개시 불면증, 자주 깨거나 깬 뒤에 다시 잠들기 어려운 수면 유지 불면증, 이른 아침에 깨서 다시 잠들기 어려운 후기 불면증, 짧은 총 수면 시간 등을 보인다. ASD 아동의 수면 문제는 ASD 아동과 가족들의 일상생활과 학교생활에 심각한 어려움을 초래할 수 있다(양영희 외, 2013). ASD 아동이 보이는 수면 문제의 원인으로 수면-각성 주기에 관여하는 멜라토닌의 낮은 수치, 렘수면 비율의 감소, 불안이나 행동 문제 조절 약물이 수면에 미치는 영향 등을 들 수 있으나, ASD의 원인만큼이나 불분명하다(Malow et al., 2006).

3. 기초신체기능장애의 중재

1) 급식 및 섭식장애의 중재

아동기와 청소년기의 급식 및 섭식장애는 아동의 신체 건강을 해칠 뿐 아니라 사회적 또는 심리적 문제를 수반하기도 하므로 효과적인 중재를 필요로 한다. 일반적으로 섭식장애의 중재는 약물중재, 가족중재, 인지행동중재를 포함한다. 첫째, 성인기 섭식장애에 대한 항우울제의 효과가 보고되고 있으나, 아동기와 청소년기 섭식장애의 약물치료효과와 부작용에 대한 연구는 아직 미흡한 실정이다(de Zwaan et al., 2004; Gowers & Bryant-Waugh, 2004). 둘째, 임상 분야에서는 아동이나 청소년의 섭식장애를 중재하기 위하여 가족 참여를 실시하고 있으며, 청소년의 거식증을 치료하기 위한 가족중재의 효과가 입증되고 있다(Lock, 2004; Robin, 2003). 신경성 식욕부진증과 신경성 과식증의 경우 섭식행동을 바꾸기 위한 꾸준한 치료와 가족들의 협조가 필요하다. 또한 가족이 지나치게 상호의존적이고 가족의 일체감을 지나치게 강조하여 가족구성원 각자가 독립된 정체성을 갖지 못하는 것도 섭식장애에 기여할 수 있는데, 이러한 경우 가족중재는 필수적이다(Strober & Humphrey, 1987). 그러나 아직 전반적인 섭식장애의 가족중재효과에 대한 연구의 뒷받침이 부족하다.

셋째, 아동기와 청소년기의 섭식장애에 관련하여 가장 적절한 중재는 인지행동중재다(Pike et al., 2004). 인지행동중재는 섭식을 방해하는 역기능적 행동, 체중과 체형에 대한 과도한 통제, 자신에 대한 왜곡된 평가 등을 변화시키는 데 주안점을 둔다(Hay, 2013). 즉, 섭식장애를 가지고 있는 아동이나 청소년의 체중, 체형(몸매), 음식에 관련된 비합리적인 생각과 인지적 왜곡을 인지적 재구조화를 통해 합리적 생각으로 바꾸는 것이다. 또한 아동이나 청소년이 음식 섭취에 대한 자기통제 전략을 사용하여 폭식을 예방하도록 해야 한다. 이외에도 적절한 섭식행동에 대한 정적 강화나 프리맥 원리 등의 행동 전략이 사용되기도 한다. 인지행동중재가 약물치료나 심리치료에 비해 섭식장애 중재에 효과적이라는 연구 결과들이 보고되고 있다(Pike et al., 2004; Wilson & Fairburn, 2002).

섭식장애에 대한 인지행동중재의 효과를 높이기 위해서는 대상자의 중도포기율을 낮추고 짧은 기간 집중적이며 개별화된 중재를 제공하며 가족 기반의 중재를 적용할 필요가 있다(DeJong et al., 2012). 신경성 식욕부진증과 신경성 폭식증을 포함한 섭식장애 청소년을 위한 인지행동중재 프로그램에서는 섭식장애와 관련이 있는 심리적 요인인 극도의 완벽주의, 낮은 자아존중감, 정서 조절의 어려움, 관계의 어려움과 관련한 개인별 섭식장애 관련 원인을 이해하고 해결하는 과정이 다루어져야 한다(금다정, 2021). 섭식장애 관련 문헌 고찰을 통해 섭식장애 청소년을 위한 스마트기기를 활용한 인지행동중재 기반 프로그램의 구체적인 내용은 금다정(2021)의 연구를 참고하기 바란다. 섭식장애에 대한 심리사회적 중재로서 인지행동 기반의 중재와 더불어 최근에는 정서조절의 어려움을 중요 요인으로 보고 대상자의 현재 경험에 집중하고 이 경험을 수용 및 개방하는 태도에 주안점을 두는 마음챙김 기반의 중재(mindfulness-based intervention)가 대두되고 있고 이에 대한 연구도 이루어지고 있다(정선아, 이고운, 2018).

급식장애에 해당하는 이식증과 반추장애에 대해서는 주로 행동중재가 적용된다. 이식증에 대한 효과적인 중재를 하기 위해서 먼저 이식증의 기능을 분석하여 선행사건과 후속결과를 알아야 한다. 예를 들어, 아동은 모래를 먹음으로써 다른 사람의 관심을 끌려고 할 수도 있고(사회적 강화), 모래가 주는 구강 자극을 좋아해서 모래를 먹을 수도 있다(자동강화). 효과적인 행동중재 전략은 이식증과 동시에 발생할 수 없는 행동을 강화하는 상반행동 차별강화, 아동이 이식증을 보일 때마다 분무기로 얼굴에 차가운 물을 뿌리는 혐오적 자극 제시 및 고립 등이 있으며, 아동이 급식과 관련하여 바람직한 행동을 할 때 정적 강화를 제공해 줌으로써 이식증을 대체할 바람직한 행동이나 기술을 습득하도록 도와야 한다.

다른 급식장애와 마찬가지로 반추행동을 감소시키기 위하여 일반적으로 행동중재를 적용한다. 아동이 반추행동을 보이지 않을 경우 강화해 주거나(타 행동 차별강화), 반추를 유도하기 위해 사용하는 손으로 그림을 그리거나 글씨를 쓰는 행동을 강화해 준다(상반 행동 차별강화). 또는 아동이 반추행동을 보일 때마다 레몬주스를 이용해 삼키는 행동을 촉진하거나 고립시키는 등의 벌이 사용되기도 한다. 반추장애를 가지고 있는 아동의 부모로 하여금 아동의 요구에 반응적인 환경을 제공하도록 양육기술을 향상시키는 것도 반추행동을 감소시키는 데 효과적이다(Nicholls, 2004). 이식증과 반추장애 등의 급식장애에 대해 혐오자극을 제공하거나 선호자극을 제거하는 벌 절차를 적용할 경우에는 신중해야 한다. 신중하게 사용하지 않을 경우 자칫 아동학대의 문제를 초래할 수 있으므로 최대한 다른 중재를 적용했으나 효과가 나타나지 않았거나 급식장애가 생명과 직결되어 생명에 위협이 될 수 있는 경우에 한하여 벌 절차의 적용을 고려하는 것이 바람직하다.

특수교사는 드물지 않게 섭식행동의 문제를 보이는 학생을 만날 수 있다. 발달장애 학생이 섭식 문제를 보이는 경우(예: 음식 거부, 폭식 등) 특수교사 혼자서 다루기는 어렵다. 특수교사 혼자서 이러한 섭식문제 및 장애에 대한 책임을 지려고 해서는 안 된다. 섭식문제의 경우 가정과의 협력이 함께 이루어져야 한다. 거식증이나 다른 식이장애를 가진 학생들은 교실 내에서 심한 불안이나 강박적 행동을 보일 가능성이 높다. 이러한 경우 특수교사는 적절한 영양 섭취와 운동에 대한 교수와 지원을 제공하고 학생의 음식 섭취 관리를 위해 다른 분야의 전문가들과 협력할 수 있다(방명애 외 역, 2020).

2) 배설장애의 중재

아동기나 청소년기 유뇨증을 중재하기 위하여 약물치료와 행동중재가 많이 사용되고 있다. 유뇨증을 치료하기 위한 약물은 이미프라민(imipramine)에 비해 부작용이 적은 데스모프레신 아세테이트(desmopressin acetate)가 많이 사용되고 있으나, 약물치료의 단점은 약물을 중단하면 유뇨증이 재발한다는 것이다(Walker, 2003). 행동주의 이론에 근거한 중재 방법은 ① 아동이 소변 실수를 하면 알람(예: 야뇨경보기)이 울리게 하는 방법, ② 아동으로 하여금 음료수를 많이 마시게 하고 소변 보는 것을 되도록 오래 참도록 훈련하는 보유-조절 훈련 방법, ③ 아동이 소변 실수를 한 경우에 스스로 청소를 하도록 하는 방법, ④ 유뇨증 없는 날의 수에 대해 높은 목표를 세워 놓고 훈련하는 과잉학습 방법을 포함한다(Houts, 2003). 한 가지 중재 방법만 사용하는 것보다 여러 가지 중재 방법을 통합하여 사용하는 것이 바람직하다. 무엇보다도 아동의 부모가 유뇨증에 대한 충분한 이해를 바탕으로 적절한 지원을 하는 것이 중요하다. 유뇨증을 보이는 아동의 증상이 실수나 잘못이 아님을 부모가 인지하고 아동이 증상을 보일 때 마음을 편히 갖게 하고 아동의 느낌과 생각을 들어주며 치료될 수 있음을 확신을 가지고 앞서 언급된 방법들을 적용하여 아동의 진전과 참여를 적극 격려해 주는 부모의 책임능력을 높일 필요가 있다(박용훈, 2002).

방광의 기능의 문제로 유뇨증을 보이는 아동의 경우 방광 기능의 향상 또는 배뇨 반사의 성숙을 위해, ① 낮 동안 소변을 오래 참는 훈련, ② 자기 전에 잠자리에 눈을 감고 누워 방광이 차면 화장실로 가는 예행연습의 자기경각(self-awakening) 훈련, ③ 자기경각 훈련이 실패하거나 아동의 기능수행이 이를 스스로 하기 어려운 경우에는 부모가 아동을 깨우면 아동이 자발적으로 화장실을 가는 부모경각 훈련(이때 부모가 아동을 화장실로 데리고 가는 것은 역효과를 가져 올 수 있음), ④ 낮 동안에 아동이 소변이 급하게 마려움을 느낄 때 잠자리에 잠시 누웠다가 화장실로 가는 낮 시간 예행연습, ⑤ 밤 동안 일정 시간에 아동을 깨워서 소변을 보게 하는 건조한 침대 훈련을 적용할 수 있다. 그러나 이러한 방광훈련은 시행의 번거로움과 개별적인 효과의 차이로 인해 실제 적용이 용이하지 않을 수 있다(박용훈, 2002). 앞서 언급한 바와 같이, 유뇨증은 약물치료와 다양한 행동중재를 포함하여 방광훈련, 식이 조절, 야뇨경보기 사용 등 여러 가지 중재를 함께 시행하는 것이 바람직하다.

유분증을 치료하기 위해서는 의학적 중재와 행동주의적 중재를 통합하여 실시하면 가장 효과적이며 재발률도 낮다(McGrath et al., 2000). 유분증을 가지고 있는 아동으로 하여금 섬유질을 많이 섭취하게 하고, 필요에 따라 관장을 하도록 한다. 독립적인 배변 기술을 습득하지 못한 아동에 대해서는 구조화된 행동적 접근인 행동주의 중재를 통해 규칙적으로 배변시간을 정하여 배변 훈련을 하며, 적절하게 배변행동을 보이면 정적 강화를 제공하고 부적절하게 대변 실수를 하면 아동이 직접 청소하도록 한다.

바람직한 배변행동의 경험이 전혀 없고 부적절한 배변행동으로 인해 배설에 대한 두려움과 사회적 위축을 보이는 유분증 아동에게는 타인의 도움 없이 스스로 바람직한 배변행동 수행을 지속적으로 수행하는 것을 목표하여 행동주의에 기반한 중재를 적용할 수 있다(이양희 외, 2001). 바람직한 배변행동에 대한 과제분석, 시범, 신체 및 언어적 촉구, 자기교수(단계: 인지적 모방, 외적 안내, 외적 자기교수, 자기교수 용암, 내적 자기교수), 토큰강화, 일차강화제와 사회적 강화제의 사용을 통해 배변행동 지도를 할 수 있다. 바람직한 배변행동에 대한 자기교수 훈련의 예를 들면, 과제분석한 바람직한 배변의 단위행동의 순서(예: 옷을 내린다, 변기에 앉는다, 변을 본다, 휴지로 닦는다, 옷을 올린다, 변기의 물을 내린다)를 동성의 부모가 시범을 보이며 자기교수의 인지적 모방과 외적 안내 단계를 시행하고 그다음으로 아동이 큰 소리로 배변행동의 순서를 말하면서 배변을 수행하는 외적 자기교수를 시행한다. 이때 부모는 신체 및 언어적 촉구를 제공한다. 아동이 배변행동을 보이면 화장실 밖에서 배변행동의 순서를 언어적으로 촉구하고 아동은 자기교수 용암의 단계로 작은 목소리로 배변행동의 순서를 속삭이면서 수행하는 것을 지도한다. 아동이 변기를 사용하여 바람직한 배변행동을 하게 되면 이제는 어떠한 도움 없이도 내적 자기교수를 통해 소리내지 않고 내적 언어를 사용하여 배변행동을 수행하도록 지도한다. 바람직한 배변행동에 대한 지도를 통해 아동의 자기조절 능력이 향상되면 가정뿐 아니라 다른 장소로도 일반화될 수 있고 부적절한 배변행동으로 인한 사회 정서적 문제도 감소될 수 있다(Howe & Walker, 1992).

배설장애는 방광이나 장의 조절을 배우지 못한 데서 오는 경우가 있으므로 효과적인 중재에는 배변 훈련이나 연습이 포함된다. 배변 훈련은 점진적으로 이루어지는 과정이며 배변 훈련에서 부모의 역할은 매우 중요하다. 부모가 적절한 배변 훈련을 하지 못하고 비일관된 훈련을 하는 가족 요인이 배설장애의 발생에 중요한 역할을 할 수 있다. 적절한 배변 훈련의 요인으로는 배변 훈련 준비, 초기 성공경험 시기, 배변통제에 대한 강화제공, 심리적 안정 분위기 제공을 들 수 있다.

중도장애를 가진 학생들을 지도하는 특수교사는 공존장애로 배변장애를 가진 특수교육대상학생을 만날 가능성이 높다. 배변장애는 학교에서 매우 다루기 힘든 행동관리의 핵심 문제가 될 수 있고 배설장애 관련 증상으로 인해 또래로부터 학생이 거부되기도 한다. 특수교사는 배설장애로 인해 교실 내에서 야기되는 문제를 다루기 위해 학부모를 포함하여 학교 내 보건교사, 외부 관련 전문가들과 협력할 수 있다(방명애 외 역, 2020).

3) 수면-각성 장애의 중재

아동과 청소년의 27~62%가 수면장애 관련 증상을 보이고 수면 문제가 오랜 기간 지속될 수 있으나 수면장애에 대한 인식이 부족하여 조기 개입이 제대로 이루어지지 못하고 있다(손광국 외, 2009). 수면장애를 가진 아동이나 청소년은 수면장애와 관련하여 두통, 불면증, 코골이와 구호흡, 주간 졸림증, 수면 중 이상 및 과잉행동을 보인다(강준석 외, 2016; 김윤희 외, 2010). 수면장애가 아니더라도 만성적인 수면 부족이나 불규칙한 수면 패턴으로 인해 심한 주간졸림증을 유발하여 일상생활에 지장을 줄 수 있다(강준석 외, 2016). 만성적 수면 부족은 주간졸림증만 유발하는 것이 아니다. 우리나라 청소년들은 학년이 높아질수록 수면량도 감소하며 수면량이 적을수록 스트레스, 우울, 자살 사고가 높게 보인다(Lee et al., 2015). 수면장애 또는 만성적 수면 부족에 의한 심한 주간졸림증은 아동과 청소년의 학교생활과 삶의 질에 부정적인 영향을 미칠 수 있으므로 수면장애에 대한 적절한 중재와 안정적인 수면시간 확보가 필요하다.

수면 개시 불면증의 잠들기 문제에 대한 중재는 규칙적인 잠자기 시간 정하기, 소거, 계획하여 깨우기 등을 포함한다. 수면에 관련된 문제행동을 줄이기 위해서 규칙적인 잠자기 시간을 정하는 것이 효과적이며, 잠자기 전에 목욕하기, 이야기책 읽기, 조용한 음악 듣기 등의 이완활동을 하는 것도 효과적이다. 중재 방법 중 소거는 아동이 잠자리에 든 후나 밤에 깼을 때 부모가 관심을 기울이지 않는 것을 의미한다. 이는 수면 문제를 가진 아동들이 잠자리에 들어서나 잠자는 도중에 깨었을 때 부모가 관심을 기울여 주고 같이 놀아 주는 등 정적 강화를 제공하기 때문에 자신이 울면 부모가 반응을 보일 것이라는 기대를 학습하고 혼자서 잠이 들 수 없게 되는 것이다(방명애, 이효신 역, 2019). 따라서 아이가 울 때마다 부모가 제공하는 정적 강화를 소거함으로써 아동의 문제행동을 감소시켜야 하는 것이다. 부모는 소거를 사용할 때 아동의 문제행동이 일시적으로 더 심해지는 '소거 폭발'이 있을 수 있음을 예측해야 한다.

수면보행증을 보이는 비렘수면 각성장애 아동에 대해서는 보행 시 신체적 상해의 위험이 있으므로 아동의 집안의 창문과 문을 잠그고 아동이 방 밖으로 나오면 이를 알리는 경고 장치를 아동의 방문에 설치하는 것이 도움이 된다. 수면 중 보행 증상을 보일 때 아동을 깨우지 말고 규칙적인 수면 일상을 따르도록 하고 아동의 스트레스 요인을 줄여 줄 필요가 있다.

야경증을 보이는 비렘수면 각성장애 아동이 수면 중 경악을 보일 때 아동을 깨우지 않는 것이 좋다. 대신에 아동의 안전을 지속적으로 점검해야 한다. 야경증은 수면 부족과도 관련이 있을 수 있으므로 적당한 양의 수면을 취할 수 있도록 규칙적인 수면 일상을 따르게 하는 것이 좋다. 또한 스트레스와도 관련이 있을 수 있으므로 아동의 스트레스 요인을 판별하고 스트레스를 줄여 주는 것이 도움이 된다.

악몽장애 아동에 대해서는 악몽을 꾸었을 때 아동을 편안하게 해 주며 악몽에 대해 이야기할 기회를 주고 이야기를 들어 준다. 아동의 악몽과 관련한 현실적인 불안 요소가 있으면 환경중재와 더불어 이완훈련과 역할놀이를 통해 현실 상황에서의 대처기술을 향상시키는 것이 필요하다.

수면 문제는 만성질환, 발달장애나 건강 및 정신장애를 가진 다른 많은 아동과 청소년들에게서도 흔하게 나타난다(Meltzer & Mindell, 2006). 앞서 원인 부분에서 언급한 바와 같이 특히 많은 자폐성장애, 주의력결핍과잉행동장애, 불안 및 우울장애 아동들이 흔히 수면장애를 함께 보인다. 수면장애를 동반하는 불안 및 우울장애 아동에 대한 효과적인 수면 관련 중재는 불안 및 우울장애와 수면장애에서 언급되는 중재 요소를 통합한 복합적인 접근이다. 불안 및 우울장애에 대해 처방되는 항우울제가 수면 문제를 악화시킬 수 있으므로 수면장애의 공존을 보이는 불안 및 우울장애의 약물치료에서는 아동과 청소년의 수면에 미치는 영향을 고려해야 한다. 약물치료와 더불어 일관된 수면 일상을 만들어 주는 것도 충분한 수면을 취하는 데 도움이 될 수 있다. 또한 이완 전략을 지도하여 수면 개시의 지연을 개선시키고 수면에 대한 공포와 염려를 줄여 줄 수 있다. 긍정적인 자기진술이나 수면에 대한 비합리적인 사고를 재구조화하는 인지행동중재가 수면 문제와 불안 및 우울의 문제를 감소시키는 데 매우 효과적일 수 있다(Meltzer & Mindell, 2006).

수면장애를 동반하는 자폐성장애 아동에 대한 수면 문제 관련 효과적인 중재는 약물치료와 행동중재다. 자폐성장애 아동의 수면 문제를 치료하기 위한 약물은 멜라토닌이 많이 사용된다(양영희 외, 2013). 수면-각성 주기에 관여하는 멜라토닌의 수치가 낮은 것이 자폐성장애 아동의 수면 문제와 관련이 있다고 보고 멜라토닌을 처방한다. 멜라토닌이 자폐성 장애아동의 수면 문제 개선에 효과적이라고 하지만 자폐성장애가 갖는 이질성을 고려할 때 효과를 단언하기에는 제한적이다. 자폐성장애 아동의 수면 문제에 대한 행동중재 방법은 ① 일관된 수면 환경과 일상을 만들어 주는 방법, ② 자폐성장애 아동의 감각적 특성을 고려하여 적어도 수면 개시 3시간 전에는 감각 자극 상황(예: 아동의 방 조명 조절, 이완에 도움이 되는 향이나 음악 사용 등)을 조절해 주는 방법, ③ 낮 시간 동안에 햇빛을 쬐고 적당한 운동을 시키는 방법, ④ 부모의 관심 획득을 위해 잠들기 문제와 관련이 있는 경우에 아동이 잠자리에 눕고 깨어 있는 상황에서 부모가 옆에서 잠시(대략 10분 이내) 잠들기를 기다려 주다가 아동이 잠들기 전에 방에서 나오고 아동이 깨어나면 이 과정을 반복하는 방법, ⑤ 시각적 일과표를 활용하여 잠들기 일과를 만들어 주는 방법을 포함한다(Kotagal & Broomall, 2012; Reynolds & Malow, 2011). 자폐성장애 아동은 시각적 정보처리의 상대적 강점과 선호를 가지고 있으며 예측 가능한 패턴을 선호하여 구조화된 환경에서 활동 참여에 보다 동기화될 수 있다(Mesibov et al., 2012). 이러한 자폐성장애의 특성을 활용하여 예측 가능한 구조화된 '잠자기 일과'(예: 잠옷을 입는다, 소변을 본다, 손을 씻는다, 양치질을 한다, 책을 읽는다, 침대에 눕는다)를 구성할 수 있다. 이때 세수하기는 각성을 유발할 수 있으므로 집에 와서 손발을 씻을 때 세수를 하게 하는 것이 좋다. 잠자기 일과를 시각적 일과표로 제시하여 수면 일과가 자폐성장애 아동의 잠자기 의식(ritual)이 되도록 일관되게 반복적으로 지도할 필요가 있다.

4. 요약 및 결론

잘 먹고 잘 자고 잘 싸는 것은 우리 인간이 삶을 영위하는 데 기본이다. 그런데 이러한 섭식, 수면, 배설의 문제가 나타나면 신체 및 정신 건강의 문제를 초래할 수 있다. 이 장에서는 기초신체기능 장애 중에서 급식 및 섭식장애, 배설장애, 수면-각성 장애에 대해 살펴보았다. 급식 및 섭식장애의 하위 유형은 신경성 식욕부진증, 신경성 폭식증, 폭식장애, 이식증, 반추장애, 회피적/제한적 음식섭취장애 등이다. 배설장애로는 유뇨증과 유분증이 있다. 수면-각성 장애의 하위 유형은 불면장애(수면 개시 불면증, 수면 유지 불면증, 후기 불면증), 비렘수면 각성장애(수면보행증, 야경증), 악몽장애 등이다. 이러한 하위 유형들의 정의를 DSM-5에 제시된 진단기준을 근거로 살펴보았다. 또한 급식 및 섭식장애, 배설장애, 수면-각성 장애의 원인을 살펴보았다. 기초신체기능장애는 다른 장애, 특히 불안 및 우울장애의 공존을 보이며 섭식 · 배설 · 수면의 문제는 자폐성장애와 주의력결핍과잉행동장애와도 관련이 있다. 섭식장애의 원인은 유전 및 생물학적 요인과 사회 및 심리적 요인이 복합적으로 작용한다. 유뇨증과 유분증의 배설장애 원인은 아직 정확히 밝혀지지 않았지만 배변 훈련의 문제, 정서적 문제, 수면 문제, 가족력, 학습 실패 등의 요인이 배설장애와 관련이 있을 수 있다. 수면-각성 장애의 원인은 중추신경계의 미성숙, 심리적 요인, 환경적 스트레스, 유전 및 생물학적 요인 등을 포함한다.

아동기의 먹는 행위에 관한 행동장애인 급식장애에 해당하는 이식증과 반추장애에 대해서는 주로 행동중재가 적용된다. 섭식행동에 심각한 문제를 보이는 신경성 식욕부진증과 신경성 폭식증에 대한 중재는 약물중재, 가족중재, 인지행동중재를 포함한다. 아동기나 청소년기 유뇨증을 중재하기 위하여 약물치료와 행동중재가 많이 사용되고 있다. 유뇨증은 약물치료와 다양한 행동중재를 포함하여 방광훈련, 식이 조절, 야뇨경보기 사용 등 여러 가지 중재를 함께 시행하는 것이 바람직하다. 유분증을 치료하기 위해서는 의학적 중재와 행동주의에 기반한 중재를 통합하여 실시하면 가장 효과적이며 재발률도 낮다. 배설장애는 방광이나 장의 조절을 배우지 못한 데서 오는 경우가 있으므로 효과적인 중재에는 배변 훈련이나 연습이 포함된다. 배변 훈련은 점진적으로 이루어지는 과정이며 배변 훈련에서 부모의 역할이 매우 중요하다. 수면장애 또는 만성적 수면 부족에 의한 심한 주간졸림증은 아동과 청소년의 학교생활과 삶의 질에 부정적인 영향을 미칠 수 있으므로 수면장애에 대한 적절한 중재와 안정적인 수면 시간 확보가 필요하다. 수면 문제는 만성질환, 발달장애나 건강 및 정신장애를 가진 다른 많은 아동과 청소년들에게서도 많이 나타난다. 수면장애를 동반하는 불안 및 우울장애 아동이나 자폐성장애 아동에 대한 효과적인 수면 관련 중재를 위해서는 수면장애와 공존장애(불안장애, 우울장애, 또는 자폐성장애)에서 언급되는 중재 요소를 통합한 복합적인 접근을 하는 것이 중요하다.

참고문헌

강준석, 김고운, 권순학, 서혜은(2016). 심한 주간졸림증을 동반한 소아청소년의 수면장애. 대한소아신경학회지, 24(3), 129-135.

곽승철, 임경원, 변찬석, 박계신, 황순영 역(2010). 정서행동장애학생교육(Yell, M. L., Meadows, N. B., Drasgow, E., & Shriner, J. G. 저). 경기: 교육과학사.

교육부, 보건복지부, 질병관리청(2021). 제16차(2020년) 청소년건강행태조사 통계.

국립특수교육원(2001). 특수교육 요구아동 출현율 조사. 경기도 안산: 국립특수교육원.

권석만, 이한주, 이순희 역(2007). 정신분석적 심리치료(McWilliams, N. 저). 서울: 학지사.

권정윤(2014). 유아의 정서, 행동 유능성 척도(Preschool Behavioral and Emotional Rating Scale: PreBERS)의 타당화 기초연구. 유아교육연구, 34(4), 527-545.

권준수 역(2018). DSM-5 간편 정신질환진단통계편람. 서울: 학지사.

금다정(2021). 섭식장애 청소년을 위한 인지행동치료 프로그램 개발. *Perspectives in Nursing Science, 18*(1), 1-9.

김계현, 황매향, 선혜연, 김영빈(2012). 상담과 심리검사(2판). 서울: 학지사.

김미경, 안동현, 이양희(1996). 학습문제를 동반한 주의력결핍-과잉행동장애 아동의 특성 분석. 정신건강연구, 15, 122-133.

김미선, 박지연(2005). 학급차원의 긍정적인 행동지원이 문제행동을 보이는 초등학교 장애학생과 그 또래의 문제행동에 미치는 영향. 특수교육학연구, 40(2), 355-376.

김세주, 김민석 역(2007). 주의력결핍 · 과잉행동 장애의 이해(Chris, A., Zeigler, D., & Alex, Z. 저). 서울: 시그마프레스.

김승수, 곽병곤, 김영대, 김우경, 김영균, 이종국(2005). 소아 야뇨증에 대한 임상적 고찰. 인제의학, 26(1), 33-39.

김영환, 김지혜, 오상우, 이수정, 조은경, 홍상황(2006). 청소년 성격평가 질문지. 서울: 학지사 심리검사연구소.

김용석(2004). 청소년 음주와 비행 간의 관계에 관한 탐색: 공통요인들의 역할을 중심으로. 정신보건과 사회사업, 18, 33-59.

김윤희, 이준수, 김홍동, 조양제, 강진호, 이종찬, 강훈철(2010). 소아청소년기 수면 장애의 임상적 연구. 대한소아신경학회지, 18(2), 187-196.

김율리(2013). 섭식장애의 생물학적 및 정서적 병인기전에 대한 새로운 지견. 생물정신의학, 20(3), 74-79.

김자윤, 안동현, 신영전(1999). 농촌지역의 주의력결핍-과잉행동장애 및 학습장애의 역학적 연구. 신경정신의학, 38(4), 784-793.

김준호, 김선애(1997). 아동학대의 실태와 영향. 한국청소년연구, 26, 5-28.

김준호, 안호용, 김선애, 김선업(2002). 가족의 구조 · 기능과 청소년 비행. 한국청소년연구, 13(1), 225-267.

김진호, 김미선, 김은경, 박지연 역(2009). 긍정적 행동지원: 행동중재를 위한 최신 이론과 실제(Scheurmann, B. K., & Hall, J. A. 저). 서울: 시그마프레스.

김진호, 김미선, 김은경, 박지연 역(2017a). 긍정적 행동 중재와 지원: 행동중재를 위한 최신 이론과 실제(Scheurmann, B. K., & Hall, J. A. 저). 서울: 시그마프레스.

김진호, 박재국, 방명애, 유은정, 윤치연, 이효신, 한경근 역(2017b). 최신특수교육(11판)(Heward, W. L., Alber-Morgan, S. R., & Konrad, M. 저). 서울: 시그마프레스.

김헌수, 김현실(2000). 청소년 비행행동 측정도구 개발. 소아 · 청소년정신의학, 11(1), 79-90.

김현미, 허성영, 김성곤, 김지훈, 정우영, 유은라, 최범성, 김대욱, 윤동욱(2020). 소아청소년기 발병 양극성 장애와 성인기 발병 양극성 장애의 인지 및 임상적 특성에 대한 비교 연구. 생물치료정신의학, 26(2), 154-161.

노선옥, 김수연, 김애화, 김형일, 남상석, 박순희, 유장순, 이성봉, 이춘자, 정영옥, 정은희, 최성규, 한경근(2009). 특수교육대상아동 선별 검사. 경기도 안산: 국립특수교육원.

노진아(2007). 장애 혹은 장애위험 유아를 위한 긍정적인 행동지원의 고찰. 특수교육재활과학연구, 46(2), 15-34.

라이프라인 자살예방센터(2007). 세계보건기구(WHO)가 권장하는 자살예방지침서. 서울: 한국생명의전화.

류재연, 이태수, 이준석, 김지연(2020). 국립특수교육원 행동발달평가 척도 개발 연구(2019~2020): 정서 · 행동검사(NISE-K · EBS). 충남 아산: 국립특수교육원.

류재연, 임경원, 김은경 역(2017). 통합교육을 위한 행동관리의 실제(Zirpoli, T. J. 저). 서울: 시그마프레스.

문소현(2008). 성별에 따른 학령기 후기 아동의 섭식장애 관련 요인. 아동간호학회지, 14(4), 361-369.

박경애, 조현주, 이병임, 이수진, 김희수, 김종남 역(2011). **아동과 청소년을 위한 인지정서행동치료(REBT)**(Vermon, A. 저). 서울: 시그마프레스.

박용훈(2002). 소아 야뇨증의 진단과 치료. *Clinical and Experimental Pediatrics, 45*(4), 425-434.

박윤아, 박지연(2008). 분노조절프로그램이 정서 및 행동장애 위험 아동의 공격성 및 정서적 능력에 미치는 영향. **정서 · 행동장애연구, 24**(1), 23-42.

박은진(2011). 주의력결핍 과잉행동장애와 수면 문제. **수면 · 정신생리, 18**(1), 10-16.

박지연, 김예리 역(2019). **표적집단을 위한 긍정적 행동지원**(Riffel, L. A., & Mitchiner, M. 저). 서울: 학지사.

박지연, 윤선아, 손유니, 김남희, 최승숙, 김영란, 김예리, 심은정, 김지수, 백예은(2018). **정서행동장애 학생을 위한 협력체제 지원 가이드북**. 인천: 인천광역시교육청.

박지연, 조윤경, 김미선(2004). 일반 학급 내 정서 및 행동문제를 가진 아동의 특성과 지원 요구에 대한 질적 연구. **정서 · 행동장애연구, 20**(2), 251-284.

방명애(2015). 장애학생 학부모 상담 및 갈등해결을 위한 전략. **직무연수 제9기 자료집**(pp. 71-76). 충남 안산: 국립특수교육원.

방명애(2016). 장애학생 가족지원 및 부모상담. **자격연수 제2기 자료집**(pp. 417-428). 충남 아산: 국립특수교육원.

방명애(2017). 부모상담 및 가족지원을 위한 진단평가의 실제. **직무연수 제7기 자료집**(pp. 19-25). 충남 아산: 국립특수교육원.

방명애, 김은경, 박지연, 이효신 역(2020). **정서행동장애(제11판)**(Kauffman, J. M., & Landrum, T. J. 저). 서울: 시그마프레스.

방명애, 박현옥, 김은경, 이효정(2018). **자폐성 장애학생 교육**. 서울: 학지사.

방명애, 이효신 역(2013). **정서행동장애: 이론과 실제(제5판)**(Webber, J., & Plotts, C. A. 저). 서울: 시그마프레스.

백성은, 박선영, 안명희(2017). 한국판 정서-행동평가시스템, 부모보고형 검사-청소년용(K · BASC-2, PRS-A) 타당화 연구: 구성 타당도를 중심으로. **교육심리연구, 31**(4), 639-666.

백예은, 박지연(2020). 초등학교 고학년 학생의 사회정서역량척도 개발 및 타당화. **정서 · 행동장애연구, 36**(3), 185-210.

백은순(1990). 중등학생 비행에 관련된 학교 요인 연구. **한국교육, 17**, 233-246.

보건복지부, 삼성서울병원(2017). **2016년도 정신질환실태 조사**. 세종: 보건복지부.

보건복지부, 중앙자살예방센터(2020). **자살예방백서**. 세종: 보건복지부.

서울특별시교육청(2021). **특수교육지원센터 진단 · 평가 운영 매뉴얼**. 서울: 서울특별시 교육청.

소유경, 노주선, 김영신, 고선규, 고윤주(2002). 한국어판 부모, 교사 ADHD 평가 척도의 신뢰도와 타당도 연구. 신경정신의학, 41, 283-289.

손광국, 박종훈, 소수민, 김준식, 이주화, 조용원(2009). 수면장애를 가진 소아 청소년에서의 불안증, 우울증의 유병률. 대한소아신경학회지, 17(2), 200-208.

신현균, 김진숙(2016). 주의력결핍 과잉행동장애. 서울: 학지사.

신혜섭(2005). 가정폭력 요인과 가족구조 요인이 남녀 학생 청소년의 비행에 미치는 영향. 가족과 문화, 17(2), 63-88.

안동현, 김세실, 한은선(2004). 주의력결핍 장애아동의 사회기술훈련. 서울: 학지사.

안명희(2007a). 한국판 교사 보고형 아동성격진단검사 표준화 예비 연구. 한국심리학회지: 사회 및 성격, 21(3), 101-115.

안명희(2007b). 한국판 부모 보고형 아동행동진단검사(KBASC-2 Parent Rating Scale-Child) 표준화 예비 연구. 한국심리학회지: 학교, 4(1), 79-98.

안명희(2016). 한국판 정서-행동 평가시스템 전문가 지침서. 서울: 인싸이트.

안병화, 윤치연, 이영순, 이효신, 천성문 역(2009). 최신 행동수정(Miltenberger, R. G. 저). 서울: 시그마프레스.

양명희(2012). 행동수정 이론에 기초한 행동지원. 서울: 학지사.

엄명용(2000). 비행 예방 프로그램의 개발을 위한 청소년비행 예측 요인의 발굴. 한국사회복지학, 42, 254-289.

오가혜, 고기원, 조선미(2005). 로르샤하 검사 반응에 의한 청소년 비행성향의 예측에 관한 연구. 청소년학연구, 12(4), 195-214.

오경자, 고려원, 박중규(1999). 부모훈련을 통한 아동행동장애의 행동치료. 1999년도 하계학술대회(pp. 1-34). 임상심리학회.

오경자, 홍강의, 이혜련(2003). K-CBCL 아동 · 청소년행동평가척도. 서울: 휴노컨설팅.

오언, 방명애(2012). 사회불안장애 위험 청소년의 사회불안정서에 영향을 미치는 변인 분석. 정서 · 행동장애연구, 28(2), 235-253.

우세진, 김유리(2020). 개별화교육계획(IEP) 회의 참여 프로그램이 장애 초등학생의 IEP 회의 지식 및 기술, 자기결정력에 미치는 영향. 특수아동교육연구, 22(1), 131-158.

우주미, 김정모(2013). 마음챙김에 기초한 인지치료가 여고생의 폭식행동 및 부적 정서에 미치는 효과. 청소년학연구, 20(11), 233-256.

위한영, 박지연(2019). 인지적 대인관계 문제해결훈련(ICPS) 프로그램이 초등학교 통합학급 학생의 갈등해결전략, 교우관계, 학급분위기에 미치는 영향. 정서 · 행동장애연구, 35(3), 143-169.

유창민, 강상경(2015). 청소년의 자살생각 변화궤적과 예측요인: 위험요인과 보호요인을 중심으로. 한국 사회복지학회 학술대회 자료집(pp. 231-259). 연세대학교 사회복지연구소.

이경혜(2001). 학령기 아동의 공격성 행동장애 출현율: 연령차 및 성차를 중심으로. **정서 · 행동장애연구, 17**(2), 93-116.

이대식(2017). 개별화교육계획(IEP)의 현장 적합성 강화 방안. **교육논총, 37**(3), 315-343.

이민수, 이민규(2005). **한국우울증검사 요강**. 서울: 학지사 심리검사연구소.

이상균(2005). 청소년의 또래 폭력 가해 경험에 대한 생태 체계적 영향 요인. **한국아동복지학, 19**, 141-170.

이상복, 윤치현(2004). **한국 주의력결핍 · 과잉행동 진단검사(K-ADHDDS)**. 부산: 테스피아.

이성봉, 김은경, 박혜숙, 양문봉, 정경미, 최진혁(2019). **응용행동분석**. 서울: 학지사.

이소현, 박지연, 박현옥, 윤선아 역(2008). **장애 학생을 위한 개별화 행동 지원: 긍정적 행동지원의 계획 및 실행**(Bambara, L. M., & Kern, L. 저). 서울: 학지사.

이아름, 송원영(2018). 고위험 문제행동을 보이는 초등학생을 위한 구조화된 인지행동 중재 프로그램의 효과 검증. **한국융합학회논문지, 9**(1), 241-251.

이양희, 조영숙, 구미향(2001). 유분증 아동을 위한 배변훈련프로그램의 효과 연구. **소아청소년정신의학, 12**(2), 263-274.

이영란(2002). 비행 청소년의 음주, 흡연실태에 관한 조사 연구. **형사정책, 14**(1), 105-148.

이해경, 신현숙, 이경성(2008). **ABAS-S 청소년 행동평가척도(청소년용)-상담을 위한 활용**. 서울: 학지사 심리검사연구소.

이효신 역(2014). **교사를 위한 응용행동분석**(Alberto, P. A., & Troutman, A. C. 저). 서울: 학지사.

이효신, 방명애 역(2019). **유아기 정서행동장애(2판)**(Holland, M. L., Malmberg, J., & Gimpel, G. A. 저). 서울: 시그마프레스.

임경희, 조붕환(2004). 성, 학년, 지역에 따른 초등학생의 ADHD 출현율 조사연구. **초등교육연구, 17**(1), 235-260.

정동선, 하규섭, 정희연, 구훈정, 황준원, 김붕년, 신민섭, 조수철, 홍강의(2006). 주의력결핍/과잉행동장애와 양극성장애 공존 환아군과 주의력결핍/과잉행동장애 환아군의 비교연구. **신경정신의학, 45**(6), 588-597.

정명숙, 손영숙, 정현희 역(2011). **아동 · 청소년 이상심리학**(Wicks-Nelson, R., & Israel, A. C. 저). 서울: 시그마프레스.

정선아, 이고운(2018). 섭식장애에 대한 심리사회적 중재의 효과: 메타분석. **발달지원연구, 7**(1), 1-17.

정유선, 안명희(2021). 한국판 부모보고형 유아 정서 · 행동 평가시스템 타당화 연구. **유아교육학논집, 25**(2), 229-255.

정주영, 박민휘, 박소영, 성선영, 송나나, 이권재, 이지현, 정유진, 조현선, 허정권, 김대권(2019). **개별화교육계획 운영 가이드북**. 충남 아산: 국립특수교육원.

조맹제, 김계희(1993). 주요우울증 환자 예비평가에서 the Center for Epidemiological Studies-Depression Scale(CES-D)의 진단적 타당성 연구. **신경정신의학, 32**(3), 381-399.

조수철, 신윤오(1994). 파탄적 행동장애의 유병률에 대한 연구. **소아청소년 정신의학, 5**, 141-149.

진미영, 박지연(2012). 자기조절 전략개발(SRSD)을 활용한 반성적 쓰기 교수가 외현화된 정서 · 행동 문제를 가진 초등 특수학급 학생의 글쓰기 능력과 자기효능감 및 수업참여행동에 미치는 영향. **정서 · 행동장애연구, 28**(1), 103-128.

진미영, 박지연(2017). **한국판 정서행동문제 검사 전문가 지침서**. 서울: 인싸이트.

진미영, 박지연(2017). **한국판 정서행동문제검사: 직접관찰 기록지**. 서울: 인싸이트.

차병호(2007). 소아기 수면장애. *Korean Journal of Pediatrics, 50*(8), 718-725.

채규영(2007). 수면의 생리. *Korean Journal of Pediatrics, 50*(8), 711-717.

천한나, 박지연(2013). 동영상을 활용한 분노조절 프로그램이 통합학급 초등학생의 공격성, 분노조절능력, 사회적 기술에 미치는 영향. **정서 · 행동장애연구, 29**(3), 61-84.

최진숙, 조수철(1990). 소아불안의 측정: RCMAS의 신뢰도와 타당도 검사. **신경정신의학, 29**(3), 691-702.

통계청(2020). **2019년 사망원인통계 결과**. 대전: 통계청.

한국교육심리학회(2000). **교육심리학 용어사전**. 서울: 학지사.

한국생명의전화(2007). **세계보건기구 WHO가 권장하는 자살예방 지침서**. 서울: 라이프라인 자살예방센터.

홍상황, 김지혜, 안이환(2007). **교사평정용 한국아동성격검사(KCPI-T)**. 서울: 학지사 심리검사연구소.

홍한별 역(2006). **네모난 못**(Collins, P. 저). 서울: 양철북.

Abikoff, H., & Gittelman, R. (1985). The normalizing effects of methylphenidate on the classroom behavior of ADDH children. *Journal of Abnormal Child Psychology, 13*, 33-44.

Abramson, L. Y., Metalsky, G. I., & Alloy, L. B. (1989). Hopelessness depression: A theory-based subtype of depression. *Psychological Bulletin, 96*, 358-372.

Abramson, L. Y., Seligman, M. E. P., & Teasdale, J. (1978). Learned helplessness in humans: Critique and reformulation. *Journal of Abnormal Psychology, 87*, 49-74.

Achenbach, T. M., & Rescorla, L. A. (2001). *Manual for the ASEBA School-Age Forms & Profiles*. Burlington, VT: University of Vermont, Research Center for Children, Youth, & Families.

Adamczyk-Robinette, S. L., Fletcher, A. C., & Wright, K. (2002). Understanding the authoritative parenting-early adolescent tobacco use link: The mediating role of peer tobacco use. *Journal of Youth and Adolescence, 31,* 311-318.

Albano, A. M., Chorpita, B. F., & Barlow, D. H. (2003). Childhood anxiety disorders. In E. J. Mash & R. A. Barkley (Eds.), *Child Psychopathology* (2nd ed.). New York: Guilford Press.

Alexander, J. F., Holtzworth-Munroe, A., & Jameson, P. B. (1994). The process and outcome of marital and family therapy research: Review and evaluation. In A. E. Bergin & S. L. Garfield (Eds.), *Handbook of psychotherapy and behavior change* (4th ed.). New York: John Wiley & Sons.

Algozzine, R., Serna, L. A., & Patton, J. R. (2001). *Childhood behavior disorders* (2nd ed.). Austin, TX: Pro-Ed.

Alloy, L. M., Riskind, J. H., & Manos, M. J. (2006). *Abnormal psychology: Current perspectives* (9th ed.). Lightning Source Inc.

Allyon, T., Layman, D., & Kandel, H. J. (1975). A behavioral-educational alternative to drug control of hyperactive children. *Journal of Applied Behavior Analysis, 8,* 137-146.

American Psychiatric Association (1980, 1987). *Diagnostic and statistical manual of mental disorders.* Washington, DC: American Psychiatric Association.

American Psychiatric Association (2013). *Diagnostic and statistical manual of mental disorders* (5th ed.). Arlington, VA: American Psychiatric Publishing.

Anastasi, A., & Urbina, S. (1997). *Psychological testing.* Upper Saddle River, NJ: Prentice Hall.

Anastopulos, A. D., & Barkley, R. A. (1992). Attention deficit hyperactivity disorder. In C. E. Walker & M. C. Roberts (Eds.), *Handbook of clinical child psychology.* NY: John Wiley.

Anderson, V., Northam, E., Hendy, J., & Wrennall, J. (2001). *Developmental neuropsychology: A clinical approach.* Philadelphia: Taylor & Francis.

Asarnow, J. R., & Asarnow, R. F. (2003). Childhood-onset schizophrenia. In E. J. Mash & R. A. Barkley (Eds.), *Child-psychopathology.* New York: Guilford Press.

Asarnow, J. R., Jaycox, L. H., & Tompson, M. C. (2001). Depression in youth: Psychosocial interventions. *Journal of Clinical Child Psychology, 30,* 33-47.

Atkinson, R. C., & Shiffrin, R. M. (1968). Human memory: A proposed system and its control processes. In K. W. Spence & J. T. Spence (Eds.), *The psychology of learning and motivation: Advances in research and theory, Vol. 2.* New York: Academic Press.

Attention Deficit Disorder-Part I (1995, April). *Harvard Mental Health Letter, 11*(10), 1-4.

August, G. J., & Garfinkel, B. D. (1989). Behavioral and cognitive subtypes of ADHD. *Journal of the American Academy of Child and Adolescent Psychiatry, 28,* 739–748.

Azar, S. T., & Bober, S. L. (1999). Children of abusive parents. In W. K. Silverman & T. H. Ollendick (Eds.), *Development issues in the clinical treatment of children.* Boston: Ally & Bacon.

Baer, D. M., Wolf, M. M., & Risley, T. R. (1968). Some current dimensions of applied behavior analysis. *Journal of Applied Behavior Analysis, 1*(1), 91-97.

Bambara, L. M., & Kern, L. (2005). *Individualized supports for students with problem behaviors: Designing positive behavior plans.* New York: Guilford Press.

Bandura, A. (1969). *Principles of behavior modification.* New York: Holt, Rinehart, & Winston.

Bandura, A. (1971). Analysis of Modeling Processes. *Psychological Modeling: Conflicting Theories.* Chicago: Aldine-Atherton.

Bandura, A. (1977). *Self-efficacy: The exercise of control.* New York: Freeman.

Bandura, A. (1986). *Social foundations of thought and action.* Upper Saddle River, NJ: Prentice Hall.

Bargh, J. A., & Ferguson, M. J. (2000). Beyond behaviorism: On the automaticity of higher mental processes. *Psychological Bulletin, 126*(6), 925–945.

Barkley, R. A. (1984). Hyperactivity. In E. J. Mash, & L. G. Terdal (Eds.), *Behavioral assessment of childhood disorders* (3rd ed.). New York: Guilford.

Barkley, R. A. (1989). Attention deficit-hyperactivity disorder. In E. J. Mash and R. A. Barkley (Eds.), *Treatment of childhood disorders.* New York: Guilford.

Barkley, R. A. (1997). Attention-deficit/hyperactivity disorder. In E. J. Mash & L. G. Terdal (Eds.), *Assessment of childhood disorders.* New York: Guilford Press.

Barkley, R. A. (1998). *Attention-deficit hyperactivity disorder: A handbook for diagnosis and treatment* (2nd ed.). New York: Guilford Press.

Barlow, D. H. (2002). *Anxiety and its disorders.: The nature and treatment of anxiety and panic* (2nd ed.). New York: Guilford Press.

Barr, C. L. (2001). Genetics of childhood disorders: XXII. ADHD, Part 6: The dopamine D4 receptor gene. *Journal of the Academy of Child and Adolescent Psychiatry, 40,* 118–121.

Barrett, P. M., & Shortt, A. L. (2003). Parental involvement in the treatment of anxious children. In A. E. Kazdin & J. R. Weisz (Eds.), *Evidence-based psychotherapies for children and adolescents* (pp. 101–119). New York: Guilford Press.

Barrios, B. A., & O'Dell, S. L. (1998). Fears and anxieties. In E. J. Mash & R. A. Barkley (Eds.),

Treatment of childhood disorders (2nd ed., pp. 249–337). New York: Guilford Press.

Beardslee, W. R., Versage, E. M., & Gladstone, T. R. G. (1998). Children of affectively ill parents: A review of the past 10 years. *Journal of the American Academy of Child and Adolescent Psychiatry, 37,* 1134–1141.

Beck, A. T. (1976). *Cognitive theory and emotional disorders.* New York: International Universities Press.

Becvar, C. S., & Becvar, R. L. (1988). *Family therapy: A systemic integration.* Boston: Allyn & Bacon.

Bellak, L., & Bellak, S. S. (1949). *Children's apperception test.* Larchmont, NY: C.P.S.

Bener, A., Ghuloum, S., & Dafeeah, E. E. (2011). Prevalence of common phobias and their socio-demographic correlates in children and adolescents in a traditional developing society. *African Journal of Psychiatry, 14*(2), 140–145.

Bernstein, G. A., Borchardt, C. M., & Perwien, A. R. (1996). Anxiety disorders in children and adolescents: A review of the past 10 years. *Journal of the American Academy of Child and Adolescent Psychiatry, 35,* 1110–1119.

Berreth, D., & Berman, S. (1997). The moral dimensions of schools. *Educational Leadership, 54*(8), 24–27.

Birmaher, B., Ryan, N. D., Williamson, D. E., Brent, D. A., Kaufman, J., Dahl, R. E., Perel, J., & Nelson, B. (1996). Childhood and adolescent depression: A review of the past 10 years. Part I. *Journal of the American Academy of Child and Adolescent Psychiatry, 35,* 1427–1439.

Blagys, M. D., & Hilsenroth, M. J. (2000). Distinctive of short-term psychodynamic-interpersonal psychotherapy: A review of the comparative psychotherapy process literature. *Clinical Psychology: Science and Practice, 7,* 167–189.

Bloomquist, M. L., & Schnell, S. V. (2002). *Helping children with aggression and conduct problems: Best practices for intervention.* New York: Guilford.

Boegels, S. M., & Zigterman, D. (2000). Dysfunctional cognitions in children with social phobia, separation anxiety disorder, and generalized anxiety disorder. *Journal of Abnormal Child Psychology, 28,* 205–211.

Bottge, B., Rueda, E., & Skivington, M. (2006). Situating math instruction in rich problem-solving contexts: Effects on adolescents with challenging behaviors. *Behavioral Disorders, 31*(4), 394–407.

Bower, E. (1981). *Early identification of emotionally handicapped children in school* (3rd ed.). Springfield, IL: Thomas.

Bower, E. (1982). Defining emotional disturbance: Public policy and research. *Psychology in the School, 19,* 55-60.

Braungart-Rieker, J., Rende, R. D., Plomin, R., DeFries, J. C., & Fulker, D. W. (1995). Genetic mediation of longitudinal associations between family environment and childhood behavior problems. *Development and Psychopathology, 7,* 233-245.

Brendtro, L. K., & Bockern, S. V. (1994). Courage for the discouraged: a psychoeducational approach to troubled and troubling children. *Focus on Exceptional Children, 26*(8), 1-14.

Brent, D., Holder, D., Kolko, D., Birmaher, B., Baugher, M., Roth, C., Iyenagar, S., & Johnson, B. (1997). A clinical psychotherapy trial for adolescent depression comparing cognitive, family, and supportive therapy. *Archives of General Psychiatry, 54,* 877-885.

Bronfenbrenner, U. (1979). *The ecology of human development: Experiments by nature and design.* Cambridge, MA: Havard Universiy Press.

Bronfenbrenner, U. (1989). Ecological systems theory. In R. Vasta (Ed.), *Annals of child development* (Vol. 6, pp. 187-251). Greenwich, CT: JAI Press.

Brooks-Gunn, J., Auth, J. J., Peterson, A. C., & Compas, B. E. (2001). Physiological processes and the development of childhood and adolescent depression. In I. M. Goodyer (Ed.), *The depressed child and adolescent* (2nd ed.). Cambridge, UK: Cambridge University Press.

Brown, A. L. (1978). Knowing when, where, and how to remember: A problem of metacognition. In R. Glaser (Ed.), *Advances in instructional psychology* (pp. 77-165). Hillsdale, NJ: Earlbaum.

Brown, F. G. (1982). *Principles of educational and psychological testing* (3rd ed.). Washington, DC: National Council on Measurement in Education.

Brown, L. L., & Hammill, D. D. (1990). *Behavior Rating Profile-2: An ecological approach to behavior assessment.* Austin, TX: Pro-Ed.

Bryant, R. A. (2017). Acute stress disorder. *Current Opinion in Psychology, 14,* 127-131.

Bulik, C. M. (2004). Genetic and biological risk factors. In J. K. Thompson (Ed.), *Handbook of eating disorders and obesity.* Hoboken, NJ: John Wiley.

Bulik, C. M., Wade, T. D., & Kendler, K. S. (2001). Characteristics of monozygotic twins discordant for bulimia nervosa. *International Journal of Eating Disorders, 29,* 1-10.

Burgess, K. B., Marshall, P. J., Robin, K. H., & Fox, N. A. (2003). Infant attachment and temperament as predictors of subsequent externalizing problems and cardiac physiology.

Journal of Child Psychology and Psychiatry, 44, 819-831.

Burns, D. D. (1980). *Feeling good: The new mood therapy*. New York: Morrow.

Cacioppo, J. T., von Hippel, W., & Ernst, J. M. (1997). Mapping cognitive structures and processes through verbal content: The thought-listing technique. *Journal of Counseling and Clinical Psychology, 65*(6), 928-949.

Cambor, R. L., & Millman, R. B. (1996). Alcohol and drug abuse in adolescents. In M. Lewis (Ed.), *Child and adolescent psychiatry: A comprehensive textbook*. Baltimore: Williams & Wilkins.

Campbell, S. B. (1975). Mother-child interaction: A comparison of hyperactive, learning disabled, and normal boys. *American Journal of Orthopsychiatry, 45,* 51-56.

Campbell, S. B. (1986). Developmental issues. In R. Gittelman (Ed.), *Anxiety disorders of childhood* (pp. 24-57). New York: Guilford.

Campbell, S. B. (1995). Behavior problems in preschool children: A review of secent research. *Journal of Child Psychology and Psychiatry, 36,* 113-149.

Canino, G., Shrout, P. E., Rugio-Stipic, M., Bird, H. R., Bravo, M., Ramirez, R. et al. (2004). The DSM-IV rates of child and adolescent disorders in Puerto Rico. *Archives of General Psychiatry, 61,* 85-93.

Canitano, R., Luchetti, A., & Zappella, M. (2005). Epilepsy, electroencephalographic abnormalities and regression in children with autism. *Journal of Child Neurology, 20,* 27-31.

Capaldi, D. M., & Clark, S. (1998). Prospective family predictors of aggression toward female partners for young at-risk males. *Developmental Psychology, 34,* 1175-1188.

Carlson, G. A., & Kelly, K. (1998). Manic symptoms in psychiatrically hospitalized children-what do they mean? *Journal of Affective Disorders, 51,* 123-135.

Carr, E. G., Levin, L., McConnachie, D. C., Carlson, J. I., Kemp, D. C., & Smith, C. E. (1994). *Communication based intervention for problem behavior* (pp. 31-90). Baltimore, ML: Paul H. Brooks.

Cath, D. C., Nizar, K., Boomsma, D., & Mathews, C. A. (2017). Age-specific prevalence of hoarding and obsessive compulsive disorder: A population-based study. *The American Journal of Geriatric Psychiatry, 25*(3), 245-255.

Center, D. B., & Kemp, D. (2003). Temperament and personality as potential factors in the development and treatment of conduct disorders. *Education and Treatment of Children, 26,* 75-88.

Cheney, D., Flower, A., & Templeton, T. (2008). Applying response to intervention metrics in the social domain for students at risk of developing emotional or behavioral disorders. *Journal of Special Education, 42*(2), 108-126.

Chess, S., & Thomas, A. (1977). Temperamental in individuality from childhood to adolescence. *Journal of American Academy of Child Psychiatry, 16,* 218-226.

Christakis, N. A., & Fowler, J. H. (2007). The spread of obesity in a large social network over 32 years. *New England Journal of Medicine, 357,* 370-379.

Christophersen, E. R., & Mortweet, S. L. (2001). *Treatments that work with children: Empirically supported strategies for managing childhood problems.* Washington, DC: American Psychological Association.

Chronis-Tuscano, A., Degnan, K. A., Pine, D. S., Perez-Edgar, K., Henderson, H. A., Diaz, Y., Raggi, V. L., & Fox, N. A. (2009). Stable early maternal report of behavioral inhibition predicts lifetime social anxiety disorder in adolescence. *Journal of the American Academy of Child and Adolescent Psychiatry, 48,* 928-935.

Cicchetti, D., & Toth, S. L. (1998). The development of depression in children and adolescents. *American Psychologist, 53,* 221-241.

Cihak, D. F., Alberto, P. A., Kessler, K. B., & Taber, T. A. (2004). An investigation of instructional scheduling arrangements for community-based instruction. *Research in Developmnetal Disabilities, 25,* 67-88.

Cipriani, A., Hawton, K., Stockton, S., & Geddes, J. R. (2013). Lithium in the prevention of suicide in mood disorders: Updated systematic review and meta-analysis. *British Medical Journal, 346,* 136-146.

Clark, H. B., Prange, M. E., Lee, B., Boyd, A., McDonald, B. A., & Stewart, E. S. (1994). Improving adjustment outcomes for foster children with emotional and behavioral disorders: Early findings from a controlled study of individualized services. *Journal of Emotional and Behavioral Disorders, 2,* 207-218.

Clark, L. A., & Watson, D. (1991). Tripartite model of anxiety and depression: Psychometric evidence and taxonomic implications. *Journal of Abnormal Psychology, 100,* 316-336.

Clarke, G. N., DeBar, L. L., & Lewinsohn, P. M. (2003). Cognitive-behavioral group treatment for adolescent depression. In A. E. Kazdin & J. R. Weisz (Eds.), *Evidence-based psychotherapies for children and adolescents.* New York: Guilford Press.

Cohen, J. A., Deblinger, E., Mannarino, A. P., & Steer, R. A. (2004). A multisite, randomized controlled trial for children with sexual abuse-related PTSD symptoms. *Journal of the*

American Academy of Child and Adolescent Psychiatry, 43, 393-402.

Cohen, P. (1993). An epidemiological study of disorders in late childhood and adolescence: I. Ager-and gender-specific prevalence. *Journal of Child Psychology and Psychiatry and Allied Disciplines, 34,* 851-867.

Coleman, M. C., & Webber, J. (1988). Behavior problems? Try groups! *Academic Therapy, 23,* 265-274.

Compas, B. E., Connor-Smith, J., & Jasper, S. S. (2004). Temperament, stress reactivity, and coping: Implications for depression in childhood and adolescence. *Journal of Clinical Child and Adolescent Psychology, 33,* 21-31.

Conley, C. S., Haines, B. A., Hilt, L. M., & Metalsky, G. I. (2001). The Children's Attributional Style Interview: Developmental tests of cognitive diathesis-stress theories of depression. *Journal of Abnormal Child Psychology, 29,* 445-463.

Connell, J. P. (1985). A new multidimensional measure of children's perceptions of control. *Child Development, 56,* 1018-1041.

Cook, C. R., Gresham, F. M., Kern, L., Barreras, R. B., Thornton, S., & Crews, S. D. (2008). Social skills training for secondary students with emotional and/or bahavioral disorders. *Journal of Emotional and Behavioral Disorders, 16*(3), 131-144.

Cooper, J. O., Heron, T. E., & Heward, W. L. (2007). *Applied behavior analysis* (2nd ed.). Upper Saddle River, NJ: Pearson/Merrill-Prentice Hall.

Coopersmith, S. (1967). *The antecedents of self-esteem.* San Francisco: W. H. Freeman.

Costello, E. J., Erkanli, A., Fairbank, J. A., & Angold, A. (2002). The prevalence of potentially traumatic events in childhood and adolescence. *Journal of Traumatic Stress, 15,* 99-112.

Crist, W., & Napier-Phillips, A. (2001). Mealtime behaviors of young children: A comparison of normative and clinical data. *Journal of Developmental and Behavioral Pediatrics, 22,* 279-286.

Cullinan, D. (2007). *Students with emotional and behavioral disorders* (2nd ed.). Upper Saddle River, NJ: Prentice Hall.

Cummings, E. M., Davies, P. T., & Campbell, S. B. (2000). *Developmental psychopathology and family process: Theory, research, and clinical implications.* New York: The Guilford Press.

Cyranowski, J. M., Frank, E., Young, E., & Shear, M. K. (2000). Adolescent onset of the gender difference in lifetime rates of major depression: A theoretical model. *Archives of General Psychiatry, 57,* 21-27.

D'Zurilla, T. J., & Goldfried, M. R. (1971). Problem solving and behavior modification. *Journal of Abnormal Psychology, 78*(1), 107-126.

Dadds, M. R., Barrett, P. M., Rapee, R. M., & Ryan, S. (1996). Family process and child anxiety and aggression: An observational analysis. *Journal of Abnormal Child Psychology, 24,* 715-734.

Dadds, M. R., Rapee, R. M., & Barrett, P. M. (1994). Behavioral observation. In T. H. Ollendick, N. J. King, & W. Yule (Eds.), *International handbook of phobic and anxiety disorders in children and adolescents* (pp. 349-364). New York: Plenum Press.

Dakanalis, A., Clerici, M., Bartoli, F., Caslini, M., Crocamo, C., Riva, G., & Carrà, G. (2017). Risk and maintenance factors for young women's DSM-5 eating disorders. *Archives of Women's Mental Health, 20*(6), 721-731.

Davis, K. L., Stewart, D. G., Friedman, J. I., Buchsman, M., Harvey, P. D., Hof, P. R. et al. (2003). White matter changes in schizophrenia. *Archives of General Psychiatry, 60,* 443-456.

Dawson, C. A. (2003). A study on the effectiveness of life space crisis intervention for students identified with emotional disturbances. *Reclaiming Children and Youth, 11,* 223-230.

De Bellis, M. D. (2001). Developmental traumatology: The psychobiological development of maltreated children and its implications for research, treatment, and policy. *Development and Psychopathology, 13,* 539-564.

de Zwaan, M., Roerig, J. L., & Mitchell, J. E. (2004). Pharmacological treatment of anorexia nervosa, bulimia nervosa, and binge eating disorder. In J. K. Thompson (Ed.), *Handbook of eating disorders and obesity.* Hoboken, NJ: John Wiley.

DeJong, H., Broadbent, H., & Schmidt, U. A. (2012). Systematic review of dropout from treatment in outpatients with anorexia nervosa. *International Journal of Eating Disorders, 45*(5), 635-47.

Delano, M. E., & Stone, L. (2009). Extending the use of social stories to young children with emotional and behavioral disabilities. *Beyond Behavior, 18*(1), 2-8.

Delney, M. J., & Durand, M. V. (1986). *Motivation Assessment Scales.* Topeka, KS: Monaco & Associates.

Deno, S. L. (1987). Curriculum-based measurement. *Teaching Exceptional Children, 20*(1), 41-47.

Depue, R. A., Krauss, S., Spoont, M. R., & Arbisi, P. (1989). General Behavior Inventory identification of unipolar and bipolar affective conditions in a nonclinical university population. *Journal of Abnormal Psychology, 98,* 117-126.

Dodge, K. A., Bates, J. E., & Pettit, G. S. (1990). Mechanisms in the cycle of violence. *Science, 250*, 1678-1683.

Doleys, D. M. (1989). Enuresis and encopresis. In T. H. Ollendick & M. Hersen (Eds.), *Handbook of child psychopathology* (2nd ed.). New York: Plenum.

Downing, J. A. (2007). *Students with emotional and behavioral problems: Assessment, management, and intervention strategies.* Upper Saddle River, NJ: Pearson.

Dryden, W., & Ellis, A. (2001). Rational emotion behavior therapy. In K. S. Dobson (Ed.), *Handbook of cognitive-behavioral theories* (2nd ed., pp. 295-348). New York: Guilford.

Duncan, B. B., Forness, S. R., & Hartsough, C. (1995). Students identified as seriously emotionally disturbed in day treatment classrooms: Cognitive, psychiatric and special education characteristics. *Behavioral Disorders, 20*, 238-252.

Durand, V. M., & Crimmins, D. B. (1988). Ideintifying the variables maintaining self-injurious behavior. *Journal of Autism and Developmental Disorders, 19,* 99-117.

Durant, R. H., Triber, F., Goodman, E., & Woods, E. R. (1996). Intention to use violence among young adolescents. *Pediatrics, 98*(6), 1104-1108.

Eddy, J. M. (2006). *Conduct disorders: The latest assessment and treatment strategies.* Kansas City, MO: Compact Clinicals.

Elgar, F. J., McGrath, P. J., Waschbusch, D. A., Stewart, S. H., & Curtis, L. J. (2004). Mutual influences on maternal depression and child adjustment problems. *Clinical Psychology Review, 24,* 441-459.

Elksnin, L. K., & Elksnin, N. (2006). *Teaching social emotional skills at school and home.* Denver: Love.

Ellis, A. (1962). *Reason and emotion in psychotherapy.* New York: Lyle stuart.

Elovainio, M., Jokela, M., Rosenstrom, T., Pulkki-Raback., Hakulinen, C. Josefsson, K., Hintsanen, M., Hintsa, T., Raitakari, O. T., & Keltikangas-Jarvinen, L. (2015). Temperament and depressive symptoms: What is the direction of the association? *Journal of Affective Disorders, 170*, 203-212.

Emslie, G. J., Weinberg, W. A., Kennard, B. D., & Kowatch, R. A. (1994). Neurobiological aspects of depression in children and adolescnets. In W. M. Reynolds & H. F. Johnston (Eds.), *Handbook of depression in children and adolescents.* New York: Plenum.

Epstein, M. H. (2004). *Behavioral and emotional rating scale: Examiner's manual* (2nd ed.). Austin, TX: PRO-ED.

Erikson, E. (1959). *Identity and the life cycle in psychological issues monograph, 1*(1), New York: International University Press.

Essau, C. A., Conradt, J., & Petermann, F. (2000). Frequency, comorbidity, and psychosocial impairment of specific phobia in adolescents. *Journal of Clinical Child Psychology, 29,* 221-231.

Farmer, T. W. (2000). Misconceptions of peer rejection and problem behavior: A social interactional perspective of the adjustment of aggressive youth with mild disabilities. *Remedial and Special Eudcation, 21,* 194-208.

Farmer, T. W., Farmer, E. M. Z., Estell, D. B., & Hutchins, B. C. (2007). The developmental dynamics of aggression and the prevention of school violence. *Journal of Emotional and Behavioral Disorders, 15*(4), 197-208.

Farrington, D. P. (1987). Early precusors of frequent offending. In J. Q. Wilson & G. C. Loury (Eds.), *From children to citizens* (Vol. 3): Families, schools, and delinquency prevention (pp. 27-50). New York: Springer-Verlag.

Ferguson, C. P., & Pigott, T. A. (2000). Anorexia and bulimia nervosa: Neurobiology and pharmacotherapy. *Behavior Therapy, 31,* 237-264.

Fergusson, D. M., Horwood, L. T., & Lynskey, M. T. (1993). Early dentine lead levels and subsequent cognitive and behavioural development. *Journal of Child Psychology and Psychiatry, 34,* 215-227.

Flavell, J. H. (1979). Metacognition and cognitive monitoring: A new area of cognitive-developmental inquiry. *American Psychologist, 34*(10), 906-911.

Flicek, M. (1992). Social status of boys with both academic problems and attention-deficit hyperactivity disorder. *Journal of Abnormal Child Psychology, 20,* 353-366.

Ford, T., Goodman, R., & Meltzer, H. (2003). The British child and adolescent mental health survey 1999: The prevalence of DSM-IV disorders. *Journal of the American Academy of Child and Adolescent Psychiatry, 42,* 1203-1211.

Forness, S. R., & Kavale, K. A. (2000). Emotional and behavioral disorders: Background and current status of the E/BD terminology and definition. *Behavioral Disorders, 1,* 101-108.

Forness, S. R., & Kavale, K. A. (2001). ADHD and a return to the medical model of special education. *Education and Treatment of Children, 24,* 224-247.

Forness, S. R., Kavale, K. A., Sweeney, D. P., & Crenshaw, T. M. (1999). The future of research and practice in behavioral disorders: Psychopharmacology and its school implications. *Behavioral Disorders, 24*(4), 305-318.

Forness, S. R., & Knitzer, J. (1992). A new proposed definition and terminology to replace "serious emotional disturbance" in Individuals with Disabilities Education Act. *School Psychology Review, 21,* 12-20.

Fox, N. A., Henderson, H. A., Rubin, K. H., Calkins, S. D., & Schmidt, L. A. (2001). Continuity and discontinuity of behavioral inhibition and exuberance: Psychophysiological and behavioral influences across the first four years of life. *Child Development, 72*(1), 1-21.

Frea, W. D. (2000). Behavioral intervention for children with autism. In J. Austin & J. E. Carr (Eds.), *Handbook of applied behavior analysis* (pp. 247-273). Reno, NV: Context.

Free, M. D. (1991). Clarifying the relationship between the broken home and juvenile delinquency: A critique of the current literature. *Deviant Behavior: An Interdisciplinary Journal, 12,* 109-167.

Frick, P. J. (2004). Integrating research on temperament and childhood psychopathology: Its pitfalls and promise. *Journal of Clinical Child and Adolescent Psychology, 33,* 2-7.

Gallagher, M. W. (2017). Transdiagnostic mechanisms of change and cognitive-behavioral treatments for PTSD. *Current Opinion in Psychology*, *14*, 90-95.

Garber, J., & Flynn, C. (2001). Predictors of depressive cognitions in young adolescents. *Cognitive Therapy and Research, 25,* 353-376.

Garber, J., & Kaminski, T. (2000). Laboratory and performance-based measured of depression in children and adolescents. *Journal of Clinical Child Psychology, 29,* 509-525.

Gardner, H., & Hatch, T. (1989). Multiple intelligences go to school: Educational implications of the theory of multiple intelligences. *Educational Researcher, 18*(8), 4-9.

Geller, B., Craney, J. L., Bolhofner, K., DelBello, M. P., Axelson, D., Luby, J., Williams, M., Zimerman, B., Nickelsburg, M. J., Frazier, J., & Beringer, L. (2003). Phenomenology and longitudinal course of children with prepubertal and early adolescent bipolar disorder phenotype. In B. Geller & M. P. DelBello (Eds.), *Bipolar disorder in childhood and early adolescence.* New York: Guilford Press.

Gencöz, T., Voelz, A. R., Gencöz, F., Pettit, J. W., & Joiner, T. E. (2001). Specificity of information processing styles to depressive symptoms in youth psychiatric inpatients. *Journal of abnormal Child Psychology, 29,* 255-262.

George, H. P., Harrower, J. K., & Knoster, T. (2003). School-wide prevention and early intervention: A process for establishing a system of school-wide behavior support. *Preventing School Failure, 47*(4), 170-176.

Gibson, J. J. (1986). *The ecological approach to visual perception.* Philadelphia, PA: Lawrence

Erlbaum.

Gillberg, C. (1989). *Diagnosis and treatment of autism.* New York: Plenum.

Girard, M., Rodgers, R. F., & Chabrol, H. (2018). Prospective predictors of body dissatisfaction, drive for thinness, and muscularity concerns among young women in France: A sociocultural model. *Body Image, 26*, 103-110.

Glaesmer, H., Romppel, M., Brahler, E., Hinz, A., & Maercker, A. (2015). Adjustment disorder as proposed for ICD-11: Dimensionality and symptom differentiation. *Psychiatry Research*, *229*, 940-948.

Gloster, A. T., Hauke, C., Hofler, M., Einsle, F., Fydrich, T., Hamm, A., Sthrohle, A., & Wittchen, H. (2013). Long-term stability of cognitive behavioral therapy effects for panic disorder with agoraphobia: A two-year follow-up study. *Behavior Research and Therapy*, *51*(12), 830-839.

Golden, C. J., Purisch, A. D., & Hammeke, T. A. (1985). *Luria-Nebraska Neuropsychological Battery: Forms I and II manual.* Los Angeles: Western Psychological Services.

Goldman, L. (1997). *Breaking the silence: A guide to help children with complicated grief: suicide, Homicide, AIDS, violence, and abuse.* Washington, DC: Taylor & Francis.

Goleman, D. (1995). *Emotional intelligence.* New York: Bantam Books.

Goode, E. (2000, February 23). Psychiatric drug use is on the rise for preschoolers. *Austin-American Statesman*, pp. A-1, A-5.

Goodman, R., & Stevenson, J. (1989). A Twin Study of Hyperactivity-I. An Examination of Hyperactivity Scores and Categories Derived from Rutter Teacher and Parent Questionnaires. *Journal of Child Psychology and Psychiatry, 30*(5), 671-689.

Goodman, S. H., Schwab-Stone, M., Lahey, B., Shaffer, D., & Jensen, P. (2000). Major depression and dysthymia in children and adolescents: Discriminant validity and differentiated consequences in a community sample. *Journal of the American Academy of Child and Adolescent Psychiatry, 39,* 761-770.

Goodwin, R. D., Fergusson, D. M., & Horwood, L. J. (2004). Early anxious/withdrawn behaviours predict later internalising disorders. *Journal of Child Psychology and Psychiatry, 45,* 874-883.

Goodyer, I. M. (2001). Life events: Their nature and effects. In I. M. Goodyer (Ed.), *The depressed child and adolescent* (2nd ed.). Cambridge, UK: Cambridge University Press.

Gord, T. (1974). *Teacher effectiveness training.* New York: Peter Wyden.

Gordon, D. A., Arbuthnot, J., Gustafson, K. E., & McGreen, P. (1988). Home-based behavioral systems family therapy with disadvantaged juvenile delinquents. *American Journal of Family Therapy, 163,* 243–255.

Gorwood, P., Kipman, A., & Foulon, C. (2003). The human genetics of anorexia nervosa. *European Journal of Pharmacology, 480*(1–3), 163–170.

Gowers, S., & Bryant-Waugh, R. (2004). Management of child and adolescent eating disorders: The current evidence base and future directions. *Journal of Child Psychology and Psychiatry, 45,* 63–83.

Gracious, B. L., Findling, R. L., Seman, C., Youngstrom, E. A., Demeter, C. A., & Calabrese, J. R. (2004). Elevated thyrotropin in bipolar youths prescribed both lithium and divaloproex sodium. *Journal of the American Academy of Child and Adolescent Psychiatry, 43,* 215–220.

Grados, M. A., & Riddle, M. A. (2001). Phamacological treatment of childhood obsessive-compulsive disorder: From theory to practice. *Journal of Clinical Child Psychology, 30,* 67–79.

Grant, J. E. (2021). Identifying subtypes of trichotillomania (hair pulling disorder) and excoriation (skin picking) disorder using mixture modeling in a multicenter sample. *Journal of Psychiatric Research*, *137*, 603–612.

Grant, J. E., & Chamberlain, S. R. (2020). Prevalence of skin picking (excoriation) disorder. *Journal of Psychiatric Research*, *130*, 57–60.

Gray, C. A. (1998). Social story and comic strip conversation with asperger syndrome and high-functioning autism, In E. Schopler, G. B. Mesibov, & L. J. Kunce (Eds.), *Asperger syndrome and high-functioning autism?* New York: Plenum Press.

Green, C., & Chee, K. (1997). *Understanding ADHD.* Australia: Random House.

Gregory, A. M., & Eley, T. C. (2007). Genetic influences on anxiety in children: What we've learned and where we're heading. *Clinical Child and Family Psychology Review*, *10*(3), 199–212.

Grenier, S., Préville, M., Boyer, R., O'Connor, K., Béland, S. G., Potvin, O., Hudon, C., & Brassard, J. (2011). The impact of DSM-IV symptom and clinical significance criteria on the prevalence estimates of subthreshold and threshold anxiety in the older adult population. *The American Journal of Geriatric Psychiatry*, *19*(4), 316–326.

Grskovic, J. A., & Goetze, H. (2005). An evaluation of the effects of life space crisis intervention on the challenging behavior of individual students. *Reclaiming Children and Youth, 13*(4), 231–255.

Guevremont, D. C., & Dumas, M. C. (1994). Peer relationship problems and disruptive behavior disorders. *Journal of Emotional and Behavioral Disorders, 2,* 164-172.

Gullone, E. (2000). The development of normal fear: A century of research. *Clinical Psychology Review, 20,* 429-451.

Hall, C. S. (1954). *A primer of Freudian psychology.* NY: William Collins.

Hall, C. S., & Lindzey, G. (1970). *Theories of personality* (2nd ed.). New York: Wiley.

Hallahan, D. P., Lloyd, J. W., Kauffman, J. M., Weiss, M., & Martinez, E. (2005). *Introduction to learning disabilities* (3rd ed.). Boston: Allyn & Bacon.

Haller, H., Cramer, H., Lauche, R., Gass, F., & Dobos, G. J. (2014). The prevalence and burden of subthreshold generalized anxiety disorder: a systematic review. *BMC Psychiatry, 14*(1), 1-13.

Hallfors, D., Fallon, T., & Watson, K. (1988). An examination of psychotropic drug treatment for children with serious emotional disturbance. *Journal of Emotional and Behavioral Disorders, 6,* 56-64.

Hammen, C., & Brennan, P. A. (2001). Depressed adolescents of depressed and nondepressed mothers: Tests of an interpersonal impairment hypothesis. *Journal of Consulting and Clinical Psychology, 69,* 284-294.

Hammen, C., & Rudolph, K. D. (2003). Childhood mood disorders. In E. J. Mash & R. A. Barkley (Eds.), *Child psychopathology* (2nd ed.). New York: Guilford Press.

Hansen, J. T. (2006). Humanism as ideological rebellino: Deconstructing the dualisms of contemporary mental health culture. *Journal of Humanistic Counseling, Education, and Development, 45*(1), 3-16.

Hanson, M. J., & Carta, J. J. (1996). Addressing the challenges of families with multiple risks. *Exceptional Children, 62,* 201-212.

Harrington, R. (2001). Adolescent depression: Same or different? *Archives of General Psychiatry, 58,* 21-22.

Harter, S. (1985). *Manual for the Self-perception Profile for Children.* Denver, CO: University of Denver.

Haspel, E. (2021). The debate about school safety is no longer relevant. *The Atlantic Monthly,* January.

Hay, P. A. (2013). Systematic review of evidence for psychological treatments in eating disorders: 2005-2012. *International Journal of Eating Disorders, 46*(5), 462-469.

Head Start performance standards on services for children with disabilities: Eligibility criteria.

(1993, January 21). *Federal Register*, p. 5506.

Heelander, M., Sisson, D. P., & Fristad, M. A. (2003). Internet support for parents of children with early-onset bipolar disorder. In B. Geller & M. P. DelBello (Eds.), *Bipolar disorder in childhood and early adolescence*. New York: Guilford Press.

Heller, K., Price, R. H., Reinharz, S., Riger, S., Wanderman, A., & D'Aunno, T. A. (1984). *Psychology and community change: Challenges of the future* (2nd ed.). Homewood: Dorsey Press.

Henggeler, S. W. (1990). *Family therapy and beyond: A multisystemic approach to treating the behavior problems of children and adolescents*. Pacific Grove, CA: Brooks/Cole.

Henggeler, S. W., Melton, G. B., & Smith, L. A. (1992). Family preservation using multisystemic therapy: An effective alternative to incarcerating serious juvenile offenders. *Journal of Consulting and Clinical Psychology, 60*, 953-961.

Hester, P. P., Baltodano, H. M., Gable, R. A., Tonelson, S. W., & Hendrickson, J. M. (2003). Early intervention with children at risk of emotional behavioral disorders: A critical examination of research methodology and practices. *Education and Treatment of Children, 26*(4), 362-381.

Hetherington, E. M., Bridges, M., & Insabella, G. (1998). What matters? What does not? Five perspectives on the association between marital transitions and children's adjustment. *American Psychologist, 53*, 167-184.

Hinshaw, S. P. (1998). Is ADHD an impairing condition in childhood and adolescence? Chapter prepared for NIH consensus Development Conference on Attention-Deficit Hyperactivity Disorder (ADHD): Diagnosis and Treatment. Bethesda, MD.

Hinshaw, S. P., & Lee, S. S. (2003). Conduct and oppositional defiant disorders. In E. J. Mash & R. A. Barkley (Eds.), *Child psychopathology* (2nd ed., pp. 144-198). New York: Guilford.

Hollis, C. (2002). Schizophrenia and allied disorders. In M. Rutter & E. Taylor (Eds.), *Child and adolescent psychiatry*. Oxford, UK: Blackwell Publishing.

Hosp, M. K., Hosp, J. L., & Howell, K. W. (2016). *The ABCs of CBM: A practical guide to curriculum-based measurement* (2nd ed.). New York: The Guilford Press.

Houts, A. C. (2003). Behavioral treatment of enuresis. In A. E. Kazdin & J. R. Weisz (Eds.), *Evidence-based psychotherapies for children and adolescents*. New York: Guilford Press.

Howe, A. C., & Walker, C. E. (1992). Behavioral Management of Toilet Training, Enuresis, and Encopresis. *Pediatric Clinics of North America, 39*(3), 413-432.

Hoyer, J., Braeuer, D., Crawcour, S., Klumbies, E., & Kirschbaum, C. (2013). Depersonalization/derealization during acute social stress in social phobia. *Journal of Anxiety Disorders, 27,* 178-187.

Hua, A., & Major, N. (2016). Selective mutism. *Current opinions in Pediatrics, 28*(1), 114-120.

Hudson, J. L., Dodd, H. F., Lyneham, H. J., & Bovopoulous, N. (2011). Temperament and family environment in the development of anxiety disorder: Two-year follow-up. *Journal of the American Academy of Child & Adolescent Psychiatry, 50*(12), 1255-1264.

Hudson, J. L., & Rapee, M. (2002). Parent-child interactions in clinically anxious children and their siblings. *Journal of Clinical Child and Adolescent Psychology, 31,* 548-555.

Huesmann, L. R., Moise, J. F., & Podolski, C. (1997). The effects of media violence on the development of antisocial behavior. In D. M. Stoff, J. Breiling, & J. D. Maser (Eds.), *Handbook of antisocial behavior* (pp. 181-193). New York: Wiley.

Inoue, K., Kaiya, H., Hara, N., & Okazaki, Y. (2016). A discussion of various aspects of panic disorder depending on presence or absence of agoraphobia. *Comprehensive Psychiatry, 69,* 132-135.

Jafferany, M., & Patel, A. (2019). skin-picking disorder: A guide to disagnosis ad management, *CNC Drugs, 33,* 337-346.

James, A. C. D., & Javaloyes, A. M. (2001). The treatment of bipolar disorder in children and adolescents. *Journal of Child Psychology and Psychiatry, 42,* 439-449.

Jensen, P. (2003). Comorbidity and child psychopathology: Recommendations for the next decade. *Journal of Abnormal Child Psychology, 31*(3), 293-300.

Johnson, M., & Wintgens, A. (2017). The selective mutism resource manual. Oxfordshire, England: Routledge.

Johnston, C., & Ohan, J. L. (1999). Externalizing disorders. In W. K. Silverman & T. H. Ollendick (Eds.), *Developmental issues in the clinical treatment of children.* Boston: Allyn and Bacon.

Jones, G., Keuthen, N., & Greenberg, E. (2018). Assessment and treatment of trichotillomania (hair puling disorder) and excoriation (skin picking) disorder. *Clinics in Dermatology, 36*(6), 728-736.

Kagan, J. (2003). Biology, context, and developmental inquiry. *Annual Review of Psychology, 54,* 1-23.

Kashani, J. H., Heinrichs, T. F., Reid, J. C., & Huff, C. (1982). Depression in diagnostic subtypes of delinquent boys. *Adolescence, 17,* 943-949.

Kaslow, N. J., Stark, K. D., Printz, B., Livingston, T. R., & Tsai, S. L. (1992). Cognitive Triad Inventory for Children: Development and relationship to depression and anxiety. *Journal of Clinical Child Psychology, 21,* 339–347.

Kauffman, J. M. (2003). Appearances, stigma, and prevention. *Remedial and Special Education, 24*, 195–198.

Kauffman, J. M., & Landrum, T. J. (2008). *Characteristics of emotional and behavioral disorders of children and youth* (9th ed.). Upper Saddle River, NJ: Merrill/Prentice-Hall.

Kauffman, J. M., & Landrum, T. J. (2018). *Characteristics of emotional and behavioral disorders of children and youth* (11th ed.). New York, NY: Pearson.

Kauffman, J., Martin, A., King, R. A., & Charney, D. (2001). Are child-, adolescent-, and adult-onset depression one and the same disorder? *Biological Psychiatry, 49,* 980–1001.

Kazdin, A. E. (1993). Psychotherapy for children and adolescents: Current progress and future research directions. *American Psychologist, 48*(6), 644–657.

Kazdin, A. E. (1997). Practitioner review: Psychosocial treatments for conduct disorder in children. *Journal of Child Psychology and Psychiatry, 38,* 161–178.

Kazdin, A. E. (1998). Conduct disorder. In R. J. Morris & T. R. Kratochwill (Eds.), *The practice of child therapy* (3rd ed., pp. 199–230). Boston: Allyn & Bacon.

Kazdin, A. E. (2001). *Behavior modification in applied settings* (6th ed.). Belmont, CA: Wadsworth.

Kazdin, A. E., Rodgers, A., & Colbus, D. (1986). The Hopelessness Scale for Children: Psychometric characteristics and concurrent validity. *Journal of Consulting and Clinical Psychology, 54,* 241–245.

Kearney, C. A., Sims, K. E., Prusell, C. R., & Tillotson, C. A. (2003). Separation anxiety disorder in young children: A Longitudinal and family analysis. *Journal of Clinical Child and Adolescent Psychology, 32,* 593–598.

Kelly, J. B. (2000). Children's adjustment in conflicted marriage and divorce: A decade review of research. *Journal of the American Academy of Child and Adolescent Psychiatry, 39,* 963–973.

Kendall, P. C. (Ed.). (1991). *Child and adolescent therapy: Cognitive-behavioral procedures.* New York: Guilford.

Kendall, P. C., Choudhury, M., Chung, H. L., & Robin, J. A. (2002). Cognitive-behavioral approaches. In M. Lewis (Ed.), *Child and adolescent psychiatry: A comprehensive textbook* (3rd ed., pp. 154–164). Philadelphia: Lippincott Williams & Wilkins.

Kendall, P. C., Chu, B. C., Pimentel, S. S., & Choudhury, M. (2000). Treating anxiety disorders in youth. In P. C. Kendall (Ed.), *Child and adolescent therapy: Cognitive-behavioral procedures*. New York: Guilford.

Kerr, M. M., & Nelson, C. M. (2006). *Strategies for addressing behavior problems in the classroom* (5th ed.). Upper Saddle River, NJ: Pearson Education Inc.

Kertz, S. J., & Woodruff-Borden, J. (2011). Human and economic burden of GAD, subthreshold GAD, and worry in a primary care sample. *Journal of Clinical Psychology in Medical Settings*, *18*(3), 281-290.

Kerwin, M. E., & Berkowitz, R. I. (1996). Feeding and eating disorders: Infestive problems of infancy, childhood, and adolescence. *School Psychology Review, 25,* 316-328.

Kessler, J. W. (1966, 1988). *Psychopathology of childhood*. Englewood Cliffs, NJ: Prentice Hall.

Kessler, R. C., Avenevoli, S., & Merikangas, K. R. (2001). Mood disorders in children and adolescents: An epidemiologic perspective. *Biological Psychiatry, 49,* 1002-1014.

Killikelly, C., Lorenz, L., Bauer, S., Mahat-Shamir, M., Ben-Ezra, M., & Maercker, A. (2019). Prolonged grief disorder: Its co-occurrence with adjustment disorder and post-traumatic stress disorder in a bereaved Israel general population sample. *Journal of Affective Disorders*, *249*, 307-314.

King, N. J., Muris, P., & Ollendick, T. H. (2004). Specific phobia. In T. L. Morris & J. S. March (Eds.), *Anxiety disorders in children and adolescents*. New York: Guilford Press.

Kirby, L. D., & Fraser, M. W. (1997). Risk and resilience in children. In M. W. Fraser (Ed.), *Risk and resilience in childhood: An ecological perspective* (pp. 10-33). Washington DC: NASW.

Klein, D. N., Lewinsohn, P. M., Seeley, J. R., & Rohde, P. (2001). A family study of major depressive disorder in a community sample of adolescents. *Archives of General Psychiatry, 58,* 13-20.

Klepsch, M., & Logie, L. (1982). *Children draw and tell: An introduction to the projective uses of children's human figure drawings*. New York: Brunner/Mazel.

Klingbeil, D. A., Dart, E. H., & Schramm, A. L. (2019). A systematic review of function-modified Check-In/Check-Out. *Journal of Positive Behavior Interventions, 21*(2), 77-92.

Klump, K. L., Miller, K. B., Keel, P. K., McGue, M., & Iacono, W. G. (2001). Genetic and environmental influences on anorexia nervosa syndromes in a population-based twin sample. *Psychological Medicine, 31*(4), 737-740.

Kossowsky, J., Pfaltz, M. C., Schneider, S., Taeymans, J., Locher, C., & Gaab, J. (2013). The separation anxiety hypothesis of panic disorder revisited: a meta-analysis. *American Journal of Psychiatric*, *170*, 768-781.

Kotagal, S., & Broomall, E. (2012). Sleep in children with autism spectrum disorder. *Pediatric Neurololy*, *47*(4), 242-251.

Kotagal, S., & Pianosi, P. (2006). Sleep disorders in children and adolescents. *Bmj*, *332*, 828-32.

Kotler, L. A., Cohen, P., Daview, M., Pine, D. S., & Walsh, B. T. (2001). Longitudinal relationships between childhood, adolescent, and adult eating disorders. *Journal of the American Academy of Child and Adolescent Psychiatry*, *40*, 1434-1440.

Kovacs, M. (1992). *Children's Depression Inventory*. North Tonawanda, NY: Multi-Health Systems.

Kowatch, R. A., Fristad, M., Birmaher, B., Wagner, K. D., Findling, R. L., & Hellander, M. (2005). Treatment guidelines for children and adolescents with bipolar disorder. *Journal of the American Academy of Child and Adolescent Psychiatry*, *44*, 213-235.

Kraus, M., & Karaman, T. (2014). Parameters of education and the course of depression: An analysis in the Turkish sociocultural context. *International Journal of Social Psychiatry*, *59*(4), 318-331.

Kupersmidt, J. B., & Patterson, C. J. (1991). Childhood peer rejection, aggression, withdrawal, and perceived competence as predictors of self-reported behavior problems in preadolescence. *Journal of Abnormal Child Psychology*, *19*, 427-449.

La Greca, A. M., Silverman, W. K., Vernberg, E. M., & Prinstein, M. J. (1996). Symptoms of posttraumatic stress in children after Hurricane Andrew: A prospective study. *Journal of Consulting and Clinical Psychology*, *64*, 712-723.

Laird, R. D., Jordan, K. Y., Dodge, K. A., Petit, G. S., & Bates, J. E. (2001). Peer rejection in childhood, involvement with antisocial peers in early adolescence and the development of externalizaing behavior problems. *Development and Psychopathology*, *13*, 337-354.

Lane, K. L., Gresham, F. M., & O'Shaughnessy, T. E. (2002). Serving students with or at-risk for emotional and behavior disorders: Future challenges. *Education and Treatment of Children*, *25*(4), 507-521.

Lane, K. L., Oakes, W. P., Lusk, M. E., Cantwell, E. D., & Schatschneider, C. (2016). Screening for intensive intervention needs in secondary schools: Directions for the future. *Journal of Emotional and Behavioral Disorders*, *24*(3), 159-172.

Lane, K. L., Umbreit, J., & Beebe-Frankenberger, M. E. (1999). Functional assessment research on students with or at risk for EBD: 1990-present. *Journal of Positive Behavior Interventions, 1*(2), 101-111.

LeBeau, R. T., Glenn, D., Liao, B., Wittchen, H. U., Beesdo-Baum, K., Ollendick, T., & Craske, M. G. (2010). Specific phobia: a review of DSM−IV specific phobia and preliminary recommendations for DSM-5. *Depression and Anxiety*, *27*(2), 148-167.

Lee, S. A., Rice, K., Callan, S. M., Brame, B. M., & Lee, C. A. (2015). Temperament and depressive symptoms in at-risk children: Aggression and learning problems as mediating factors. *Personality and Individual Differences*, *87*, 35-38.

Lefkowitz, M., & Tesiny, E. (1980). Assessment of childhood depression. *Journal of Consulting and Clinical Psychology, 48,* 43-50.

Leitenberg, H., Yost, L. W., & Carroll-Wilson, M. (1986). Negative cognitive errors in children: Questionnaire development, normative data, and comparisons between children with and without self-reported symptoms of depression, low self-esteem, and evaluation anxiety. *Journal of Consulting and Clinical Psychology, 54,* 528-536.

Leslie, L. K., Weckerly, J., Landsverk, J., Hough, R. L., Hurlbut, M. S., & Wood, P. A. (2003). Racial/ethnic differences in the use of psychotropic medication in high-risk children and adolescents. *Journal of the American Academy of Child and Adolescent Psychiatry, 42,* 1433-1442.

Levin-Decanini, T., Connolly, S. D., Simpson, D., Suarez, L., & Jacobs, S. (2013). Comparison of behavioral profiles for anxiety-related comorbidities including ADHD and selective mutism in children. *Depression and Anxiety, 30*, 857-864.

Levy, F., Hay, D. A., McStephan, M., Wood, C., & Waldman, I. (1997). Attention-deficit hyperactivity disorder: A category or a continuum? Genetic analysis of large-scale twin study. *Journal of the American Academy of child and Adolescent Psychiatry, 36,* 737-744.

Lewinsohn, P. M., Klein, D. N., & Seeley, J. R. (1995). Bipolar disorders in a community sample of older adolescents: Prevalence, phenomenology, comrbidity, and course. *Journal of the American Academy of Child and Adolescent Psychiatry, 34,* 454-463.

Lewinsohn, P. M., Rohde, P., & Seeley, J. R. (1998). Major Depressive Disorder in older adolescents: Prevalence, risk factors, and clinical implications. *Clinical Psychology Review, 18*, 765-794.

Lewinsohn, P. M., Seeley, J. R., & Klein, D. N. (2003). Bipolar disorder in adolescents: Epidemiology and suicidal behavior. In B. Geller & M. P. DelBello (Eds.), *Bipolar disorder in childhood and early adolescence*. New York: Guilford Press.

Lewis, T. J., & Sugai, G. (1999). Effective behavior support: A systems approach to proactive schoolwide management. *Focus on Exceptional Children, 31*(6), 1-24.

Lichtenstein, P., & Annas, P. (2000). Heritability and prevalence of specific fears and phobias in childhood. *Journal of Child Psychology and Psychiatry, 41*, 927-937.

Liebert, R. M., & Spiegler, M. D. (1994). *Personality strategies and issues* (7th ed.). Pacific Grove, CA: Brooks/Cole.

Lilienfeld, S. (2003). Comorbidity between and within childhood externalizing and internalizing disorders: Reflections and directions. *Journal of Abnormal Child Psychology, 31*(3), 285-291.

Linscheid, T. R., & Rasnake, L. K. (2001). Eating problems in children. In C. E. Walker & M. C. Roberts (Eds.), *Handbook of clinical child psychology* (3rd ed.). New York: John Wiley & Sons.

Lipschitz, D. S., Rasmusson, A. M., Yehuda, R., Wang, S., Anyan, W., Gueoguieva, R. et al. (2003). Salivary cortisol responses to dexamethasone in adolescents with posttraumatic stress disorder. *Journal of the American Academy of Child and Adolescent Psychiatry, 42*, 1310-1317.

Lipsey, M. W., & Derzon, J. H. (1998). Predictors of violent or serious delinquency in adolescence and early adulthood: A synthesis of longitudinal research. In R. Loeber & D. P. Farrington (Eds.), *Serious & violent juvenile offenders: Risk factors and successful interventions* (pp. 86-105). Thousand Oaks, CA: Sage Publications.

Lithari, C., Frantzidis, C. A., Papadelis, C., Ana, B. V., Klados, M. A., Papadeli, C. K., Pappas, C., Ioannides, A. A., & Bamidis, P. D. (2010). Are females more responsive to emotional stimuli? A neurophysiological study across arousal and valence dimensions. *Brain Topography, 23*(1), 27-40.

Loeber, R., & Stouthamer-Loeber, M. (1998). Juvenile aggression at home and at school. In D. S. Elliot, B A. Hamburg, K. R. Williams (Eds.), *Violence in American schools* (p. 103). Cambridge, UK: Cambridge University Press.

Lonigan, C. J., Vasey, M. W., Phillips, B. M., & Hazen, R. A. (2004). Temperament, anxiety, and the processing of threat-relevant stimuli. *Journal of Clinical Child and Adolescent Psychology, 33*, 8-20.

Luciana, M. (2003). Computerized assessment of neuropsychological function in children: Clinical and research applications of the Cambridge Neuropsychological Testing

Automated Battery(CANTAB). *Journal of Child Psychology and Psychiatry, 44,* 649-663.

Lynch, M., & Cicchetti, D. (2002). Links between community violence and the family system: Evidence from children's feelings of relatedness and perceptions of parent behavior. *Family Process, 41*(3), 519-532.

Maag, J. W. (2000). Managing resistance. *Intervention in school and clinic, 35,* 131-140.

Maag, J. W., & Anderson, J. M. (2006). Effects of sound-field amplification to increase compliance of students with emotional and behavior disorders. *Behavioral Disorders, 31*(4), 378-393.

Maag, J. W., & Anderson, J. M. (2007). Sound-field amplification to increase compliance to directions in students with ADHD. *Behavioral Disorders, 32*(4), 238-253.

Magai, D. N., Malik, J. A., & Koot, H. M. (2018). Emotional and behavioral problems in children and adolescnts in central Kenya. *Child Psychiatry & Human Development, 49,* 659-671.

Maggin, D. M., Wehby, J. H., & Gilmour, A. F. (2016). Intensive academic interventions for students with emotional and behavioral disorders: An experimental framework. *Journal of Emotional and Behavioral Disorders, 24*(3), 138-147.

Malbos, E., Rapee, R. M., & Kavakli, M. (2012). A controlled study of agoraphobia and the independent effect of virtual reality exposure therapy. *Australian & New Zealand Journal of Psychiatry, 47*(2), 160-168.

Malow, B. A., Marzec, M. L., McGrew, S. G., Wang, L., Henderson, L. M., & Stone, W. L. (2006). Characterizing sleep in children with autism spectrum disorders: a multidimensional approach. *Sleep, 29*(12), 1563-157.

Manicavasagar, V., Silove, D., Curtis, J., & Wagner, R. (2000). Continuities of separation anxiety from early life into adulthood. *Journal of Anxiety Disorders, 14,* 1-18.

March, J. S., & Mulle, K. (1998). *OCD in children and adolescents: A cognitive-behavioral treatment manual.* New York: Guilford Press.

Martino, D. J., Loga, A., Marengo, E., Scapola, M., & Strejilevich, S. A. (2011). Neurocognitive Impairments and their relationship with psychosocial functioning in euthymic bipolar II disorder. *Journal of Nervous and Mental Disease, 199*(7), 459-464.

Mash, E. J., & Barkley, R. A. (Eds.) (2003). *Child psychopathology* (2nd ed.). New York: Guilford Press.

Masi, G., Millepiedi, S., Mucci, M., Poli, P., Bertini, N., & Milantoni, L. (2004). Generalized anxiety disorder in referred children and adolescents. *Journal of the American Academy of Child and Adolescent Psychiatry, 43,* 752-760.

Maslow, A. H. (1987). *Motivation and personality* (3rd ed.). Delhi, India: Pearson Education.

Maslow, A. (1968). *Toward a psychology of being.* Princeton, NJ: Van Nostrand.

Massman, P. J., Nussbaum, N. L., & Bigler, E. D. (1988). The mediating effect of age on the relationship between Child Behavior Checklist hyperactivity scores and neuropsychological test performance. *Journal of Abnormal Child Psychology, 16,* 89-95.

Matson, J. L., & Vollmer, T. (1995). *Questions about behavioral function (QABF).* Baton Rouge, LA: Disability Consultants, LLC.

Maxwell, M. L. (1980). *Helping disturbed children: A model for systematic treatment.* Cleveland, OH: Positive Education Program.

Mayes, S. D. (1992). Rumination disorder: Diagnosis, complications, mediating variables, and treatment. In B. B. Lahey & A. E. Kazdin (Eds.), *Advances in clinical child psychology, Vol. 14.* New York: Plenum.

McClellan, J. M., & Werry, J. S. (2003). Evidence-based treatments in child and adolescent psychiatry: An inventory. *Journal of the American Academy of child and Adolescent Psychiatry, 42,* 1388-1400.

McDonnell, J. J., Hardman, M. L., & McDonnell, A. P. (2003). *An introduction to persons with moderate and severe disabilities: Educational and social issues.* Boston, MA: Allyn and Bacon.

McGrath, M. L., Mellon, M. M., & Murphy, L. (2000). Empirically supported treatments in pediatric psychology: Constipation and encopresis. *Journal of Pediatric Psychology, 25,* 225-254.

McWilliams, N. (2005). *Preserving our humanity as therapists. Psychotherapy, 42,* 139-151.

Meichenbaum, D., & Cameron, R. (1981). Issues in cognitive assessment: An overview. In T. V. Merluzzi, C. R. Glass, & M. Genest (Eds.), *Cognitive assessment* (pp. 3-15). New York: Guilford.

Meltzer, L. J., & Mindell, J. A. (2006). Sleep and sleep disorders in children and adolescents. *Psychiatric Clinics of North America, 29*(4), 1059-1076.

Merrell, K. W., & Walker, H. M. (2004). Deconstructing a definition: Social maladjustment versus emotional disturbance and moving the EBD field forward. *Psychology in the Schools, 41*(8), 899-910.

Mesibov, G. B., & Shea, V., & McCaskill, S. (2012). Structured teaching and the Teacch program. In D. Zager, M. L. Wehneyer, & R. L. Simpson (Eds.), *Educating studnent with autism spectrum disorders* (pp. 99-112). New York, NY: Rouledge.

Messer, S. B., & Wampold, B. E. (2002). Let's face facts: Common factors are more potent than specfic therapy ingredients. *Clinical Psychology: Science and Practice, 9,* 21-25.

Michael, K. D., & Crowley, S. L. (2002). How effective are treatments for child and adolescent depression? A meta-analytic review. *Clinical Psychology Review, 22,* 247-269.

Mikkelsen, E. J. (2001). Enuresis and encopresis: Ten years of progress. *Journal of the American Academy of Child and Adolescent Psychiatry, 40,* 1146-1158.

Miller, L. K. (2006). *Principles of everybody behavior analysis* (4th ed.). Belmont, CA: Wadsworth.

Mindell, J. A., & Owens, J. A. (2003). *A clinical guide to pediatric sleep: Diagnosis and management of sleep problems*. Philadelphia: Lippincott Williams & Wilkins.

Minty, B. (1999). Outcomes in long-term foster family care. *Journal of Child Psychology and Psychiatry and Allied Disciplines, 40,* 991-999.

Moffitt, T. E. (1993). Adolescence-limited and life-course-persistent antisocial behavior: A developmental taxonomy. *Psychological Review, 100*(4), 674-701.

Moosbrugger, H., & Oehlschlaegel, J. (1996). *Frankfurter Aufmerksamkeitsinventar: FAIR*. Bern: Hans Huber.

Nader, K., Pynoos, R. S., Fairbanks, L., & Frederick, C. (1991). Childhood PTSD reactions one year after a sniper attack. *American Journal of Psychiatry, 147,* 1526-1530.

Naierman, N. (1997). Reaching out to grieving students. *Educational Leadership, 55*(2), 62-65.

Nangle, D. W., Erdley, C. A., Newman, J. E., Mason, C. A., & Carpenter, E. M. (2003). Popularity, friendship quantity, and friendship quality: Interacting influences on children's loneliness and depression. *Journal of Clinical Child and Adolescent Psychology, 32*, 546-555.

Neal, J. A., & Edelmann, R. J. (2003). The etiology of social phobia: Toward a developmental profile. *Clinical Psychology Review, 23,* 761-786.

Neumeister, A., Bain, E., Nugent, A. C., Carson, R. E., Bonne, O., Luckenbaugh, D. A., Eckelman, W., Herscovitch, P., Charney, D. S., & Drevets, W. C. (2004). Reduced serotonin Type 1A receptor binding in panic disorder. *The Journal of Neuroscience, 24,* 589-591.

Nicholls, D. (2004). Eating problems in childhood. In J. K. Thompson (Ed.), *Handbook of eating disorders and obesity*. Hoboken, NJ: John Wiley.

Nigg, J. T. (2006). Temperament and developmental psychopathology. *Journal of Child Psychology and Psychiatry*. http://dx.doi.org/10.1111/j.1469-7610.2006.01612.x.

Nolen-Morse, J. M. (2013). *Temperament reactivity and children's social competence. Unpublished master's thesis.* Benton, OR: Oregon State University.

O'Brien, L. M., Ivanenko, A., Crabtree, V. M., Holbrook, C. R., Bruner, J. L., Klaus, C. J., & Gozal, D. (2003). Sleep disturbances in children with attention deficit hyperactivity disorder. *Pediatric Research, 54*, 237-243.

O'Donnell, M. L., Agathos, J. A., Metcalf, O., Gibson, K., & Lau, W. (2019). Adjustment disorder: Current developments and future directions. *International Journal of Environmental Research and Public Health*, *16*, 2537-2547.

O'Neill, R. E., Horner, R. H., Albin, R. W., Sprague, J. R., Storey, K., & Newton, J. S. (1997). *Functional assessment and program development for problem behavior: A practical handbook* (2nd ed., pp. 1-8). Pacific Grove, CA: Brooks/Cole.

Offord, D. R., Boyle, M. C., & Racine, Y. A. (1991). The epidemiology of antisocial behavior in childhood and adolescence. In D. J. Peplar, & K. H. Rubin (Eds.), *The development and treatment of childhood aggression* (pp. 31-54). Hillsdale, NJ: Lawrence Erlbaum Associates.

Oland, A. A., & Shaw, D. S. (2005). Pure versus co-occurring externalizing and internalizing symptoms in children: The potential role of socio-developmental milestones. *Clinical Child and Family Psychology Review, 8*(4), 247-270.

Oliveira, E. C. B., Leppink, E. W., Derbyshire, K. L., & Grant, J. E. (2015). Excoriation disorder: Impulsivity and its clinical associations. *Journal of Anxiety Disorders*, *30*, 19-22.

Ollendick, T. H., Birmaher, B., & Mattis, S. G. (2004). Panic disorder. In T. L. Morris & J. S. March (Eds.), *Anxiety disorders in children and adolescents.* New York: Guilford Press.

Olweus, D. (1993). *Bullying at school: What we know and what we can do.* Oxford, UK: Blackwell Publishing.

Osterling, K. L. (2007). Social capital and neighborhood poverty: Toward on ecological-grounded model of neighborhood effects. *Journal of Human Behavior in the Social Environment, 16*(1), 123-147.

Paclawskyj, T. R., Matson, J. L., Rush, K. S., Smalls, Y., & Vollmer, T. R. (2000). Questions about behavioral function (QABF): A behavioral checklist for functional assessment of aberrant behavior. *Research in developmental disabilities, 21*(3), 223-229.

Parry, S. M., Huang, M., & Needham, D. M. (2017). Evaluating physical functioning in critical care: Considerations for clinical practice and research *Critical Care*, *21*, 249-258.

Pathak, R., Sharma, R. C., Parvan, U. C., & Gupta, B. P. (2011). Behavioral and emotional problems in school going adolescents. *Australasian Medical Journal*, *4*(1), 15-21.

Patterson, G. R. (1982). *Coercive family process: A social learning approach* (Vol. 3). Eugene, OR: Castalia.

Patterson, G. R., Chamberlain, P., & Reid, J. B. (1982). A comparative evaluation of a parent-training program. *Behavior Therapy, 13,* 638-650.

Patterson, G. R., Reid, J. B., & Dishion, T. J. (1992). *Antisocial boys.* Eugene, OR: Castalia.

Patterson, G. R., & Yoerger, K. (2002). A developmental model for early- and late-onset delinquency. In J. B. Reid, G. R. Patterson, & J. Snyder (Eds.), *Antisocial behavior in children and adolescents* (pp. 147-172). Washington: American Psychological Association.

Perkonigg, A., Lorenz, L., & Maercker, A. (2018). Prevalence and correlates of ICD-11 adjustment disorder: Findings from the Zurich Adjustment Disorder Study. *International Journal of Clinical Health Psychology*, *18*, 209-217.

Peterson, L., Reach, K., & Grabe, S. (2003). Health-related disorders. In E. J. Mash & R. A. Barkley (Eds.). *Child psychopathology* (2nd ed., pp. 716-749). New York, NY: Guilford.

Piacentini, J., Bergman, L., Keller, M., & McCracken, J. (2003). Functional impairment in children and adolescents with obsessive-compulsive disorder. *Journal of Child and Adolescent Psychopharmacology, 13,* S61-S69.

Piers, E., & Harris, D. (1969). *The Piers-Harris Children's Self-concept Scale.* Nashiville: Counselor Recordings and Tests.

Pike, K. M., Devlin, M. J., & Loeb, K. L. (2004). Cognitive-behavioral therapy in the treatment of anorexia nervosa, bulimia nervosa, and binge eating disorder. In J. K. Thompson (Ed.), *Handbook of eating disorders and obesity.* Hoboken, NJ: John Wiley.

Plomin, R., & Crabbe, J. (2000). DNA. *Psychological Bulletin, 126,* 806-828.

Plomin, R., & McGuffin, P. (2003). Psychopathology in the postgenomic era. *Annual Review of Psychology, 54,* 205-225.

Polat, F., & Farrell, P. (2002). What was it like for you: former pupils' reflections on their placement at a residential school for pupils with emotional and behavioural difficulties. *Emotional and Behavioural Difficulties*, *7*(2), 97-108.

Poling, A., Gadow, K. D., & Cleary, J. (1991). *Drug therapy for behavior disorders: An introduction.* New York: Pergamon.

Pool, C. R. (1997). Up with emotional health. *Educational Leadership, 54*(8), 12-14.

Powers, S. I., Laurent, H. K., Gunlicks-Stoessel, M., Balaban, S., & Bent, E. (2016). Depression and anxiety predict sex-specific cortisol responses to interpersonal stress. *Pshchoneuroendocrinology, 69*, 172-179.

Radke-Yarrow, M. (1990). Family environments of depressed and well parents and their children: Issues of research methods. In G. R. Patterson (Eds.), *Depression and aggression in family interaction* (pp. 169-184). Hillsdale, NJ: Erlbaum.

Ramirez, J. (2000). *Cognitive distortions in adolescents with substance-related disorders. Unpublished doctoral dissertation.* Austin, TX: The University of Texas.

Rapoport, J. L., & Inhoff-Germain, G. (2000). Treatment of obsessive-compulsive disorder in children and adolescents. *Journal of Child Psychology and Psychiatry, 41*, 419-431.

Rapport, M. D., & Chung, K. M. (2000). Attention deficit hyperactivity disorder. In M. Hersen & R. T. Ammerman (Eds.), *Advanced abnormal child psychology.* Mahwah, NJ: Lawrence Erlbaum.

Rapport, M. D., Chung, K., & Shore, C. (2000). Upgrading the science and technology of assessment and diagnosis: Laboratory and clinic-based assessment of children with ADHD. *Journal of Clinical Child Psychology, 29*, 555-568.

Reed, G. M., First, M. B., Kogan, C. S., Hyman, S. E., Gureje, O., Gaebel, W., ... Saxena, S. (2019). Innovations and changes in the ICD-11 classification of mental, behavioural and neurodevelopmental disorders. *World Psychiatry, 18*, 3-19.

Reid, J. B., & Eddy, J. M. (1997). The prevention of antisocial behavior: Some considerations in the search for effective interventions. In D. M. Stoff, J. Breiling, & J. D. Maser (Eds.), *Handbook of antisocial behavior* (pp. 343-356). New York: John Wiley and Sons.

Reid, R. (1999). Attention deficit hyperactivity disorder: Effective methods for the classroom. *Focus on Exceptional Children, 32*(4), 1-20.

Reitan, R. M., & Wolfson, D. (1993). *The Halstead-Reitan Neuropsychological Test Battery: Theory and clinical interpretation* (2nd ed.). Tucson: Neuropsychology Press.

Rende, R. D., Plomin, R., Reiss, D., & Hetherington, E. M. (1993). Genetic and environmental influences on depressive symptomatology in adolescence: Individual differences and extreme scores. *Journal of Child Psychology and Psychiatry, 34*, 1387-1398.

Reynolds, A. M., & Malow, B. A. (2011). Sleep and autism spectrum disorders. *Psychiatric Clinics of North America, 58*(3), 685-698.

Reynolds, C. R., & Kamphaus, R. W. (1992). *Behavioral Assessment System for Children manual.* Circle Pines, MN: American Guidance Service.

Reynolds, C. R., & Richmond, B. O. (1979). Factor structure and construct validity of what I think and feel-the Revised Children's Manifest Anxiety Scale. *Journal of Personality Assessment, 43*(3), 281-283.

Reynolds, W. M. (1987). *Reynolds Adolescent Depression Scale: Professional Manual.* Odessa, FL: Psychological Assessment Resources.

Ricciardelli, L. A., & McCabe, M. P. (2004). A biopsychosocial model of disordered eating and the pursuit of muscularity in adolescent boys. *Psychological Bulletin, 130,* 79-205.

Richards, S., Taylor, R. L., Ramasamy, R., & Richards, R. (1999). *Single subject research: Applications in educational and clinical settings.* San Diego: Singular Publishing Co.

Riddle, M. A., Kastelic, E. A., & Frosch, E. (2001). Pediatric psychopharmacology. *Journal of Child Psychology and Psychiatry, 42,* 73-90.

Robin, A. L. (2003). Behavioral family systems therapy for adolescents with anorexia nervosa. In A. E. Kazdin & J. R. Weisz (Eds.), *Evidence-based psychotherapies for children and adolescents.* New York: Guilford Press.

Robinson, T. R. (2008). Cognitive behavioral interventions: Strategies to help students make wise behavioral choices. *Beyond Behavior, 17*(1), 7-13.

Rogers, C. (1951). *Client-centered therapy.* Boston: Houghton Mifflin.

Rogers, C. (1969). *Freedom to learn.* Columbus, OH: Merrill.

Ronan, K., Kendall, P. C., & Rowe, M. (1994). Negative affectivity in children: Development and validation of a self-statement questionnaire. *Cognitive Therapy and Research, 18,* 509-528.

Rorschach, H. (1921). *Psychodiagnostics: A diagnostic test based on perception.* New York: Grune & Stratton.

Ross, D. M., & Ross, S. A. (1982). *Hyperactivity: Current issues, research and theory* (2nd ed.). New York: Wiley.

Rosselló J., & Bernal, G. (1999). The efficacy of cognitive-behavioral and interpersonal treatments for depression in Puerto Rican adolescents. *Journal of Consulting and Clinical Psychology, 67,* 743-745.

Rothbart, M. K. (2004). Commentary: Differentiated measures of temperament and multiple pathways to childhood disorders. *Journal of Clinical Child and Adolescent Psychology, 33,* 82-87.

Rudolph, K. D., & Asher, S. R. (2000). Adaptation and maladaptation in the peer system:

Developmental processes and outcomes. In A. J. Sameroff, M. Lewis, & S. M. Miller (Eds.), *Handbook of developmental psychopathology* (2nd ed.). New York: Kluwer Academic/Plenum Publishers.

Ruscio, A. M., Chiu, W. T., Roy-Byrne, P., Stang, P. E., Stein, D. J., Wittchen, H. U., & Kessler, R. C. (2007). Broadening the definition of generalized anxiety disorder: Effects on prevalence and associations with other disorders in the National Comorbidity Survey Replication. *Journal of Anxiety Disorders*, *21*(5), 662-676.

Russell, A., Cortese, B., Lorch, E., Ivey, J., Banerjee, P., Moore, G. J., & Rosenberg, D. R. (2003). Localized functional neurochemical marker abnormalities in dorsolateral prefrontal cortex in pediatric obsessive-compulsive disorder. *Journal of Child and Adolescent Psychopharmacology, 13,* S31-S38.

Rutter, M. (2002). Nature, nurture, and development: From evangelism through science toward policy and practice. *Child Development, 73,* 1-21.

Rutter, M., & Silberg, J. (2002). Gene-environment interplay in relation to emotional and behavioral disturbance. *Annual Review of Psychology, 54,* 463-490.

Rutter, M., Silberg, J., O'Connor, T., & Simonoff, E. (1999). Genetics and child psychiatry: I Advances in quantitative and molecular genetics. *Journal of Child Psychology and Psychiatry, 40,* 3-18.

Sadeh, A., Gruber, R., & Raviv, A. (2002). Sleep, neurobehavioral functioning, and behavior problems in school-age children. *Child Development, 73*(2), 405-17.

Sadler, C., & Sugai, G. (2009). Effective behavior and instructional support: A district model for early identification and prevention of reading and behavior problems. *Journal of Positive Behavior Interventions, 11*(1), 35-46.

Safer, D. J., & Zito, J. M. (2000). Pharmacoepidemiology of methylphenidate and other stimulants for the treatment of Attention Deficit Hyperactivity Disorder. In L. L. Greenhill, B. B. Osman (Ed.), *Ritalin: Theory and practice* (2nd ed., pp. 7-26). Larchmont, NY: Mary Ann Liebert, Inc.

Salvia, J., & Ysseldyke, J. E. (2007). *Assessment in special and inclusive education* (10th ed.). Boston, MA: Houghton Mifflin.

Saylor, C. F., Cowart, B. L., Lipovsky, J. A., Jackson, C., & Finch, A. J., Jr. (2003). Media exposure to September 11: Elementary school students' experiences and posttraumatic symptoms. *American Behavioral Scientist, 46,* 1622-1642.

Schalock, R. (1986). *Transitions from school to work*. Washington, DC: National Association of Rehabilitation Facilities.

Scheurmann, B. K., & Hall, J. A. (2016). *Positive behavior supports for the classroom* (3rd ed.). Upper Saddle River, NJ: Pearson.

Schuster, M. A., Stein, B. D., Jaycox, L. H., Collins, R. L., Marshall, G. N., Elliott, M. N. et al. (2001). A national survey of stress reactions after the September 11, 2001 terrorist attacks. *New England Journal of Medicine, 345,* 1507-1512.

Seligman, M. P., & Maler, S. F. (1967). Failure to escape traumatic shock. *Journal of Experimental Psychology, 74,* 1-9.

Seligman, M. P., & Peterson, C. (1986). A learned helplessness perspective on childhood depression: Theory and research. In M. Rutter, C. E. Izard, & P. B. Read (Eds.), *Depression in young people: Developmental and clinical perspectives.* New York: Guilford Press.

Severson, H. H., Walker, H. M., Hope-Doolittle, J., Kratochwill, T. R., & Gresham, F. M. (2007). Proactive, early screening to detect behaviorally at-risk students: Issues, approaches, emerging innovations, and professional practices. *Journal of School Psychology, 45,* 193-223.

Shapiro, E. S., & Cole, C. L. (1994). *Behavior change in the classroom: Self-management interventions.* New York: Guilford Press.

Shearman, S. (2003). What is the reality of inclusion for children with emotional and behavioural difficulties in the primary classroom. *Emotional and Behavioural Difficulties, 8*(1), 53-76.

Sherman, B. J., Vousoura, E., Wickramaratne, P., Warner, V., & Verdeli, H. (2016). Temperament and major depression: How does difficult temperament affect frequency, severity, and duration of major depressive episodes among offspring of parents with or without depression? *Journal of Affective Disorders, 200,* 82-88.

Shinn, M. R., Wallker, H. M., & Stoner, G. (Eds.). (2002). *Interventions for academic and behavior problems, II: Preventive and remedial approaches.* Bethesda, MD: National Association of School Psychologists.

Silberg, J. L., Maes, H., & Eaves, L. J. (2010). Genetic and environmental influences on the transmission of parental depression to children's depression and conduct disturbance: An extended children of twins study. *Journal of Child Psychology and Psychiatry, 51*(6), 734-744.

Silverman, W. K., & Dick-Niederhauser, A. (2004). Separation anxiety disorder. In T. L.

Morris & J. S. March (Eds.), *Anxiety disorders in children and adolescents.* New York: Guilford Press.

Silverman, W. K., Kurtines, W. M., Ginsburg, G. S., Weems, C. F., Lumpkin, P. W., & Carmichael, D. H. (1999). Treating anxiety disorders in children with group cognitive-behavior therapy: A randomized clinical trial. *Journal of Consulting and Clinical Psychology, 67,* 995-1003.

Silverman, W. K., Saavedra, L. M., & Pina, A. A. (2001). Test retest reliability of anxiety symptoms and diagnoses with the Anxiety Disorders Interview Schedule for DSM-IV: Child and Parent Versions. *Journal of the American Academy of Child and Adolescent Psychiatry, 40,* 937-944.

Skapinakis, P., Lewis, G., Davies, S., Brugha, T., Prince, M., & Singleton, N. (2011). Panic disorder and subthreshold panic in the UK general population: epidemiology, comorbidity and functional limitation. *European Psychiatry, 26*(6), 354-362.

Skinner, B. F. (1938). *The behavior of organisms.* New York: Appleton-Century.

Skinner, B. F. (1953). *Science and human behavior.* New York: Macmillan.

Skinner, B. F. (1966). Operant behavior. In W. K. Honig (Ed.), *Operant behavior: Areas of research and application.* New York: Macmillan.

Smucker, K. S., Kauffman, J. M., & Ball, D. W. (1996). School-related problems of special education forster care students with emotional or behavioral disorders: Comparison to other groups. *Journal of Emotional and Behavioral Disorders, 4,* 30-39.

Sokolov, S., & Kutcher, S. (2001). Adolescent depression: Neuroendocrine aspects. In I. M. Goodyer (Ed.), *The depressed child and adolescent* (2nd ed.). Cambridge, UK: Cambridge University Press.

Sonuga-Barke, E. J. S. (1994). On dysfunction and function in psychological theories of childhood disorder. *Journal of Child Psychology and Psychiatry, 35,* 801-815.

Sourander, A., & Helstelä, L. (2005). Childhood predictors of externalizing and internalizing problems in adolescence: A prospective follow-up study from age 8 to 16. *European Child & Adolescent Psychiatry, 14,* 415-423.

Spiegel, A. (2005). The dictionary of disorder: How one man revolusionalized psychiatry. *The New Yorker,* 56-63.

Spirito, A., & Overholser, J. C. (Eds.). (2003). *Evaluating and treating adolescent suicide attempters: From research to practice.* New York: Academic Press.

Sprague, J., & Walker, H. (2000). Early identification and intervention for youth with antisocial and violent behavior. *Exceptional Children, 66*(3), 367-379.

Spring, B., Chiodo, J., & Bowen, D. J. (1987). Carbohyrates, tryptophan, and behavior: A methodological review. *Psychological Bulletin, 102*, 234-256.

Stanger, C., Achenbach, T. M., & Berhulst, F. C. (1997). Accelerated longitudinal comparisons of aggressive versus delinquent syndromes. *Development and Psychopathology, 9*, 43-58.

Starke, A. (2018). Effects of anxiety, language skills, and cultural adaptation on the development of selective mutism. *Journal of Communication Disorders, 74*, 45-60.

Stein, M. B., & Seedat, S. (2004). Pharmacotherapy. In T. L. Morris & J. S. March (Eds.), *Anxiety disorders in children and adolescents*. New York: Guilford Press.

Steinberg, A. B., & Phares, V. (2001). Family functioning, body image, and eating disturbances. In J. K. Thompson & L. Smolak (Eds.), *Body image, eating disorders, and obesity in youth: Assessment, prevention, and treatment*. Washington, DC: American Psychological Association.

Steinberg, L., Lamborn, S. D., Darling, N., Mounts, N. S., & Dornbusch, S. M. (1994). Over-time changes in adjustment and competence among adolescents from authoriative, authoriataian, indulgent, and neglectful families. *Child Development, 65*, 754-770.

Steinhausen, H. C. (2002). The outcome of anorexia nervosa in the 20th century. *American Journal of Psychiatry, 159*(8), 1284-1293.

Stern, S. B., & Smith, C. A. (1999). Reciprocal relationships between antisocial behavior and parenting: Implications for delinquency intervention. *Families in Society, 80*, 169-181.

Stice, E., Gau, J. M., Rohde, P., & Shaw, H. (2017). Risk factors that predict future onset of each DSM-5 eating disorder: Predictive specificity in high-risk adolescent females. *Journal of Abnormal Psychology, 126*(1), 38-51.

Stock, S. L., Werry, J. S., & McClellan, J. M. (2001). Pharmacological treatment of pediatric anxiety. In W. K. Silverman & P. D. A. Treffers (Eds.), *Anxiety disorders in children and adolescents: Research, assessment and intervention*. Cambridge, UK: Cambridge University Press.

Storch, E. A., Rahman, O., Park, J. M., Reid, J., Murphy, T. K., & Lewin, A. B. (2011). Compulsive hoarding in children. *Journal of Clinical Psychology, 67*(5), 507-516.

Stormont, M. (2002). Externalizing behavior problems in young children: Contributing factors and early intervention. *Psychology in Schools, 39*(2), 127-138.

Stormont-Spurgin, M., & Zentall, S. S. (1995). Contributing factors in the manifestation of aggression in preschoolers with hyperactivity. *Journal of Child Psychology and Psychiatry, 36,* 491-509.

Strain, P. S., & Smith, B. J. (1996). Developing social skills in young children with special needs. *Preventing School Failure, 41,* 24-27.

Streissguth, A. P., Martin, D. C., Barr, H. M., Sandman, B. M., Kirchner, G. L., & Darby, D. L. (1984). Intrauterine alcohol and nicotine exposure: Attention and reaction time in 4-year-old children. *Developmental Psychology, 20,* 533-541.

Strober, M., & Humphrey, L. (1987). Familial contributions to the etiology and course of anorexia nervosa and bulimia. *Journal of Consulting and Clinical Psychology, 55,* 654-659.

Sugai, G., & Horner, R. H. (2002). Introduction to the special series on positive behavior support in schools. *Journal of Emotional and Behavioral Disorders, 10*(3), 130-135.

Sugai, G., O'Keeffe, B. V., & Fallon, L. M. (2012). A contextual consideration of culture an school-wide positive behavior support. *Journal of Positive Behavior Interventions, 14*(4), 197-208.

Sung, V., Hiscock, H., Sciberras, E., & Efron, D. (2008). Sleep problems in children with attention-deficit/hyperactivity disorder: prevalence and the effect on the child and family. *Archives of Pediatrics and Adolescent Medicine, 162*(4), 336-342.

Szatmari, P. (1992). The epidemiology of attention-deficit hyperactivity disorders. In G. Weiss (Ed.), *Child and adolescent psychiatry clinics of North America.* Philadelphia: Saunders.

Tannock, R. (1998). Attention deficit hyperactivity disorder: Advances in cognitive, neurobiological, and genetic research. *Journal of Child Psychology and Psychiatry, 39,* 65-99.

Taylor, E. (1994). Syndromes of attention deficit and hyperactivity. In M. Rutter, E. Taylor, & L. Hersov (Eds.), *Child and adolescent psychiatry: Modern approaches.* New York: Blackwell Scientific.

Tayor, E. (1995). Dysfunctions of attention. In D. Cicchetti, & D. J. Cohen (Eds.), *Developmental psychopathology.* New York: John Wiley.

Taylor, S., Abramowitz, J. S., & McKay, D. (2012). Non-adherence and non-response in the treatment of anxiety disorders. *Journal of Anxiety Disorders, 26*(5), 583-589.

Taylor, S., & Jang, K. L. (2011). Biopsychosocial etiology of obsessions and compulsions: An integrated behavioral-genetic and cognitive-behavioral analysis. *Journal of Abnormal Psychology, 120*(1), 174-186.

Tesman, J. R., & Hills, A. (1994). Developmental effects of lead exposure in children. Social Policy Report. *Society for Research in Child Development, VIII*(3), 1-16.

Thompson, J. K., & Smolak, L. (2001). Body image, eating disorders, and obesity in youth-The future is now. In J. K. Thompson & L. Smolak (Eds.), *Body image, eating disorders, and obesity in youth: Assessment, prevention, and treatment.* Washington, DC: American Psychological Association.

Tillman, R., Geller, B., Bolhofner, K., Craney, J. L., Williams, M., & Zimerman, B. (2003). Ages of onset and rates of syndromal and subsyndromal comorbid DSM-IV diagnosis in a prepubertal and early adolescent bipolar disorder phenotype. *Journal of the American Academy of Child and Adolescent Psychiatry, 42,* 1486-1493.

Twardosz, S., & Sajwaj, T. (1972). Multiple effects of a procedure to increase sitting in a hyperactivity, retarded boy. *Journal of Applied Behavior Analysis, 5,* 73-78.

Varela, R. E., Niditch, L. A., Hensley-Maloney, L., Moore, K. W., Creveling, C. C., & Jones, K. M. (2019). Culture Specific Influences on Anxiety in Latino Youth. *Child & Youth Care Forum*, *48*, 1-17.

Velosa, J. F., & Riddle, M. A. (2000). Pharmacologic treatment of anxiety disorders in children and adolescents. *Child and Adolescent Clinics of North America, 9,* 119-133.

Venn, J. J. (2004). *Assessing students with special needs* (3rd ed.). Upper Saddle River, NJ: Prentice-Hall.

Vieta, E., Popovica, D., Rosaa, A. R., Soléa, B., Grandea, I., Freyd, B. N., Martinez, A. A., Sanchez, M. J., Balanzá, M. V., Tabarés, S. R., & Kapczinskic, F. (2013). The clinical implications of cognitive impairment and allostatic load in bipolar disorder. *European Psychiatry, 28*(1), 21-29.

Vincent, C. G., Randall, C., Cartledge, G., Tobin, T. J., & Swain-Bradway, J. (2011). Towards a conceptual integration of cultural responsiveness and school-wide positive behavior support. *Journal of Positive Behavior Interventions, 13*(4), 219-229.

Vincent, J. P., Williams, B. J., Harris, G. E., & Duval, G. C. (1981). Classroom observations of hyperactive children: A multiple validation study. In K. D. Gadow & J. Looney (Eds.), *Psychological aspects of drug treatment for hyperactivity* (pp. 207-248). Boulder, CO: Westview Press.

Visser, J., & Stokes, S. (2003). Is education ready for the inclusion of pupils with emotional and behavioural difficulties?: A rights perspective. *Educational Review, 55*(1), 65-75.

Wagner, K. D., & Ambrosini, P. J. (2001). Childhood depression: Pharmacological therapy/

treatment (pharmacotherapy of childhood depression). *Journal of Clinical Child Psychology, 30,* 88-97.

Walker, C. E. (2003). Elimination disorders: Enuresis and encopresis. In M. C. Roberts (Ed.), *Handbook of pediatric psychology* (3rd ed.). New York: Guilford Press.

Walker, H. M., Colvin, G., & Ramsey, E. (1995). *Antisocial behavior in school: Strategies for practitioners.* Pacific Grove, CA: Brooks-Cole.

Walker, H. M., Ramsey, E., & Gresham, F. M. (2004). *Antisocial behavior in school: Strategies and best practices* (2nd ed.). Pacific Grove, CA: Brooks.

Walker, H. M., & Rankin, R. (1983). Assessing the behavioral expectations and demands of less restrictive settings. *School Psychology Review, 12*(3), 274-284.

Walker, H. M., & Severson, H. H. (1990). *Systematic screening for behavior disorders (SSBD).* Longmont, CO: Sopris West.

Watson, J. B. (1913). Psychology as the behaviorist views it. *Psychological Review, 20,* 158-177.

Weersing, V. R., & Brent, D. A. (2003). Cognitive-behavioral therapy for adolescent depression: Comparative efficacy, mediation, moderation, and effectiveness. In A. E. Kazdin & J. R. Weisz (Eds.), *Evidence-based psychotherapies for children and adolescents* (pp. 135-147). New York: Guilford Press.

Wehby, J. H., Symons, F., & Shores, R. E. (1995). A descriptive analysis of aggressive behavior in classrooms for children with emotional and behavioral disorders. *Behavioral Disorders, 20,* 87-105.

Weiss, G., & Hechtman, L. T. (1986). *Hyperactive children grown up: Empirical findings and theoretical considerations.* New York: Guilford Press.

Weissman, M. M., Warner, V., Wickramarante, P., Moreau, D., & Olfson, M. (1997). Offspring of depressed parents: 10 years later. *Archives of General Psychiatry, 54,* 932-940.

Weisz, J. R., & Kazdin, A. E. (2003). Concluding thoughts: Present and future of evidence-based psychotherapies for children and adolescents. In A. E. Kazdin & J. R. Weisz (Eds.), *Evidence-based psychotherapies for children and adolescents.* New York: Guilford Press.

Weisz, J. R., Sweeney, L., Proffitt, V., & Carr, T. (1993). Controlrelated beliefs and self-reported depressive symptoms in late childhood. *Journal of Abnormal Psychology, 102,* 411-418.

Whalen, C. K. (1989). Attention deficit and hyperactivity disorders. In T. H. Ollendick & M. Hersen (Eds.), *Handbook of child psychopathology.* New York: Plenum.

Whalen, C. K., & Henker, B. (1998). Attention-deficit/hyperactivity disorders. In T. H. Ollendick & M. Hersen (Eds.), *Handbook of child psychopathology*. New York: Plenum Press.

WHO. (1992). *The ICD-10 classification of mental and behavioral disorders: Diagnostic criteria for research*. Geneva: Author.

Wight, R. G., Sepúlveda, J. E., & Aneshensel, C. S. (2004). Depressive symptoms: How do adolescents compare with adults? *Journal of Adolescent Health, 34*, 314-323.

Wilson, G. T., Becker, C. B., & Heffernan, K. (2003). Eating disorders. In E. J. Mash & R. A. Barkley (Eds.), *Child psychopathology* (2nd ed., pp. 687-715). New York, NY: Guilford.

Wilson, G. T., & Fairburn, C. G. (2002). Eating disorders. In P. E. Nathan & J. M. Gorman (Eds.), *Treatments that work* (2nd ed.). New York: Oxford University Press.

Wittchen, H., & Hoyer, J. (2001). Generalized anxiety disorder: Nature and course. *Journal of Clinical Psychiatry, 62*, 15-19.

Wolitzky-Taylor, K., Zimmermann, M., Arch, J. J., De Guzman, E., & Lagomasino, I. (2015). Has evidence-based psychosocial treatment for anxiety disorders permeated usual care in community mental health settings? *Behaviour Research and Therapy*, *72*, 9-17.

Wolraich, M. L. (2003). Annotation: The use of psychotropic medications in children: An American view. *Journal of Child Psychology and Psychiatry, 44*, 159-168.

Wolraich, M., Wilson, D. B., & White, J. W. (1995). The effect of sugar on behavior or cognition in children. *Journal of the American Medical Association, 274*, 1617-1621.

Woodward, L., Taylor, E., & Dowdney, L. (1998). The parenting and family functioning of children with hyperactivity. *Journal of Child Psychology and Psychiatry, 39*, 161-169.

World Health Organization (2017). *Depression and other common mental disorders: Global health estimates*.

Yell, M. L., Meadows, N. B., Drasgow, E., & Shriner, J. G. (2009). *Evidence-based practices for educating students with emotional and behavioral disorders*. Upper Saddle River, NJ: Merrill.

Young, R. C., Biggs, J. T., Ziegler, V. E., & Meyer, D. A. (1978). A rating scale for mania: Reliability, validity, and sensitivity. *British Journal of Psychiatry, 133*, 429-435.

Youngstrom, E. A., Findling, R. L., & Feeny, N. (2004). Assessment of bipolar spectrum disorders in children and adolescents. In S. L. Johnson & R. L. Leahy (Eds.), *Psychological treatment of bipolar disorder*. New York: Guilford Press.

Ysseldyke, J. E., & Christenson, S. (1993). *The Instructional Environment Scale-II) (TIES-II)*.

Lomgmomt, CO: Sopris West.

Zahn-Waxler, C., Klimes-Dougan, B., & Slattery, M. (2000). Internalizing problems of childhood and adolescence: Prospects, pitfalls, and progress in understanding the development of anxiety and depression. *Development and Psychopathology, 12*, 443-466.

Zakszeski, B. N., & Dupaul, G. J. (2016). Reinforce, shape, expose, and fade: A review of treatments for selective mutism (2005-2015). *School Mental Health, 9*(1), 1-15.

Zionts, P. (1996). *Teaching disturbed and disturbing students* (2nd ed.). Austin, TX: Pro-Ed.

Zmudzka, E., Salaciak, K., Sapa, J., & Pytka, K. (2018). Serotonin receptors in depression and anxiety: Insights from animal studies. *Life Sciences*, http://dx.doi.org/10.1016/j.lfs.2018.08.050.

건강보험심사평가원(2021). [보건의료 빅데이터 개방 시스템]-의료통계 정보-질병/행위별 의료통계-국민관심 질병통계 http://opendata.hira.or.kr/op/opc/olapMfrnIntrsIlnsInfo.do 2021년 6월 25일 검색.

국민일보(2021. 7. 5.). 동급생 물고문에다 나체 촬영 "장난으로 그랬다".

메디컬업저버(2020. 10. 12.). "신경성 식욕부진증, 10대 여성 청소년 가장 많아."

문화일보(2019. 12. 24.). "보건복지부의 2020년 자살예방 및 생명존중문화조성 예산은 291억 원으로 2019년 218억 원 대비 73억 원(33.5%) 증가".

법제처(2008). www.moleg.go.kr

연합뉴스(2021. 07. 06.). "자살 예방 예산, 일본의 160분의 1…… 대폭 늘려야".

한겨레(2020. 4. 29.). 또래 집단 성폭행 가해 중학생, 피해자 나체 사진도 촬영.

한국교육신문(2020. 10. 07.). "자살위험군 학생 2.5배 늘고, 정신질환 진료 42% 늘어".

찾아보기

인명

ㄱ

권석만 105

권준수 304, 305

김영환 333

김진호 335

ㅂ

방명애 94, 110, 280, 284, 285, 286, 288, 308, 311, 317, 336, 343

ㅇ

오언 288

이효신 94, 280, 284, 286, 308, 311

ㅈ

정명숙 280, 286, 331, 333, 336, 345

A

Achenbach, T. M. 47

B

Baer, D. M. 114

Bandura, A. 149, 150, 151

Barkley, R. A. 208, 211, 212, 215, 219, 223

Beck, A. T. 146, 157, 167, 169

Becvar, R. L. 193

Bloomquist, M. L. 260

Bower, E. 15, 26

Bronfenbrenner, U. 175, 176

Brown, A. L. 161

C

Carr, E. G. 125

Chess, S. 91, 92

Coleman, M. C. 107

Colvin, G. 253

Cooper, J. O. 140

Cullinan, D. 49

D

Dodge, K. A. 153

E

Ellis, A. 167, 169
Epstein, M. H. 49, 69
Erikson, E. 100

F

Feingold, B. 208, 209, 216
Flavell, J. H. 161
Forness, S. R. 16
Freud, S. 25, 98, 99

G

Gresham, F. M. 259

I

Itard, J. M. G. 23

K

Kamphaus, R. W. 51
Kanner, L. 24
Kauffman, J. M. 27, 63, 96, 227, 324, 329
Kazdin, A. E. 192, 250
Kendall, P. C. 155

L

Landrum, T. J. 27, 96, 329
Loeber, R. 246

M

Maslow, A. 101, 102
Meichenbaum, D. 158

R

Ramsey, E. 253, 259
Reynolds, A. M. 51
Rhodes, W. 175
Rogers, C. 101, 103

S

Schnell, S. V. 260
Severson, H. H. 53
Skinner, B. F. 114, 133
Sprague, J. 253
Steinberg, L. 182
Still, G. F. 208
Sugai, G. 34, 196

T

Taylor, E. 218
Thomas, A. 91, 92

V

Victor 22

W

Walker, H. M. 53, 253, 254, 259
Watson, J. B. 114
Webber, J. 107

내용

A–B–C 유관 117
ASEBA 47, 251
CES–D 333
HTP 검사 252
PQ4R 방법 148
Re–ED 프로젝트 195

ㄱ

가상현실 노출치료 284
가정 요인 242
가족 요인 179, 307
가족 유전연구 87
가족교수 모델(TFM) 265
가족의 기능 180
가족중재 193
각성제 96
간격기록법 72
간헐적 폭발성 장애 235
강박–충동장애 300, 301
강요 118
개별화교육 77
개별화교육계획 78
개별화교육지원팀 78
거시체계 176
거식증 353
건강한 가족 193
경조증 340
경조증 삽화 341
공격행동 237
공병 207, 220
공존장애 63
공황발작 281, 282, 284
공황장애 281, 283, 284
과잉통제 62
과잉행동 205, 207, 217
관련 서비스 81
광장공포증 284
광장공포증 진단기준 285
교사 요인 185
교육적 분류 55
구조화된 진단 인터뷰 308
국립특수교육원 43
국제질병분류(ICD) 56
귀인 156, 159, 169
귀인 재훈련 270
규칙위반 행동 237
근육이완 방법 338
근육추형 302
급성 스트레스 장애 296, 297
급식 및 섭식장애 352, 363, 368
긍정적 교육 프로그램(PEP) 195
긍정적 자동사고 288
기능분석 130
기능적 가족중재(FFT) 256
기능적 행동평가(FBA) 186, 192, 261, 263
기분안정제 96
기질 91, 92, 93, 177, 241
기질적 요인 324

ㄴ

뇌파검사(EEG) 95
느린 호흡 338

ㄷ

다중 결정요인 323
다중체계중재(MST) 257
다차원적인 중재 338, 343
대뇌변연계 88, 89

대리효과 151, 152, 159
대안반응 훈련 270
대인 간 심리치료(IPT) 337
대중매체 요인 189
도덕교육 106
도의적 치료 22
도파민 90
동기설정조작 136
동기유발효과 136
동기조작 135
동기해지조작 136
또래 요인 187
또래지명 우울장애 선별도구 (PNID) 333

ㄹ

레이놀즈 청소년 우울장애척도 (RADS) 332
로르샤흐 검사 252
로르샤흐 잉크반점 검사 103

ㅁ

마음챙김 기반의 중재 369
말뚝어법 148
모델링 149, 153, 159, 307, 310, 328
문장완성법 103
문제해결 기술 337
문제해결 훈련 266
문제행동 총빈도척도(CFI) 53
미국정신의학회(APA) 56, 278, 284, 288, 290, 291, 296, 297, 300, 302, 304, 317, 339
미네소타 다면적 인성검사 (MMPI−A) 251
미세 뇌기능 장애 208, 209
미시체계 175

ㅂ

반구조화된 인터뷰 308
반사회적 인격장애 235
반응대가 228
반응성 애착장애 295, 296
반추장애 353, 357
발달사 94
발모광 304
방어기제 99
방화벽 235
배설장애 358, 365, 370
배치의 연속체 32
범불안장애(GAD) 280, 281
병적 도벽 235
보호 요인 243, 247, 346
부모훈련 254
부분간격기록법 72
부정적 도식 325
부정적 인지 325
부정적 자동사고 288, 326
부정적 정서 93
부정적 정서 자기보고 설문지 308
부정적인 사고 328
부주의 205, 207, 217
분노 215
분노조절 훈련 267
분리불안장애 278, 279
분자유전학 212, 214
불면장애 360
불안 기질 307
불안장애 277
불안정서 326
브래들리 병원 24

비램수면 각성장애 360, 361
비행 237
빈도기록법 72

ㅅ

사회 부적응 14, 16
사회성 기술 훈련(SST) 271
사회인지 146, 149
사회적 불안장애 287
사회적 불안장애의 진단 289
사회정보처리 153, 165
삼환계 항우울제(TCAs) 335
생리적 욕구 102
생태체계 190
생태학 174
생태학 모델 174, 327
생태학적 사정 190, 250
생활공간 위기 중재(LSCI) 25
선별 41
선택적 세로토닌 재흡수 억제제 (SSRIs) 96, 335
선택적 주의 217
선택적 함묵증 289, 290
성인기 양극성장애 342
세계보건기구(WHO) 59
소거 폭발 134
소속감과 사랑 욕구 102
소아청소년불안척도(RCMAS) 309
소아청소년기 양극성장애 342
수면-각성 장애 360, 366, 372
수면보행증 361
수집광 303
시각적 분석 124
시간체계 177
시냅스 90
신경성 식욕부진증(AN) 353
신경성 폭식증(BN) 353, 354
신경전달물질 90, 91, 97, 324
신경학적 검사 95
신분비행 237
신체기능평가 94
신체생리 모델 305, 323
신체이형장애 302
신체추형장애 302
실행기능 241
심리분석 101
심리사회적 발달 단계 100
심리역동 모델 98
심리치료 104, 105
심상부호 148
쌍생아 유전연구 87

ㅇ

아동 학대 184
아동 · 청소년 행동평가척도 (CBCL) 47
아동용 우울장애 검사도구(CDI) 332
아동통각검사 103
아동행동 평가시스템(BASC) 51
악몽장애 360, 362
안전 욕구 102
애착관계 328
야경증 361
약물치료 96, 97, 312, 335, 343
양극성장애 331, 339, 343
양육 기술 328
언어부호 148
영상기억 147
예방적 접근 259
예방적 중재의 중요성 335

외상 및 스트레스 관련 장애 290
외상후 스트레스 장애(PTSD) 185, 291, 293, 295
외상후 스트레스 장애의 진단 292
외체계 176
외현화 장애 235, 237
우울장애 317, 322, 329, 344
우울장애와 관련된 행동범주 334
우울장애의 특성 330, 331
우울척도 333
원인론적 귀인 326
위기관리 264
위기관리중재 81
위기사건척도(CEI) 53
위험 요인 247
유뇨증 359
유분증 359
유전적 요인 86
유전적 인자 328
의미기억 342
의학적 분류 55
이드 99
이식증 353, 356
이완훈련 267, 311, 338
인물화 검사 103
인본주의 견해 101
인본주의적 중재 106, 107
인성교육 106
인지 모델 325
인지결함 153, 155, 156, 159, 160
인지삼제 157, 167
인지왜곡 153, 155, 156, 159, 165
인지적 모델 306
인지적 오류 307
인지적 왜곡 325
인지적 재구조화 310
인지적 행동치료 105
인지치료(CT) 336
인지행동중재(CBI) 265, 284, 309, 336, 368
입양아 유전연구 87

ㅈ

자극통제 135
자기강화 156, 229, 268
자기관리 229
자기관리 훈련 268
자기교수 156, 161, 229, 269
자기비난 329
자기인식 프로파일 104
자기점검 229, 268
자기조절 161, 230
자기조절 기술 337
자기통제 230
자기통제 기술 311, 337
자기평가 268
자기표상 316
자기혐오 329
자기효능감 152, 153, 156, 326
자발적 회복 134
자살 344, 346, 347
자살생각 346
자살시도 346
자살예방 345
자살예방 지침서 347
자아 99
자아실현 욕구 102
장소법 148

장애인 등에 대한 특수교육법 13, 40, 78
장애인교육법 13
재노출요법 310
저장강박장애 303
적대적 반항장애(ODD) 220, 235
적응유연성 247
적응장애 299
전간기록법 72
전국 정신건강 및 특수교육 연합 (NMHSEC) 13, 16, 26
전장애아교육법(EHA) 14, 26
정동장애 16
정동홍수법 310
정보처리 146
정서교육 109
정서장애 청소년의 재교육 195
정서장애 평가척도(SAED) 49
정서적 웰빙 109
정서적 지원 328
정서행동장애의 위험군 110
정신분석적 견해 98
정신질환의 진단 및 통계 편람 (DSM) 56
제지효과 136
조기발견 41
조망 156
조작적 정의 71
조중 삽화 339
조증평정척도 343
조현병 14, 15, 16
존중감 욕구 102
종합심리검사 44
주요우울장애 319, 320, 323, 340
주제통각검사(TAT) 252
중간체계 175
중대범죄 237
중재반응 모델 34
중추신경계 88
증거 기반 196
증거 기반의 실제 197
증거 기반의 처치 104
지속시간기록법 72
지속적 우울장애 321, 322
지속적 주의 217
지역사회 요인 188
집단 유관 139
집단중재 107, 108

ㅊ

청상기억 147
청소년 성격평가 질문지 309, 333
소년비행행동측정도구(SMDB) 252
체계적 둔감법 115, 310
체크인 체크아웃 35, 81
초자아 99
충동성 205, 207, 217
충동조절 235
치료적 위탁보호(TFC) 265
치료적 토론 25

ㅌ

타임아웃 228
탈억제 152
탠트럼 58
털뽑기장애 304
토큰강화 228
통제결여 62
통합교육 31

투사법 103, 104
특수교육진흥법 13
특수아동협회(CEC) 24
특정 공포증 285, 286, 287

ㅍ

파괴적 기분조절부전장애 (DMDD) 58, 318
폭식장애(BED) 353, 355
폭식증 354
표준점수 48
품행장애(CD) 235
피부뜯기장애 304, 305
피부벗기기장애 304
피어스-해리스 아동용 자아개념 척도 104

ㅎ

학교 요인 243
학교 차원의 긍정적 행동지원 (SW-PBIS) 34, 196, 258, 259
학교보건법 345
학습된 무기력 170
한국 아동 · 청소년 행동평가 척도(K-CBCL) 251
한국아동성격검사 309
합리적 정서행동치료(REBT) 270
항우울제 96
항정신질환제 96
핵심단어법 148
행동 및 정서 평정척도 제2판 (BERS-2) 69
행동계약 228
행동억제 기질 92
행동억제체계(BIS) 240
행동장애아동협회(CCBD) 26
행동장애의 체계적 선별(SSBD) 53
행동주의 101
행동평정 프로파일(BRP-2) 192
행동활성체계(BAS) 241
헤드스타트 17
회피적/제한적 음식섭취장애 353, 358
훈육 182

저자 소개

이성봉(Lee, Sungbong)
단국대학교 특수교육학 박사
현 백석대학교 특수교육과 교수

방명애(Bang, Myongye)
미국 미시간주립대학교 특수교육학 박사
현 우석대학교 특수교육과 교수

김은경(Kim, Eunkyung)
단국대학교 특수교육학 박사
현 단국대학교 특수교육과 교수

박지연(Park, Jiyeon)
미국 캔자스대학교 특수교육학 박사
현 이화여자대학교 특수교육과 교수

정서행동장애
Emotional and Behavioral Disorders

2022년 1월 5일 1판 1쇄 인쇄
2022년 1월 10일 1판 1쇄 발행

지은이 • 이성봉 · 방명애 · 김은경 · 박지연
펴낸이 • 김진환
펴낸곳 • (주)학지사
04031 서울특별시 마포구 양화로 15길 20 마인드월드빌딩
대표전화 • 02-330-5114 팩스 • 02-324-2345
등록번호 • 제313-2006-000265호

홈페이지 • http://www.hakjisa.co.kr
페이스북 • https://www.facebook.com/hakjisabook

ISBN 978-89-997-2543-2 93370

정가 22,000원